卫生法学

（第三版）

主　编　石超明　何　振

副主编　高　娟　王永生

编　者（以姓氏笔画为序）

王永生　商丘医学高等专科学校
石超明　武汉大学
孙　旖　上海交通大学医学院
李平龙　广州医科大学
何　振　肇庆医学高等专科学校
肖　菁　湖北省预防医学科学院
张　颢　华中科技大学
张　瑞　长沙学院
陈　园　武汉大学
陈爱云　广州医科大学
高　娟　武汉大学
党露希　武汉市洪山区疾病预防控制中心
舒　姝　鄂东医疗集团市中心医院
寇树明　武汉大学
魏　颖　西安交通大学

WUHAN UNIVERSITY PRESS
武汉大学出版社

图书在版编目(CIP)数据

卫生法学/石超明,何振主编．—3版.—武汉：武汉大学出版社,2021.9
(2024.2重印)
ISBN 978-7-307-22529-9

Ⅰ.卫…　Ⅱ.①石…　②何…　Ⅲ.卫生法—法的理论—中国
Ⅳ.D922.161

中国版本图书馆CIP数据核字(2021)第169873号

责任编辑:胡　艳　　责任校对:李孟潇　　版式设计:马　佳

出版发行：**武汉大学出版社**　(430072　武昌　珞珈山)
(电子邮箱：cbs22@whu.edu.cn　网址：www.wdp.com.cn)
印刷:湖北云景数字印刷有限公司
开本:787×1092　1/16　印张:21.5　字数:494千字　插页:1
版次:2010年5月第1版　2014年6月第2版
2021年9月第3版　2024年2月第3版第8次印刷
ISBN 978-7-307-22529-9　定价:49.50元

第三版前言

纯粹法学的代表人物凯尔森说：法律就是法律。可事实上，法律是深嵌在整个社会生活之中的。社会生活各个领域的发展给法律的进步与发展创造了条件，为法律的运行提供了必需的环境，也给法律的功能提供了作用的对象。

卫生法学是自然科学与社会科学相互渗透进而融合的一门新兴交叉学科，更是一门与社会特别是医疗卫生领域的发展紧密相联的法学分支学科。卫生法的每一次发展与完善、每一点进步与成就，都离不开政府与社会各界（尤其是法学界与医疗卫生界）的积极参与和努力探索。

转型时期的当代中国社会，发展日新月异，其中医疗卫生事业的飞速发展，在不断满足人们对健康权益各种需求的同时，也不可避免地带来了不少问题，更引发了人们深入而持久的思考。当然，也为卫生法的发展与完善提供了难得的良机。

现阶段，我们已经开启了中国特色社会主义建设新时代，新时代赋予我们新使命、新任务，卫生健康领域也正在开启一轮新的职能转变，概括来说，体现为“五个转变”：一是服务理念从疾病为中心向健康为中心转变；二是服务人群从患病人群向全人群拓展转变；三是服务模式从被动型服务向主动型、系统型、整合型服务转变；四是服务功能从单纯关注治疗和预防向包括健康管理在内的全方位服务转变；五是服务主体从单一的医疗卫生分机构模式向政府、社会和个人共建共享模式转变。与此相关，许多原有的卫生法律已经或正在经历不断修订与完善的过程，也有不少新的法律正式出台并实施，比如 2021 年正式实施的《中华人民共和国基本医疗卫生与健康促进法》，2021 年修订并实施的《中华人民共和国人口与计划生育法》，2021 年新出台的、将于 2022 年 3 月正式实施的《中华人民共和国医师法》，等等。

本书的此次修订正是基于上述这些变化与发展，试图帮助读者更好地理解与把握医疗卫生事业发展的潮流和卫生法发展的一般规律。

与第二版本相比，此次修订维持了原来的结构和体例，仍然把全书分为三篇，即卫生法基础理论、公共卫生与疾病控制法律制度、医疗保健服务管理法律制度。总的来说，此次修订主要在以下几方面与第二版有所不同：一是为了方便读者学习与理解基础知识和基本理论，保留了在各章节中的“知识链接”与“案例”两个模块，但相关内容进行了更新；二是增加了“基本医疗卫生与健康促进法律制度”这一章，这是此次修订最大的变化；三是本书中一些重要的概念或名称做了适当调整，比如，卫生计生委（卫计委）修改为卫生健康委（卫健委），卫生行政部门统一调整为卫生健康主管部门，等等。

本书可供各医药高等院校各专业教学使用，也适合公共管理类专业特别是卫生事业管理专业教学使用或参考，还可供广大医务工作者、医师资格考试应试人员、卫生健康管理和执法人员及法律工作者参考使用。

作为一门新兴的交叉学科，随着社会经济的发展，特别是卫生事业领域的飞速发展，卫生法学还有诸多的理论问题甚至是基本框架都有待进一步研究与完善。受限于编者的理论水平与研究功底，本书仍然存在许多的不足之处，所做的某些尝试难免挂一漏万，某些地方不尽合理，个别地方甚至有错，恳请广大读者批评指正。

编　者

2021 年 7 月于珞珈山

目　录

绪　论

一、卫生、卫生法及卫生法学

（一）卫生的含义

“卫生”是与现代生活密切相关的常用词，同时又是一个非常古老的词汇。早在先秦时代的典籍《庄子》中就已出现，如《庄子·庚桑楚》中就有“若趎之闻大道，譬犹饮药以加病也。趎愿闻卫生之经而已矣。”的记载。在西方，“卫生”（hygiene）一词，出自古希腊健康女神 Hygeia，是护卫生命健康之意。

“卫生”，若按字面的解释，则为保卫生命、护卫生命，概念的外延甚为宽泛，大凡为了保护生命免遭伤害，诸如养生就医、防救灾患、平息暴乱等行为，均可归入于此。2001 年版的《汉语大辞典》认为“卫生”有四层含义：养生、保护生命；谓谋生存；保护生灵；能防止疾病，有益于健康。上述解释不论从何种角度出发，都体现了“卫生”在中国传统语境中的“保卫生命，维护身体健康”之本义。

由于现代社会经济发展迅猛，影响人体健康的因素也不断变化，特别是公众对于健康及健康权益的理解也在不断演进。因此，卫生的含义也在不断扩展和深化。本书认为，现代意义上的“卫生”通常是指为增进人体健康、预防疾病、改善和创造符合生理要求的生活条件和生产环境的一切制度、活动以及措施的总称，卫生不仅是一种行为和制度，也是一门科学，更是一项重要的现代社会事业。

（二）卫生法的含义

卫生法的理解有广义和狭义之分，广义而言，卫生法是国家机关依法制定或认可，以国家强制力保证实施的，调整有关于保护人体生命健康相关活动中形成的各种社会关系的法律规范的总和；狭义而言，卫生法是指拥有国家立法权的立法机关制定、认可，以国家强制力保证实施的，目的是调整保护人体生命健康，并且规范与人体生命健康相关活动中形成的各种社会关系的法律规范的总和。

广义的卫生法，是根据我国《立法法》的规定，拥有立法权的国家机关制定的卫生法律规范的总和，主要包括全国人大及其常委会制定的卫生法律、国务院制定的卫生行政法规、地方人大及其常委会制定的地方性卫生法规和民族自治卫生条例或单行条例、国务院卫生行政管理部门以及地方政府制定的卫生规章，等等。另外，作为执政党颁布的政策性文件，在一定意义上也具有很大的社会影响力，事实上构成我国卫生法的组成部分，如2009年4月6日公布的《中共中央国务院关于深化医药卫生体制改革的意见》。狭义的卫生法则是指拥有国家立法权的全国人大及其常委会制定的卫生法律。

☞ **知识链接：**

我国现行的卫生专门法律

我国当前由全国人大常委会制定的卫生专门法律已达14部，分别是：《中华人民共和国食品安全法》《中华人民共和国药品管理法》《中华人民共和国国境卫生检疫法》《中华人民共和国传染病防治法》《中华人民共和国红十字会法》《中华人民共和国母婴保健法》《中华人民共和国献血法》《中华人民共和国医师法》《中华人民共和国职业病防治法》《中华人民共和国人口与计划生育法》《中华人民共和国精神卫生法》《中华人民共和国中医药法》《中华人民共和国疫苗管理法》《中华人民共和国基本医疗卫生与健康促进法》。

（三）卫生法学的概念

法学，是法律科学的通称，它是研究法律现象及其一般规律的一门社会科学。卫生法学是研究卫生法律现象及其发展规律的一门法律科学，是法学的分支学科，也是一门自然科学和社会科学相互渗透交融的新兴边缘交叉学科。从医学角度看，它属于理论医学范畴；而从法学角度看，它是法律科学中一门有关医药卫生问题的应用学科。

卫生法学是在人类改造自然并与自然和谐相处的过程中，把自然科学中的生物学、医学、卫生学、药学、环境科学等学科同法学相结合的产物。

（四）卫生法学的研究对象

卫生法学的研究对象是卫生法律现象及其发展规律。卫生法律现象是与医药卫生相关的法律现象，包括卫生法律规范、卫生法律意识、卫生法律职业、卫生法律行为、卫生法律关系等各种受卫生法调整的各种社会现象。

随着社会的不断进步和科学技术的飞速发展，以及卫生管理活动内容的日益丰富，健康在人们的生活和生产中的作用越来越被广泛关注，这就为全面系统地研究卫生活动中的客观规律和一般方法提供了必要的条件和基础，也使得卫生法学的研究对象不断得到充实与发展。现代卫生法学不仅要研究卫生法律现象及其发展规律这一中心问题，还要研究卫生法律现象同经济、政治、文化、宗教等其他社会现象的关系。

（五）卫生法学的历史发展

虽然卫生法学作为一门独立的学科，至今仍然存在争论，但卫生法学的产生与发展是不以人们主观意志为转移的客观事实。

一般认为，卫生法学大致形成于20世纪60年代后期。当时，在世界范围内卫生立法得到了迅猛发展，其主要原因是由于卫生事业在整个国家社会经济中占有越来越重要的地位，而在其发展中又产生了许多新的社会关系，需要制定相应的法律规范予以调整；医学科学的发展和医疗新技术的广泛应用，在为人类造福的同时也带来了道德和法律上的困惑，并产生一系列副作用，需要通过立法来加强管理；此外，随着社会经济的发展，人们对健康和疾病的了解越来越深刻，法制意识逐渐增强，医患双方的冲突和纠纷日渐增多，需要有专门的法律法规来调整。因此，世界各国都加大了卫生立法力度。由于这些卫生立法涉及临床医学、公共卫生、食品安全、人类生殖、人口政策、药品管理、精神卫生和健康教育等多个方面，从而推动了卫生法学这一新兴学科的诞生和发展。

卫生法学在我国出现于20世纪80年代中期，通常认为，1993年9月中国卫生法学会的成立，标志着我国卫生法学学科的正式建立。此后的各种卫生法学理论研讨会的召开、《中国卫生与法制》等杂志的创刊、高等院校卫生法学课程的设置和卫生法律专业的开办，都充分表明了卫生法学科在我国日趋成熟和完善。

二、卫生法学与相关学科的关系

（一）卫生法学与法学

法学，是研究法律、法律现象及其发展规律的一门社会科学，卫生法学则是研究卫生法、卫生法律现象及其发展规律的社会科学，是法学的分支学科。因此，卫生法学与法学有着密切的联系，两者在研究对象上有交叉、渗透甚至重叠的地方，它们是特殊与一般的关系。卫生法学在法学基础理论的指导下开拓、发展自己的专门研究领域，法学则吸收卫生法学中具有普遍意义的原则和规律来丰富和发展自己。总的来说，法学对卫生法学处于指导地位。

二者的区别也是非常明显的，最大的区别在于二者研究对象的范围不同，卫生法学的研究对象范围比法学研究对象范围要小，法学的研究对象当然包括了卫生法学的研究对象。

（二）卫生法学与卫生管理学

卫生管理学是研究卫生管理工作中的基本理论、知识和方法及其发展规律的一门学科，卫生管理是管理学的组成部分。卫生法学与卫生管理学有着密切的联系，它们都是以社会卫生保健事业作为研究目标，两者研究成果互动互利，从不同方面促进卫生事业的发展。事实上，卫生法制管理就是卫生管理的重要方法之一，卫生法律法规是卫生管理工作的重要准则和法律依据。

二者的主要区别表现在：①研究对象不同。卫生法学以卫生法、卫生法律现象及其发展规律为研究对象，而卫生管理学主要以卫生管理活动的整个运行过程和机制为研究对象，前者属于法学体系，而后者属于管理学体系。②研究目的不同。卫生法学的研究目的是为了阐明卫生法的基本原理、原则和精神，完善和发展卫生法制，保证国家对卫生事业的调控和管理；卫生管理学的目的则是为了阐明卫生管理的理论、知识和方法，改进卫生管理工作，提高卫生管理效率。③研究范围不同。卫生管理学的研究范围比卫生法学的研究范围广泛得多。

（三）卫生法学与医学伦理学

医学伦理学是运用一般伦理学原则解决医疗卫生实践和医学发展过程中的医学道德问题和医学道德现象的学科，它是医学的一个重要组成部分，又是伦理学的一个分支。医学伦理学运用伦理学的理论、方法研究医学领域中人与人、人与社会、人与自然关系的道德问题，来探讨和解决医疗卫生工作中人类行为的是非善恶问题。

调整人类利益关系的主要手段有两类：道德与法律。卫生法律规范和道德规范都是调整人们行为的基本准则，其共同使命都是调整人际关系、维护社会秩序和人民利益，所以医学伦理学与卫生法学之间存在着天然的联系。卫生法学是以医学活动中法律现象为研究对象形成的知识，属于一般法学原理在医学活动中的应用，当然也是总结研究医学活动特殊性的结论。与医学伦理学相同，卫生法学也属于调整社会关系的意识形态，其作用是维护社会秩序、促进社会的正常运行。卫生法体现了医德的要求，是培养、传播、加强和实施医德的重要保障。医德也体现了卫生法的基本精神，是维护、加强和实施卫生法的重要精神力量。总之，二者互为补充、相互渗透和相互支撑。

但是二者也存在显著的区别：①调整的范围存在着差别。道德涉及的人类生活范围相当宽泛，因此其约束的人类行为也相当广泛，包括各种违法行为，也包括风俗习惯、行为举止等。法律涉及的人类生活范围相对较窄，因此，制约的人类行为也相对狭小，只针对医学活动中出现的、有明确法律规定的违法犯罪行为。简而言之，道德要求的目标是使人们的行为更高尚，更有利于他人；法律的目标则是使人们的行为更规范，不损害他人。②调整的手段存在区别。道德约束的力量有二：个人内在良心的自我约束作用以及社会舆论的批评谴责约束作用。道德约束一般通过内心的信念发挥制衡效用，并通过自我批评或自我激励的方式产生效果。与此不同，法律则是以国家政权为后盾，依靠国家权力机关强制实施。法律通过对违法行为的惩戒、警示方式，以外界明显可见的威慑实现约束目的。

（四）卫生法学与法医学

法医学是应用医学、生物学、化学及其他自然科学理论和技术，研究并解决司法工作中有关人身伤亡和涉及法律的各种医学问题的科学。二者研究的内容都与医学有密切关系，且都与法律不可分离。卫生法学主要运用法学理论来研究解决医学实践中的有关问题，法医学是应司法实践的需要而产生的，为法律服务；卫生法学是应医学的需要而产生的，为医学服务。

二者的区别主要在于：①研究对象不同，而且分属医学学科和法学学科。②产生的依据不同。法医学是应法律的需要而产生的，其任务是运用医学科学解决司法实践中的医学问题；卫生法学是应医学的需要而产生的，其任务是运用法律促进卫生事业的发展，维护人体健康与社会秩序。③法律效力不同。卫生法学的研究对象卫生法具有法律效力，对人们的行为具有普遍的约束力；而法医学所研究的医学技术及其鉴定本身并不具有法律效力。

（五）卫生法（学）与卫生政策（学）

政策，是一定时期内国家为实现既定的宏观目标所选择的管理手段，卫生政策学是研究一定制度下卫生政策的理论依据，卫生政策的产生、发展、配套设计和具体实施的一般性规律的科学，卫生政策体现了国家对卫生事业管理的意志，其主要任务是为卫生事业发展提出目标和指引方向。

卫生法和卫生政策都是建立在一定的经济基础之上的上层建筑，在本质上是一致的，都体现了广大人民群众的意志和利益，都具有规范性，是调整社会关系的行为准则。卫生政策是卫生法的灵魂和依据，卫生法的制定要体现卫生政策的意见和内容；同时，卫生法又是实现卫生政策的工具，是卫生政策的具体化、条文化、规范化、法律化。

二者的主要区别是：①卫生法具有国家意志，具有普遍约束力；卫生政策的贯彻靠教育，靠深入细致的思想工作。②卫生法通过法律等规范性的文件形式表现，规定人们的权利和义务；卫生政策则通过决议、决定、纲要等形式表现出来，内容比较原则和概括。③卫生法调整的范围比较具体；卫生政策调整的社会关系更广泛、更全面。④卫生法比卫生政策有更大的稳定性；卫生政策则有较强的时间性，随着形势的发展而变化。

三、学习卫生法学的意义

卫生法学是一门实践性很强的学科，它的理论和相关知识，对于实际医疗卫生等工作有着巨大的指导作用，了解、学习、学会应用卫生法学都具有多方面的重要意义。具体说来，学习卫生法学具有以下重要意义：

（一）有利于依法治国、建设社会主义法治国家

医疗卫生事业是我国社会主义事业的重要组成部分，依法管理卫生事业是实现依法治国、建设社会主义法治国家的重要内容。只有加强法制宣传教育，包括卫生法制教育，不断提高广大人民群众的法制观念和法律意识，包括卫生法制观念和卫生法律意识，才能实现依法治国、建设社会主义法治国家的目标。

（二）促进我国卫生事业的发展

我国的卫生事业，以为人民健康服务为中心。为适应社会主义市场经济体制，医学模

式正由生物医学模式向生物—心理—社会医学模式转变，以适应广大人民群众不断增长的多层次卫生需求的转变。我国的卫生事业是建设中国特色社会主义的社会保障体系之一，是一项具有一定福利性质的社会公益事业。全体卫生工作人员在掌握我国卫生法学相关的理论之后，必将极大地提高他们的工作效率，在我国社会主义法律体系的保障下，从事卫生保健工作，必然会促进我国卫生保健事业的发展。

（三）培养医疗卫生人员人文素质

现代医学人文精神的缺失已是不争的事实，随着新的生物—心理—社会医学模式的兴起，人们对此提出了种种质疑。对医学生进行人文教育有多种途径，其中对卫生法的学习也是一个重要方面。卫生法学虽然涉及很多医疗卫生专业知识，但本质上仍然是一门人文学科，具有浓厚的人文色彩。通过对卫生法的学习和应用，可以理解情、理、法之间的关系；可以在专业知识之外，看到另外一些理性的东西，并能够拓宽视野、拓展思维。这样一些人文品质有助于帮助医学生树立正确的人生观、世界观、价值观，使其成长为人性丰满的合格医务工作者，同时，法律严谨的逻辑思维方式对医学科研和医疗实践工作也一样具备重要的指导意义。

（四）增强卫生法律意识，提高卫生执法水平

卫生法学知识性、实用性都很强，能够使医学生和医务工作者及其他社会工作人员增加实用的法律知识和技能，调整知识结构。学习了卫生法学，培养起一定的法律素养，他们就会有意识地用法律尺度来衡量医疗卫生实践工作。

卫生行政执法是政府管理社会公共卫生的基本方式，执法水平的高低，对改善社会公共卫生状况、提高人民生活质量、规范社会秩序都有重要作用。要提高卫生行政执法水平，就必须学习卫生法学理论、熟悉卫生法律规范、了解整个卫生法律体系。

（五）维护公民健康权益，促进社会经济发展

随着社会经济的发展，社会卫生问题日益突出。卫生法的制定和实施对于消除污染、保护环境、防止疾病传播等做出了强制性规定，不仅有利于保护公民身体健康，而且间接地创造社会财富，促进经济发展。

第一篇　卫生法基础理论

第一章　卫生法概述

第一节　卫生法调整对象及其特征

一、卫生法的调整对象

卫生法的调整对象，是指卫生法在调整与人体生命健康相关活动过程中所形成的各种社会关系。这些社会关系主要是人与人之间的行为关系。卫生法的调整对象具有很强的范围广泛性和内容的复杂性，具体来讲，卫生法的调整内容包括几个层次：民事性质的关系、行政性质的关系、刑事性质的关系。

（1）民事性质的卫生法律关系。在医药卫生活动中，有很大一部分内容是医药卫生保健服务者与公民或者法人之间形成的社会关系，如医患关系、医药卫生产品生产和药品责任关系等，这种社会关系从性质上看是民事法律关系，即平等民事主体之间的关系，这是卫生法律调整的重要内容，如我国《药品管理法》和《产品质量法》中关于药品生产过程中发生的社会关系。

（2）行政性质的卫生法律关系。这是指卫生健康管理机关在依法履行对于卫生事务的监督管理职能的过程中，与行政管理的相对人之间确定的社会关系。如基于医疗机构的设立、药品生产监督管理等发生的行政管理性质的社会关系。

（3）刑事性质的卫生法律关系。依据刑事法律的规定，对于医疗卫生领域内发生的刑事犯罪活动进行打击过程中发生的社会关系。我国刑法中阐释的“危害公共卫生罪”，以及《传染病防治法》《药品管理法》《食品安全法》《医师法》等专门立法中对于相关犯罪和刑罚都有相应的规定。

就卫生法具体内容来讲，其调整对象有微观方面和宏观方面之分，前者主要指调整生命健康权益保障关系；后者主要指国家对医药卫生事业进行宏观管理所形成的社会关系。

二、卫生法的特征

卫生法作为我国法律门类的一种，既具有作为法律的一般性特征，也具有自己的特征。卫生法如其他的法律一样，具有国家强制力保证实施、国家机关制定或认可等特征。与其他部门法进行比较而言，卫生法是围绕人体健康生命权益而调整各种社会关系的，它不仅受政治、经济、社会习俗等影响，也受科学技术发展水平的制约。因而，卫生法具有自己明显的独特性：

（1）目的的独特性。卫生法的首要宗旨和根本目的是保护人体生命健康，这是我国宪法的基本要求，也是我国卫生工作的基本方针。一切卫生立法和执法活动都应当以保护人体的生命健康作为根本的出发点。

（2）调整手段的多样性。卫生法调整社会关系的广泛性，决定了其调节手段的多样性，既要采用行政手段，如用强制措施控制传染病流行等，又要采用民事手段调整卫生服务活动中的权利义务关系，如医患关系等。同时，对于在医疗卫生服务活动中严重的侵权行为，还要追究相应的刑事责任。从这一角度看，卫生法是多元的。

（3）法律制定和实施的医学科学性。卫生法是法学与医学、卫生学、药物学等结合的产物，医学及其他相关学科的技术成果是卫生法的立法依据，也是卫生法的实施手段和依据。随着医学的发展与进步，如器官移植、脑死亡、基因诊断与治疗、生殖技术等的出现，不断需要更多的立法。同时，原有的卫生法也需要不断修改和完善。医学发展充满难以预料的风险，离不开法律的保护和导向，所以，卫生法与自然科学相互促进，互为依存的关系，是其他众多法律难以比拟的。

（4）明显的科学性和技术规范性。医药卫生工作是一项科学技术性很强的工作。在众多的卫生法律法规中，都包含大量操作规程、技术常规和卫生标准，这种技术性规范和卫生标准的规定在各种卫生法律法规中都有体现。这些广泛用于医疗卫生工作中的规定，既具有科学性，又具有法律性，构成了卫生法的重要内容。

（5）实体法与程序法的交叉性。在我国，民法与民事诉讼法、刑法与刑事诉讼法，都是分别作为实体法和程序法分开制定的。而卫生法则不然，首先，卫生法的程序性规范并不仅限于诉讼领域，它还包括卫生行政管理活动程序的规范，即卫生行政程序法；其次，卫生法既包含了许多实体性条文，也包含有许多程序法方面的规定。这些都体现了卫生法在实体与程序方面的交叉性。

（6）较强的国际性。卫生法的根本任务是预防和消灭疾病，保护人体健康，本质上属于国内法。但疾病流行没有地域、国界和人群的限制，在全球积极探索解决人人享有卫生保健的今天，各国政府都重视把一些具有共性的卫生要求、卫生标准载入本国法律，使卫生法具有明显的国际性。例如，世界卫生组织（WHO）是联合国系统内卫生问题的指导和协调机构，它负责对全球卫生事务提供领导，拟定卫生研究议程，制定规范和标准，阐明以证据为基础的政策方案，向各国提供支持，以及监测和评估卫生趋势。事实上，许多国家或政府也都遵循 WHO 的相应规章制度和政策支持。

第二节　卫生法的作用和原则

一、卫生法的作用

法的作用是指对人的行为以及最终对社会所产生的影响。卫生法是我国法律体系的重要组成部分，具有法律所具有的一般作用，如对于人的行为具有指引、预测、评价作用等。另外，卫生法还有其特有的社会作用：

（1）依法管理医药卫生事业，促进我国医疗卫生事业的发展。在社会主义市场经济建设和完善阶段，医疗卫生事业具有非常重要的地位。医疗卫生事业关系亿万人民的健康，关系千家万户的幸福，是重大民生问题。深化医疗卫生体制改革，依法促进卫生事业发展，适应人民群众日益增长的医疗卫生需求，不断提高人民群众健康素质，是贯彻落实科学发展观、促进经济社会全面协调可持续发展的必然要求，是维护社会公平正义、提高人民生活质量的重要举措，是全面建设小康社会和构建社会主义和谐社会的一项重大任务。卫生法不同于卫生政策，具有稳定性、明确性、规范性和国家强制性等特点。卫生法将庞杂的医药卫生事业纳入自己的调整范围，使各级卫生健康部门实施卫生监督管理工作规范化，如传染病防治、药品管理、国境卫生检疫、环境保护、食品监督管理等工作的规范化、有序化。

（2）保护公民健康，促进社会经济的科学发展、和谐发展。卫生法的服务宗旨就是为了维护人民群众的身体健康。首先，卫生法把现代医药卫生事业工作中的很多技术性规范转化为技术性法律规范，使广大的医药工作者有法可依，形成良好的医疗卫生工作秩序，使公民能够得到正常的医疗服务，使民众的生命健康权得到有效的保障。其次，卫生法制裁各种卫生违法行为，保护公民的生命健康权。例如，通过对生产销售假药劣药、制造销售有毒有害食品等违法行为的打击规制，为公民的生命健康提供良好的环境。在人民群众的生命健康得到有效保护的同时，国家和社会的现代化以群众的健康得到照顾为前提，为社会经济的发展和和谐提供基本的保障，促进社会有序发展。

（3）推动医疗卫生科学技术的进步和发展。卫生法的立法与实施目的在于推动和促进医疗卫生科技的进步与发展。卫生法使医疗卫生事业的管理实现了制度化、法律化、常态化。随着现代高新技术在医疗卫生领域中的不断转化，促进了医疗科学的发展，也为医学立法提出了一系列的新问题，这些新问题的立法解构又将为医疗卫生事业的发展开辟道路和领域，如人工授精、体外授精、克隆技术、器官移植、安乐死等问题的出现，都需要卫生法学的回答，以法律手段加以规范、引导，避免医疗技术的滥用和消极后果。

（4）实现医疗卫生资源配置上的公平和效率目标。卫生法的正确实施，有利于做到公平与效率统一，促进政府主导与发挥市场机制作用相结合。卫生法有利于规范和强化政府在基本医疗卫生制度中的责任，加强政府在制度、规划、筹资、服务、监管等方面的职责，维护公共医疗卫生的公益性，促进公平公正。同时，注重发挥市场机制作用，动员社会力量参与，促进有序竞争机制的形成，提高医疗卫生运行效率、服务水平和质量，满足人民群众多层次、多样化的医疗卫生需求。

通过卫生立法健全和完善，有利于做到各方面力量和资源的统筹兼顾，把解决当前突出问题与完善制度体系结合起来。从全局出发，统筹城乡、区域发展，兼顾供给方和需求方等各方利益，做到预防、治疗、康复三者的结合，正确处理政府、卫生机构、医药企业、医务人员和人民群众之间的关系，都离不开卫生法。医疗卫生体制的改革必须通过法律的途径来贯彻落实。

二、卫生法的原则

任何一个部门法的基本原则都是对所调整的特定方面的人类活动准则的反映，是本部门法的指导思想，卫生法的基本原则也是如此。

（1）保护公民健康的原则。这是我国卫生法的首要宗旨和根本目的。保护公民健康，为促进社会主义现代化建设服务，是卫生立法的出发点和目的。除宪法外，国家还专门颁布了一系列旨在保护公民健康的法律、法规。明确规定国家投资或者资助举办医疗卫生机构，允许开设私立卫生机构。近年来，又允许外资合资设立医疗机构，建立各级卫生保健组织，已形成了相当规模的城乡医疗卫生保健网。

此外，国家还设立专门机构，有效监测人群健康状况和疾病流行情况，有效管理和监督与人民生活密切相关的饮食业和药品生产经营状况。

（2）预防为主的原则。这是我国医疗卫生工作长期的的方针和政策的概括。医疗卫生活动涉及每个人的生命健康，一切医疗卫生活动都应着眼于疾病的预防。根据这一原则，国家先后制定了有关预防接种、妇幼保健、传染病管理等法规，建立了相应的机构。通过立法建立了卫生许可制度、国家卫生监督制度、计划免疫、职业病危害项目报告及职业病危害预评价制度等。

（3）依靠科技进步的原则。这是指在医疗卫生活动中，要高度重视当今科学技术的作用，大力开展医学科学研究及成果推广，借以不断提高医疗预防技能、医药用品和医疗器械设备的现代化。依靠科技与教育也是新时期卫生工作方针的重要内容，卫生是技术密集型行业，防治各种疾病离不开医学科技发展和人才的培养。该原则的核心要求是要牢固树立依靠科技与教育发展卫生事业的思想。

（4）中西医协调发展的原则。传统医学有数千年历史，西方医学是现代科学的重要组成部分。中医、西医各有所长，不能相互替代。卫生法将中西医协调发展作为一项基本原则，从立法上予以规范，从适用上予以保障，目的是促进中西医协调发展，共同造福人类。

（5）国家卫生管理和监督的原则。卫生监督包括医政监督、药政监督、卫生防疫监督和其他有关卫生监督。为了实现这一原则，卫生法对各级各类卫生监督机构的设置、任务、职责、管理、监督程序及行政处罚等一系列问题作了明确规定，要求卫生监督人员准确适用法律，严格依法办事。

第三节　卫生法律关系

一、卫生法律关系的概念和分类

（一）卫生法律关系的概念

卫生法律关系是依据卫生法律，在调整卫生行为的过程中形成的权利义务关系。卫生法律关系以卫生法律为前提，以卫生行为和卫生事实为调节的目的和途径，以形成期待的权利义务关系为结果，以参加卫生关系的自然人、法人、其他单位为主体。在卫生法律关系中，根据当事人之间的权利义务内容的发生是否取决于当事人的自愿为标准，可以将卫生法律关系区分为平等主体间的卫生法律关系和非平等性的卫生法律关系。

（二）卫生法律关系的分类

根据卫生法律关系中各主体的地位，我们把卫生法律关系主要分为以下两类：

1. 平等主体间的卫生法律关系

这是基于平等自愿的原则在当事人之间所形成的卫生法律关系，如人用药品器械的生产者、经营者与相关产品的用户、消费者之间的关系，以及医疗机构与病患之间基于医疗服务所形成的关系，主要而言，就是平等层次的卫生法律关系，这种法律关系不是基于一方对于另一方的强迫命令而发生的，而是基于自愿的原则形成的。当事人之间的地位不会因经济能力、知识信息、协商能力等方面所存在的强弱不平衡，就允许背离平等、自愿、诚实守信的原则要求，权利义务内容也应该符合公平的基本要求。

医疗机构、医务人员与患者之间，就医患关系的内容和地位而言，应该是平等、自愿、合理的；就医患之间的疾病诊治关系而言，好像无法形成权利义务的对等、等价有偿，但实际上，他们之间的基本法律关系也依然是在平等自愿基础上发生的，虽然诊治疾病是医疗机构医务人员的义务，但是行使诊疗权的前提一般取决于对方的自愿和选择，医疗过程中的治疗服务要符合平等自愿的规范要求，对于治疗过程中获取的资料信息要注重保密，不可以任意单方决定和随意处理。

在特定疫病治疗和隔离处理过程中，医疗机构作为医疗服务的具体提供者，必须尊重平等自愿原则的基本要求；而在此过程中的强制性措施的运用，则是基于法律的特别授权或者委托采取的，这将使医患关系的内容具备一定的行政管理性质，但是，这只是关系内涵的另一个层次。

2. 非平等性的卫生法律关系

也称为隶属性卫生法律关系，是基于法定职责、命令在当事人之间所确立的权利义务关系，如存在于医药卫生健康主管部门或者医药企事业单位内部的具有职务关系的上下级之间的隶属关系，卫生健康管理机关与职权范围内的行政相对人之间基于管理职权的行使形成的卫生健康行政法律关系。他们之间的法律地位是不平等的，权利义务也不对等，是命令与服从性的关系。

二、卫生法律关系的构成要素

卫生法律关系由主体、客体、内容三个要素组成。

（一）卫生法律关系的主体

卫生法律关系的主体是指在卫生法律关系中享有权利承担义务的人，其中，享有权利的人为权利主体，承担义务和责任的人是义务主体。主要而言，主体包括三类：①国家机关，主要有各级卫生健康管理部门、各级药政监督管理部门、卫生检疫部门等依法具有卫生管理职责的机关和部门；②社会法人组织，如企业、事业单位、社会团体法人；③自然人，如中国公民、外国公民、无国籍人。

（二）卫生法律关系的客体

卫生法律关系的客体是指卫生法律关系主体的权利义务所附着的指向物或者行为，如实物形式的食品、药品、医疗器械、保健品等；以行为形式存在的有医药保健服务、疾病诊治防治、监管机构的管理、突发医疗卫生事件的处理行为；医药、医疗方法上的知识产权等。

（三）卫生法律关系的内容

卫生法律关系的内容就是卫生法律关系中的权利、义务、责任等。

三、卫生法律关系的产生、变更和消灭

卫生法律关系是卫生法律调整卫生法律事实的结果，包括权利义务关系的产生、变更和消灭。卫生法律事实的存在是前提，卫生法律规范是调整的法律基础，权利义务关系是调整的目的和结果。药品的生产和销售活动、患者到医疗机构选择诊治、疫病的发生和流行等，是需要卫生法律调整的前提，基于药品等发生的卫生权利义务关系是法律调整的结果。

卫生法律事实是依据卫生法律的规定，能够引起卫生法律关系产生、变更和消灭的客观事实。根据事实的发生是否与当事人的意志有关，卫生法律事实可以分为卫生事件和卫生行为。卫生事件有自然事件和社会事件，如地震、战争、突发卫生事件、人的生死；卫生行为与人的意志有关，如患者在医院的挂号行为、医生开具处方的行为等。

第四节 卫生法渊源及其体系

一、卫生法渊源的概念及具体种类

卫生法的渊源是指卫生法的各种外在表现形式。我国卫生法的渊源采用的是以各种制定法为主的正式的法的渊源。判例、习惯、法理等不是我国卫生法的渊源。当然，组成卫生法渊源的制定法，有着不同的法律效力层次和适用范围。在效力等级上，卫生特别法的效力优于卫生一般法，卫生领域的新法优于旧法，法律文本的效力优于法律解释。就卫生法的适用范围来讲，有的具有全国性的普遍适用效力，有的卫生法规定仅在特定领域和地区具有适用效力。

具体来说，卫生法的渊源主要有如下几种形式：

（1）宪法。宪法是我国的根本大法，是当代中国最重要的卫生法的渊源。宪法是全国人大制定的，规定了国家最根本、最重要的政治、经济、社会制度，其中也包括国家基

本的医药卫生保障等基本制度，是我国卫生法最重要的法律渊源。

(2) 卫生基本法律。卫生基本法律是仅次于宪法的卫生法的主要渊源。虽然我国统一的卫生基本法律现在还处于酝酿阶段，但截至 2021 年，我国已经制定了《传染病防治法》《食品安全法》《药品管理法》《职业病防治法》《医师法》《献血法》《人口与计划生育法》《国境卫生检疫法》等 14 部专门卫生基本法律。

(3) 卫生行政法规。最高国家行政机关国务院颁布的卫生规范性法律文件，也是卫生法主要的渊源，如《乡村医生从业管理条例》《医疗机构管理条例》《医疗事故处理条例》《器官移植条例》《血液制品管理条例》《医疗器械监督管理条例》《计划生育技术管理条例》《公共场所卫生管理条例》《化妆品卫生监督条例》《学校卫生工作条例》《尘肺病防治条例》等。

(4) 卫生部门规章、地方性卫生法规、卫生自治条例与单行条例、地方政府卫生规章等。上述法律渊源数量众多，就其内容而言，可以归结为几个主要种类：①人口与计划生育方面，包括国家对人口和计划生育实行的主要政策和制度，对计划生育技术的监督管理等。②疾病防治方面，包括国家对传染病、职业病和地方病以及其他多种疾病的防治实行的基本原则和制度以及有关检测标准和采取的主要措施等，如《传染性非典型肺炎防治管理办法》《国家职业卫生标准管理办法》等。③妇幼卫生保健方面，包括妇幼卫生、母婴保健、妇女儿童权益保护等，如《产前诊断技术管理办法》《人类辅助生殖技术管理办法》等。④医疗监督管理方面，包括国家对医师执业、护士执业、医疗机构执业和有关医疗活动等的监督管理和有关医疗纠纷的处理原则，国家实行的献血制度和对采供血以及临床用血等行为的规范管理，医学新技术在临床应用的监督管理，如《处方管理办法》《护士管理办法》《医疗机构病历管理办法》等。⑤与人类生命健康相关的产品的监督管理方面，包含对药品、食品、生物制品、血液制品、保健用品、化妆品、生活饮用水等产品以及包装等实行的卫生标准和对生产经营活动的监督管理；对于医用的医疗器械、一次性卫生用品、消毒用品、生物材料等实行的卫生标准以及生产经营活动的监督管理；对医疗等相关活动发生过程中的废物处理的监督管理；对与人类生命健康相关产品的广告宣传的监督管理等。另外，还有国家对于公共卫生、卫生资源配置管理、突发公共卫生事件应急管理等方面的规定。

除了前述规定外，还有大量其他的规范性法律文件，如特别行政区有关卫生事务的规定和我国参加的国际卫生条约。

二、卫生法的体系

法律体系是指由一国某一时期的全部法律规范按照不同的法律部门分类组成的有机联系的统一整体。卫生法作为法律体系的组成部分，是一个新兴的法律部门。改革开放 40 多年间，我国制定了很多重要的卫生领域的政策，颁布了 10 多部卫生专门法律、几十个卫生行政法规和千余件卫生部门规章。具有中国特色的卫生法律体系正在形成。

(1) 卫生资源管理法律制度。卫生资源的合理配置和有效运行，是实现我国公民卫生保障的重要环节，因此，卫生资源管理是我国卫生法体系中的重要法律制度，主要涉及我国卫生资源配置和医疗行业准入和管理，包括医疗卫生保健机构、相关专业人员资格的取得和管理、大型医用设备的配备以及实验动物管理等。

（2）公共卫生监督管理法律制度。主要包括公共场所卫生、特殊场所卫生和放射防护的管理与监督。

（3）疾病预防与控制法律制度。主要包括国境卫生检疫、传染病防治、职业病防治等法律制度。

（4）健康相关产品法律制度。主要包括药品管理、医疗器械管理、食品卫生管理、化妆品管理等法律制度。

（5）血液与血液制品相关法律制度。临床用血及血液制品的现状不容乐观，加强临床采供血及血液制品的生产管理是卫生法的重要内容。

（6）人口与生殖健康法律制度。人口与生殖健康法律制度主要包括人口与计划生育、母婴保健、人工授精、体外授精、代孕母亲等法律制度。

（7）医政管理法律制度。主要包括卫生健康主管部门规范和管理医疗机构及医务人员的医疗活动，调处因医疗活动引发的各种问题的相关法律制度，包括我国传统医学的管理、医疗技术的规范与实施、医疗质量及医疗安全的保障与监管、医疗事故技术鉴定与处理。

（8）传统医药管理法律制度。中国传统医学（包括各民族医药学）有着数千年历史，是中国各族人民在长期同疾病作斗争中总结出的丰富经验，它为中华民族的繁荣昌盛作出了巨大的贡献。传统医学理论和技术对保障我国公民的生命健康发挥了巨大作用，是我国医疗卫生体系的重要组成部分，也是我国卫生法体系的重要组成部分。

（9）健康促进法律制度。疾病预防重于治疗，预防在于养成良好的生活习惯，因此，摒弃容易影响生命健康的生活陋习，促进公民生命健康，是我国卫生法律制度的重要组成部分。

（10）医疗保障保险法律制度。医疗费用逐年攀升，已经引起相关部门的重视，也给政府、企业等带来相当大的压力，因此，医疗保障制度的改革与建立势在必行。通过建立相关法律制度来推进医疗保障制度的建立和完善，从而最终达到保障全民医疗需要的目的。

◎ 思考题

1. 什么是卫生法？它具有哪些特征？
2. 卫生法有哪些基本原则？
3. 卫生法律关系的构成要素是什么？
4. 卫生法的渊源有哪些？

第二章　卫生法的制定、实施与法律救济

第一节　卫生法的制定与实施

一、卫生法的制定

（一）卫生法制定的含义

卫生法的制定是指有权的国家机关依照法定的权限和程序，制定、修改或废止规范性卫生法律文件的活动，又称卫生立法活动。显然，这是从广义上来理解的。

卫生法的制定既包括国家最高权力机关及其常设机构制定卫生基本法和卫生法律的活动，也包括国务院所属卫生健康主管以及地方权力机关和地方政府制定卫生行政法规、卫生行政规章和其他规范性卫生法律文件的活动；卫生法的制定不仅包括新法的创制，也包括旧法的修改或者废除。

卫生法的制定具有权威性、职权性、程序性和综合性等特点。卫生法的制定是卫生执法、卫生司法和卫生守法的前提和基础，在国家卫生法制建设中具有重要的地位。

（二）卫生法制定的依据

（1）宪法是卫生立法的法律依据。宪法是国家的根本大法，任何法律的制定都必须以宪法为根据，卫生法的制定也不例外。

（2）保护人体健康是卫生立法的思想依据。以保障人体健康为中心内容的卫生法，无论以什么形式表现出来，也无论调控的是哪一特定方面的社会关系，都必须坚持保护人体健康这一思想依据。

（3）医药卫生科学是卫生立法的科学依据。卫生立法工作在遵循法律科学的基础上，必须遵循卫生工作的客观规律，也就是必须把医学、卫生学、药物学、生物学等自然科学的基本规律作为卫生法制定的科学依据，遵循人与自然环境、社会环境、人的生理、心理环境相协调的规律。

（4）社会经济条件是卫生立法的物质依据。法律反映统治阶级的意志，并最终由统治阶级的物质生活条件所决定。社会经济条件是卫生法制定的重要物质基础。

（5）卫生政策是卫生立法的政策依据。卫生政策是卫生法的灵魂和依据，卫生法的制定要体现卫生政策的意见和内容。卫生法是实现卫生政策的工具，是卫生政策的具体

化、条文化、规范化、法律化。

（三）卫生法制定的基本原则

卫生法制定的基本原则是指卫生立法主体进行卫生立法活动所必须遵循的基本行为准则，是立法指导思想在立法实践中的重要体现。

卫生法制定的基本原则主要有：体现人民意志和遵循宪法，维护社会主义法制的统一和尊严，依照法定的权限和程序，原则性与灵活性相结合，总结卫生工作实践经验与科学预见相结合，等等。

（四）卫生法制定的程序

卫生法的制定程序是指有立法权的国家机关制定卫生法所必须遵循的方式、步骤、顺序等的总和。程序是立法质量的重要保证，是民主立法的保障。卫生法的制定必须依照法定程序进行。

1. 卫生法律的制定程序

全国人大常委会制定卫生法律的程序如下：①卫生法律案的提出；②卫生法律案审议；③卫生法律案的表决与通过；④卫生法律的公布。

2. 卫生行政法规的制定程序

与卫生法律的制定程序不同，卫生行政法规的制定程序如下：

（1）立项。相关行政管理部门需要制定卫生行政法规的，应当向国务院报请立项，由国务院法制局编制立法计划，报请国务院批准。

（2）起草。起草工作由国务院组织，一般由卫生健康委员会等业务主管部门具体承担起草任务。

（3）审查。卫生健康委员会等业务主管部门有权向国务院提出卫生行政法规草案，送国务院法制局进行审查。

（4）通过。国务院法制局对卫生行政法规草案审查完毕后，向国务院提出审查报告和草案修改稿，提请国务院审议，由国务院常务会议或全体会议讨论通过或者总理批准。

（5）公布。卫生行政法规由国务院总理签署国务院令公布。

（6）备案。卫生行政法规公布后30日内报全国人大常委会备案。

二、卫生法的实施

（一）卫生法实施的概念

卫生法的实施是指通过一定的方式，使卫生法律规范在社会生活中得到贯彻和实现的活动。卫生法的实施过程，是把卫生法的规定转化为主体行为的过程，是卫生法作用于社会关系的特殊形式。

美国著名社会法学家庞德曾说：“法律的生命在于它的实行。”同样，卫生立法机关的根本目的不仅仅是制定卫生法、建立完善的卫生法律体系，最终目的在于通过卫生法律的实施，将卫生法律设定的权利和义务转化为现实生活中的权利和义务。

一般认为，卫生法的实施主要有卫生法的适用和卫生法的遵守两种方式。

（二）卫生法的适用

卫生法的适用有广义和狭义之分。广义的卫生法的适用，是指国家机关和法律、法规授权的社会组织依照法定的职权和程序，行使国家权力，将卫生法律规范创造性地运用到具体人或组织，用来解决具体问题的一种专门活动。它包括医药卫生健康主管部门以及法律、法规授权的组织依法进行的卫生执法活动和司法机关依法处理有关卫生违法和犯罪案件的司法活动。狭义的卫生法的适用，仅指司法活动。本书指的是广义的卫生法的适用。

卫生法的适用是一种国家活动，具有以下特点：

（1）权威性。卫生法的适用是体现国家意志的活动，具有法的普遍的约束力和强制性，因而也具有极强的权威性。

（2）目的的特定性。卫生法适用的根本目的是保护公民的生命健康权。

（3）合法性。有关机关及授权组织对卫生健康管理事务或案件的处理，应当有相应的法律依据。

（4）程序性。卫生法的适用是有关机关及授权组织依法定程序进行的活动。

（5）国家强制性。卫生法的适用是以国家强制力为后盾实施的活动。

（6）要式性。卫生法的适用必须有表明适用结果的法律文书，如卫生许可证、罚款决定书、判决书等。

（三）卫生法的遵守

卫生法的遵守，又称卫生守法，是指一切国家机关和武装力量、各政党和各社会团体、各企业事业组织和全体公民都必须恪守卫生法的规定，严格依法办事。

1. 卫生法遵守的主体

卫生守法的主体既包括一切国家机关、社会组织和全体中国公民，也包括在中国领域内活动的国际组织、外国组织、外国公民和无国籍人。

2. 卫生法遵守的内容

卫生法的遵守不是消极、被动的，它既要求国家机关、社会组织和公民依法承担和履行卫生义务（职责），也包含国家机关、社会组织和公民依法享有权利、行使权利，其内容包括依法行使权利和履行义务两个方面。

三、卫生法的效力范围

卫生法的效力范围是指卫生法的生效范围或适用范围，即卫生法在什么时间、什么地方和对什么人适用，包括卫生法的时间效力、空间效力和对人的效力三个方面。

（一）时间效力

卫生法的时间效力是指卫生法何时生效、何时失效，以及对卫生法生效前所发生的行为和事件是否具有溯及力的问题。

1. 卫生法的生效时间

卫生法的生效时间通常有2种情形：①在卫生法律文件中明确规定从法律文件颁布之日起施行。如1995年10月30日颁布的《中华人民共和国食品卫生法》，自颁布之日起施行。②在卫生法律文件中明确规定在其颁布后的某一具体时间生效。如《中华人民共和国食品安全法》由中华人民共和国第十一届全国人民代表大会常务委员会第七次会议于2009年2月28日通过并公布，自2009年6月1日起施行。

2. 卫生法的失效时间

卫生法的失效时间通常有4种情形：①从新法颁布施行之日起，相应的旧法即自行废止，有时也在新法中明文宣布旧法废止；②由于形势发展变化，某项法律已因调整的社会关系不复存在或已失去了存在的条件而自行失效；③有的法律规定了生效期限，期满该法即终止效力；④有关国家机关发布专门的决议、命令，宣布废止其制定的某些法，而导致该法失效。

3. 卫生法的溯及力

卫生法的溯及力也称卫生法溯及既往的效力，是指新法颁布施行后，对它生效以前所发生的事件和行为是否适用的问题。如果适用，该卫生法就有溯及力；如果不适用，该卫生法就不具有溯及力。我国卫生法一般不溯及既往，但为了更好地保护公民、法人和其他组织的权利和利益而作的特别规定除外。我国实行“从旧兼从轻”原则。

（二）卫生法的空间效力

卫生法的空间效力是指卫生法生效的地域范围，即卫生法在哪些地方具有拘束力。卫生法的空间效力有以下几种情形：全国人大及其常委会制定的卫生法律，国务院及其各部门发布的卫生行政法规、规章等规范性文件，在全国范围内有效；地方人大及其常委会、民族自治机关颁布的地方性卫生法规、自治条例、单行条例以及地方人民政府制定的政府卫生规章，只在其行政管辖区域范围内有效；中央国家机关制定的卫生法律、法规，明确规定了特定的适用范围的，即在其规定的范围内有效；某些卫生法律、法规还有域外效力。

（三）卫生法对人的效力

卫生法对人的效力是指卫生法对哪些人具有拘束力。卫生法对人的效力有以下几种情形：我国公民在我国领域内，一律适用我国卫生法；外国人、无国籍人在我国领域内，也都适用我国卫生法，一律不享有卫生特权或豁免权；我国公民在我国领域以外，原则上适用我国卫生法。法律有特别规定的，按法律规定；外国人、无国籍人在我国领域外，如果侵害了我国国家或公民、法人的权益，或者与我国公民、法人发生卫生法律关系，也可以适用我国卫生法。

（四）卫生法效力冲突的裁决制度

当卫生法效力发生冲突时，通常有以下几种裁决制度：

（1）卫生法律之间对同一事项的新的一般规定与旧的特别规定不一致，不能确定如何适用时，由全国人大常委会裁决。

（2）卫生行政法规之间对同一事项的新的一般规定与旧的特别规定不一致，不能确定如何适用时，由国务院裁决。

（3）地方性卫生法规、卫生规章之间不一致时，由有关机关依照下列规定的权限进行裁决：①同一机关制定的新的一般规定与旧的特别规定不一致时，由制定机关裁决；②地方性卫生法规与卫生部门规章之间对同一事项的规定不一致，不能确定如何适用时，由国务院提出意见；③卫生部门规章之间、卫生部门规章与地方政府卫生规章之间对同一事项的规定不一致时，由国务院裁决；④根据授权制定的卫生法规与卫生法律规定不一致，不能确定如何适用时，由全国人大常委会裁决。

四、卫生行政执法

卫生行政执法是指国家卫生健康主管部门、法律法规授权的组织依法执行，适用法律，实现国家卫生管理的活动。卫生行政执法是卫生健康主管部门进行卫生事业管理、适用卫生法律法规的最主要的手段和途径。

（一）卫生行政执法的主体

卫生行政执法主体是指以自己的名义实施卫生行政执法行为，并对其行为后果独立承担法律责任的组织及其工作人员，这些组织包括卫生行政主体和法律、法规授权的组织。我国卫生行政执法主体主要有以下几种：

1. 各级卫生健康主管部门

卫生健康主管部门是对我国卫生工作进行全面管理的国家行政机关，它是我国最主要的卫生行政执法机关。各级卫生健康主管部门包括国务院卫生健康主管部门即国家卫生健康委员会及地方县级以上人民政府卫生健康主管部门，即省、自治区、直辖市卫生健康委（局）、地（市）卫生健康委（局）、县（县级市、区、旗）卫生健康委（局）。

在实际的卫生行政执法过程中，卫生健康主管部门通常依照卫生法律、法规的规定委托其他一些机构或组织具体执行卫生监督工作。目前，全国绝大多数省、自治区、直辖市都完成了卫生监督所的组建。卫生监督所是同级卫生健康主管部门委托的在其辖区内依照国家法律、法规行使卫生执法的职责的执行机构，负责具体的卫生执法工作。

2. 药品监督管理机关

药品监督管理机关是综合监督药品、化妆品的安全管理和主管药品监督的机构，负责对药品，包括医疗器械、卫生材料、医药包装材料的研究、生产、流通和使用等，进行行政监督和技术管理。

3. 国境卫生检疫机关

国家出入境检疫局是我国卫生行政执法主体之一。其主要职责是执行《中华人民共和国国境卫生检疫法》，对出入境人员、货物或运输工具等进行卫生检疫，依法实施传染病检疫、监测和卫生监督。

4. 卫生行政执法人员

卫生行政执法人员是代表卫生健康主管部门进行具体卫生行政执法活动的工作人员，卫生监督员是我国主要的卫生行政执法人员。

（二）卫生行政执法的特点

卫生行政执法是我国行政执法的种类之一，是国家行政权的重要组成部分，它有以下基本特征：

（1）执法主体的特定性。我国卫生行政执法的主体主要是各级卫生健康主管部门，在特定情况下，卫生行政法律、法规还可将卫生执法权授予某一组织，即法律法规授权组织。此外，卫生健康主管部门还可依法将执法权委托给其他组织行使，使其拥有执法资格，成为执法主体。除上述情形外，其他任何组织和个人均无权行使卫生行政执法权。

（2）执法行为的主动性。卫生行政执法是国家卫生健康主管部门的法定职权和义务，卫生健康主管部门必须主动积极履行这种职权和义务。卫生行政执法主体行使职权时，可以根据法律、法规和规章单方面作出决定，不受行政相对人和其他机构干涉。

（3）执法程序的严格性。与其他行政管理活动相比，卫生行政执法直接涉及相对人的权益，因此，法律法规和规章规定了比较严格的执法程序，违反执法程序的行为是无效的。

（4）执法后果的强制性和法律救济性。卫生行政执法是国家卫生管理行政权的一种特殊方式，具有强制性，任何单位和个人都必须服从和执行卫生行政执法机关的执法行为。但同时，法律法规和规章也规定了相对人的法律救济途径，主要有行政复议、行政诉讼和国家赔偿。

（三）卫生行政执法的方式

卫生行政执法行为一般分为抽象卫生行政行为和具体卫生行政行为，前者指卫生行政机关对某些卫生法律法规在执行过程中就有关问题制定具体行为规范、做出解释、提出意见和要求等；后者指卫生行政执法主体在职权范围内，依照法律法规，单方面改变特定管理相对人的权利和义务的行政执法活动。这是卫生行政执法主体的主要行政行为。

具体的卫生行政行为主要有以下几种方式：

（1）卫生行政许可。这是指卫生行政主体依据行政相对人的申请，依法赋予特定的行为相对人拥有可以从事为法律一般禁止的权利或义务的法律行为。现实中，卫生行政许可的方式主要是颁发卫生许可证。

（2）卫生行政处理。这是卫生行政执法主体依职权对特定相对人的权益的卫生健康管理事务进行处理或裁定的一种具体行政行为，比如县级以上卫生健康主管部门在自己的管辖范围和权限内对医疗事故争议的行政处理。

（3）卫生行政处罚。这是卫生行政执法主体在职权范围内对违反卫生法律、法规或规章的管理相对人，依照法律规定的种类、幅度和程序实施行政制裁的行政执法行为。我国《卫生行政处罚程序》规定，卫生行政处罚是指县级以上卫生健康主管部门依据卫生法律、法规、规章，对应受制裁的违法行为，作出的警告、罚款、没收违法所得、责令停产停业、吊销许可证以及卫生法律、行政法规规定的其他行政处罚。

（4）卫生监督检查。这是指卫生行政执法机关为了实现卫生健康管理的目标和任务，依法对行政相对人遵守卫生法律规范和履行卫生健康主管部门的决定、命令的情况予以察看、监督的行政执法行为。卫生监督检查的主要目的是监督管理相对人自觉遵守卫生法律规范，保证卫生法的施行，此类监督检查具有国家强制性，被检查者必须接受和配合。卫生监督检查通常分为预防性监督检查和经常性监督检查两大类。

（5）卫生行政强制措施。这是指卫生健康主管部门为了预防或制止正在发生或可能发生的危害人群健康和社会利益的行为、物品以及特定的人或者场所，依法采取紧急措施的一种具体行政行为。卫生行政强制措施种类主要有：责令改正；强制洗消处理；对甲类传染病病人和病源携带者、乙类传染病的艾滋病病人、炭疽中的肺炭疽病人，由公安部门协助治疗单位采取强制隔离治疗措施；对疑似甲类传染病病人，强制医学观察；责令公告收回；封存、查封；等等。

第二节　卫生违法及法律责任

一、卫生违法

卫生违法是指具有法定责任能力的组织或个人违反卫生法律规范，造成社会危害的行为。根据卫生违法情节的轻重以及造成社会危害的程度，卫生违法可以分为一般卫生违法和卫生犯罪两大类。

（一）一般卫生违法

一般卫生违法是指具有法定责任能力的组织或个人违反卫生法律规范，造成社会危害尚不够刑事处分的行为。构成一般卫生违法行为，必须符合以下四个要件：

（1）客观上有违反卫生法律、法规的行为。这种行为必须是客观存在的并对社会产生一定作用和影响的行为。单纯的思想和意识活动而没有客观的行为，则不是卫生违法。实施卫生违法行为的形式主要有作为和不作为两种形式。作为是行为人以积极的心态和身体动作实施卫生法律、法规所禁止的行为；不作为则是指行为人以消极的心态不实施卫生法律、法规要求其必须实施的行为。

（2）具有一定的社会危害性。行为人在不同程序上侵犯了卫生法律、法规所保护的社会关系和社会秩序。这种危害性既可能是已经发生的危害后果，也可能是潜在的威胁或危害；既可以是具体、有形的，也可以是抽象、无形的。

（3）行为人有主观过错，即故意或者过失。过错是指行为人的某种主观心理状态。明知自己的行为会发生危害社会的结果，却希望或者放任这种结果的发生，是故意违法；因疏忽大意，应当预见而没有预见到危害结果的发生，或虽然已经预见危害结果的发生，但轻信能够避免，最终导致危害结果的发生，是过失违法。因不可抗力造成的危害行为，则不属于卫生违法。

（4）行为人必须具有法定责任能力。责任能力是指具有了解自己行为性质、意义以及后果，并能自觉地控制自己的行为和对自己行为独立负责的能力。公民的责任能力一般从两个方面来确定：一是年龄，二是精神状态。没有达到法定年龄以及不能理解、辨认和控制自己行为的精神病患者，不属于卫生违法行为的主体。有责任能力的法人和其他社会组织，可以成为卫生违法的主体。

（二）卫生犯罪

犯罪是具有严重社会危害性、刑事违法性和应受刑法惩罚的严重违法行为，卫生违法行为符合犯罪的构成要件即构成卫生犯罪。犯罪有四个要件，分别是：

（1）犯罪主体：实施犯罪行为的人或者单位。每一种犯罪，都必须有犯罪主体，有的犯罪是一个人实施的，犯罪主体就是一人，有的犯罪是数人实施的，犯罪主体就是数人。

（2）犯罪的主观方面：犯罪主体对其实施的犯罪行为及其结果所具有的心理状态。犯罪主观方面的心理状态有两种，即故意和过失。

（3）犯罪的客观方面：犯罪行为的具体表现，比如非法行医罪必须有未取得医师执业资格的人擅自从事医疗活动、情节严重的客观行为。

（4）犯罪客体：刑法所保护而被犯罪行为所侵害的社会关系。犯罪客体和犯罪对象是不同的，犯罪对象是犯罪行为所直接针对的人或物（或法益），如医疗事故罪，犯罪对象是具体的被害人，而犯罪客体是指刑法所保护的医疗单位的工作秩序，以及公民的生命健康权利不受非法侵害的这种社会关系。

二、卫生法律责任

卫生法律责任是指卫生法律关系主体由于违反卫生法律规范规定的义务或约定义务，所应承担的带有强制性的法律后果。

（一）卫生法律责任的特点

卫生法律责任一般具有以下特点：

（1）是违反卫生法律规范的后果。构成卫生违法，是行为人承担卫生法律责任的前提条件。

（2）卫生法律责任必须有卫生法律、法规和规章的明确规定。在卫生法律关系中，违法行为很多，但不是所有的违法行为都要承担法律责任。只有卫生法律、法规、规章作出明确规定的，行为主体才承担相应的法律责任。

（3）卫生法律责任具有国家强制性。这是以国家强制力作为后盾的，当违法者拒绝承担由其违法而必须承担的法律责任时，国家强制力将强制其承担。

（4）卫生法律责任必须由专门机关予以追究。卫生法律责任必须由国家授权的专门机关在法定职权围内依法予以追究，其他任何组织和个人都不能行使这种职权。

（二）卫生法律责任的种类

由于行为人违反卫生法律规范的性质和对社会危害的程度不同，其所承担的法律责任也相应不同，主要有行政责任、民事责任和刑事责任三种。

1. 行政责任

行政责任是指卫生法律关系主体双方的任何一方违反卫生行政法律规范，但尚未构成犯罪时，所应承担的法律后果。根据我国卫生健康管理法规的规定，主要包括行政处罚和行政处分两种形式。

卫生行政处罚是指卫生健康主管部门对违反了卫生法律法规的管理相对人所实施的一种行政制裁。卫生行政处罚的种类主要有警告、罚款、没收违法所得、没收非法财物、责令停产停业、暂扣或吊销有关许可证等。

行政处分是指行政机关或企事业单位依据行政隶属关系，对违法、违纪或失职人员给予的一种行政制裁。行政处分主要包括警告、记过、记大过、降级、降职、撤职、开除留用察看、开除八种。

2. 民事责任

卫生民事责任是指医疗卫生机构、卫生工作人员和从事生产经营健康相关产品的管理相对人及其他主体违反了法律规定，侵害公民的健康权利时，所应承担的损害赔偿责任。行政主体因其违法给管理相对人造成财产损失的，也应承担赔偿责任，但这种赔偿应依据《国家赔偿法》进行，其性质属于行政责任，而不是民事赔偿责任。

民事责任是一种侵权责任，其构成必须同时具备以下要件：行为人实施了违反卫生法律法规的行为；有损害事实的存在；违法行为与损害结果之间具有因果关系；行为人实施违法行为时主观上有过错。民事责任在法律允许的范围内，双方可以自愿协商解决。

3. 刑事责任

刑事责任是指行为人违反卫生法律法规，实施了刑法所禁止的犯罪行为而应承担的法律后果。卫生法律规范中对刑事责任的规定是直接引用刑法中的有关条款，需要指出的是，刑事责任是最严厉的法律责任。

承担刑事责任的方式是刑罚，分为主刑和附加刑。主刑有：拘役、管制、有期徒刑、无期徒刑、死刑；附加刑有：罚金、剥夺政治权利、没收财产。附加刑也可以独立适用。对于犯罪的外国人，可以独立适用或者附加适用驱逐出境。例如，我国刑法第 336 条规定：未取得医生执业资格的人非法行医，情节严重的，处 3 年以下有期徒刑、拘役或者管制，并处或者单处罚金；严重损害就诊人身体健康的，处 3 年以上 10 年以下有期徒刑，并处罚金；造成就诊人死亡的，处10年以上有期徒刑，并处罚金。

第三节　卫生法律救济

一、卫生法律救济的概念和意义

（一）卫生法律救济的概念

卫生法律救济指公民、法人或者其他组织认为自己的人身权、财产权因为行政机关的行政行为或者其他单位和个人的行为而受到侵害，依照法律规定向有权受理的国家机关告诉并要求解决，予以补救，有关国家机关受理并作出具有法律效力的活动。目前，法律救济的方式主要有行政复议、行政诉讼、国家赔偿。

（二）卫生法律救济的意义

卫生执法机构和执法人员以国家的名义从事执法活动，具有国家强制力，是典型的公权力。正确的执法行为能够维护国家对卫生事业管理秩序，保护公民的健康权益。但是，如果滥用或错误使用执法公权力，则会侵犯相对人的权利。因此，对卫生执法行为必须有监督机制，对相对人的权利必须建立法律救济途径。概括起来，卫生法律救济具有以下意义：

（1）保护相对人的合法权益。在卫生健康管理活动中，当卫生法律关系的主体，即作为相对人的公民、法人或其他组织的法定权益受到损害时，可以通过法定的方式和途径，请求有权机关以强制性的救济方式来帮助受损害者恢复并实现自己的权利。

（2）促进卫生健康主管部门依法行政。卫生法律救济在卫生健康管理活动中具有预防和控制卫生健康主管部门侵权行为的功能，能够促进卫生健康主管部门加强内部管理，增强卫生健康主管部门工作人员的法制意识，确保执法活动的法制性、公正性和合理性。

（3）维护卫生法律的权威。卫生法律的权威性是卫生法制化的起码要求。卫生健康主管部门在卫生健康管理活动中的公正性是维护卫生法律权威的重要内容。通过法律救济对卫生健康主管部门违法行政的矫正、对受侵害相对人进行法律上的补救，就可以使相对人和公众认同行政执法的公正性，从而维护卫生法律的权威。

二、卫生行政复议

（一）卫生行政复议的概念

卫生行政复议是指公民、法人或其他组织认为卫生行政执法机关的具体行政行为侵犯其合法权益，依法提出行政复议申请，由上一级卫生健康主管部门依法对原具体行政行为进行全面审查，并作出裁决的一种法律制度。

全国人民代表大会常务委员会第九次会议于1999年4月29日通过了《中华人民共和

国行政复议法》，并于1999年10月1日起施行。2007年5月23日国务院公布了《中华人民共和国行政复议法实施条例》，自2007年8月1日起施行。1999年12月29日卫生部发布了《国家卫生计生委行政复议与行政应诉管理办法》，对原卫生计生委的行政复议作出了具体规定。

（二）卫生行政复议的范围

根据《行政复议法》的规定，卫生行政复议的受案范围应是对卫生健康主管部门直接作出或直接委托的组织作出的具体行政行为不服而申请的下列行为：对行政机关在执行卫生法律、法规和规章过程中，作出的各种行政处罚不服的；对行政机关在执行卫生法律、法规和规章过程中，作出的临时限制人身自由或者查封、扣押等行政强制措施决定不服的；对行政机关在执行卫生法律、法规和规章过程中，作出的有关许可证、资格证等证书变更、中止、撤销的决定不服的；认为符合法定条件，申请行政机关颁发许可证、执照、资质证、资格证等证书，或者申请行政机关审批、登记有关事项，行政机关没有依法办理的；认为行政机关的其他具体行政行为侵犯其合法权益的。

卫生健康主管部门的具体行政行为所依据的除法律、法规、规章和国务院文件以外的其他规范性文件不合法，在对具体行政行为申请行政复议时，可以一并提出对该规范性文件的审查申请。但对下列事项不服，则不能申请复议：对国家卫生健康委员会部门规章或者地方人民政府规章不服的；对卫生健康主管部门工作人员的奖惩、任免等决定不服的；对卫生健康主管部门仲裁、调解或者处理的民事纠纷不服的。

（三）卫生行政复议机关和复议机构

依法履行行政复议职责的卫生健康主管部门是卫生行政复议机关。卫生健康主管部门内负责法制工作的机构是卫生复议机构。目前，卫生健康主管部门内普遍设立卫生行政复议委员会，卫生行政复议机构承担具体的复议工作。

（四）卫生行政复议的申请

1. 申请人与被申请人

卫生行政复议的发生，必须以相对人的申请为前提。依照《行政复议法》申请行政复议的公民、法人或者其他组织是申请人。有权申请行政复议的公民死亡的，其近亲属可以申请行政复议。有权申请行政复议的公民为无民事行为能力人或者限制民事行为能力人的，其法定代理人可以代为申请行政复议。有权申请行政复议的法人或者其他组织终止的，承受其权利的法人或者其他组织可以申请行政复议。同申请行政复议的具体行政行为有利害关系的其他公民、法人或其他组织，可以作为第三人参加行政复议。

公民、法人或者其他组织对行政机关的具体行政行为不服申请行政复议的，作出具体行政行为的行政机关是被申请人。

2. 申请期限

依照《行政复议法》申请行政复议的公民、法人或者其他组织是申请人，申请人必须在法定期限内提出行政复议的申请。申请期限为自知道该具体行政行为之日起60日内提出行政复议申请，但是法律规定申请期限超过60日的除外。因不可抗力或者其他正当理由耽误法定申请期限的，申请期限自障碍消除之日起继续计算。

3. 申请方式

申请人申请行政复议可以书面申请，也可以口头申请。口头申请的，行政复议机关应当当场记录申请人的基本情况、行政复议请求、申请行政复议的主要事实、理由和时间。

4. 申请的管辖

卫生行政复议主要是针对卫生健康主管部门、法律、法规授权的组织复议，主要有下列情况：①对县级以上各级人民政府卫生健康主管部门的具体行政行为不服的，由申请人选择，可以向卫生健康主管部门的本级人民政府申请行政复议，也可以向上一级行政部门申请行政复议；②对国家卫生健康委员会的具体行政行为不服的，向国家卫生健康委员会申请行政复议；③对铁道、交通行政主管部门设立的食品安全监督机构等法律、法规授权的组织的具体行政行为不服的，向直接管理该组织的铁道、交通行政主管部门申请行政复议；④对卫生健康主管部门委托的组织所作出的具体行政行为不服的，向委托作出具体行政行为的卫生健康主管部门申请行政复议；⑤对药品监督管理部门等实施垂直领导的行政机关的具体行政行为不服的，向上一级药品监督部门申请行政复议；⑥对地方行署所属的县级地方人民政府的具体行政行为不服的，向该地方行署申请行政复议；⑦对被撤销的卫生健康主管部门在被撤销前作出的具体行政行为不服的，向继续行使职权的主管部门的上级部门申请行政复议；⑧对卫生健康主管部门与其他行政部门以共同的名义作出的具体行政行为不服的，向其共同上一级行政机关申请行政复议。

一般情况下，申请行政复议和行政诉讼是可以选择的，但按照《行政诉讼法》的规定，对卫生健康委等国务院部门或者省、自治区、直辖市人民政府的具体行政行为不服的，必须首先申请行政复议，才能申请行政诉讼，这种情况称为复议前置。公民、法人或者其他组织向人民法院提起行政诉讼，人民法院已经依法受理的，不得申请行政复议。

（五）卫生行政复议的受理

行政复议机关收到行政复议申请后，应当在5日内进行审查，对不符合规定的行政复议申请决定不予受理，并书面告知申请人；对符合规定，但是不属于本机关受理的行政复议的申请，应当告知申请人向有关行政复议机关提出。行政复议机关无正当理由不予受理的，上级行政机关应当责令其受理，必要时，上级行政机关也可以直接受理。

行政复议期间具体行政行为不停止执行，但有下列情形之一的，可以停止执行：卫生健康主管部门等被申请人认为需要停止执行的；卫生健康主管部门等行政复议机关认为需要停止执行的；申请人申请停止执行，行政复议机关认为其要求合理，决定停止执行的；法律规定停止执行的。

（六）卫生行政复议的审理

卫生行政复议原则上采取书面审查的办法。卫生行政复议机构应当自行政复议申请受理之日起7日内，将行政复议申请书副本或者行政复议申请笔录复印件发送被申请人。被申请人应当自收到申请书副本或者申请笔录复印件之日起10日内，提出书面答复，并提交当初作出具体行政行为的证据、依据和其他有关资料。

申请人、第三人有权查阅被申请人提出的书面答复、作出具体行政行为的证据、依据和其他有关材料，行政复议机关不得拒绝。在行政复议过程中，被申请人不得自行向申请人和其他有关组织或者个人收集证据。行政复议决定作出前，申请人要求撤回行政复议申请的，经说明理由，可以撤回；撤回行政复议申请的，行政复议终止。

申请人在申请行政复议时，一并提出对具体行政行为所依据的下列规定不合法审查申请的，或者行政复议机关在对被申请人作出的具体行政行为进行审查时，认为其依据不合法，行政复议机关对该规定有权处理的，应当在30日内依法处理；无权处理的，应当在7日内按照法定程序转送有权处理的行政机关依法处理，有权处理的行政机关应当在60日内依法处理，处理期间中止对具体行政行为的审查。

（七）复议决定

经过审理，复议机构可以作出如下复议决定：具体行政行为认定事实清楚、证据确凿、适用依据正确、程序合法、内容适当的，决定维持；被申请人不履行法定职责的，责令其在一定期限内履行；主要事实不清、证据不足的，适用依据错误的、违反法定程序的、超越或者滥用职权的、具体行政行为明显不当的，决定撤销、变更或者确认该具体行政行为违法；决定撤销或者确认该具体行政行为违法的，可以责令被申请人在一定期限内重新作出具体行政行为。

当事人对复议决定不服的，可以在接到复议决定书之日起15日内向人民法院提起行政诉讼。

三、卫生行政诉讼

（一）卫生行政诉讼的概念及其意义

1. 卫生行政诉讼的概念

卫生行政诉讼是诸多行政诉讼中的一种，是指人民法院通过司法审判工作，处理卫生行政纠纷的活动。卫生行政诉讼是我国的一项重要诉讼法律制度，是解决卫生行政争议的一种救济手段，也是对卫生行政机关的具体行政行为进行外部监督的一种形式。

2. 卫生行政诉讼的特点

卫生行政诉讼必须具备以下几个要件：卫生行政诉讼是公民、法人或其他组织不服卫生行政机关作出的具体行政行为，向人民法院提起的诉讼，因此原告始终是卫生健康管理的相对人；卫生行政诉讼的被告始终是作出具体卫生行政行为的卫生健康主管部门或法律、法规授权的组织；卫生行政诉讼应当由卫生健康主管部门的具体行政行为引起，颁布文件、公布决定等抽象行政行为不能引起卫生行政诉讼；卫生行政诉讼全过程必须在法定期限内进行。

3. 卫生行政诉讼的意义

（1）是保护公民、法人或其他组织合法权益的重要手段。卫生健康主管部门代表国家行使卫生监督执法权，与相对人之间是管理与被管理的关系，卫生健康主管部门及其工作人员的违法行政行为很有可能侵犯相对人的合法权益，这就需要建立一种在其合法权益遭受侵犯时能得到救济的法律制度，卫生行政诉讼正是这样一种司法救济制度。

（2）是维护和监督卫生健康主管部门依法行使行政职权的重要手段。人民法院通过审理卫生行政诉讼案件，从国家司法机关的角度对卫生健康主管部门作出的具体行政行为的合法性进行审查，制止、纠正卫生健康主管部门的违法行为，从而达到维护和监督卫生健康主管部门依法行使职权的目的。

（3）是促进卫生健康主管部门提高执法水平的重要手段。按照《行政诉讼法》规定，卫生健康主管部门面临着随时出庭应诉的可能，并要承担可能败诉的风险。这就要求卫生健康主管部门在作出每一具体行政行为的时候，都要坚持依法行政，以事实为根据、以法律为准绳，准确适用法律，执行法定程序，并且深入调查研究，及时收集证据，从而提高卫生行政执法水平。

（二）卫生行政诉讼的基本原则

除了在一切诉讼活动中必须遵守的原则，卫生行政诉讼还有其特有的一些原则：

（1）被告，即卫生健康主管部门，负有举证责任。作为被告的卫生健康主管部门应当向人民法院提供原先作出具体卫生行政行为的证据材料和所依据的法律、法规等规范性文件。如果不能举证，将承担败诉的后果。

（2）对具体卫生行政行为的合法性进行审查。我国《行政诉讼法》规定，人民法院审理行政案件，对具体行政行为是否合法进行审查。这一方面是指行政诉讼中人民法院只审查具体行政行为，而不审查抽象行政行为；另一方面也是指行政诉讼中人民法院只审查具体行政行为的合法性，而不审查其合理性。

（3）诉讼期间不停止具体行政行为的执行。卫生行政诉讼期间，卫生健康主管部门实施的具体卫生行政行为并不因为诉讼而停止执行，但特殊情况除外。现代国家的行政管理，强调高效性、连续性，如果具体行政行为因为相对人提起诉讼而停止，则势必破坏行政管理的高效与连续，甚至导致行政管理陷于瘫痪。

（4）不适用调解。人民法院审理卫生行政诉讼案件不得采用调解作为审理程序和结案方式，此原则在行政复议中同样适用。

（三）卫生行政诉讼管辖

卫生行政诉讼管辖是指各级人民法院或同级人民法院之间审理卫生行政案件的分工和权限。确定管辖的目的就是使卫生行政审判权得到具体落实，便于当事人起诉和应诉，保障当事人充分行使诉权，维护当事人的合法权益。

1. 级别管辖

这是指各级人民法院之间受理一审卫生行政案件的分工和权限。我国卫生行政诉讼的级别管辖分为基层人民法院的管辖、中级人民法院的管辖、高级人民法院的管辖、最高人民法院的管辖。基层人民法院管辖第一审行政案件。除法律规定应由上级人民法院管辖这一特殊情形以外，卫生行政案件都应由基层人民法院管辖；以国务院各部门或省、自治区、直辖市政府为被告的案件，以及本地区内重大、复杂的案件，要由中级人民法院管辖；高级人民法院管辖本辖区内重大、复杂的行政案件；最高人民法院管辖全国范围内重大、复杂的第一审卫生行政案件。

2. 地域管辖

这是确定不同地区法院管辖权限与分工的方式，在理论上我们把它分为一般地域管辖、特殊地域管辖和共同管辖。卫生行政案件由最初作出具体卫生行政行为的行政机关所在地法院管辖。经卫生行政复议的案件，复议机关改变原具体行政行为的，也可以由复议机关所在地法院管辖；对限制人身自由的行政强制措施不服而提起的诉讼，由被告所在地或原告所在地法院管辖，因不动产提起行政诉讼的案件，由该不动产所在地法院负责管辖；由于当事人的复合因素而出现共同管辖局面时，各管辖法院在法律上都有对本案的管辖权，如果原告向两个以上的管辖法院同时起诉的，则依客观标准确定管辖法院，即由最先收到起诉书的法院管辖。

3. 指定管辖和移送管辖

我国《行政诉讼法》规定，有管辖权的人民法院由于特殊原因不能行使管辖权或对管辖权发生争议经协商解决不成的，由上级人民法院决定将第一审卫生行政案件指定下一级人民法院管辖。当人民法院发现受理的案件不属于自己管辖时，应当将其移送给有管辖权的人民法院处理。

（四）卫生行政诉讼程序

1. 起诉与受理

起诉是指公民、法人或者其他组织认为卫生健康主管部门的具体行政行为侵犯其合法权益，请求人民法院给予法律保护的诉讼行为。

根据《行政诉讼法》规定，起诉必须符合一定条件：原告必须是卫生行政处罚或其他处理决定的相对人，或者是行政处罚、处理决定的利害关系人；要有明确的被告，被告可能是卫生健康主管部门，也可能是法律、法规授权的组织；要有具体的诉讼请求和相应的事实依据，并以书面的形式向人民法院提出诉讼请求；诉讼请求属于人民法院受案范围和受诉人民法院管辖。《行政诉讼法》规定，公民、法人或者其他组织直接向人民法院提起诉讼的，应当在知道作出具体行政行为之日起 3 个月内提出，法律另有规定的除外。例如，《国境卫生检疫法》规定，当事人对国境卫生检疫机关给予的罚款决定不服的，可以在接到通知之日起 15 日内向当地人民法院起诉。

受理是人民法院对起诉进行审查，认为符合法定条件决定立案审理的行为。按照

《行政诉讼法》的规定，对起诉书的审查期限是自收到起诉书7日内完成。

2. 审理与判决

人民法院审理行政诉讼案件时，严格按照《行政诉讼法》规定的条件和程序进行，经过审理，可以产生如下判决：维持卫生健康主管部门的原处理决定；撤销卫生健康主管部门所作出的具体行政行为；变更原处理决定；要求卫生健康主管部门在一定期限内履行其法定职责等。

3. 执行

执行是指当事人拒不执行已经发生法律效力的人民法院的判决、裁定和卫生健康主管部门的行政处理决定的义务时，人民法院或者卫生健康主管部门根据已经生效的法律文书，按照法定程序迫使当事人履行义务，保证实现法律文书内容的诉讼活动。

卫生健康主管部门在管理相对人不履行义务时，申请人民法院强制执行主要有两种情形：一是卫生行政诉讼经人民法院判决生效后，相对人不执行判决的，卫生健康主管部门可以向第一审人民法院申请强制执行；二是卫生健康主管部门可以根据法律、法规的规定，在卫生行政决定生效后，相对人拒不执行的，可向人民法院申请强制执行。

四、卫生行政赔偿

（一）卫生行政赔偿的概念及构成要件

1. 卫生行政赔偿的概念

卫生行政赔偿是指国家卫生健康主管部门及其工作人员在执行公务过程中，因违法或不当的具体行政行为侵害管理相对人合法权益并造成损害的后果，由卫生健康主管部门给予赔偿的制度。卫生行政赔偿是国家赔偿制度的重要组成部分，1994年通过的《中华人民共和国国家赔偿法》是卫生行政赔偿的重要法律依据。

卫生行政侵权赔偿的形式主要是经济赔偿，多数情况下应当以金钱给付为原则。卫生健康主管部门还可以采取赔礼道歉、恢复名誉、消除影响等其他形式承担责任。依照法律规定，卫生健康主管部门赔偿损失后，应当责令故意或重大过失的卫生健康主管部门工作人员承担部分或全部赔偿费用。

2. 卫生行政赔偿的构成要件

构成卫生行政赔偿必须具备以下四个要件：①侵权主体必须是行使国家卫生行政管理权的卫生健康主管部门或法律、法规授权的组织以及委托行使行政职权的组织及其工作人员；②必须有卫生健康主管部门及其工作人员的违法（包括故意和过失）行为发生；③管理相对人受到的损害必须实际存在；④卫生健康主管部门及其工作人员的违法侵权行为与相对人合法权益受到的损害之间必须有直接的因果关系。

（二）卫生行政赔偿的范围

1. 卫生行政赔偿的范围

国家卫生健康主管部门及其工作人员侵犯公民、法人或其他组织下列人身权利和财产权利时，受害人有权取得卫生行政赔偿：违法实施罚款、吊销卫生许可证和执照、责令停产停业、没收财产等行政处罚的；违法对财产采取查封、扣押、冻结等卫生行政强制措施的；违反国家规定征收财务、摊派费用的；造成财产损害的其他违法行为。

2. 不承担赔偿责任的情形

国家赔偿法以及相关卫生法律、法规规定，有以下情形的，国家不承担赔偿责任：卫生健康主管部门工作人员与行使职权无关的个人行为；因公民、法人或者其他组织的行为致使损害发生的；法律规定的其他情形。

（三）卫生行政赔偿的程序

卫生行政赔偿程序是指卫生行政受害人提起赔偿请求，卫生健康主管部门履行赔偿义务的步骤、方法、顺序、形式等要求。

1. 赔偿请求的提出

赔偿请求人要求赔偿既可以单独提出，也可以在申请行政复议或提起行政诉讼时一并提出。请求赔偿属于要式法律行为，受害人无论向赔偿义务机关提出赔偿请求，还是向法院提起赔偿诉讼，都应以书面形式进行。申请书应包括以下内容：受害人的姓名、性别、年龄、工作单位和住所，法人或其他组织的名称、住所，法定代表人或主要负责人的姓名、职务；具体的请求、事实根据和理由；赔偿义务机关；申请的年、月、日。请求人书面申请确有困难的，可以委托他人代书，也可以口头申请，由赔偿义务机关记录。

2. 申请赔偿的期限

赔偿请求应当在法定期限内提出。我国《国家赔偿法》规定，请求人请求国家赔偿的时效为 2 年。自国家机关及其工作人员行使职权时的行为被依法确认为违法之日起计算，但被羁押期间不计算在内。以附带的方式提起行政赔偿请求，一般按申请复议提起诉讼的法定期限确定附带请求赔偿的期限，即申请行政复议的期限为知道该具体行政行为之日起 60 日，但是法律规定的申请期限超过 60 日的除外；提起行政诉讼的期限为知道作出具体行政行为之日起 3 个月。

3. 卫生行政赔偿义务机关的受案与处理

卫生行政赔偿义务机关收到卫生行政赔偿申请书后，要进行受案前的初步审查，如果经审查认为该申请书符合卫生行政赔偿条件的，赔偿义务机关应决定受理并通知赔偿请求人，且应自收到申请书之日起 2 个月内依法履行赔偿义务。逾期不予赔偿或赔偿请求人对赔偿数额有异议的，请求人可以自期间届满之日起 3 个月内向人民法院提起卫生行政赔偿诉讼。

卫生行政赔偿诉讼是一种特殊的诉讼形式，它是人民法院根据赔偿请求人的诉讼请求，依照行政诉讼程序和国家赔偿的基本原则和基本制度裁判赔偿争议的活动。在起诉条件、审理形式、证据规则及适用程序等方面都有其自身特点。

（四）卫生行政赔偿的主要方式和计算标准

1. 卫生行政赔偿的主要方式

卫生行政赔偿方式是指国家承担卫生行政赔偿责任的具体形式。根据《国家赔偿法》

规定，卫生行政赔偿以支付赔偿金为主要方式；能够返还财产或者恢复原状的，予以返还财产或者恢复原状。由此可见，我国卫生行政赔偿立法采取的是以金钱赔偿为主，以返还财产或者恢复原状为辅的赔偿方式。

2. 卫生行政赔偿的计算标准

根据《国家赔偿法》规定，卫生行政赔偿计算标准如下：

（1）侵犯公民人身自由的，每日的赔偿金按照国家上年度职工日平均工资计算。

（2）侵犯公民生命健康权的，应支付医疗、住院等费用，具体包括：造成身体伤害的，应当支付医疗费以及赔偿因误工减少的收入，减少的收入每日的赔偿金按照国家上年度职工日平均工资计算，最高额为国家上年度职工年平均工资的 5 倍；造成部分或者全部丧失劳动能力的，应当支付医疗费以及残疾赔偿金，残疾赔偿金根据丧失劳动能力的程度确定，部分丧失劳动能力的最高额为国家上年度职工年平均工资的 10 倍，全部丧失劳动能力的最高额为国家上年度职工年平均工资的 20 倍。造成全部丧失劳动能力的，对其扶养的无劳动能力的人，还应当支付生活费；造成死亡的，应当支付死亡赔偿金、丧葬费，总额为国家上年度职工年平均工资的 20 倍。对死者生前扶养的无劳动能力的人，还应当支付生活费。生活费的发放标准参照当地民政部门有关生活救济的规定办理。被扶养的人是未成年人的，生活费给付至 18 周岁止。其他无劳动能力的人，生活费给付至死亡时止。

（3）侵犯财产权的，按照不同情形分别处理。处罚款、罚金、追缴、没收财产或者违反国家规定征收财物、摊派费用的，返还财产；查封、扣押、冻结财产的，解除对财产的查封、扣押、冻结；造成财产损坏或者灭失的，按照损害程度给予相应的赔偿金；应当返还的财产损坏的，能够恢复原状的恢复原状，不能恢复原状的按照损害程度给付相应的赔偿金；吊销卫生许可证和执照、责令停产停业的，赔偿停产停业期间必要的经常性费用开支；对财产权造成其他损害的，按照直接损失给予赔偿。

第二篇　公共卫生与疾病控制法律制度

第三章　基本医疗卫生与健康促进法

2019 年 12 月 28 日，《中华人民共和国基本医疗卫生与健康促进法》（以下简称《卫生健康法》）经十三届全国人大常委会第十五次会议表决通过，于 2020 年 6 月 1 日正式施行。这是我国卫生与健康领域首部基础性、综合性的法律，该法出台，将落实宪法关于国家发展医疗卫生事业、保护人民健康的规定，对于深化我国医药卫生体制改革和卫生与健康事业发展起到规范、整合与引领作用，具有里程碑的意义，是实施健康中国战略的坚实法律保障。

第一节　概　　述

一、立法过程与背景

2003 年“初级卫生保健法”列入十届全国人大常委会立法规划第一类项目，随后历经了“基本医疗卫生保健法”“基本医疗卫生法”“基本医疗卫生与健康促进法”法律名称三次调整。2017 年起，《中华人民共和国基本医疗卫生与健康促进法（草案）》经历四次全国人大常委会审议并于 2019 年表决通过，立法时间长达 16 年。

该部法律从立法酝酿到调研起草，再到审议修订，整个过程都与国家全面推进依法治国、实施健康中国战略和深化医药卫生体制改革等决策部署密切相关。在《卫生健康法》出台前，我国已制定有《传染病防治法》《国境卫生检疫法》《母婴保健法》《医师法》《中医药法》《精神卫生法》《献血法》《药品管理法》《疫苗管理法》等 10 多部单行法律、40 多部行政法规和众多行政规章，但是这些法律都是针对某一特定领域的分散立法，从宏观上看，这些法律法规缺乏系统性。卫生健康事业作为一个重大社会领域，至今仍然缺少一部基础性法律，来实现对卫生事业发展基本方针、原则、机制和制度作出顶层的、制度性的、基本的安排。

《卫生健康法》立法是巩固医疗卫生体制改革成果，回应卫生健康事业发展面临问题的现实需求。该法起草、修订的现实依据是医疗卫生体制改革的具体实践的经验与成果，始终围绕支撑医疗卫生体制改革的“四梁八柱”框架来制定法律条款，并着力将医改的典型经验和有益成果上升为法律规定。自 2017 年该法进入全国人大常委会一审开始，医患纠纷、疫苗安全、特种药品需求、社会办医等社会热点事件得到了立法部门的高度重视，并加速了关于如何进一步保障人民群众和医疗卫生人员健康权益相关法律规定的完善。

二、立法目的

《卫生健康法》第1条规定，为了发展医疗卫生与健康事业，保障公民享有基本医疗卫生服务，提高公民健康水平，推进健康中国建设，根据宪法，制定本法。我国《宪法》规定，国家发展医疗卫生事业，保护人民健康，国家尊重和保障人权，公民在年老、疾病或者丧失劳动能力的情况下，有从国家和社会获得物质帮助的权利等。

三、调整对象

《卫生健康法》第2条规定，从事医疗卫生、健康促进及其监督管理活动，适用本法。该法打破了传统部门法仅能调整卫生健康领域某一具体行为或特定环节中社会关系的局限性，横跨多部门法领域，以“健康权”为核心，把基本医疗服务提供者（医疗机构和医护人员）与个体患者之间，公共卫生服务机构与社会群体之间，健康产品（药品、食品、医药器械）研发、生产、经营者与终端使用群体之间的民事法律关系，以及医疗服务与健康产品提供过程中因监管活动产生的行政法律关系等，全部纳入调整范围。

四、原则和方针

《卫生健康法》通篇体现了以人民健康为中心的理念，坚持公益性原则。

（1）医疗卫生与健康事业应当坚持以人民为中心，为人民健康服务。这与我国宪法的基本原则、党和国家的治理理念一脉相承。

（2）医疗卫生事业应当坚持公益性原则。坚持公益性，是由党和国家的性质决定的。不仅需要合理区分基本和非基本医疗卫生服务，而且基本医疗卫生服务是医疗卫生服务中最基础、最核心的部分，应该主要由政府负责保障，让全体人民公平获得。还需要正确处理政府和市场的关系，在基本医疗卫生服务领域，政府要有所为，承担好领导、保障、管理和监督的责任。在非基本医疗卫生服务领域，则要发挥市场作用。

（3）国家和社会尊重、保护公民的健康权。“健康权”的提出，是《卫生健康法》的最大亮点，这是国家首次在法律层面上直接提出健康权是基本的人权。尽管我国宪法相关条款表明健康权是公民享有的基本权利，民法中也规定“自然人享有健康权”，但是健康权在《卫生健康法》中的内涵远比民法中的要更为具体和广泛，同时也是以法律的形式激活了宪法中公民基本权利的健康权。

（4）国家实施“健康中国”战略。2016年，中共中央、国务院印发《“健康中国2030”规划纲要》。2017年，党的十九大提出“实施健康中国战略”，将实施健康中国战略纳入国家发展的基本方略，明确要求把人民健康置于“民族昌盛和国家富强的重要标志”地位。

第二节 公民健康权利与义务

一、健康权

（一）健康权的内涵

在《卫生健康法》中，公民权利的出发点和最终归宿是“健康权”，相关条款渊源于宪法，又与民法中的健康权存在明显区别。民法中的健康权是一种消极自由权，不需要他人履行积极义务，只需他人履行不予侵害的消极义务。身体健康是公民参加社会活动和从事民事活动的重要保证，法律保护公民的健康权，就是保障公民身体的身体完整，其机能和器官不受非法侵害。而《卫生健康法》所定义的健康权是一种积极人权，需要国家履行积极义务才能得以实现，不仅包括以上不受侵犯的权利，而且明确了“保障”的基本途径是“确保拥有”，即公民拥有获得基本医疗卫生服务的权利。正因如此，《卫生健康法》进一步强化了国家、各级政府在健康领域的法律职责，只有政府主动作为，积极领导和发展卫生健康事业，才能保障公民享有基本医疗卫生服务，进而达到保障公民健康权。

（二）健康权的内容

（1）获得健康教育的权利。健康教育的核心是教育人们树立健康意识、促使人们改变不健康的行为生活方式，养成良好的行为生活方式，以减少或消除影响健康的危险因素。各国卫生实践证明，加强健康促进与教育，提高人民健康素养，是提高健康水平最根本、最经济、最有效的措施之一。因此，保障人们便捷、有效地获得健康教育，获取具有一定专业性的健康相关知识，是提升公民健康水平的起点。

（2）获得基本医疗卫生服务的权利。《卫生健康法》第 15 条明确定义：基本医疗卫生服务是指维护人体健康所必需、与经济社会发展水平相适应、公民可公平获得的，采用适宜药物、适宜技术、适宜设备提供的疾病预防、诊断、治疗、护理和康复等服务，基本医疗卫生服务包括基本公共卫生服务和基本医疗服务。由于基本医疗卫生服务是保障全人群健康和个人全生命周期健康的最主要手段，专业性极强，覆盖面极广，同时贯穿深化医疗卫生体制改革全过程的核心也是建立健全基本医疗卫生服务体系，因此保障公民公平获得基本医疗卫生服务的权利，是健康权中最重要的内容。在此项权利中，还包括了公民拥有获得紧急医疗救治的权利。《卫生健康法》第 27 条规定，急救中心（站）不得以未付费为由拒绝或者拖延为急危重症患者提供急救服务。公民获取医疗服务以维护健康的权利，不仅需要在公民能够主动请求或支付费用的情况下得到保障，更需要在公民在紧急情况下无法主动求情获取医疗服务或未支付费用的情况下得到保障。

☞ 知识链接：

“先救治，后收费”回归生命至上

2020年3月5日，中共中央、国务院印发《关于深化医疗保障制度改革的意见》提出，要完善重大疫情医疗救治费用保障机制。在突发疫情等紧急情况时，确保医疗机构先救治、后收费。健全重大疫情医疗救治医保支付政策，完善异地就医直接结算制度，确保患者不因费用问题影响就医。这项举措有力地推动了新冠肺炎患者及时得到救治，是把患者利益置于首位的生命至上的温情之举。有专家指出：“这是对人的基本生命权的保障，也是对人权的一种尊重。”

（3）接种免疫规划疫苗的权利。根据《卫生健康法》规定，接种免疫规划疫苗既是权利也是义务。改革开放以来，我国在儿童计划免疫的基础上，不断完善和发展国家免疫规划，已成为政府提供的一项重要公共卫生服务。目前我国已将乙肝疫苗、卡介苗、脊灰疫苗、百白破疫苗、麻疹疫苗、白破疫苗、甲肝疫苗、流脑疫苗等14种疫苗纳入国家免疫规划，接种后可预防的传染病达到15种。接种疫苗可以获得对疫苗所针对传染病的免疫力，是传染病免疫预防的具体实施，也是控制乃至消灭疫苗可预防传染病的有效手段。国家通过不断将安全有效的疫苗纳入免疫规划，同时扩大预防接种的受益人群，确保特定人群和重点人群免费获得免疫规划疫苗接种机会，可以最大化降低疫苗可预防传染病的发病率，实现用最经济的手段来提高全民健康水平。

☞ 知识链接：

宫颈癌疫苗被建议纳入国家免疫规划

2019年12月，我国自主研制的首个国产二价宫颈癌疫苗（也称HPV疫苗）正式上市。2020年5月18日，这个疫苗正式在湖北武汉打下第一针。随后，全国多个省份陆续开始接种。目前，HPV疫苗在我国尚未纳入国家免疫规划或医疗保险覆盖范围，按照自费自愿原则接种。据介绍，这一国产疫苗在9~45岁女性中安全性和免疫原性良好；在18~45岁女性中，与进口疫苗具有同等有效的预防相关癌前病变及持续性感染的效力。同时，国产疫苗比进口疫苗拥有明显的价格优势，更容易推广普及。

2020年在全国“两会”上，全国政协委员、北京市政协副主席、北京市医疗保障局局长于鲁明提交提案，建议将HPV疫苗纳入国家免疫规划（9~14岁女孩免费接种），努力将宫颈癌疾病对我国女性的威胁降到最低。

2021年2月，国家卫健委公开了对相关建议提案的答复。国家卫健委称，将针对HPV疫苗接种相关情况继续加强监测，在科学论证的基础上，对疫苗接种纳入国家免疫规划进行统筹研究。同时，国家卫健委在答复中透露，将推动试点先行，鼓励有条件的地区积极采用多种筹资模式，逐步开展HPV疫苗免费接种，为推广HPV疫苗接种探索适宜经验。

（4）知情同意的权利。《卫生健康法》第32条规定，公民接受医疗卫生服务，对病情、诊疗方案、医疗风险、医疗费用等事项依法享有知情同意的权利。知情权是宪法和民法赋予公民知晓与自己利益相关信息的一种权利，在医疗卫生活动中，保障人们的知情同意权尤为重要。首先是有利于平衡医患双方信息不对称，确保医患双方实现法律意义上的主体平等性；其次是保障患者充分行使自主权，阻却医疗侵权行为，最终减少医疗纠纷的发生。

医疗卫生人员需要取得患者或家属同意的三种情形：①需要实施手术、特殊检查、特殊治疗的，医疗卫生人员应当及时向患者说明医疗风险、替代医疗方案等情况，并取得其同意；②不能或者不宜向患者说明的，应当向患者的近亲属说明，并取得其同意；③开展药物、医疗器械临床试验和其他医学研究应当遵守医学伦理规范，依法通过伦理审查，取得知情同意。

（5）参加基本医疗保险的权利。根据《卫生健康法》规定，参加基本医疗保险既是权利也是义务。用人单位和职工按照国家规定缴纳职工基本医疗保险费。城乡居民按照规定缴纳城乡居民基本医疗保险费。基本医疗保险是为了补偿劳动者因疾病风险造成的经济损失而建立的一项社会保险制度，参保人员因患病就诊发生医疗费用后，由医疗保险机构对其给予一定的经济补偿。目前我国的基本医疗保险包括城镇职工医疗保险、城镇居民医疗保险与新型农村合作医疗，不同类型的保险设置有不同的缴费标准以及住院、门诊费用报销比例。保障公民参加基本医疗的权利，就是让其成为基本医疗保险的覆盖人群和受益人群，让参保人员更及时、更主动地寻求基本医疗卫生服务，维护身体健康，减轻疾病经济负担，避免因病致贫。

（6）个人健康信息权。《卫生健康法》第92条规定，国家保护公民个人健康信息，确保公民个人健康信息安全。任何组织或者个人不得非法收集、使用、加工、传输公民个人健康信息，不得非法买卖、提供或者公开公民个人健康信息。个人信息是指以电子或者其他方式记录的能够单独或者与其他信息结合识别特定自然人身份或者反映特定自然人活动情况的各种信息，其中个人信息包括健康生理信息。在大数据背景下，个人健康信息具有商业价值，从医疗大数据到商业医疗保险定制，再到智能化医疗诊断、新药研发、疫情控制等方面，均以个人健康信息整合分析为基础，因此个人健康信息存在被侵害的极大可能性。尽管在目前民法、刑法、行政法相关法律法规中均有保护个人信息的条款，但是明确将"个人健康信息"视为健康权的重要内容之一进行立法保护，不仅是顺应我国个人信息保护立法，也是在"互联网+医疗"潮流下的必然举措。

☞ **案例：**

新冠肺炎疫情期间，男子散布泄露成都确诊女孩隐私信息被行政处罚

2020年12月8日，成都疫情防控发布会上公布新增病例活动的轨迹。其中20岁确诊病例赵某的行程轨迹公布之后，因为她去过多家酒吧等地，引起网友热议，之后该病例的个人信息疑似被泄露，在多个社交平台被转发，当事人赵某因此遭到网络谩骂。公安机关介入调查后发现，王某（男，24岁）将一张内容涉及成都疫情及赵某身份信息、活动轨迹的图片在自己的微博转发，严重侵犯他人隐私，造成不良社会影响。王某对散布泄露赵某个人隐私的行为供认不讳，因违反《中华人民共和国治安管理处罚法》相关规定已被依法予以行政处罚。

☞ **案例：**

“只提地点不提人”，上海北京通报出现新变化

2021年1月23日，上海市卫健委公布疫情通报中，仅列举了若干涉病例的公共场所，没有涉及病例的性别、年龄等个人信息，“只提地点不提人”。1月24日，北京市卫健委公布新增病例情况时，为保护患者隐私，官方疫情通报中首次隐去了患者的年龄和性别。中国央视在微博发布评论认为，“这是对个人隐私的尊重，也是文明社会的素养，是公共管理精细化的有益实践”。并称“公布于众的报告，在个人信息方面应提倡‘最少够用’原则，不让之成为窥探公民隐私的渠道；更要保护感染者，让他们不再遭受网络暴力的二次伤害！”

思考与讨论：

（1）泄露涉疫情相关个人信息的行为可能会违反哪些法律法规？

（2）政府因疫情防控需要，公布涉疫情相关个人信息的“边界”在哪里？

二、健康义务

（一）规定健康义务的必要性

《卫生健康法》的立法目的是提高公民健康水平，核心内容是健康权，该法用了较大篇幅来规定公民健康权的内涵与保障措施。但是有权利就有义务，不存在没有义务的权利。国家实施健康战略，不仅要实现个人健康，更要实现全民健康。并且医疗卫生服务作为一种典型的公共产品，具有较强的外部性，人们在医疗卫生活动中的行为会在一定程度上会对他人、社会产生积极或消极的影响。因此有必要通过立法来约束人们实施有损于本人、他人或其他社会群体健康的行为，而《卫生健康法》正是从公民如何维护本人、他人或其他社会群体健康的角度，明确规定了公民应承担的健康义务。

（二）公民健康义务的主要内容

（1）履行传染病防控相关的义务。任何组织和个人应当接受、配合医疗卫生机构为预防、控制、消除传染病危害依法采取的调查、检验、采集样本、隔离治疗、医学观察等措施。

（2）接种免疫规划疫苗的义务。接种免疫规划疫苗既是权利也是义务。国家免疫规划疫苗接种是着眼于全体公众的利益，是人人必须履行的义务，其前提是国家要承担其兜底的责任，包括费用，以及不良反应等风险。

（3）尊重医疗卫生人员与维护医疗秩序的义务。全社会应当关心、尊重医疗卫生人员，维护良好安全的医疗卫生服务秩序，共同构建和谐医患关系。医疗卫生人员的人身安全、人格尊严不受侵犯，其合法权益受法律保护。禁止任何组织或者个人威胁、危害医疗卫生人员人身安全，侵犯医疗卫生人员人格尊严。医疗卫生机构执业场所是提供医疗卫生服务的公共场所，任何组织或者个人不得扰乱其秩序。

（4）进行自我健康维护的义务。公民是自己健康的第一责任人，树立和践行对自己健康负责的健康管理理念，主动学习健康知识，提高健康素养，加强健康管理。倡导家庭成员相互关爱，形成符合自身和家庭特点的健康生活方式。

（5）尊重他人健康权益的义务。公民应当尊重他人的健康权益，不得损害他人健康和社会公共利益。

（6）不侵犯他人健康信息的义务。公民有个人健康信息不受侵犯的权利，不侵犯他人的健康信息则是一种义务。任何组织或者个人不得非法收集、使用、加工、传输公民个人健康信息，不得非法买卖、提供或者公开公民个人健康信息。

第三节　卫生健康领域中的政府职责

一、基本医疗卫生服务供给

（一）基本公共卫生服务

（1）国务院卫生健康主管部门会同国务院财政部门、中医药主管部门等共同确定国家基本公共卫生服务项目。

（2）省、自治区、直辖市人民政府可以在国家基本公共卫生服务项目基础上，补充确定本行政区域的基本公共卫生服务项目，并报国务院卫生健康主管部门备案。

（3）国务院和省、自治区、直辖市人民政府可以将针对重点地区、重点疾病和特定人群的服务内容纳入基本公共卫生服务项目并组织实施，尤其是应当将老年人健康管理和常见病预防等纳入基本公共卫生服务项目。

（4）县级以上地方人民政府针对本行政区域重大疾病和主要健康危险因素，开展专项防控工作。

（5）县级以上人民政府通过举办专业公共卫生机构、基层医疗卫生机构和医院，或者从其他医疗卫生机构购买服务的方式提供基本公共卫生服务。

（二）基本医疗服务

（1）政府举办医疗卫生机构，提供主要的基本医疗服务。鼓励社会力量举办的医疗卫生机构提供基本医疗服务。

(2)县级以上地方人民政府根据本行政区域医疗卫生需求，整合区域内政府举办的医疗卫生资源，因地制宜建立医疗联合体等协同联动的医疗服务合作机制。鼓励社会力量举办的医疗卫生机构参与医疗服务合作机制。

(三)职业健康保护

县级以上人民政府应当制定职业病防治规划，建立健全职业健康工作机制，加强职业健康监督管理，提高职业病综合防治能力和水平。

(四)残疾预防和残疾人康复

县级以上人民政府应当优先开展残疾儿童康复工作，实行康复与教育相结合。

(五)院前急救

卫生健康主管部门、红十字会等有关部门、组织应当积极开展急救培训，普及急救知识，鼓励医疗卫生人员、经过急救培训的人员积极参与公共场所急救服务。公共场所应当按照规定配备必要的急救设备、设施。

二、医疗卫生机构建设

(一)加强医疗卫生机构建设

(1)国家建立健全由基层医疗卫生机构、医院、专业公共卫生机构等组成的城乡全覆盖、功能互补、连续协同的医疗卫生服务体系。

(2)加强县级医院、乡镇卫生院、村卫生室、社区卫生服务中心(站)和专业公共卫生机构等的建设，建立健全农村医疗卫生服务网络和城市社区卫生服务网络。

(3)各级人民政府采取措施支持医疗卫生机构与养老机构、儿童福利机构、社区组织建立协作机制，为老年人、孤残儿童提供安全、便捷的医疗和健康服务。

(二)举办医疗卫生机构

县级以上人民政府应当制订并落实医疗卫生服务体系规划，科学配置医疗卫生资源，举办医疗卫生机构，为公民获得基本医疗卫生服务提供保障。

政府举办医疗卫生机构，应当考虑本行政区域人口、经济社会发展状况、医疗卫生资源、健康危险因素、发病率、患病率以及紧急救治需求等情况。

举办医疗机构，应当具备下列条件，按照国家有关规定办理审批或者备案手续：①有符合规定的名称、组织机构和场所；②有与其开展的业务相适应的经费、设施、设备和医疗卫生人员；③有相应的规章制度；④能够独立承担民事责任；⑤法律、行政法规规定的其他条件。

（三）医疗卫生机构实行分类管理

建立健全医疗卫生服务体系的原则：坚持以非营利性医疗卫生机构为主体、营利性医疗卫生机构为补充。

政府举办非营利性医疗卫生机构，在基本医疗卫生事业中发挥主导作用，保障基本医疗卫生服务公平可及。以政府资金、捐赠资产举办或者参与举办的医疗卫生机构不得设立为营利性医疗卫生机构。医疗卫生机构不得对外出租、承包医疗科室。非营利性医疗卫生机构不得向出资人、举办者分配或者变相分配收益。

（四）坚持医疗卫生机构公益性质

政府举办的医疗卫生机构应当坚持公益性质，所有收支均纳入预算管理，按照医疗卫生服务体系规划合理设置并控制规模。国家鼓励政府举办的医疗卫生机构与社会力量合作举办非营利性医疗卫生机构。政府举办的医疗卫生机构不得与其他组织投资设立非独立法人资格的医疗卫生机构，不得与社会资本合作举办营利性医疗卫生机构。

（五）鼓励和引导社会化办医

国家采取多种措施，鼓励和引导社会力量依法举办医疗卫生机构，支持和规范社会力量举办的医疗卫生机构与政府举办的医疗卫生机构开展多种类型的医疗业务、学科建设、人才培养等合作。

社会力量举办医疗卫生机构的类型可以是非营利性或者营利性医疗卫生机构。

社会力量举办的医疗卫生机构在基本医疗保险定点、重点专科建设、科研教学、等级评审、特定医疗技术准入、医疗卫生人员职称评定等方面享有与政府举办的医疗卫生机构同等的权利。其中，社会力量举办的非营利性医疗卫生机构还可以按照规定享受与政府举办的医疗卫生机构同等的税收、财政补助、用地、用水、用电、用气、用热等政策，并依法接受监督管理。

（六）对医疗卫生技术的临床应用进行分类管理

国家对医疗卫生技术的临床应用进行分类管理，对技术难度大、医疗风险高，服务能力、人员专业技术水平要求较高的医疗卫生技术实行严格管理。

医疗卫生机构开展医疗卫生技术临床应用，应当与其功能任务相适应，遵循科学、安全、规范、有效、经济的原则，并符合伦理。

（七）推进医疗机构的改革与发展

（1）国家建立权责清晰、管理科学、治理完善、运行高效、监督有力的现代医院管理制度。

（2）国家完善医疗风险分担机制，鼓励医疗机构参加医疗责任保险或者建立医疗风险基金，鼓励患者参加医疗意外保险。

（3）国家鼓励医疗卫生机构不断改进预防、保健、诊断、治疗、护理和康复的技术、设备与服务，支持开发适合基层和边远地区应用的医疗卫生技术。

（4）国家以建成的医疗卫生机构为基础，合理规划与设置国家医学中心和国家、省级区域性医疗中心，诊治疑难重症，研究攻克重大医学难题，培养高层次医疗卫生人才。

（八）推进全民健康信息化建设

国家推动健康医疗大数据、人工智能等的应用发展，加快医疗卫生信息基础设施建设，制定健康医疗数据采集、存储、分析和应用的技术标准，运用信息技术促进优质医疗卫生资源的普及与共享。

县级以上人民政府及其有关部门应当采取措施，推进信息技术在医疗卫生领域和医学教育中的应用，支持探索发展医疗卫生服务新模式、新业态。

国家采取措施，推进医疗卫生机构建立健全医疗卫生信息交流和信息安全制度，应用信息技术开展远程医疗服务，构建线上、线下一体化医疗服务模式。

三、医疗卫生人员培养与管理

（一）完善医疗卫生人员培养机制

国家制订医疗卫生人员培养规划，建立适应行业特点和社会需求的医疗卫生人员培养机制和供需平衡机制，完善医学院校教育、毕业后教育和继续教育体系，建立健全住院医师、专科医师规范化培训制度，建立规模适宜、结构合理、分布均衡的医疗卫生队伍。加强全科医生的培养和使用。

（二）实行执业注册制度

国家对医师、护士等医疗卫生人员依法实行执业注册制度。医疗卫生人员应当依法取得相应的职业资格。

☞ **知识链接：**

各类医疗卫生人员执业注册制度

《医师执业注册管理办法》

2017年2月28日，原国家卫生计生委发布了《医师执业注册管理办法》（国家卫生计生委令第13号），其中关于医师注册管理的新规定主要有：①将医师执业地点由过去的“医疗、预防、保健机构”修改为“医疗、预防、保健机构所在地的省级或者县级行政区划”，执业医师的注册地点为省级行政区划，执业助理医师的注册地点为县级行政区划，实现“一次注册、区域有效”。医师在医疗、预防、保健机构执业以合同（协议）为依据，确定一家主要执业机构进行注册，其他执业机构进行备案，执业机构数量不受限制；②国家建立医师管理信息系统，实行医师电子注册管理；③国家实行医师注册内容公开制度和查询制度。

《护士执业注册管理办法》

2021年1月，国家卫健委发布《关于修改和废止〈母婴保健专项技术服务许可及人员资格管理办法〉等3件部门规章的决定》(中华人民共和国国家卫生健康委员会令第7号)，其对2008年5月6日印发的《护士执业注册管理办法》有3项内容修改：①将护士执业注册审批权限由省级卫生健康主管部门部分下放至市、县级卫生健康主管部门；②增加了实行护士电子化注册管理及延续、变更、注销注册的相关要求；③护士执业注册需提交的证明材料中取消了执业资格考试成绩合格证明等材料。

(四) 建立健全人事、薪酬、奖励制度

国家建立健全符合医疗卫生行业特点的人事、薪酬、奖励制度，体现医疗卫生人员职业特点和技术劳动价值。对从事传染病防治、放射医学和精神卫生工作以及其他在特殊岗位工作的医疗卫生人员，应当按照国家规定给予适当的津贴。津贴标准应当定期调整。

(五) 建立医疗卫生人员定期到基层和艰苦边远地区从事医疗卫生工作制度

国家采取定向免费培养、对口支援、退休返聘等措施，加强基层和艰苦边远地区医疗卫生队伍建设。

执业医师晋升为副高级技术职称的，应当有累计1年以上在县级以下或者对口支援的医疗卫生机构提供医疗卫生服务的经历。

对在基层和艰苦边远地区工作的医疗卫生人员，在薪酬津贴、职称评定、职业发展、教育培训和表彰奖励等方面实行优惠待遇。

(六) 加强乡村医疗卫生队伍建设

国家建立县乡村上下贯通的职业发展机制，完善对乡村医疗卫生人员的服务收入多渠道补助机制和养老政策。

(七) 保障医疗卫生人员执业环境

全社会应当关心、尊重医疗卫生人员，维护良好的医疗卫生服务秩序，共同构建和谐医患关系。医疗卫生人员的人身安全、人格尊严不受侵犯，其合法权益受法律保护。国家采取措施，保障医疗卫生人员执业环境。

☞ **案例：**

安检进医院的实践与探索

(1) 2020年7月2日，《北京市医院安全秩序管理规定》正式施行，明确市区人

民政府、卫生健康部门、公安机关、医院举办者和医院都要在医院安全秩序管理中承担责任。如公安机关要在医院增加警务力量，医院要通过增加安保设备、明确安检制度等方式，降低安全风险。《规定》还明确“就诊人员拒不接受安检或者携带禁限物品进入医院的”等五大就医行为将受到处罚。

（2）2020年12月30日，上海市发布《上海市医疗卫生人员权益保障办法》，于2021年3月1日起实施。主要内容包括总则、职业权益保障、执业环境保障、涉医失信行为的信用惩戒、附则等共5章42条。其中强调要创新医疗卫生人员执业环境保障，赋予医疗卫生机构一定的安全管理自主权限，规定医疗卫生机构可自行决定是否实施安检，进入医疗卫生机构的人员应当配合安检。

（3）2021年全国“两会”上，全国人大代表、贝达药业股份有限公司董事长丁列明提交了《关于加快在医院全面实行强制安检的建议》。他指出，从既往案例中可以发现，暴力伤医的犯罪分子往往有较深的主观恶性，有预谋，并持有准备好的器械。建立安检制度，在医院入口或重点区域入口进行检查，可有效拦截被禁止、被限制携带的危险物品。我国机场、铁路、车站等公共场所已全面实现强制安检，同样作为人流量大的公共场所，在医院开展强制安检在先例上、法理上都有据可依。

思考与讨论：

1. 在医院全面实行强制安检的法理依据是什么？
2. 在医院全面实行强制安检，是否可行？

四、药品供应保障

（1）完善药品供应保障制度。国家完善药品供应保障制度，建立工作协调机制，保障药品的安全、有效、可及。

（2）实施基本药物制度。国家实施基本药物制度，遴选适当数量的基本药物品种，满足疾病防治基本用药需求。国家公布基本药物目录，根据药品临床应用实践、药品标准变化、药品新上市情况等，对基本药物目录进行动态调整。基本药物按照规定优先纳入基本医疗保险药品目录。国家提高基本药物的供给能力，强化基本药物质量监管，确保基本药物公平可及、合理使用。

（3）建立健全以临床需求为导向的药品审评审批制度。国家支持临床急需药品、儿童用药品和防治罕见病、重大疾病等药品的研制、生产，满足疾病防治需求。

（4）建立健全药品研制、生产、流通、使用全过程追溯制度。

（5）建立健全药品价格监测体系。国家开展成本价格调查，加强药品价格监督检查，依法查处价格垄断、价格欺诈、不正当竞争等违法行为，维护药品价格秩序。

（6）加强药品分类采购管理和指导。参加药品采购投标的投标人不得以低于成本的报价竞标，不得以欺诈、串通投标、滥用市场支配地位等方式竞标。

（7）建立中央与地方两级医药储备。国家建立中央与地方两级医药储备，用于保障重大灾情、疫情及其他突发事件等应急需要。中央医药储备主要负责储备重大灾情、疫情及重大突发事故和战略储备所需的特种药品、专项药品及医疗器械；地方医药储备主要负责储备地区性或一般灾情、疫情及突发事故和地方常见病防治所需的药品和医疗器械。医药储备需要大量的资金支持，即国家医药储备资金。该储备资金主要用于储备重大灾情、疫情等突发事件和战略储备所需的医药商品储备，必须保证专款专用。

（8）建立健全药品供求监测体系。及时收集和汇总分析药品供求信息，定期公布药品生产、流通、使用等情况。

（9）加强医疗器械管理。完善医疗器械的标准和规范，提高医疗器械的安全有效水平。国务院卫生健康主管部门和省、自治区、直辖市人民政府卫生健康主管部门应当根据技术的先进性、适宜性和可及性，编制大型医用设备配置规划，促进区域内医用设备合理配置、充分共享。

（10）加强中药的保护与发展。中药是中医药事业传承和发展的物质基础，是关系国计民生的战略性资源。保护和发展中药，对于深化医药卫生体制改革、提高人民健康水平，对于发展战略性新兴产业、增加农民收入、促进生态文明建设，具有十分重要的意义。

五、健康促进

（1）加强健康教育。

①国家将健康教育纳入国民教育体系。

②各级人民政府应当加强健康教育工作及其专业人才培养，建立健康知识和技能核心信息发布制度，普及健康科学知识，向公众提供科学、准确的健康信息。

③县级以上人民政府教育主管部门应当按照规定，将学生体质健康水平纳入学校考核体系。

（2）开展体质监测与健康评估。国家组织居民健康状况调查和统计，开展体质监测，对健康绩效进行评估，并根据评估结果制定、完善与健康相关的法律、法规、政策和规划。

（3）建立疾病和健康危险因素监测、调查和风险评估制度。

①县级以上人民政府及其有关部门针对影响健康的主要问题，组织开展健康危险因素研究，制定综合防治措施。

②国家加强影响健康的环境问题预防和治理，组织开展环境质量对健康影响的研究，采取措施预防和控制与环境问题有关的疾病。

（4）大力开展爱国卫生运动。鼓励和支持开展“爱国卫生月”等群众性卫生与健康活动，依靠和动员群众控制和消除健康危险因素，改善环境卫生状况，建设健康城市、健康村镇、健康社区。

（5）建立科学、严格的食品、饮用水安全监督管理制度，提高安全水平。

（6）建立营养状况监测制度。实施经济欠发达地区、重点人群营养干预计划，开展未成年人和老年人营养改善行动，倡导健康饮食习惯，减少不健康饮食引起的疾病风险。

（7）发展全民健身事业。完善覆盖城乡的全民健身公共服务体系，加强公共体育设施建设，组织开展和支持全民健身活动，加强全民健身指导服务，普及科学健身知识和方法。国家鼓励单位的体育场地设施向公众开放。

（8）实施重点人员健康工作计划。国家制订并实施未成年人、妇女、老年人、残疾人等的健康工作计划，加强重点人群健康服务。推动长期护理保障工作，鼓励发展长期护理保险。

（9）完善公共场所卫生管理制度。县级以上人民政府卫生健康等主管部门应当加强对公共场所的卫生监督。公共场所卫生监督信息应当依法向社会公开。

（10）加强控烟。国家采取措施，减少吸烟对公民健康的危害。公共场所控制吸烟，强化监督执法。烟草制品包装应当印制带有说明吸烟危害的警示。禁止向未成年人出售烟酒。

（11）推动开展职业健康教育与检查。国家鼓励用人单位开展职工健康指导工作。提倡用人单位为职工定期开展健康检查。法律、法规对健康检查有规定的，依照其规定。

六、资金保障

（1）建立医疗卫生与健康事业投入机制。各级人民政府应当切实履行发展医疗卫生与健康事业的职责，建立与经济社会发展、财政状况和健康指标相适应的医疗卫生与健康事业投入机制，将医疗卫生与健康促进经费纳入本级政府预算，按照规定主要用于保障基本医疗服务、公共卫生服务、基本医疗保障和政府举办的医疗卫生机构建设和运行发展。

（2）加强资金监督管理。县级以上人民政府通过预算、审计、监督执法、社会监督等方式，加强资金的监督管理。

（3）多渠道筹集医保基金。基本医疗服务费用主要由基本医疗保险基金和个人支付。国家依法多渠道筹集基本医疗保险基金，逐步完善基本医疗保险可持续筹资和保障水平调整机制。

（4）建立健全医疗保障体系。

①国家建立以基本医疗保险为主体，商业健康保险、医疗救助、职工互助医疗和医疗慈善服务等为补充的、多层次的医疗保障体系。

②国家鼓励发展商业健康保险，满足人民群众多样化健康保障需求。

③国家完善医疗救助制度，保障符合条件的困难群众获得基本医疗服务。

（5）建立健全协商谈判机制. 国家建立健全基本医疗保险经办机构与协议定点医疗卫生机构之间的协商谈判机制，科学合理地确定基本医疗保险基金支付标准和支付方式，引导医疗卫生机构合理诊疗，促进患者有序流动，提高基本医疗保险基金使用效益。

（6）制定与调整基本医疗保险基金支付范围。

①国务院医疗保障主管部门组织制定基本医疗保险基金支付范围，并应当听取国务院卫生健康主管部门、中医药主管部门、药品监督管理部门、财政部门等的意见。

②省、自治区、直辖市人民政府可以按照国家有关规定，补充确定本行政区域基本医疗保险基金支付的具体项目和标准，并报国务院医疗保障主管部门备案。

③国务院医疗保障主管部门应当对纳入支付范围的基本医疗保险药品目录、诊疗项

目、医疗服务设施标准等组织开展循证医学和经济性评价，并应当听取国务院卫生健康主管部门、中医药主管部门、药品监督管理部门、财政部门等有关方面的意见。评价结果应当作为调整基本医疗保险基金支付范围的依据。

七、监督管理

国家建立健全机构自治、行业自律、政府监管、社会监督相结合的医疗卫生综合监督管理体系。县级以上人民政府卫生健康主管部门对医疗卫生行业实行属地化、全行业监督管理。县级以上人民政府医疗保障主管部门应当提高医疗保障监管能力和水平，对纳入基本医疗保险基金支付范围的医疗服务行为和医疗费用加强监督管理。

（一）机构自治

（1）县级以上人民政府应当组织卫生健康、医疗保障、药品监督管理、发展改革、财政等部门建立沟通协商机制，加强制度衔接和工作配合，提高医疗卫生资源使用效率和保障水平。

（2）县级以上地方人民政府卫生健康主管部门应当建立医疗卫生机构绩效评估制度，组织对医疗卫生机构的服务质量、医疗技术、药品和医用设备使用等情况进行评估。评估应当吸收行业组织和公众参与。评估结果应当以适当方式向社会公开，作为评价医疗卫生机构和卫生监管的重要依据。

（3）国家建立医疗纠纷预防和处理机制，妥善处理医疗纠纷，维护医疗秩序。

☞ **知识链接：**

医疗纠纷有了“临床路径”

2018 年 7 月，国务院总理李克强签署国务院令，公布了《医疗纠纷预防和处理条例》，自 2018 年 10 月 1 日起施行。

1. 我国医疗纠纷处理行政法规经历的三次变革

（1）1987 年，国务院公布《医疗事故处理办法》；

（2）2002 年，国务院公布《医疗事故处理条例》，替代 1987 年公布的《医疗事故处理办法》；

（3）2018 年 7 月，新的《医疗纠纷预防和处理条例》大部分替代 2002 年公布的《医疗事故处理条例》。

2. 新《医疗纠纷预防和处理条例》的主要变化

（1）强化医疗纠纷预防与处理并重。新条例强调，医疗机构及其医务人员在诊疗活动中应当以患者为中心，国家建立医疗质量安全管理体系，建立健全医患沟通机制，规范诊疗活动，改善医疗服务，提高医疗质量，预防、减少医疗纠纷。

（2）规范了医疗纠纷处理处理途径。新条例规定了医疗纠纷民事处理 5 条途径：双方自愿协商、申请人民调解、申请行政调解、向人民法院提起诉讼、法律、法规规定的其他途径。其中明确要发挥人民调解在医疗纠纷处理中的主渠道作用。

(3) 取消了医疗事故分级。原《医疗事故处理条例》根据对患者人身造成的损害程度，医疗事故分为四级。新《医疗纠纷预防和处理条例》取消了医疗事故分级；规定医学会或者司法鉴定机构接受委托从事医疗损害鉴定，医疗损害鉴定的具体管理办法由国务院卫生健康、司法行政部门共同制定。

(4) 强化了卫生健康主管行政部门的行政监管职责。新条例规定，设立医疗纠纷人民调解委员会，调解医疗纠纷，不得收取费用；规定卫生健康主管部门不再直接进行医疗纠纷民事赔偿处理。

（二）行业自律

县级以上人民政府卫生健康主管部门应当积极培育医疗卫生行业组织，发挥其在医疗卫生与健康促进工作中的作用，支持其参与行业管理规范、技术标准制定和医疗卫生评价、评估、评审等工作。

（三）政府监督

（1）县级以上人民政府应当定期向本级人民代表大会或者其常务委员会报告基本医疗卫生与健康促进工作，依法接受监督。

（2）县级以上地方人民政府卫生健康主管部门及其委托的卫生健康监督机构，依法开展本行政区域医疗卫生等行政执法工作。

（3）县级以上人民政府有关部门未履行医疗卫生与健康促进工作相关职责的，本级人民政府或者上级人民政府有关部门应当对其主要负责人进行约谈。地方人民政府未履行医疗卫生与健康促进工作相关职责的，上级人民政府应当对其主要负责人进行约谈。被约谈的部门和地方人民政府应当立即采取措施，进行整改。约谈情况和整改情况应当纳入有关部门和地方人民政府工作评议、考核记录。

（四）社会监督

（1）县级以上人民政府卫生健康主管部门、医疗保障主管部门应当建立医疗卫生机构、人员等信用记录制度，纳入全国信用信息共享平台，按照国家规定实施联合惩戒。

（2）国家鼓励公民、法人和其他组织对医疗卫生与健康促进工作进行社会监督。

第四节　法律责任

《卫生健康法》只对与该法基本原则、基本要求相违背，未履行医疗卫生与健康促进相关职责的行为界定了法律责任，规定了处罚方式，并且主要是行政责任。对违反刑法和民法相关法律法规的行为，也简洁规定“违反本法规定构成犯罪的，依法追究刑事责任；造成人身、财产损害的，依法承担民事责任”。这进一步凸显了《卫生健康法》的基础性、综合性地位，针对具体违法违规事务的罚则，留给配套的专门法律去规定。

以下行为均属于违反《卫生健康法》，需承担法律责任：

(1) 地方各级人民政府、县级以上人民政府卫生健康主管部门和其他有关部门，滥用职权、玩忽职守、徇私舞弊。

(2) 未取得医疗机构执业许可证擅自执业。

(3) 伪造、变造、买卖、出租、出借医疗机构执业许可证。

(4) 政府举办的医疗卫生机构与其他组织投资设立非独立法人资格的医疗卫生机构。

(5) 医疗卫生机构对外出租、承包医疗科室。

(6) 非营利性医疗卫生机构向出资人、举办者分配或者变相分配收益。

(7) 医疗卫生机构等的医疗信息安全制度、保障措施不健全，导致医疗信息泄露，或者医疗质量管理和医疗技术管理制度、安全措施不健全。

(8) 医疗卫生人员利用职务之便索要、非法收受财物或者牟取其他不正当利益。

(9) 医疗卫生人员泄露公民个人健康信息。

(10) 医疗卫生人员在开展医学研究或提供医疗卫生服务过程中未按照规定履行告知义务或者违反医学伦理规范。

(11) 参加药品采购投标的投标人以低于成本的报价竞标，或者以欺诈、串通投标、滥用市场支配地位等方式竞标。

(12) 以欺诈、伪造证明材料或者其他手段骗取基本医疗保险待遇，或者基本医疗保险经办机构，以及医疗机构、药品经营单位等以欺诈、伪造证明材料或者其他手段骗取基本医疗保险基金支出。

(13) 扰乱医疗卫生机构执业场所秩序，威胁、危害医疗卫生人员人身安全，侵犯医疗卫生人员人格尊严。

(14) 非法收集、使用、加工、传输公民个人健康信息，非法买卖、提供或者公开公民个人健康信息等，构成违反治安管理行为。

☞ **知识链接：**

新冠肺炎疫情防控中妨害传染病防治罪的入罪依据

2020年2月6日，最高人民法院和最高人民检察院、公安部和司法部《关于依法惩治妨害新型冠状病毒感染肺炎疫情防控违法犯罪的意见》，故意传播新型冠状病毒感染肺炎病原体，具有下列两种情形之一，危害公共安全的，依照《刑法》第114条、第115条第一款的规定，按照以危险方法危害公共安全罪定罪处罚。包括：①已经确诊的新冠病毒感染肺炎病人、病原携带者，拒绝隔离治疗或隔离期未满擅自脱离隔离治疗，并进入公共场所或者公共交通工具的；②新型冠状病毒感染肺炎疑似病人拒绝隔离治疗或者隔离期未满擅自脱离隔离治疗，并进入公共场所或者公共交通工具，造成新型冠状病毒传播的。其他拒绝执行卫生防疫机构依照《传染病防治法》提出的防控措施，引起新型冠状病毒传播或者有传播严重危险的，依照《刑法》第

330条的规定，以妨害传染病防治罪定罪处罚。

◎ **思考题**

1. 公民健康权的内涵和主要内容是什么？
2. 政府在健康领域中应履行哪些职责？
3. 根据《卫生健康法》的规定，哪些行为需要承担法律责任？

第四章　突发公共卫生事件应急法律制度

第一节　概　　述

一、我国突发公共卫生事件应急立法

2002 年 11 月至 2003 年我国内地先后暴发的治非典型肺炎（SARS），暴露出我国在处置重大突发公共卫生事件方面的缺陷，如组织指挥不统一，信息渠道不通畅，信息统计不准确，应急反应不快捷，应急准备不充分。

为了有效预防、及时控制和消除突发公共卫生事件的危害，保障公众身体健康与生命安全，维护正常的社会秩序，在我国建立起“信息畅通、反应快捷、指挥有力、责任明确”的处理突发公共卫生事件的应急法律制度，2003 年 5 月 7 日国务院第七次常务会议通过，2003 年 5 月 9 日发布了《突发公共卫生事件应急条例》（经 2011 年修订）。该条例是依照我国《传染病防治法》的规定，特别是针对防治非典型肺炎工作中暴露的问题制定的，为抗击非典提供了有力的法律武器。《突发公共卫生事件应急条例》的颁布实施是中国公共卫生事业发展史上的一个里程碑，标志着中国将突发公共卫生事件应急处理纳入了法制轨道。2003 年 5 月 13 日，最高人民法院审判委员会第 1269 次会议，最高人民检察院第十届检查委员会第三次会议通过《关于办理妨害预防、控制突发传染病疫情等灾害的刑事案件具体应用法律若干问题的解释》。2007 年 8 月 30 日，第十届全国人大常委会第二十九次会议通过了《中华人民共和国突发事件应对法》，自 2007 年 11 月 1 日起施行。《突发事件应对法》对突发事件的预防与应急准备、监测与预警、应急处置与救援、事后恢复与重建等活动作出了明确规定。2011 年 1 月 8 日国务院令第 588 号《国务院关于废止和修改部分行政法规的决定》公布了对《突发公共卫生事件应急条例》的相关修订，并自公布之日起施行。

二、突发公共卫生事件的分类与分级

突发公共卫生事件是指突然发生的，造成或者可能造成严重损害社会公众健康的重大传染病疫情、群体性不明原因疾病、重大食物和职业中毒以及其他严重影响公众健康的事件。突发公共卫生事件应当具备三个特征：①突发性，即是突如其来、不易预测的事件；②公共性，即在公共卫生领域发生；③危害性，即对公众健康已经或可能造成严重损害。

（一）突发公共卫生事件的分类

1. 重大传染病疫情

重大传染病疫情是指传染病在集中的时间、地点发生，导致大量的传染病病人出现，其发病率远远超过平常的发病水平。包括：①发生鼠疫、肺炭疽和霍乱暴发；②动物间鼠疫、布氏病菌和炭疽等流行；③乙类、丙类传染病暴发或多例死亡；④发生罕见或已消灭的传染病；⑤发生新发传染病的疑似病例；⑥可能造成严重影响公众健康和社会稳定的传染病疫情，以及上级卫生健康主管部门临时规定的疫情等。

2. 群体性不明原因的疾病

群体性不明原因的疾病是指在一定时间内，某个相对集中的区域内同时或者相继出现多个临床表现基本相似患者，又暂时不能明确诊断的疾病。这种疾病可能是传染病，可能是群体性癔病，也可能是某种中毒。

3. 重大食物和职业中毒

重大食物和职业中毒是指由于食物和职业的原因而发生的人数众多或者伤亡较重的中毒事件。中毒是指由于吞服、吸入有毒物质，或有毒物质与人体接触所产生的有害影响。

4. 严重影响公众健康事件

其他严重影响公众健康事件主要包括：①有毒有害化学品、生物毒素等引发的集体急性中毒事件；②有潜在威胁的传染病动物宿主、媒介生物发生异常；③医源性感染暴发；④药品引起的群体性反应或死亡事件；⑤预防接种引起的群体性反应或死亡事件；⑥严重威胁或危害公众健康的水、环境、食品污染，以及放射性、有毒有害化学性物质丢失、泄漏等事件；⑦发生生物、化学、核和辐射等恐怖袭击事件；⑧上级卫生健康主管部门临时规定的其他重大公共卫生事件等。

（二）突发公共卫生事件的分级

根据突发公共卫生事件的性质、严重程度、可控性和影响范围等因素，《国家突发公共事件总体应急预案》将突发公共事件划分为一般（Ⅳ级）、较大（Ⅲ级）、重大（Ⅱ级）和特别重大（Ⅰ级）四级，依次用蓝色、黄色、橙色和红色进行预警。

1. 一般突发公共卫生事件（Ⅳ级）

这是四级突发公共卫生事件，通常包括以下几类：

（1）腺鼠疫在一个县（市）行政区域内发生，一个平均潜伏期内病例数未超过 10 例；

（2）霍乱在一个县（市）行政区域内发生，1 周内发病 9 例以下；

（3）一次食物中毒人数 30~99 人，未出现死亡病例；

（4）一次发生急性职业中毒 9 人以下，未出现死亡病例；

（5）县级以上人民政府卫生健康主管部门认定的其他一般突发公共卫生事件。

2. 较大突发公共卫生事件（Ⅲ级）

这是三级突发公共卫生事件，主要包括以下几类：

（1）发生肺鼠疫、肺炭疽病例，一个平均潜伏期内病例数未超过5例，流行范围在一个县（市）行政区域以内；

（2）腺鼠疫发生流行，在一个县（市）行政区域内，一个平均潜伏期内连续发病10例以上，或波及2个以上县（市）；

（3）霍乱在一个县（市）行政区域内发生，1周内发病10~29例或波及2个以上县（市），或市（地）级以上城市的市区首次发生；

（4）一周内在一个县（市）行政区域内，乙、丙类传染病发病水平超过前5年同期平均发病水平1倍以上；

（5）在一个县（市）行政区域内发现群体性不明原因疾病；

（6）一次食物中毒人数超过100人，或出现死亡病例；

（7）预防接种或群体性预防性服药出现群体心因性反应或不良反应；

（8）一次发生急性职业中毒10~49人，或死亡4人以下；

（9）市（地）级以上人民政府卫生健康主管部门认定的其他较大突发公共卫生事件。

3. 重大突发公共卫生事件（Ⅱ级）

这是二级突发公共卫生事件，法律作了非常明确而细致的划分：

（1）在一个县（市）行政区域内，一个平均潜伏期内（6天）发生5例以上肺鼠疫、肺炭疽病例，或者相关联的疫情波及2个以上的县（市）；

（2）发生传染性非典型肺炎、人感染高致病性禽流感疑似病例；

（3）腺鼠疫发生流行，在一个市（地）行政区域内，一个平均潜伏期内多点连续发病20例以上，或流行范围波及2个以上市（地）；

（4）霍乱在一个市（地）行政区域内流行，1周内发病30例以上，或波及2个以上市（地），有扩散趋势；

（5）乙类、丙类传染病波及2个以上县（市），1周内发病水平超过前5年同期平均发病水平2倍以上；

（6）我国尚未发现的传染病发生或传入，尚未造成扩散；

（7）发生群体性不明原因疾病，扩散到县（市）以外的地区；

（8）发生重大医源性感染事件；

（9）预防接种或群体性预防性服药出现人员死亡；

（10）一次食物中毒人数超过100人并出现死亡病例，或出现10例以上死亡病例；

（11）一次发生急性职业中毒50人以上，或死亡5人以上；

（12）境内外隐匿运输、邮寄烈性生物病原体、生物毒素造成我境内人员感染或死亡的；

（13）省级以上人民政府卫生健康主管部门认定的其他重大突发公共卫生事件。

4. 特别重大突发公共卫生事件（Ⅰ级）

这是一级突发公共卫生事件，即最严重的级别，主要有以下几类：

（1）肺鼠疫、肺炭疽在大、中城市发生并有扩散趋势，或肺鼠疫、肺炭疽疫情波及2个以上省份，并有进一步扩散趋势；

（2）发生传染性非典型肺炎、人感染高致病性禽流感病例，并有扩散趋势；

（3）涉及多个省份的群体性不明原因疾病，并有扩散趋势；

（4）发生新传染病或我国尚未发现的传染病发生或传入，并有扩散趋势，或发现我国已消灭的传染病重新流行；

（5）发生烈性病菌株、毒株、致病因子等丢失事件；

（6）周边以及与我国通航的国家和地区发生特大传染病疫情，并出现输入病例，严重危及我国公共卫生安全的事件；

（7）国务院卫生健康主管部门认定的其他特别重大突发公共卫生事件。

☞ **案例：**

小吃店的投毒事件

陈某，在某镇开了一家小吃店，因一家饮食店与之生意竞争，故怀恨在心，遂用国家明令禁止的剧毒灭鼠药“毒鼠强”往饮食店食品中投毒。2002 年 9 月 14 日早晨，饮食店附近的中学生和民工及居民因食用了饮食店内的油条、烧饼、麻团等食物后中毒。事情发生后，中毒群众及学生被送往医院抢救，据初步调查，中毒者达 200 多人。至 9 月 17 日，已有 38 人经抢救无效死亡。后中毒人员病情基本得到控制，各项抢救、善后、调查等工作紧张有序地进行，陈某被抓获。

思考与讨论：

本案是否属于突发公共卫生事件？如果是，应属于哪一级哪一类的突发公共卫生事件？

三、突发公共卫生事件应急方针和原则

（一）应急方针

突发事件应急工作应当遵循“预防为主、常备不懈”的方针。预防为主是卫生健康工作的基本指导方针，也是减少各类突发公共卫生事件的保证，是有效应对突发事件的前提。做好预防工作，可以有效控制传染病的发生和传播，减少食物中毒、职业中毒和其他突发公共卫生事件。常备不懈，是指预防工作的长期性要求。预防为主，应该是一个将来长期贯穿于人们脑海中的重要词汇，无论是面对传染病，还是面对其他突发公共卫生事件，都需要有这样的基本观念。

（二）应急原则

做好突发事件应急工作，必须贯彻统一领导、分级负责、反应及时、措施果断、依靠科学、加强合作的处理原则。

1. 统一领导、分级负责

在突发事件应急处理的各项工作中，必须坚持由各级人民政府统一领导，成立应急指挥部对处理工作实行统一指挥，各有关部门都要在应急指挥部的领导下，依照规定开展各项应急处理工作；全国性的突发事件或跨省、自治区、直辖市的突发事件，由国务院设立全国突发事件应急处理指挥部，负责统一领导和指挥全国的应急处理工作；地方性突发事件由省级人民政府设立突发事件应急处理指挥部，负责统一领导和指挥本行政区域内的应急处理工作。

2. 反应及时、措施果断

突发事件发生后，有关人民政府要成立应急处理指挥部，决定是否启动应急处理预案等；有关部门应当及时做出反应，搜集、报告疫情及有关情况，立即组织调查，组织医疗队伍，积极开展救治，并向政府提出处理建议，采取果断措施，有效控制突发事件的事态发展。

3. 依靠科学、加强合作

突发事件应急工作要尊重科学、根据科学，各有关部门、学校、科研单位等要通力合作，实现资源共享。

☞ **知识链接：**

三鹿奶粉事件

发生于2008年的“三鹿奶粉事件”是一起食品安全事件。事件起因是很多食用三鹿集团生产的奶粉的婴儿被发现患有肾结石，随后在其奶粉中发现化工原料三聚氰胺。据统计，截至2008年9月21日，因食用婴幼儿奶粉而接受门诊治疗咨询且已康复的婴幼儿累计39965人，正在住院的有12892人，此前已治愈出院1579人，死亡4人。该事件引起国人高度关注和对乳制品安全的担忧。当时的国家质检总局公布对国内的乳制品厂家生产的婴幼儿奶粉的三聚氰胺检验报告后，事件迅速恶化，包括伊利、蒙牛、光明、圣元及雅士利在内的多个厂家的奶粉都检出三聚氰胺。该事件亦重创中国制造商品信誉，多个国家禁止中国乳制品进口。

事件暴发后，从中央到地方政府，都在第一时间做出了反应：一是立即启动国家重大食品安全事故Ⅰ级响应，成立由当时的卫生部牵头、质检总局等有关部门和地方参加的国家处理三鹿牌婴幼儿奶粉事件领导小组；二是全力开展医疗救治，对患病婴幼儿实行免费救治，所需费用由财政承担；三是全面开展奶粉市场治理整顿，由质检总局负责会同有关部门对市场上所有婴幼儿奶粉进行全面检验检查，对不合格奶粉立即实施下架；四是尽快查明婴幼儿奶粉污染原因，组织地方政府和有关部门对婴幼儿奶粉生产和奶牛养殖、原料奶收购、乳品加工等各环节开展检查；五是在查明事实的基础上，严肃处理违法犯罪分子和相关责任人；六是有关地方和部门要认真吸取教训，举一反三，建立完善食品安全和质量监管机制，切实保证人民群众的食品消费安全。

四、突发公共卫生事件应急机构

突发公共卫生事件应急机构包括应急指挥机构、日常管理机构、专家咨询委员会和应急处理专业技术机构几部分。

（一）应急指挥机构

为了强化处理突发公共卫生事件的指挥系统，《突发公共卫生事件应急条例》明确了政府对突发公共卫生事件的应急管理职责，规定突发事件发生后，国务院和省、自治区、直辖市人民政府设立突发事件应急处理指挥部，负责对突发事件应急处理的统一指导、统一指挥。

（二）日常管理机构

国务院卫生健康主管部门设立公共卫生事件应急办公室，负责全国突发公共卫生事件应急处理的日常管理工作。组织协调有关突发公共卫生事件应急处理工作；负责处理相关法规立法的起草工作；组织制定相关应急处理的方针、政策和措施；组建与完善公共卫生事件检测和预警系统；制定突发公共卫生事件应急预案，并组织预案演练；组织对公共卫生和医疗救助专业人员进行相关应急知识和处理技术的培训，指导各地实施预案，帮助和指导各地应对其他突发事件的伤病救治工作；承办救灾、反恐、中毒、放射事故等重大安全事件中涉及公共卫生问题的组织协调工作，对突发重大人员伤亡事件组织紧急医疗救护工作。

各省、自治区、直辖市卫生健康主管部门要参照国务院卫生健康主管主管部门突发公共卫生事件日常管理机构的设置及职责，结合本省、自治区、直辖市实际，设立省级突发公共卫生事件的日常管理机构，负责辖区内突发公共卫生事件应急协调、管理工作。各地市级、县级卫生健康主管部门要指定机构负责本辖区内突发公共卫生事件应急的日常管理工作。

（三）专家咨询委员会

国务院卫生健康主管部门和省级卫生健康主管部门组建突发公共卫生事件专家咨询委员会，对突发公共卫生事件应急准备和处理咨询应答和提出建议；参与制定、修订突发公共卫生事件应急预案和技术方案；对突发公共卫生事件应急处理进行技术指导；承担突发公共卫生事件日常管理机构和应急指挥机构交办的其他工作。地级市和县级卫生健康主管部门可根据本辖区内突发公共卫生事件应急工作需要；组建突发工作卫生事件应急处理专家咨询委员会。

（四）应急处理专业技术机构

医疗机构、疾病预防控制机构、卫生监督机构、出入境检验检疫机构是突发公共卫生事件应急处理的专业技术机构。

应急处理专业技术机构要结合本单位职责开展专业技术人员处理突发公共卫生事件能力培训，提高快速应对能力和技术水平，在发生突发公共卫生事件时，要服从卫生健康主管部门的统一指挥和安排，开展应急处理工作。

第二节　突发公共卫生事件应急预案

一、突发公共卫生事件应急预案的制定

突发事件应急预案是经一定程序制定的处置突发事件的事先方案。《突发公共卫生事件应急条例》规定，国务院卫生健康主管部门按照分类指导、快速反应的要求，制定全国突发事件应急预案，报请国务院批准。分类指导，是指对不同性质的突发公共卫生事件制定不同性质的预案。快速反应，是指一旦发生突发事件，应急预案马上可以启动，应急处理机制马上可以做出反应。

省、自治区、直辖市人民政府根据全国突发公共卫生事件应急预案，结合本地实际情况，制定本行政区域的突发公共卫生事件的应急预案。一方面，要依据全国突发公共卫生事件应急预案，将全国应急预案融入本地区的突发事件应急预案中去；另一方面，要结合本地区实际情况，各地情况不同，遇到的问题也不同，因此，要根据自己的特点制定适合本地区实际情况的突发公共卫生事件应急预案。

二、突发公共卫生事件应急预案的内容

全国的突发公共卫生事件应急预案应包括如下内容：

（一）应急处理指挥部组成和相关部门职责

突发事件发生后，国务院设立全国突发事件应急处理指挥部，由国务院有关部门和军队有关部门组成，国务院主管领导人担任总指挥，负责对全国突发事件应急处理的统一领导、统一指挥。不同突发公共卫生事件所组成的应急指挥部的成员可以不一样。但是，每一类突发公共卫生事件应急预案中必须列明应急指挥部的组成部门，并列明各个部门的具体职责。

（二）突发事件的监测和预警

在日常工作中，要对可能发生的突发公共卫生事件进行监测，并及时发出预警；突发公共卫生事件发生后，还要对已经发生的突发公共卫生事件进行跟踪监测，掌握其变化情况，对可能出现的趋势和问题及时预警。在应急预案中，要根据突发公共卫生事件的类型，制订监测计划、预警等级、报告程序和时限，确保监测和预警系统的正常运行。

（三）信息的收集、分析、报告、通报制度

应急处理机制能不能及时启动，应急措施是否有效，关键是看突发公共卫生事件信息

渠道是否畅通。信息不准，反应可能出现错误；信息不快，反应就会延误。所以，信息的收集、分析、报告、通报要形成制度，明确责任，明确时限，明确渠道，明确程序，明确主体。

（四）应急处理技术和监测机构及其任务

由于突发公共卫生事件的种类不同，根据专业机构的不同性质，明确对不同类别的突发公共卫生事件的监测机构，并规定其任务，可以保证对突发公共卫生事件的有效监测和预警。

（五）突发公共卫生事件分级和应急处理工作方案

突发公共卫生事件有大有小，有轻有重，所以，针对不同性质、不同范围、不同危害程度的突发公共卫生事件，采取的应急处理方式、动用的应急力量、实施的应急措施是不同的。将突发事件分为不同等级，并按照不同等级制定不同的应急处理方案，可以最有效地应急处理突发公共卫生事件。

（六）应急物资和技术的储备与调度

应急预案的内容应当包括对突发公共卫生事件的预防措施，对不同种类突发公共卫生事件发生后的现场控制措施。突发事件种类很多，其预防措施、现场控制措施也不尽相同，所需要的设施、设备、药品、器械以及技术等也不一样。根据不同情况做好相应的预防措施和现场控制方案以及物资储备，并建立合理的物资调度制度，对防范突发公共卫生事件十分必要。应做到有备无患，否则，将措手不及，造成难以弥补的损失。

（七）应急处理专业队伍的建设和培训

突发公共卫生事件应急处理离不开专业人员，从现场处理、医疗救护到科研攻关等，都需要一大批经过专门训练的专业人员。把专业队伍建设作为一项长期工作，有长期计划，并加强长期培训，才能保证这支队伍的战斗性。

三、突发公共卫生事件应急预案的启动程序

突发公共卫生事件发生后，卫生健康主管部门应当组织专家对突发公共卫生事件进行综合评估，初步判断突发公共卫生事件的类型，提出是否启动突发公共卫生事件应急预案的建议。在全国范围内或者跨省、自治区、直辖市范围内启动突发公共卫生事件应急预案，由国务院卫生健康主管部门报国务院批准后实施。

省、自治区、直辖市启动突发公共卫生事件应急预案，由省、自治区、直辖市人民政府决定，并向国务院报告。应急预案启动前，县级以上各级人民政府有关部门应当根据突发公共卫生事件的实际情况，做好应急处理准备，采取必要的应急措施。应急预案启动后，突发公共卫生事件发生地的人民政府有关部门，应当根据预案规定的职责要求，服从突发公共卫生事件应急处理指挥部的统一指挥，立即到达规定岗位，采

取有关的控制措施。

第三节　突发公共卫生事件应急报告与信息发布

一、突发公共卫生事件应急报告

《突发公共卫生事件应急条例》规定，国家建立突发公共卫生事件应急报告制度。建立突发公共卫生事件的应急报告制度是领导机关准确把握事件动态，正确进行决策，有关部门及时采取处理和控制措施的重要前提。只有建立起一套完整的突发公共卫生事件应急报告制度，并且保证其正常运转，才能保证信息的畅通。

（一）突发公共卫生事件应急报告主体

突发公共卫生事件应急报告主体包括：

（1）县级以上各级人民政府卫生健康主管部门指定的开展突发公共卫生事件日常监测的机构；

（2）各级各类疾病控制、卫生监督、医疗、保健等与卫生有关的机构；

（3）突发公共卫生事件的发生单位，与群众健康和卫生保健工作有密切关系的机构或者单位；

（4）卫生健康主管部门；

（5）县级以上地方人民政府。

（二）突发公共卫生事件应急报告的内容

突发公共卫生事件应急报告的内容主要包括：

（1）发生或者可能发生传染病暴发、流行的；

（2）发生或者发现不明原因的群体性疾病的；

（3）发生传染病菌种、毒种丢失的；

（4）发生或者可能发生重大食物和职业中毒事件的。

（三）突发公共卫生事件应急报告的程序和时限

突发公共卫生事件的监测机构、医疗卫生机构和有关单位在发现相关情况后，应当在2小时内向所在地县级人民政府卫生健康主管部门报告；接到报告的卫生健康主管部门应当在2小时内向本级人民政府报告，并同时向上级卫生健康主管部门和国务院卫生健康主管部门报告。县级人民政府应当在接到报告后2小时内向设区的市级人民政府或者上一级人民政府报告；设区的市级人民政府应当在接到报告后2小时向省、自治区、直辖市人民政府报告，省、自治区、直辖市人民政府应当在接到报告后1小时内，向国务院卫生健康主管部门报告。

应当注意的是，在突发公共卫生事件的应急报告中，有关单位和个人应当真实、及时、准确地向有关部门报告。任何单位和个人对突发公共卫生事件不得瞒报、缓报、谎报，或者授意他人瞒报、缓报、谎报。

二、突发公共卫生事件的应急通报

突发公共卫生事件的应急通报职责因不同部门而有所不同。具体如下：

（一）卫健委的通报职责

卫健委根据实际情况和工作需要，应及时向国务院有关部门和各省、自治区、直辖市人民政府卫生健康主管部门以及军队有关部门通报突发公共卫生事件的情况。

各相关部门接到卫生部门的通报后，应当根据自己的职责，采取相应的控制措施，并按照应急预案的要求，做好相应的准备工作。

（二）省级人民政府卫生主管部门的通报职责

突发公共卫生事件发生地的省级人民政府卫生健康主管部门，应当及时向有关部门、毗邻和可能波及的省级人民政府卫生健康主管部门通报突发公共卫生事件的情况，使毗邻省能够针对突发事件的特点，结合应急预案的措施，有针对性地做好准备工作，对本地的有关人员、相关物资、动物宿主进行检查、控制，协助突发事件发生地对突发事件发生的本源、扩散的途径进行追查和控制。

（三）接到通报的省级人民政府卫生健康主管部门的通报职责

接到通报的省级人民政府卫生健康主管部门，应当采取相应的防范措施，并视情况及时通知相应的医疗卫生机构，组织做好应急处理所需的人员和物资准备。医疗卫生机构接到有关通报后，应当根据预案的要求做好必要准备工作。

（四）县级以上地方人民政府有关部分的通报职责

县级以上地方人民政府有关部门，已经发生或者发现可能引起突发事件的情形时，应当及时向同级人民政府卫生健康主管部门通报。

三、突发公共卫生事件信息发布

（一）信息发布者

国务院卫生健康主管部门负责向社会及时、准确、全面发布突发公共卫生事件的信息。省、自治区、直辖市人民卫生健康主管部门经国务院卫生健康主管部门授权向社会发布本行政区域内突发公共卫生事件的信息。

（二）信息发布的内容

信息发布的内容包括：突发公共卫生事件和传染病疫情性质、原因；突发公共卫生事件和传染病疫情发生地及范围；突发公共卫生事件和传染病疫情的发病、伤亡及所涉及的人员范围；突发公共卫生事件和传染病疫情处理措施和预防控制情况；突发公共卫生事件和传染病疫情发生地的解除。

（三）信息发布的形式

信息发布形式主要包括：授权发布、散发新闻稿、组织报道、接受记者采访、举行新闻发布会。

（四）信息发布的要求

突发公共事件的信息发布要求是及时、准确、客观、全面。在事件发生的第一时间向社会发布简要信息，随后发布初步核实情况、政府应对措施和公众防范措施等，并根据事件处理情况做好后续发布工作。

第四节　突发公共卫生事件应急处理

一、应急预案的启动

突发事件发生后，卫生健康主管部门应当组织专家对突发事件进行综合评估，初步判断突发事件的类型，提出是否启动突发事件应急预案的建议。在全国范围内或者跨省、自治区、直辖市范围内启动全国突发事件应急预案，由国务院卫生健康主管部门报国务院批准后实施。省、自治区、直辖市启动突发事件应急预案，由省、自治区、直辖市人民政府决定，并向国务院报告。

应急预案启动后，突发事件发生地的人民政府有关部门，应当根据预案规定的职责要求，服从突发事件应急处理指挥部的统一指挥，立即到达规定岗位，采取有关的控制措施。医疗卫生机构、监测机构和科学研究机构，应当服从突发事件应急处理指挥部的统一指挥，相互配合、协作，集中力量开展相关的科学研究工作。

二、应急处理措施

（一）突发公共卫生事件的调查

国务院卫生健康主管部门或者其他有关部门指定的专业技术机构有权进入突发公共卫生事件现场进行调查、采样、技术分析和检验，对地方突发公共卫生事件的应急处理工作进行技术指导，有关单位和个人应当予以配合；任何单位和个人不得以任何理由予以拒绝。

（二）法定传染病的宣布

国务院卫生健康主管部门对新发现的突发传染病，根据危害程度、流行强度，依照

《中华人民共和国传染病防治法》的规定及时宣布为法定传染病；宣布为甲类传染病的，由国务院决定。

☞ **知识链接：**

对新冠肺炎实施乙类甲管措施

中华人民共和国国家卫生健康委员会公告2020年第1号

经国务院批准，现公告如下：

一、将新型冠状病毒感染的肺炎纳入《中华人民共和国传染病防治法》规定的乙类传染病，并采取甲类传染病的预防、控制措施。

二、将新型冠状病毒感染的肺炎纳入《中华人民共和国国境卫生检疫法》规定的检疫传染病管理。

特此公告。

中华人民共和国国家卫生健康委员会
2020年1月20日

（三）物资调配

突发事件发生后，国务院有关部门和县级以上地方人民政府及其有关部门，应当保证突发事件应急处理所需的医疗救护设备、救治药品、医疗器械等物资的生产、供应；铁路、交通、民用航空行政主管部门应当保证及时运送。根据突发事件应急处理的需要，突发事件应急处理指挥部有权紧急调集人员、储备的物资、交通工具以及相关设施、设备。

（四）交通工具上的应急处置

交通工具上发现根据国务院卫生健康主管部门的规定需要采取应急控制措施的传染病病人、疑似传染病病人时，其负责人应当以最快的方式通知前方停靠点，并向交通工具的营运单位报告。交通工具的前方停靠点和营运单位应当立即向交通工具营运单位行政主管部门和县级以上地方人民政府卫生健康主管部门报告。卫生健康主管部门接到报告后，应当立即组织有关人员采取相应的医学处置措施。

交通工具上的传染病病人密切接触者，由交通工具停靠点的县级以上各级人民政府卫生健康主管部门或者铁路、交通、民用航空行政主管部门，根据各自的职责，依照传染病防治法律、行政法规的规定，采取控制措施。涉及国境口岸和出入境的人员、交通工具、货物、集装箱、行李、邮包等需要采取传染病应急控制措施的，依照国境卫生检疫法律、行政法规的规定办理。

（五）人员和疫区的控制

突发事件应急处理指挥部根据突发事件应急处理的需要，可以对食物和水源采取控制措施；必要时，对人员进行疏散或者隔离，并可以依法对传染病疫区实行封锁。对传染病暴发、流行区域内流动人口，突发事件发生地的县级以上地方人民政府应当做好预防工作，落实有关卫生控制措施；对传染病病人和疑似传染病病人，应当采取就地隔离、就地观察、就地治疗的措施；对需要治疗和转诊的人员，应当按照有关规定执行。

县级以上地方人民政府卫生健康主管部门应当对突发事件现场等采取控制措施，宣传突发事件防治知识，及时对易受感染的人群和其他易受损害的人群采取应急接种、预防性投药、群体防护等措施。

三、相关部门、机构及公民的责任

（一）卫生健康主管部门

卫生健康主管部门应当：①组织医疗机构、疾病预防控制机构和卫生监督机构开展突发公共卫生事件的调查与处理；②组织突发公共卫生事件专家咨询委员会对突发公共卫生事件进行评估，提出启动突发公共卫生事件应急处理的级别；③采取应急控制措施，根据需要组织开展应急疫苗接种、预防服药等；④开展督导检查，国务院卫生健康主管部门组织对全国或重点地区的突发公共卫生事件应急处理工作进行督导和指导；⑤进行事件评估，组织专家对突发公共卫生事件的处理情况进行综合评估，包括事件概况、现场调查处理概况、病人救治情况、所采取的措施、效果评价等。

（二）医疗机构

医疗卫生机构应当对传染病做到早发现、早报告、早隔离、早治疗，切断传播途径，防止扩散。①开展病人接诊、收治和转运工作，实行重症和普通病人分开管理，对疑似病人及时排除或确诊；②协助疾控机构人员开展标本的采集、流行病学调查工作；③做好医院内现场控制、消毒隔离、个人防护、医疗垃圾和污水处理工作，防止院内交叉感染和污染；④做好传染病和中毒病人的报告，对因突发公共卫生事件而引起身体伤害的病人，任何医疗机构不得拒绝接诊；⑤对群体性不明原因疾病和新发传染病做好病例分析与总结，积累诊断治疗的经验；对重大中毒事件，按照现场救援、病人转运、后续治疗相结合的原则进行处置；⑥开展科研与国际交流，开展与突发事件相关的诊断试剂、药品、防护用品等方面的研究，开展国际合作，加快病源查寻和病因诊断等。

（三）疾病预防控制机构

疾病预防控制机构应当：①做好突发公共卫生事件信息报告工作，即国家、省、市（地）县级疾控机构应当做好突发公共卫生事件的信息收集、报告与分析工作；②开展诊断试剂、药品、防护用品等方面的研究；开展国际合作，加快病源查寻和病因诊断等。

（四）卫生监督机构

卫生监督机构应当：①在卫生健康主管部门的领导下，开展对医疗机构、疾病预防控制机构突发公共卫生事件应急处理各项措施落实情况的督导、检查；②围绕突发公共卫生事件应急处理工作，开展食品安全、环境卫生、职业卫生等的卫生监督和执法稽查；③协助卫生健康主管部门根据《突发公共卫生事件应急条例》和有关法律法规，调查处理突发公共卫生事件应急工作中的违法行为。

（五）出入境检验检疫机构

出入境检验检疫机构应当：①突发公共卫生事件发生时，调动出入境检验检疫机构技术力量，配合当地卫生健康主管部门做好口岸的应急处理工作；②及时上报口岸突发公共卫生事件信息和情况变化。

（六）街道、乡镇以及居（村）民委员会的职责

传染病暴发、流行时，街道、乡镇以及居民委员会、村民委员会应当组织力量，团结协作，群防群治，协助卫生健康主管部门和其他有关部门、医疗卫生机构做好疫情信息的收集和报告、人员的分散隔离、公共卫生措施的落实工作，向居民、村民宣传传染病防治的相关知识。

（七）公民的责任

在突发事件中需要接受隔离治疗、医学观察措施的病人、疑似病人和传染病病人密切接触者在卫生健康主管部门或者有关机构采取医学措施时，应当予以配合；拒绝配合的，由公安机关依法协助强制执行。

第五节　法律责任

一、政府及相关部门不履行法定职责的法律责任

县级以上地方人民政府及其卫生健康主管部门未依照《突发公共卫生事件应急条例》的规定履行报告职责，对突发事件隐瞒、缓报、谎报或者授意他人隐瞒、缓报、谎报的，对政府主要领导人及其卫生健康主管部门主要负责人，依法给予降级或者撤职的行政处分；造成传染病传播、流行或者对社会公众健康造成其他严重危害后果的，依法给予开除的行政处分；构成犯罪的，依法追究刑事责任。

国务院有关部门、县级以上地方人民政府及其有关部门未依照《突发公共卫生事件应急条例》的规定，完成突发事件应急处理所需要的设施、设备、药品和医疗器械等物资的生产、供应、运输和储备的，对政府主要领导人和政府部门主要负责人，依法给予降级或者撤职的行政处分；造成传染病传播、流行或者对社会公众健康造成其他严重危害后

果的，依法给予开除的行政处分；构成犯罪的，依法追究刑事责任。

突发事件发生后，县级以上地方人民政府及其有关部门对上级人民政府有关部门的调查不予配合，或者采取其他方式阻碍、干涉调查的，对政府主要领导人和政府部门主要负责人，依法给予降级或者撤职的行政处分；构成犯罪的，依法追究刑事责任。

县级以上各级人民政府卫生健康主管部门和其他有关部门在突发事件调查、控制、医疗救治工作中玩忽职守、失职、渎职的，由本级人民政府或者上级人民政府有关部门责令改正、通报批评、给予警告；对主要负责人、负有责任的主管人员和其他责任人员，依法给予降级、撤职的行政处分；造成传染病传播、流行或者对社会公众健康造成其他严重危害后果的，依法给予开除的行政处分；构成犯罪的，依法追究刑事责任。

县级以上各级人民政府有关部门拒不履行应急处理职责的，由同级人民政府或者上级人民政府有关部门责令改正、通报批评、给予警告；对主要负责人、负有责任的主管人员和其他责任人员，依法给予降级、撤职的行政处；造成传染病传播、流行或者对社会公众健康造成其他严重危害后果的，依法给予开除的行政处分；构成犯罪的，依法追究刑事责任。

二、医疗机构不履行义务的法律责任

医疗卫生机构有下列行为之一的，由卫生健康主管部门责令改正、通报批评、给予警告；情节严重的，吊销《医疗机构执业许可证》；对主要负责人、负有责任的主管人员和其他直接责任人员，依法给予降级或者撤职的纪律处分；造成传染病传播、流行或者对社会公众健康造成其他严重危害后果，构成犯罪的，依法追究刑事责任：

（1）未依照《突发公共卫生事件应急条例》的规定履行报告职责，隐瞒、缓报或者谎报的；

（2）未依照《突发公共卫生事件应急条例》的规定及时采取控制措施的；

（3）未依照《突发公共卫生事件应急条例》的规定履行突发事件监测职责的；

（4）拒绝接诊病人的；

（5）拒不服从突发事件应急处理指挥部调度的。

三、单位和个人不履行义务的法律责任

在突发事件应急处理工作中，有关单位和个人未依照《突发公共卫生事件应急条例》的规定履行报告职责，隐瞒、缓报或者谎报，阻碍突发事件应急处理工作人员执行职务，拒绝国务院卫生健康主管部门或者其他有关部门指定的专业技术机构进人突发事件现场，或者不配合调查、采样、技术分析和检验的，对有关责任人员，依法给予行政处分或者纪律处分；触犯《中华人民共和国治安管理法》，构成违反治安管理行为的，由公安机关依法予以处罚；构成犯罪的，依法追究刑事责任。

四、扰乱社会和市场秩序的法律责任

在突发事件发生期间，散布谣言、哄抬物价、欺骗消费者，扰乱社会秩序、市场秩序

的，由公安机关或者工商行政管理部门依法给予行政处罚；构成犯罪的，依法追究刑事责任。

在依法追究刑事责任方面，最高人民法院、最高人民检察院《关于办理妨碍预防、控制突发传染病疫情等灾害的刑事案件具体应用法律若干问题的解释》，对于下列几类案件有关犯罪的界限与刑罚适用做出了具体规定：①传播传染病病毒危害公共安全的案件；②以防治传染病之名，非法行医，制售假冒伪劣产品、药品、医疗器械、防护用品等医用卫生材料，危害医务人员和人民群众健康的案件；③虚假广告、坑蒙拐骗、哄抬价格，扰乱市场经济秩序的案件；④在传染病防治期间趁火打劫，侵犯公民人身权利和公私财产，危害社会治安的案件；⑤编造、传播谣言或恐怖信息，危害国家政权或社会稳定的案件；⑥国家机关人员、企事业单位的工作人员贪污、侵占、挪用防治传染病款物的案件；⑦有关国家机关工作人员、国有企事业单位工作人员，在防治传染病工作中渎职失职，造成疫情传播等严重后果的案件；⑧妨害传染病防治公务的案件；等等。这些具体规定，为依法惩治妨害预防、控制突发传染病疫情等灾害的犯罪活动，保障预防、控制突发传染病疫情等灾害工作的顺利进行，切实维护人民群众的身体健康和生命安全，提供了强大后盾。

◎ **思考题**

1. 试述突发公共卫生事件的概念及特征。
2. 突发公共卫生事件应急报告与信息发布制度有哪些规定？
3. 试述各级政府在应对突发事件中的责任。
4. 突发公共卫生事件应急处理措施有哪些？

第五章　传染病防治与国境卫生检疫法律制度

随着人类社会的全面进步和医药卫生事业的快速发展，传染病对人类生存和健康造成的严重威胁受到了遏制，全球因早死所致的寿命损失年的前十大原因从以传染病为主转为以非传染性疾病为主。近年来，受全球化进程、气候变暖、人类生态环境和行为方式的变化，既往得到有效控制的传染病又“死灰复燃”，新发传染病不断涌现，全球范围内传染病发病率及死亡率显著上升，流行及暴发事件防治压力骤增。2020—2021 年，一种新型冠状病毒病（COVID-19）席卷全球，数百万人死于这次病毒大流行。

第一节　传染病防治法律制度

一、传染病防治法律制度概述

（一）传染病防治法的概念

由病毒、细菌、衣原体、支原体、立克次体、寄生虫、真菌等致病原引起的疾病均可称为感染性疾病（infectious diseases），感染性疾病中具有传染性、且可导致不同程度流行的疾病称为传染病（communicable diseases）。传染病种类众多，传播途径广泛，因此，其在人群中传播，常造成大流行，对人民生命健康和国家经济社会发展造成极大的损害。

传染病防治法是调整、预防和控制传染病在传播过程中产生的各种社会关系，保障人体健康和公共卫生的法律规范的总称。该法旨在更好地预防、控制传染病的发生与流行，明确公民、社会有关组织和政府有关部门在传染病防治工作中的责任。1989 年 2 月 21 日，我国颁布首部针对传染病防治管理工作的卫生大法《中华人民共和国传染病防治法》；2003 年传染性非典型肺炎的暴发流行，促使人们对加强传染病的法制管理有了新的认识；2004 年 8 月 28 日，十届人大十一次常委会通过了新修订的《中华人民共和国传染病防治法》；2020 年 10 月 2 日，国家卫生健康委根据全国人大常委会关于《中华人民共和国传染病防治法》修改工作部署，形成《中华人民共和国传染病防治法（修订草案征求意见稿）》，向社会公开征求意见。传染病防治法的沿革与发展，不仅是对传染病防治经验和教训的总结，更使得传染病的管理更加规范、更加科学、更具人性化、更能体现时代感。

（二）传染病防治法的适用（效力）范围

《传染病防治法》规定，在中华人民共和国领域内的一切单位和个人，必须接受疾病预防控制机构、医疗机构有关传染病的调查、检验、采集样本、隔离治疗等预防、控制措施，如实提供有关情况。

（三）法定传染病分类管理

法定传染病管理指的是政府在其传染病防治法规内，条列出特定项目的传染病发生时，医师或医疗机构需向卫生主管机关报告，并依照法律的规定进行治疗甚至隔离等措施。结合国际上通用的做法，我国将发病率高、流行范围广、危害程度大的40种传染病纳入法定管理；按照传染病对人体健康和社会的危害程度的不同，将其分为甲类、乙类和丙类，并对不同类别的传染病采取相应的预防、控制措施。法定传染病的分类及性质详见表4.1。

表4.1　**我国法定传染病分类**

<table>
<tr><th>分类</th><th>疾病名称</th><th>影响范围</th><th>防控措施</th><th>制定主体</th></tr>
<tr><td>甲类</td><td>鼠疫、霍乱</td><td>对人体健康和生命安全危害特别严重，可能造成重大经济损失和社会影响</td><td>强制管理、强制隔离治疗、强制卫生检疫，控制疫情蔓延</td><td>国务院卫生健康主管部门确定并予以公布，报国务院批准</td></tr>
<tr><td>乙类</td><td>传染性非典型肺炎、艾滋病、病毒性肝炎、脊髓灰质炎、人感染高致病性禽流感、麻疹、流行性出血热、狂犬病、流行性乙型脑炎、登革热、炭疽、细菌性和阿米巴性痢疾、肺结核、伤寒和副伤寒、流行性脑脊髓膜炎、百日咳、白喉、新生儿破伤风、猩红热、布鲁氏菌病、淋病、梅毒、钩端螺旋体病、血吸虫病、疟疾、人感染H7N9禽流感、新型冠状病毒肺炎</td><td>对人体健康和生命安全危害严重，可能造成较大经济损失和社会影响</td><td>采取严格管理，落实各项防控措施，降低发病率，减少危害</td><td rowspan="2">（1）省、自治区、直辖市人民政府确定并予以公布，报国务院卫生健康主管部门备案；
（2）对乙类传染病中传染性非典型肺炎、炭疽中的肺炭疽和新型冠状病毒肺炎，采取本法所称甲类传染病的预防、控制措施；
（3）其他乙类传染病和具备传染病流行特征的不明原因聚集性疾病需要采取本法所称甲类传染病的预防、控制措施的，由国务院卫生健康主管部门及时报经国务院批准后予以公布、实施</td></tr>
<tr><td>丙类</td><td>流行性感冒、流行性腮腺炎、风疹、急性出血性结膜炎、麻风病、流行性和地方性斑疹伤寒、黑热病、包虫病、丝虫病，除霍乱、细菌性和阿米巴性痢疾、伤寒和副伤寒以外的感染性腹泻病、手足口病</td><td>常见多发、对人体健康和生命安全造成危害，可能造成一定程度的经济损失和社会影响</td><td>监测管理，关注流行趋势，控制暴发流行</td></tr>
</table>

☞ **知识链接：**

传染病如何发生、流行

传染病由病原体引起，在人与人、动物与动物以及人与动物之间相互传播。病原体进入宿主机体后，与机体相互作用、相互斗争。病原体侵入宿主机体后能否致病，一方面与病原体的特征（传染力、致病力、毒力及抗原性）、数量、侵入的门户以及在机体内的定位密切相关；另一方面与宿主自身的特征（年龄、免疫水平、营养状况、职业、个人习惯和生活方式，以及防御机制与能力有关。宿主感染病原体后，会产生不同的结局，包括隐性感染、显性感染、严重临床症状或死亡。

传染病的流行是指病原体从传染源排出，经过一定的传播途径，侵入易感人群者机体从而形成新的感染，并不断发生、发展的过程。传染病的流行必须具备传染源、传播途径和易感人群三个基本环节，这三个环节共同影响传染病的流行。

（四）传染病防治法主体职责范围

传染病防治法涉及主体包括：国务院卫生健康主管部门、各级人民政府、县级以上地方人民政府卫生健康主管部门县级以上人民政府其他部门、军队、各级疾病预防控制机构、医疗机构；乡镇人民政府和街道办事处、居民委员会、村民委员会；各级各类学校、托幼机构，医学院校、新闻媒体。各主体职责分工详见图 4. 1。

在发生重大突发传染病疫情时，国务院启动联防联控机制，及时开展疫情会商研判，组织协调、督促推进疫情防控工作。

二、传染病的预防与控制

（一）传染病的预防

传染病预防是指在传染病发生前采取有效措施，以减少或者避免传染病的发生与流行。传染病防控工作坚持“预防为主、防治结合”的方针，传染病防治法明确规定了不同责任主体的预防措施分工。

1. 加强健康教育，开展爱国卫生运动

各级各类政府组织开展群众性卫生活动，通过各种形式的健康教育，使公民了解传染病的发生和传播规律、养成健康的生活方式，不断提高自我保护能力。

爱国卫生运动是一种具有中国特色的卫生工作方式是开展群众性卫生活动的具体实践，各级爱国卫生运动委员会作为同级政府的议事协调机构，通过协调各部门和组织发动群众改善城乡环境卫生面貌、改水改厕、除“四害”（鼠、蚊、蝇、蟑螂）等活动对预防和控制疾病的发生传播、保障人民身体健康发挥了积极的作用。

各级人民政府农业、水利、林业行政部门负责指导和组织消除农田、湖区、河流、牧场、林区的鼠害与血吸虫危害，以及其他传播传染病的动物和病媒生物的危害。铁路、交

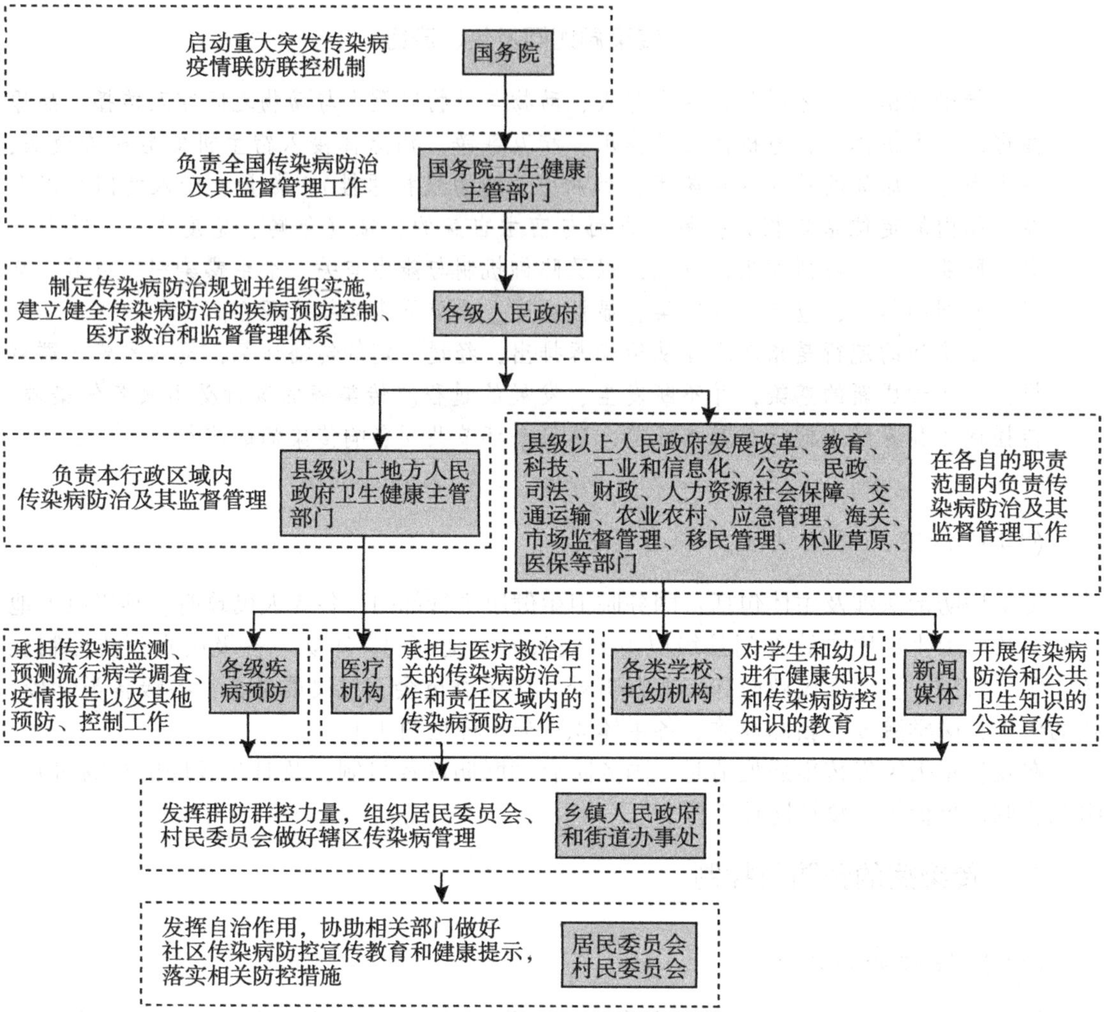

图 4.1　我国传染病防治法主体职责分工

通、民用航空行政部门负责组织消除列车、长途汽车、飞机等交通工具以及火车站、汽车站、机场相关场所的鼠害和蚊、蝇等病媒微生物的危害。

2. 建设和改造公共卫生设施，改善饮用水条件

公共卫生设施是为人民生活服务的各种卫生设施。如供应卫生饮用水的水厂、公共厕所、生活垃圾和污水的消毒处理系统等，这些基础卫生设施是否符合预防疾病的卫生标准和要求，与传染病的发生和传播有着直接、密切的关系。

传染病防治法规定地方各级政府应当有计划地建设和改造公共卫生设施。改善饮用水卫生条件，对污水、污物、粪便进行无害化处理。改善饮用水条件，对现有可以饮用的原水，包括地面水、地下水、泉水、落雨水等，加强水源化处理和水质消毒，使之符合国家

规定的《生活饮用水卫生标准》。对粪便进行无害化处理采用高温堆肥、改建卫生厕所的方法，消灭粪便中的虫卵、病菌。

3. 实行有计划的预防接种制度

预防接种是指根据疾病预防控制规划，利用预防性生物制品，按照国家规定的免疫程序，由合格的接种技术人员给适宜的接种对象进行接种，提高人群免疫水平，以达到预防和控制针对传染病发生和流行的目的。

(1) 国家实行有计划的预防接种制度。国务院卫生健康主管部门根据传染病控制目标、传染病流行情况及人群免疫状况等因素，制订国家疫苗针对传染病的控制规划，以及实施国家免疫规划项目的疫苗预防接种的技术规范 ，并组织实施。省、自治区、直辖市人民政府依据国家传染病控制规范，结合本地区传染病流行情况及人群免疫状况制订省级疫苗针对传染病控制规划，以及国家免疫规划项目的疫苗预防接种的实施方案，并组织实施。

(2) 国家对儿童实行预防接种证制度。婴儿出生后 1 个月内，其监护人应当到居住地接种单位办理儿童预防接种证，接种单位实施预防接种时，应当查验预防接种证，并按规定做好记录。国家免疫规划项目的预防接种实行免费。目前我国纳入国家免疫规划的疫苗有乙肝疫苗、卡介苗、脊灰疫苗、百白破疫苗、麻疹疫苗、无细胞百白破疫苗、甲肝疫苗、流脑疫苗、乙脑疫苗、麻腮风疫苗等，可预防 15 种疾病。疾病预防控制机构与儿童的监护人应当相互配合，保证儿童及时接受预防接种。

☞ **知识链接：**

一支疫苗的旅行

疫苗由生产厂家冷链配送，统一存放在疫苗冷库，疫苗在库期间及出入库均需经过严格的温度管控。疾控中心通过远程监控，可实时监控冷库的日常工作情况。冷库配备冷链温度实时监控系统，一旦出现温度异常会及时报警。

工作人员将疫苗从冷库扫码出库，在复核区进行复核扫码；复核确认后，负责运输的工作人员将疫苗装入冷藏箱内，准备装车运输。疫苗将全程采用冷藏车运输。冷藏箱和冷藏车的双重冷藏环境，保证疫苗的运输温度控制在 2~8℃。在冷藏车的驾驶室内，设有温度监控，运输过程中，每 5 分钟就会自动记录一次温度。冷藏车安装了 GPS 定位系统，市、区（县）疾控中心可以对冷藏车的运行路径实时监控，随时掌握疫苗冷藏车所在位置。

区疾病预防控制中心在签收疫苗后，将其各项信息录入系统，再把疫苗存在专用冷库或低温冰箱，并由专人对冷链设备进行管理和维护。根据各个预防接种门诊每月上报的接种计划、既往使用情况、现有疫苗数量，区疾控对入库疫苗进行统筹分配后，用冷藏车配送至各接种门诊。在疫苗交接时，温度记录将打印给预防接种门诊。

疫苗到达预防接种门诊收货前，接种门诊工作人员需要查看冷藏车内疫苗的保存温度。在确认疫苗运输过程符合冷链要求后，接种门诊工作人员将疫苗从冷藏车中取出并运送至门诊的冷库，并进一步核对。接种门诊工作人员接收疫苗后，将免疫规划疫苗和非免疫规划疫苗分别存进冰箱。冰箱的储存温度控制在规定范围内。每天安排专人进行两次温度登记，并在下班前对疫苗进行盘存。冰箱配备冷链温度实时监控系统，一旦出现温度异常，会及时报警。

4. 国家建立传染病监测和预警制度

传染病监测是指持续、系统地收集、分析、解释与传染病预防控制有关的资料。国家建立传染病监测制度，包括加强传染病发生前和发生初期的监测；建立和完善传染病疫情信息收集体系；形成哨点监测、实验室监测、症状监测、重点人群强化监测以及动物疫情监测的综合体系；对不同渠道的信息进行综合分析，得出预警信息；规定医疗卫生机构、实验室等在报告传染病和提供传染病发病信息方面的义务。

国务院卫生健康主管部门制定国家传染病监测规划和方案。省、自治区、直辖市人民政府卫生健康主管部门根据国家传染病监测规划和方案制定本地区的传染病监测计划和工作方案，作为地方各级疾病预防控制机构实施传染病监测的规范。各级疾病预防控制机构对传染病的发生、流行以及影响其发生、流行的因素进行监测。对国外发生、国内尚未发生的传染病或者国内新发生的传染病进行监测。

国家建立传染病预警制度。国务院卫生健康主管部门和省、自治区、直辖市人民政府根据传染病发生、流行趋势，对预测到的可能发生传染病暴发或流行及其可能造成的危害进行科学评估，根据情况在一定范围发布危害警告，并启动相应级别的预警响应，最大限度防范危害的发生，减少危害的程度。

县级以上地方人民政府应当制定传染病预防、控制预案，报上一级人民政府备案。地方人民政府和疾病预防控制机构接到国务院卫生健康主管部门或者省、自治区、直辖市人民政府发出的传染病预警后，应当按照传染病预防、控制预案，采取相应的预防、控制措施。

5. 防止传染病的医源性感染和医院感染

医疗机构要严格执行与传染病防治有关的各项法律规范、管理制度与操作规程；确定专门部门或者人员承担传染病疫情报告，本单位的传染病预防、控制以及责任区域内的传染病预防工作，并承担医疗活动中与医院感染有关的危险因素监测、安全防护、消毒、隔离和医疗废物处置工作；接受疾病预防控制机构的工作指导、考核，开展流行病学调查。

6. 自然疫源地建设项目的传染病监测和人畜共患疾病防治

自然疫源地是指某些传染病的病原体在自然界的野生动物中长期保存，并造成动物间传染病流行的地区。在国家确认的自然疫源地兴建大型建设项目，应事先由省级以上疾病预防控制机构对施工环境进行卫生调查。建设单位根据疾病预防控制机构的意见，采取必要的传染病防控措施。

县级以上人民政府农业、林业及其他有关部门依据各自职责，负责与人畜共患传染病有关的动物传染病的防治管理工作。严格管理与人畜共患传染病有关的动物，这些动物经检疫合格后，方可出售、运输。

☞ **案例：**

鼠疫（plague）是由鼠疫耶尔森菌感染引起的自然疫源性传染病，传染性强，病死率高，在我国属于甲类传染病。该病的传染源主要为感染动物和患者，自然宿主鼠、旱獭等，传播途径为病媒生物传播、接触传播和飞沫传播，鼠蚤为传播媒介；人群普遍易感。临床表现为高热、淋巴结肿大疼痛、咳嗽、咳痰、呼吸困难、出血，以及其他严重毒血症状。

2019 年 11 月 12 日，内蒙古自治区锡林郭勒盟苏尼特左旗 2 人经专家会诊，被诊断为肺鼠疫确诊病例。同年 11 月 16 日，内蒙古锡林郭勒盟镶黄旗巴音塔拉苏木采石场 1 人在乌兰察布市化德县医院就诊期间，反复发烧，经专家会诊，被诊断为腺鼠疫确诊病例。11 月 27 日，内蒙古自治区乌兰察布市四子王旗江岸苏木江岸嘎查 1 名牧民在四子王旗人民医院就诊期间，经国家和自治区专家会诊，确诊为腺鼠疫病例。

通过病例隔离治疗、隔离区管理和终末消毒、密切接触者追踪、隔离医学观察和预防性服药、健康宣教等疫情处置措施，截至 2019 年 11 月 12 日，无新增鼠疫病例，未接到密切接触者出现发热等相关异常情况的报告。

思考与讨论：

针对上述疫情事件，是否需要启动突发公共卫生事件应急响应？如何启动？

7. 严格遵守有关的卫生制度

（1）对传染病病人、病原携带者和疑似传染病病人就业的限制。为了保护他人的健康安全，传染病病人、病原携带者在患病或者携带病原体期间，或排除传染病嫌疑前，不得从事易使传染病扩散的工作，主要包括：食品生产经营中从事接触直接入口食品的工作，饮用水的生产、管理、供应等工作，在公共场所从事直接为顾客服务的工作，托幼机构的保育、教育等工作，美容、整容等工作，直接从事化妆品生产的工作，以及其他与人群接触密切的工作。

（2）生物安全管理。疾病预防控制机构、医疗机构的实验室和从事病原微生物实验的单位，应当符合国家规定的条件和技术标准。建立严格的监督管理制度，对传染病病原体样本按照规定的措施实行严格监督管理，严防传染病病原体的实验室感染和病原微生物的扩散。

国家建立传染病菌种、毒种库，对传染病菌种、毒种和传染病检测样本的采集、保藏、携带、运输和使用实行分类管理，建立健全严格的管理制度，对高致病性病原微生物菌（毒）种或样本的采集、保藏、携带、运输和使用，须经省级以上人民政府卫生健康主管部门批准。

（3）血液、血液制品安全管理。血液、血液制品的生产加工单位必须严格执行国家有关规定，保证血液、血液制品的质量。血液、血液制品使用单位必须遵守国家有关规定，防止因输入血液、使用血液制品引起经血液传播疾病的发生，禁止非法采集血液或者组织他人出卖血液。

（4）消毒管理。对被传染病病原体污染的污水、污物、场所和物品要按规定进行严格消毒处理，包括消毒、杀虫、灭鼠和染疫动物的处理。拒绝消毒处理的，由当地卫生健康主管部门或者疾病预防控制机构进行强制消毒处理。在传染病暴发流行时，对于传染病疫源地消毒主要有疫区消毒、疫点的随时消毒和疫点的终末消毒。用于传染病防治的消毒产品、饮用水和用于饮用水供应、处理等有关的管材、水处理剂等应当符合国家卫生标准和卫生规范。

（二）传染病的报告和公布

传染病疫情的报告和发布是让决策机关和公众了解疫情信息的重要渠道，是及时正确处理传染病的前提。国家建立传染病疫情信息公布制度，国务院卫生健康主管部门定期公布全国传染病疫情信息，省、自治区、直辖市人民政府卫生健康部门定期公布本行政区域的传染病疫情信息。

传染病暴发、流行时，国务院卫生健康主管部门负责向社会公布传染病疫情信息，并可以授权省、自治区、直辖市人民政府卫生健康主管部门向社会公布本行政区域的传染病疫情信息。

1. 传染病疫情报告的主体

《传染病防治法》规定，疫情报告人分为责任报告人和义务报告人两种，执行职务的医护人员和检疫人员、疾病预防控制人员、乡村医生、个体开业医生均为责任疫情报告人；具有法定责任，必须按规定的内容、程序、方式和时限报告，不得瞒报、谎报、缓报。各级各类医疗卫生机构和疾病预防控制机构均为责任报告单位。依照有关法规对责任疫情报告人工作进行监督管理。

任何人都是传染病疫情的义务报告人，任何单位和个人发现传染病病人或者疑似传染病病人时，都应当及时向附近的疾病预防控制机构或者医疗机构报告。

2. 传染病疫情报告的内容和时限

责任报告单位和责任疫情报告人发现甲类传染病和乙类传染病中的肺炭疽、传染性非典型肺炎、新型冠状病毒肺炎病人或疑似病人时，或发现其他传染病和不明原因疾病暴发时，应于2小时内将传染病报告卡通过网络报告；未实行网络直报的责任报告单位应于2小时内以最快的通信方式向当地县级疾病预防控制机构报告，并于2小时内寄送出传染病报告卡。

对其他乙、丙类传染病病人、疑似病人和规定报告的传染病病原携带者。在诊断后实行网络直报的责任报告单位应于24小时内进行网络报告；未实行网络直报的责任报告单位应于24小时内寄送出传染病报告卡，县级疾病预防控制机构收到无网络直报条件责任报告单位报送的传染病报告卡后应于2小时内通过网络进行直报。

☞ **知识链接：**

中国疾病预防控制信息系统

中国疾病预防控制信息系统用于我国传染病直报，建于2003年，是中国疾病预防控制中心建设的面向全国医疗卫生用户的信息系统，系统以传染病和突发公共卫生事件报告为核心，包含流行性感冒、人感染H7N9禽流感、结核病、艾滋病、计划免疫、死因、职业病、地方病、慢性非传性疾病和传染病预警等多个子系统模块，为疾病防控的业务监测和管理提供重要支撑。目前已覆盖全国，包括乡镇卫生院在内的所有医疗卫生机构，具备传染病实时报告、监测数据动态快速统计分析与疾病暴发信息的早期监测等功能。2020年新型冠状病毒肺炎流行期间，为适应实际工作变化，系统迅速新增了新冠报告、流行病学调查个案录入、转诊、血清学结果录入、日报表等多项功能，配合新冠防控工作的需要。

（三）传染病的控制

传染病控制是指传染病发生后及时采取综合性防疫措施，消除各种传播因素。传染病制措施包括控制传染源、切断传播途径、保护易感人群三个环节。

1. 控制传染源

医疗机构和疾病预防控制机构在发现传染病病人、病原携带者、疑似病人的密切接触时，要采取必要的隔离治疗、医学观察和卫生处理。

（1）医疗机构发现甲类传染病和乙类传染病中的传染性非典型肺炎、炭疽中的肺炭疽和新型冠状病毒肺炎时，应当对病人、病原携带者予以隔离治疗，隔离期限根据医学检查结果确定；对疑似病人，在确诊前，在指定场所单独隔离治疗；对医疗机构内的病人、病原携带者、疑似病人的密切接触者，在指定场所进行医学观察和采取其他必要的预防措施。拒绝隔离治疗或者隔离期未满擅自脱离隔离治疗的，可以由公安机关协助医疗机构采取强制隔离治疗措施。

对除传染性非典型肺炎、炭疽中的肺炭疽和新型冠状病毒肺炎以外的其他乙类传染病或者丙类传染病病人，应当根据病情，采取必要的治疗和控制传播措施。医疗机构对本单位内被传染病病原体污染的场所、物品以及医疗废物，必须依照法律、法规的规定实施消毒和无害化处置。

医疗机构对本单位内被传染病病原体污染的场所、物品以及医疗废物，必须依照法律、法规的规定实施消毒和无害化处置。

（2）疾病预防控制机构发现传染病疫情或者接到传染病疫情报告时，应当对传染病疫情进行流行病学调查，根据调查情况提出划定疫点、疫区的建议，对被污染的场所进行卫生处理，对密切接触者，在指定场所进行医学观察和采取其他必要的预防措施，并向卫生健康主管部门提出疫情控制方案；传染病暴发、流行时，对疫点、疫区进行卫生处理向卫生健康主管部门提出疫情控制方案，并按照卫生行政部门的要求采取措施；指导下级疾病预防控制机构实施传染病预防、控制措施，组织、指导有关单位对传染病疫情的处理。

2. 切断传播途径

传染病暴发、流行时，县级以上地方人民政府应当立即组织力量，按照预防、控制预案进行防治，切断传染病的传播途径，必要时，报经上一级人民政府决定，可以采取下列紧急措施并予以公告：

（1）限制或者停止集市、影剧院演出或者其他人群聚集的活动；

（2）停工、停业、停课；

（3）封闭或者封存被传染病病原体污染的公共饮用水源、食品以及相关物品；

（4）控制或者扑杀染疫野生动物、家畜家禽；

（5）封闭可能造成传染病扩散的场所。

上级人民政府接到下级人民政府关于采取前款所列紧急措施的报告时，应当即时做出决定。紧急措施的解除，由原决定机关决定并宣布。

3. 宣布及封锁疫区

（1）宣布疫区。疫区是指传染病在人群中暴发、流行，其病原体向周围播散时所能波及的地区。宣布疫区是为了明确疫区和非疫区的区别，防止因出入疫区人员、物资和交通工具将疫区内传染病的病原体和媒介微生物带出疫区，造成更大范围的暴发、流行。

甲类、乙类传染病暴发、流行时，县级以上地方人民政府报经上一级人民政府决定，可以宣布本行政区域部分或者全部为疫区；国务院可以决定并宣布跨省、自治区、直辖市的疫区，在疫区内采取前述紧急措施，并可以对出入疫区的人员、物资和交通工具实施卫生检疫。

（2）疫区封锁。疫区封锁是为了防止疫情的扩散，对重点疫区加以封锁，禁止或限制人员、物资、交通工具等进出疫区的疫情控制措施。实施封锁的疫区，可由当地政府组织公安等有关部门，在通往疫区的出入口设立检查点，阻止疫区内外人员和交通的流动，以控制传染病疫情的蔓延。在甲类传染病暴发、流行的疫区，省、自治区、直辖市人民政府可以决定对本行政区域内的疫区实施封锁；但是，封锁大、中城市的疫区或者封锁跨省、自治区、直辖市的疫区，以及封锁疫区导致中断干线交通或者封锁国境的，则由国务院决定。疫区封锁的解除，由原决定机关决定并宣布。

4. 对传染病死者尸体的处理

对因患传染病而死亡的病人尸体，应根据传染病分类管理的原则处理。对患甲类传染病及其他依法应当采取甲类传染病控制措施的传染病死亡病人的尸体，应当立即进行卫生处理，就近火化。患其他传染病死亡的尸体，必要时，应当进行卫生处理后火化或者按照规定深埋。不具备火化条件的农村、边远地区，由治疗病人的医疗单位或者当地卫生防疫机构负责消毒后，可选远离居民点500米以外、远离饮用水源50米以外的地方，将尸体在距地面2米以下深埋。

5. 保障药品器械供应，保护易感人群

传染病暴发、流行时，药品和医疗器械生产、供应单位应当按照政府指令和相关规定，及时生产、供应质量合格的防治传染病的药品和医疗器械，铁路、交通、民用航空经营单位必须优先运送处理传染病疫情的人员以及防治传染病的药品和医疗器械。

在应急状况下，为保证防治传染病的药品和医疗器械的生产、供应、运输等各项工作的有序运行，县级以上人民政府有关部门应当做好组织协调工作。

三、传染病防治监督

（一）传染病防治监督检查的主体

县级以上人民政府卫生健康主管部门是传染病防治工作的监督检查机构，代表国家对传染病防治工作实施监督管理。卫生健康主管部门的监督检查对象包括疾病预防控制机构、医疗机构、采供血机构、消毒产品生产单位、饮用水供水单位、涉及饮用水卫生安全产品的生产单位，以及传染病菌种、毒种和传染病检测样本的采集、保藏、携带、运输、使用单位公共场所和其他有关单位等。

（二）传染病防治监督检查机构的职责

县级以上人民政府卫生健康主管部门对下级人民政府卫生健康主管部门履行传染病防治职责进行监督检查；对疾病预防控制机构、医疗机构的传染病防治工作进行监督检查，对采供血机构的采供血活动进行监督检查；对用于传染病防治的消毒产品及其生产单位进行监督检查，并对饮用水供水单位从事生产或者供应活动以及涉及饮用水卫生安全的产品进行监督检查；对传染病菌种、毒种和传染病检测样本的采集、保藏、携带、运输、使用进行监督检查；对公共场所和有关单位的卫生条件和传染病预防、控制措施进行监督检查。省级以上人民政府卫生健康主管部门负责组织对传染病防治重大事项的处理。

县级以上人民政府卫生健康主管部门在履行监督检查职责时，有权进入被检查单位和传染病疫情发生现场调查取证，查阅或者复制有关的资料和采集样本。被检查单位应当予以配合，不得拒绝、阻挠。

县级以上地方人民政府卫生健康主管部门在履行监督检查职责时，发现被传染病病原体污染的公共饮用水源、食品以及相关物品，如不及时采取控制措施，可能导致传染病传播、流行的，可以采取封闭公共饮用水源、封存食品以及相关物品或者暂停销售的临时控制措施，并予以检验或者进行消毒。经检验，属于被污染的食品，应当予以销毁；对未被污染的食品或者经消毒后可以使用的物品，应当解除控制措施。

（三）传染病防治监督检查的程序

卫生健康主管部门工作人员依法执行职务时，应当不少于两人，并出示执法证件，填写卫生执法文书。卫生执法文书经核对无误后，应当由卫生执法人员和当事人签名，当事人拒绝签名的，卫生执法人员应当注明情况。

卫生健康主管部门应当依法建立健全内部监督制度，对其工作人员依据法定职权和程序履行职责的情况进行监督。上级卫生健康主管部门发现下级卫生健康主管部门不及时处理职责范围内的事项或者不履行职责的，应当责令纠正或者直接予以处理。卫生健康主管部门及其工作人员履行职责，应当自觉接受社会和公民的监督。单位和个人有权向上级人民政府及其卫生健康主管部门举报违反本法的行为，接到举报的有关人民政府或者其卫生健康主管部门，应当及时调查处理。

第二节　传染病防治法律责任

一、行政法律责任

行政法律责任的构成要件包括行政主体和行政相对人。传染病防治法的行政主体是指各级人民政府及其卫生健康等相关部门，相对人是指医疗机构及其工作人员和其他有关单位、个人（包括传染病病人、疑似传染病病人及其密切接触者）。行政违法行为，即不履行或者完全不履行行政法律规范规定的作为或不作为义务的行为。行政主体没有履行法定义务，在客观上造成了损害行政法律保护的个人、组织的合法权益或国家公共利益的结果。

（一）行政处罚

行政处罚是指特定的行政机关或法定授权的组织，依法给予违反行政法律规范但尚不构成犯罪的行政相对人的一种惩戒性处理措施。《传染病防治法》对各级政府及其相关部门的法律义务有明确的规定，一旦不履行法定义务，就必须承担行政法律责任，主要有责令改正、通报批评、警告、暂扣或者吊销许可证、罚款、责令停产停业等。

（1）地方各级人民政府未依照《传染病防治法》的规定履行报告职责，或者隐瞒、谎报、缓报传染病疫情，或者在传染病暴发、流行时，未及时组织救治、采取控制措施由上级人民政府责令改正，通报批评。

县级以上人民政府卫生健康主管部门未依法履行传染病疫情通报、报告或者公布职责，或者隐瞒、谎报、缓报传染病疫情的；发生或者可能发生传染病传播时未及时采取预防、控制措施的；未依法履行监督检查职责，或者发现违法行为不及时查处的；未及时调查、处理单位和个人对下级卫生健康主管部门不履行传染病防治职责的举报的；违反传染病防治法的其他失职、渎职行为，由本级人民政府上级人民政府卫生健康主管部门责令改正，通报批评。

县级以上人民政府有关部门未履行传染病防治和保障职责，由本级人民政府或者上级人民政府有关部门责令改正、通报批评。

（2）疾病预防控制机构未依法履行传染病监测职责的，未依法履行传染病疫情报告、通报职责，或者隐瞒、谎报、缓报传染病疫情的；未主动收集传染病疫情信息，或者对传染病疫情信息和疫情报告未及时进行分析、调查、核实的；发现传染病疫情时，未依据职责及时采取《传染病防治法》规定的措施的；故意泄露传染病病人、病原携带者、疑似传染病病人、密切接触者涉及个人隐私的有关信息、资料的，由县级以上人民政府卫生行政部门责令限期改正，通报批评，给予警告。对负有责任的主管人员和其他直接责任人员，依法给予降级、撤职、开除的处分，并可以依法吊销有关责任人员的执业证书。

（3）医疗机构未按照规定承担本单位的传染病预防、控制工作、医院感染控制任务和责任区域内的传染病预防工作的；未按照规定报告传染病疫情，或者隐瞒、谎报、缓报传染病疫情的；发现传染病疫情时，未按照规定对传染病病人、疑似传染病病人提供医疗救护、现场救援、接诊、转诊的，或者拒绝接受转诊的；未按照规定对本单位内被传染病病原体污染的场所、物品以及医疗废物实施消毒或者无害化处置的；未按照规定对医疗器械进行消毒，或者对按照规定一次使用的医疗器具未予销毁，再次使用的；在医疗救治过程中未按照规定保管医学记录资料的，故意泄露传染病病人、病原携带者、疑似传染病病人、密切接触者涉及个人隐私的有关信息、资料的，由县级以上人民政府卫生健康主管部门责令改正，通报批评，给予警告。造成传染病传播、流行或者其他严重后果的，对负有责任的主管人员和其他直接责任人员，依法给予降级、撤职、开除的处分，并可以依法吊销有关责任人员的执业证书。

☞ **知识链接：**

什么是“院感”？

医院感染简称“院感”。《传染病防治法》第七十八条第十款规定，医院感染指住院病人在医院内获得的感染，包括在住院期间发生的感染和在医院内获得出院后发生的感染，但不包括入院前已开始或者入院时已处于潜伏期的感染。医院工作人员在医院内获得的感染属医院感染。

医院感染按其感染途径不同分为：自身感染、医源性感染、带入传染和交叉感染，其中，后三种感染类型统称为外源性感染。

（4）采供血机构未按照规定报告传染病疫情，或者隐瞒、谎报、缓报传染病疫情，或者未执行国家有关规定，导致因输入血液引起经血液传播疾病发生的，由县级以上人民政府卫生行政部门责令改正，通报批评，给予警告；造成传染病传播、流行或者其他严重后果的，对负有责任的主管人员和其他直接责任人员，依法给予降级、撤职、开除的处分，并可以依法吊销采供血机构的执业许可证；构成犯罪的，依法追究刑事责任。非法采集血液或者组织他人出卖血液的，由县级以上人民政府卫生行政部门予以取缔，没收违法所得，可以并处10万元以下的罚款。

（5）国境卫生检疫机关、动物防疫机构未依法履行传染病疫情通报职责的，由有关部门在各自职责范围内责令改正，通报批评；造成传染病传播、流行或者其他严重后果的，对负有责任的主管人员和其他直接责任人员，依法给予降级、撤职、开除的处分。

（6）铁路、交通、民用航空经营单位未依照《传染病防治法》规定优先运送处理传染病疫情的人员以及防治传染病的药品和医疗器械的，由有关部门责令限期改正，给予警告；造成严重后果的，对负有责任的主管人员和其他直接责任人员，依法给予降级、撤职、开除的处分。

（7）《传染病防治法》第七十三条规定，有下列情形之一，导致或者可能导致传染病传播、流行的：饮用水供水单位供应的饮用水不符合国家卫生标准和卫生规范的；涉及饮用水卫生安全的产品不符合国家卫生标准和卫生规范的；用于传染病防治的消毒产品不符合国家卫生标准和卫生规范的；出售、运输疫区中被传染病病原体污染或者可能被传染病病原体污染的物品，未进行消毒处理的；生物制品生产单位生产的血液制品不符合国家质量标准的。由县级以上人民政府卫生健康主管部门责令限期改正，没收违法所得，可以并处5万元以下的罚款；已取得许可证的，原发证部门可以依法暂扣或者吊销许可证。

（8）《传染病防治法》第七十四条规定，有下列情形之一的：疾病预防控制机构、医疗机构和从事病原微生物实验的单位，不符合国家规定的条件和技术标准，对传染病病原体样本未按照规定进行严格管理，造成实验室感染和病原微生物扩散的；违反国家有关规定，采集、保藏、携带、运输和使用传染病菌种、毒种和传染病检测样本的；疾病预防控制机构、医疗机构未执行国家有关规定，导致因输入血液、使用血液制品引起经血液传播疾病发生的。由县级以上地方人民政府卫生健康主管政部门责令改正，通报批评，给予警告。已取得许可证的，可以依法暂扣或者吊销许可证；造成传染病传播、流行以及其他严重后果的，对负有责任的主管人员和其他直接责任人员，依法给予降级、撤职、开除的处分，并可以依法吊销有关责任人员的执业证书。

（9）未经检疫出售、运输与人畜共患传染病有关的野生动物、家畜家禽的，由县级以上地方人民政府畜牧兽医行政部门责令停止违法行为，并依法给予行政处罚。

（10）在国家确认的自然疫源地兴建水利、交通、旅游、能源等大型建设项目，未经卫生调查进行施工的，或者未按照疾病预防控制机构的意见采取必要的传染病预防、控制措施的，由县级以上人民政府卫生健康主管部门责令限期改正，给予警告，处5000元以上30000元以下的罚款；逾期不改正的，处30000元以上100000元以下的罚款，并可以提请有关人民政府依据职责权限，责令停建、关闭。

☞ **案例：**

浙江省中医院艾滋病病毒感染医疗事故

2017年1月26日，浙江中医院一名技术人员违反“一人一管一抛弃”操作规程，在操作中重复使用吸管造成交叉污染，导致部分治疗者感染艾滋病病毒，造成重大医疗事故。经疾控机构检测，确诊5例。

当时的国家卫生计生委对负有责任的单位和人员依法依规严肃处理和问责，要求进一步加强全国医疗机构内部管理，严格规范操作，开展医疗安全专项整顿活动。

对省中医院相关责任人的处理结果为：免去院长的行政职务和党委副书记职务，给予党内严重警告处分；免去党委书记的党内职务和副院长的行政职务；撤销分管副院长职务，免去其党委委员并给予党内严重警告处分；撤销检验科主任职务；免去医务部主任职务；免去院感科科长职务。直接责任人以涉嫌医疗事故罪，由公安机关立案侦查，并已采取刑事强制措施。

思考与讨论：

针对上述处理结果，从浙江省前卫计委的角度，撰写结果处理通报。

（二）行政处分

行政处分是指国家行政机关根据有关行政法律规范的规定，依照行政隶属关系给予失职、渎职的公务员的一种惩罚性处理措施。国家机关工作人员违反国家有关规定造成传染病传播、流行或者其他严重后果，尚不构成犯罪的，依法给予行政处分。行政处分的方式有警告、记过、记大过、降级、撤职和开除。

二、刑事和民事责任

对违反《传染病防治法》规定构成犯罪的，由司法机关追究刑事责任。我国现行《刑法》中主要规定了如下4类相关犯罪：

（1）妨害传染病防治罪，是指违反《传染病防治法》规定，引起甲类传染病传播或者有传播严重危险的行为。犯本罪的，处3年以下有期徒刑或者拘役，后果特别严重的，处3年以上7年以下有期徒刑。

（2）传染病菌种、毒种扩散罪，是指从事实验、保藏、携带、运输传染病菌种、毒种的人员，违反国务院卫生行政部门的有关规定，造成传染病毒种、菌种扩散，后果严重的行为。犯本罪的，处3年以下有期徒刑、拘役或者管制；后果特别严重的，处3年以上7年以下有期徒刑。

（3）传播性病罪，是指明知自己患有梅毒、淋病等严重性病而进行卖淫、嫖娼的行为。犯本罪的，处5年以下有期徒刑、拘役或者管制，并处罚金。

（4）传染病防治失职罪，是指从事传染病防治的政府卫生健康主管部门的工作人员严重不负责任，导致传染病传播或者流行，情节严重的行为。犯本罪的，处3年以下有期徒刑或者拘役。

《传染病防治法》第七十七条规定，单位和个人违反本法规定，导致传染病传播、流行，给他人人身、财产造成损害的，应当依法承担民事责任。

第三节　疫苗管理法律制度

全球公共卫生实践证明，预防接种是预防、控制和消灭传染病最经济、安全和有效的措施。2019年6月29日，中华人民共和国第十三届全国人民代表大会常务委员会第十一次会议通过《中华人民共和国疫苗管理法》，自2019年12月1日起施行。该法旨在加强疫苗管理，保证疫苗质量和供应，规范预防接种，促进疫苗行业发展，保障公众健康，维护公共卫生安全。

一、疫苗管理法律制度概述

（一）疫苗的概念和特征

疫苗，是指为预防、控制疾病的发生、流行，用于人体免疫接种的预防性生物制品，包括免疫规划疫苗和非免疫规划疫苗①。国家坚持疫苗产品的战略性和公益性，对疫苗实行最严格的管理制度，坚持安全第一、风险管理、全程管控、科学监管、社会共治。

（二）我国疫苗管理法适用范围及疫苗管理制度

在中华人民共和国境内从事疫苗研制、生产、流通和预防接种及其监督管理活动，适用《中华人民共和国疫苗管理法》。本法未作规定的，适用《中华人民共和国药品管理法》《中华人民共和国传染病防治法》等法律、行政法规的规定。从事疫苗研制、生产、流通和预防接种活动的单位和个人，应当遵守法律、法规、规章、标准和规范，保证全过程信息真实、准确、完整和可追溯，依法承担责任，接受社会监督。我国与疫苗相关的法律法规主要有《药品管理法》《药品管理法实施条例》《疫苗流通和预防接种管理条例》《药品经营质量管理规范》《药品生产质量管理规范》《药品生产监督管理办法》《生物制品批签发管理办法》等。

1. 国家对疫苗实行全程电子追溯制度

疫苗全程电子追溯制度包括以下三个层面的内容：

（1）国务院药品监督管理部门会同国务院卫生健康主管部门制定统一的疫苗追溯标准和规范，建立全国疫苗电子追溯协同平台，整合疫苗生产、流通和预防接种全过程追溯信息，实现疫苗可追溯。

（2）疫苗上市许可持有人应当建立疫苗电子追溯系统，与全国疫苗电子追溯协同平台相衔接，实现生产、流通和预防接种全过程最小包装单位疫苗可追溯、可核查。

（3）疾病预防控制机构、接种单位应当依法如实记录疫苗流通、预防接种等情况，并按照规定向全国疫苗电子追溯协同平台提供追溯信息。

2. 国家实行疫苗责任强制保险制度

疫苗上市许可持有人应当按照规定投保疫苗责任强制保险。因疫苗质量问题造成受种者损害的，保险公司在承保的责任限额内予以赔付。疫苗责任强制保险制度的具体实施办法，由国务院药品监督管理部门会同国务院卫生健康主管部门、保险监督管理机构等制定。

3. 建立健全生物安全管理制度

疫苗研制、生产、检验等过程中，应当建立健全生物安全管理制度，严格控制生物安全风险，加强菌毒株等病原微生物的生物安全管理，保护操作人员和公众的健康，保证菌毒株等病原微生物用途合法、正当。疫苗研制、生产、检验等使用的菌毒株和细胞株，应当明确历史、生物学特征、代次，建立详细档案，保证来源合法、清晰、可追溯；来源不明的疫苗，不得使用。

---

① 免疫规划疫苗，是指居民应当按照政府的规定接种的疫苗，包括国家免疫规划确定的疫苗，省、自治区、直辖市人民政府在执行国家免疫规划时增加的疫苗，以及县级以上人民政府或者其卫生健康主管部门组织的应急接种或者群体性预防接种所使用的疫苗。非免疫规划疫苗，是指由居民自愿接种的其他疫苗。

☞ **知识链接：**

在美国，疫苗是作为生物制品进行监管。食品药品监督管理局（Food and Drug Administration，FDA）的生物制品评价和研究中心（Center for Biologics Evaluation and Research，CBER）负责监管疫苗。新疫苗批准，需接受一系统明确的监管程序，其审批程序包括以下四个方面：

（1）为在动物模型中进行概念性验证的临床前材料准备情况，根据现行药品生产质量管理规范进行临床材料的生产，以及在合适的动物系统内进行毒理学分析；

（2）提交研究用新药申请至 FDA 以备审核；

（3）通过临床和进一步的非临床研究（Ⅰ~Ⅲ期临床研究），以检测安全性和有效性；

（4）以生物制品许可申请（Biologics License Application，BLA）的形式向 FDA 提交全部的临床、非临床和生产资料，以备终审和许可。

思考与讨论：

查找相关资料，对欧洲和亚太地区国家的疫苗生产管理制度的不同及优势进行对比分析（每个区域可自行选择 1~2 个国家）。

（三）疫苗管理主体职责及保障措施

我国于 20 世纪 50 年代初在全国范围内开展儿童免疫接种工作，1978 年开始实行儿童计划免疫，即根据疫情监测和人群免疫情况分析，按照规定的免疫程序，有计划、有组织地利用疫苗进行预防接种。

（1）县级以上人民政府及其有关部门应当保障适龄儿童接种免疫规划疫苗。

①县级以上人民政府应当将疫苗安全工作、购买免疫规划疫苗和预防接种工作以及信息化建设等所需经费纳入本级政府预算，保证免疫规划制度的实施。县级人民政府按照国家有关规定对从事预防接种工作的乡村医生和其他基层医疗卫生人员给予补助。国家根据需要，对经济欠发达地区的预防接种工作给予支持。省、自治区、直辖市人民政府和设区的市级人民政府应当对经济欠发达地区的县级人民政府开展与预防接种相关的工作给予必要的经费补助。

②省、自治区、直辖市人民政府根据本行政区域传染病流行趋势，在国务院卫生健康主管部门确定的传染病预防、控制项目范围内，确定本行政区域与预防接种相关的项目，并保证项目的实施。

③各级财政安排用于预防接种的经费应当专款专用，任何单位和个人不得挪用、挤占。有关单位和个人使用预防接种的经费应当依法接受审计机关的审计监督。

（2）县级以上地方人民政府对本行政区域疫苗监督管理工作负责，统一领导、组织、协调本行政区域疫苗监督管理工作。

①国务院药品监督管理部门负责全国疫苗监督管理工作。国务院卫生健康主管部门负责全国预防接种监督管理工作。国务院其他有关部门在各自职责范围内负责与疫苗有关的监督管理工作。

②省、自治区、直辖市人民政府药品监督管理部门负责本行政区域疫苗监督管理工作。设区的市级、县级人民政府承担药品监督管理职责的部门（以下称药品监督管理部门）负责本行政区域疫苗监督管理工作。县级以上地方人民政府卫生健康主管部门负责本行政区域预防接种监督管理工作。县级以上地方人民政府其他有关部门在各自职责范围内负责与疫苗有关的监督管理工作。

（3）国务院和省、自治区、直辖市人民政府建立部门协调机制，统筹协调疫苗监督管理有关工作，定期分析疫苗安全形势，加强疫苗监督管理，保障疫苗供应。

①国务院卫生健康主管部门根据各省、自治区、直辖市国家免疫规划疫苗使用计划，向疫苗上市许可持有人提供国家免疫规划疫苗需求信息，疫苗上市许可持有人根据疫苗需求信息合理安排生产。

②疫苗存在供应短缺风险时，国务院卫生健康主管部门、国务院药品监督管理部门提出建议，国务院工业和信息化主管部门、国务院财政部门应当采取有效措施，保障疫苗生产、供应。

③疫苗上市许可持有人应当依法组织生产，保障疫苗供应；疫苗上市许可持有人停止疫苗生产的，应当及时向国务院药品监督管理部门或者省、自治区、直辖市人民政府药品监督管理部门报告。

④国家将疫苗纳入战略物资储备，实行中央和省级两级储备。国务院工业和信息化主管部门、财政部门会同国务院卫生健康主管部门、公安部门、市场监督管理部门和药品监督管理部门，根据疾病预防、控制和公共卫生应急准备的需要，加强储备疫苗的产能、产品管理，建立动态调整机制。

⑤传染病暴发、流行时，相关疫苗上市许可持有人应当及时生产和供应预防、控制传染病的疫苗。交通运输单位应当优先运输预防、控制传染病的疫苗。县级以上人民政府及其有关部门应当做好组织、协调、保障工作。

（4）各级人民政府及其有关部门、疾病预防控制机构、接种单位、疫苗上市许可持有人和疫苗行业协会等应当通过全国儿童预防接种日等活动定期开展疫苗安全法律、法规以及预防接种知识等的宣传教育、普及工作。

（5）新闻媒体应当开展疫苗安全法律、法规以及预防接种知识等的公益宣传，并对疫苗违法行为进行舆论监督。有关疫苗的宣传报道应当全面、科学、客观、公正。疫苗行业协会应当加强行业自律，建立健全行业规范，推动行业诚信体系建设，引导和督促会员依法开展生产经营等活动。

（6）监护人应当依法保证适龄儿童按时接种免疫规划疫苗。

二、疫苗生产流通管理

（一）疫苗研制和注册

1. 疫苗研制

国家根据疾病流行情况、人群免疫状况等因素，制订相关研制规划，安排必要资金，支持多联多价等新型疫苗的研制；对于疾病预防、控制急需的疫苗，国家组织疫苗上市许可持有人、科研单位、医疗卫生机构联合攻关。

2. 疫苗临床试验

国家鼓励符合条件的医疗机构、疾病预防控制机构等依法开展疫苗临床试验。开展疫苗临床试验，应当经国务院药品监督管理部门依法批准，由符合国务院药品监督管理部门和国务院卫生健康主管部门规定条件的三级医疗机构或者省级以上疾病预防控制机构实施或者组织实施。疫苗临床试验申办者应当制定临床试验方案，建立临床试验安全监测与评价制度，审慎选择受试者，合理设置受试者群体和年龄组，并根据风险程度采取有效措施，保护受试者合法权益。开展疫苗临床试验，应当取得受试者的书面知情同意；受试者为无民事行为能力人的，应当取得其监护人的书面知情同意；受试者为限制民事行为能力人的，应当取得本人及其监护人的书面知情同意。

3. 疫苗审批

在中国境内上市的疫苗，应当经国务院药品监督管理部门批准，取得药品注册证书；申请疫苗注册，应当提供真实、充分、可靠的数据、资料和样品。对疾病预防、控制急需的疫苗和创新疫苗，国务院药品监督管理部门应当予以优先审评审批。

应对重大突发公共卫生事件急需的疫苗或者国务院卫生健康主管部门认定急需的其他疫苗，经评估获益大于风险的，国务院药品监督管理部门可以附条件批准疫苗注册申请。出现特别重大突发公共卫生事件或者其他严重威胁公众健康的紧急事件，国务院卫生健康主管部门根据传染病预防、控制需要，提出紧急使用疫苗的建议，经国务院药品监督管理部门组织论证同意后，可以在一定范围和期限内紧急使用。

国务院药品监督管理部门在批准疫苗注册申请时，对疫苗的生产工艺、质量控制标准和说明书、标签予以核准。国务院药品监督管理部门应当在其网站上及时公布疫苗说明书、标签内容。

（二）疫苗生产和批签发

1. 国家对疫苗生产实行严格准入制度

从事疫苗生产活动，应当经省级以上人民政府药品监督管理部门批准，取得药品生产许可证。从事疫苗生产活动，除符合《中华人民共和国药品管理法》规定的从事药品生产活动的条件外，还应当具备下列条件：具备适度规模和足够的产能储备；具有保证生物安全的制度和设施、设备；符合疾病预防、控制需要。

疫苗上市许可持有人应当具备疫苗生产能力；超出疫苗生产能力确需委托生产的，应当经国务院药品监督管理部门批准。接受委托生产的，应当遵守我国《疫苗管理法》规定和国家有关规定，保证疫苗质量。

疫苗上市许可持有人的法定代表人、主要负责人应当具有良好的信用记录，生产管理负责人、质量管理负责人、质量受权人等关键岗位人员应当具有相关专业背景和从业经历。疫苗上市许可持有人应当加强对前款规定人员的培训和考核，及时将其任职和变更情况向省、自治区、直辖市人民政府药品监督管理部门报告。

疫苗应当按照经核准的生产工艺和质量控制标准进行生产和检验，生产全过程应当符合药品生产质量管理规范的要求。疫苗上市许可持有人应当按照规定对疫苗生产全过程和疫苗质量进行审核、检验。疫苗上市许可持有人应当建立完整的生产质量管理体系，持续加强偏差管理，采用信息化手段如实记录生产、检验过程中形成的所有数据，确保生产全过程持续符合法定要求。

2. 国家实行疫苗批签发制度

每批疫苗销售前或者进口时，应当经国务院药品监督管理部门指定的批签发机构按照相关技术要求进行审核、检验。符合要求的，发给批签发证明；不符合要求的，发给不予批签发通知书。不予批签发的疫苗不得销售，并应当由省、自治区、直辖市人民政府药品监督管理部门监督销毁；不予批签发的进口疫苗应当由口岸所在地药品监督管理部门监督销毁或者依法进行其他处理。

国务院药品监督管理部门、批签发机构应当及时公布上市疫苗批签发结果，供公众查询。

申请疫苗批签发应当按照规定向批签发机构提供批生产及检验记录摘要等资料和同批号产品等样品。进口疫苗还应当提供原产地证明、批签发证明；在原产地免予批签发的，应当提供免予批签发证明。

预防、控制传染病疫情或者应对突发事件急需的疫苗，经国务院药品监督管理部门批准，免予批签发。

疫苗批签发，应当逐批进行资料审核和抽样检验。疫苗批签发检验项目和检验频次应当根据疫苗质量风险评估情况进行动态调整。

对疫苗批签发申请资料或者样品的真实性有疑问，或者存在其他需要进一步核实的情况的，批签发机构应当予以核实，必要时应当采用现场抽样检验等方式组织开展现场核实。

批签发机构在批签发过程中发现疫苗存在重大质量风险的，应当及时向国务院药品监督管理部门和省、自治区、直辖市人民政府药品监督管理部门报告。接到报告的部门应当立即对疫苗上市许可持有人进行现场检查，根据检查结果，通知批签发机构对疫苗上市许可持有人的相关产品或者所有产品不予批签发或者暂停批签发，并责令疫苗上市许可持有人整改。疫苗上市许可持有人应当立即整改，并及时将整改情况向责令其整改的部门报告。

对生产工艺偏差、质量差异、生产过程中的故障和事故以及采取的措施，疫苗上市许可持有人应当如实记录，并在相应批产品申请批签发的文件中载明；可能影响疫苗质量的，疫苗上市许可持有人应当立即采取措施，并向省、自治区、直辖市人民政府药品监督管理部门报告。

（三）疫苗流通

1. 招标采购

国家免疫规划疫苗由国务院卫生健康主管部门会同国务院财政部门等组织集中招标或

者统一谈判，形成并公布中标价格或者成交价格，各省、自治区、直辖市实行统一采购。国家免疫规划疫苗以外的其他免疫规划疫苗、非免疫规划疫苗由各省、自治区、直辖市通过省级公共资源交易平台组织采购。

省级疾病预防控制机构应当根据国家免疫规划和本行政区域疾病预防、控制需要，制定本行政区域免疫规划疫苗使用计划，并按照国家有关规定向组织采购疫苗的部门报告，同时报省、自治区、直辖市人民政府卫生健康主管部门备案。

2. 疫苗规范管理

疾病预防控制机构、接种单位、疫苗上市许可持有人、疫苗配送单位应当遵守疫苗储存、运输管理规范，保证疫苗质量。疫苗在储存、运输全过程中应当处于规定的温度环境，冷链储存、运输应当符合要求，并定时监测、记录温度。疫苗储存、运输管理规范由国务院药品监督管理部门、国务院卫生健康主管部门共同制定。

疫苗上市许可持有人在销售疫苗时，应当提供加盖其印章的批签发证明复印件或者电子文件；销售进口疫苗的，还应当提供加盖其印章的进口药品通关单复印件或者电子文件。

疫苗销售记录应存档。疾病预防控制机构、接种单位在接收或者购进疫苗时，应当索取前款规定的证明文件，并保存至疫苗有效期满后不少于 5 年备查。疫苗上市许可持有人应当按照规定，建立真实、准确、完整的销售记录，并保存至疫苗有效期满后不少于 5 年备查。

疾病预防控制机构、接种单位、疫苗配送单位应当按照规定，建立真实、准确、完整的接收、购进、储存、配送、供应记录，并保存至疫苗有效期满后不少于 5 年备查。

疫苗温度监测记录应存档。疾病预防控制机构、接种单位接收或者购进疫苗时，应当索取本次运输、储存全过程温度监测记录，并保存至疫苗有效期满后不少于 5 年备查；对不能提供本次运输、储存全过程温度监测记录或者温度控制不符合要求的，不得接收或者购进，并应当立即向县级以上地方人民政府药品监督管理部门、卫生健康主管部门报告。

3. 疫苗定期检查制度

疾病预防控制机构、接种单位应当建立疫苗定期检查制度，对存在包装无法识别、储存温度不符合要求、超过有效期等问题的疫苗，采取隔离存放、设置警示标志等措施，并按照国务院药品监督管理部门、卫生健康主管部门、生态环境主管部门的规定处置。疾病预防控制机构、接种单位应当如实记录处置情况，处置记录应当保存至疫苗有效期满后不少于 5 年备查。

（四）疫苗上市后管理

1. 疫苗全生命周期质量管理制度

疫苗上市许可持有人应当建立健全疫苗全生命周期质量管理体系，制订并实施疫苗上市后风险管理计划，开展疫苗上市后研究，对疫苗的安全性、有效性和质量可控性进行进一步确证。

对批准疫苗注册申请时提出进一步研究要求的疫苗，疫苗上市许可持有人应当在规定期限内完成研究；逾期未完成研究或者不能证明其获益大于风险的，国务院药品监督管理部门应当依法处理，直至注销该疫苗的药品注册证书。

疫苗上市许可持有人应当对疫苗进行质量跟踪分析，持续提升质量控制标准，改进生产工艺，提高生产工艺稳定性。生产工艺、生产场地、关键设备等发生变更的，应当进行评估、验证，按照国务院药品监督管理部门有关变更管理的规定备案或者报告；变更可能影响疫苗安全性、有效性和质量可控性的，应当经国务院药品监督管理部门批准。

疫苗上市许可持有人应当根据疫苗上市后研究、预防接种异常反应等情况持续更新说明书、标签，并按照规定申请核准或者备案。疫苗上市许可持有人应当建立疫苗质量回顾分析和风险报告制度，每年将疫苗生产流通、上市后研究、风险管理等情况按照规定如实向国务院药品监督管理部门报告。

2. 疫苗上市后评价制度

国务院药品监督管理部门可以根据实际情况，责令疫苗上市许可持有人开展上市后评价或者直接组织开展上市后评价。

国务院药品监督管理部门应当在其网站上及时公布更新后的疫苗说明书、标签内容；对预防接种异常反应严重或者其他原因危害人体健康的疫苗，国务院药品监督管理部门应当注销该疫苗的药品注册证书。

国务院药品监督管理部门可以根据疾病预防、控制需要和疫苗行业发展情况，组织对疫苗品种开展上市后评价，发现该疫苗品种的产品设计、生产工艺、安全性、有效性或者质量可控性明显劣于预防、控制同种疾病的其他疫苗品种的，应当注销该品种所有疫苗的药品注册证书，并废止相应的国家药品标准。

三、预防接种及异常反应监测

（一）预防接种

1. 预防接种的概念

预防接种是利用人工制备的抗原或抗体通过适宜的途径对机体进行接种，使机体获得对某种传染病的特异免疫力，以提高个体或群体的免疫水平，预防和控制相关传染病的发生和流行。

2. 预防接种制度

国家实行免疫规划制度。居住在中国境内的居民，依法享有接种免疫规划疫苗的权利，履行接种免疫规划疫苗的义务。政府免费向居民提供免疫规划疫苗。在儿童出生后一个月内，其监护人应当到儿童居住地承担预防接种工作的接种单位或者出生医院为其办理预防接种证。接种单位或者出生医院不得拒绝办理。监护人应当妥善保管预防接种证。预防接种实行居住地管理，儿童离开原居住地期间，由现居住地承担预防接种工作的接种单位负责对其实施接种。

国务院卫生健康主管部门制定国家免疫规划；国家免疫规划疫苗种类由国务院卫生健康主管部门会同国务院财政部门拟订，报国务院批准后公布。国务院卫生健康主管部门建立国家免疫规划专家咨询委员会，并会同国务院财政部门建立国家免疫规划疫苗种类动态调整机制。省、自治区、直辖市人民政府在执行国家免疫规划时，可以根据本行政区域疾病预防、控制需要，增加免疫规划疫苗种类，报国务院卫生健康主管部门备案并公布。

国务院卫生健康主管部门应当制定、公布预防接种工作规范，强化预防接种规范化管理。国务院卫生健康主管部门应当制定、公布国家免疫规划疫苗的免疫程序和非免疫规划疫苗的使用指导原则。省、自治区、直辖市人民政府卫生健康主管部门应当结合本行政区域实际情况制定接种方案，并报国务院卫生健康主管部门备案。

各级疾病预防控制机构应当按照各自职责，开展与预防接种相关的宣传、培训、技术指导、监测、评价、流行病学调查、应急处置等工作。各级疾病预防控制机构应当加强对接种单位预防接种工作的技术指导和疫苗使用的管理。

关于群体性预防接种和应急接种，我国《疫苗管理法》也有专门规定：

县级以上地方人民政府卫生健康主管部门根据传染病监测和预警信息，为预防、控制传染病暴发、流行，报经本级人民政府决定，并报省级以上人民政府卫生健康主管部门备案，可以在本行政区域进行群体性预防接种。需要在全国范围或者跨省、自治区、直辖市范围内进行群体性预防接种的，应当由国务院卫生健康主管部门决定。

做出群体性预防接种决定的县级以上地方人民政府或者国务院卫生健康管部门应当组织有关部门做好人员培训、宣传教育、物资调用等工作。任何单位和个人不得擅自进行群体性预防接种。

传染病暴发、流行时，县级以上地方人民政府或者其卫生健康主管部门需要采取应急接种措施的，依照法律、行政法规的规定执行。

（二）预防接种异常反应

预防接种异常反应是指合格的疫苗在实施规范接种过程中或者实施规范接种后造成受种者机体组织器官、功能损害，相关各方均无过错的药品不良反应。

（1）下列情形不属于预防接种异常反应：

①一般反应。因疫苗本身特性引起的，对机体只会造成一过性生理功能障碍的反应。

②疫苗质量事故。因疫苗质量问题给受种者造成的损害。

③接种事故。因接种单位违反预防接种工作规范、免疫程序、疫苗使用指导原则、接种方案给受种者造成的损害。

④偶合症。受种者在接种时正处于某种疾病的潜伏期或者前驱期，接种后偶合发病。

⑤受种者有疫苗说明书规定的接种禁忌，在接种前受种者或者其监护人未如实提供受种者的健康状况和接种禁忌等情况，接种后受种者原有疾病急性复发或者病情加重。

⑥心因性反应。在预防接种实施过程中或者接种后，因受种者心理因素发生的个体或者群体的反应。

（2）国家加强预防接种异常反应监测：预防接种异常反应监测方案由国务院卫生健康主管部门会同国务院药品监督管理部门制定；接种单位、医疗机构等发现疑似预防接种异常反应的，应当按照规定向疾病预防控制机构报告；疫苗上市许可持有人应当设立专门机构，配备专职人员，主动收集、跟踪分析疑似预防接种异常反应，及时采取风险控制措施，将疑似预防接种异常反应向疾病预防控制机构报告，将质量分析报告提交省、自治区、直辖市人民政府药品监督管理部门。

(3) 国家实行预防接种异常反应补偿制度：实施接种过程中或者实施接种后出现受种者死亡、严重残疾、器官组织损伤等损害，属于预防接种异常反应或者不能排除的，应当给予补偿。补偿范围实行目录管理，并根据实际情况进行动态调整。

预防接种异常反应补偿接种免疫规划疫苗所需的补偿费用，由省、自治区、直辖市人民政府财政部门在预防接种经费中安排；接种非免疫规划疫苗所需的补偿费用，由相关疫苗上市许可持有人承担。国家鼓励通过商业保险等多种形式对预防接种异常反应受种者予以补偿。

预防接种异常反应补偿应当及时、便民、合理。预防接种异常反应补偿范围、标准、程序由国务院规定，省、自治区、直辖市制定具体实施办法。

四、疫苗管理监督管理

（一）疫苗监督管理和检查

药品监督管理部门、卫生健康主管部门按照各自职责对疫苗研制、生产、流通和预防接种全过程进行监督管理，监督疫苗上市许可持有人、疾病预防控制机构、接种单位等依法履行义务。

药品监督管理部门依法对疫苗研制、生产、储存、运输以及预防接种中的疫苗质量进行监督检查。

卫生健康主管部门依法对免疫规划制度的实施、预防接种活动进行监督检查。加强对疫苗上市许可持有人的现场检查；必要时，可以对为疫苗研制、生产、流通等活动提供产品或者服务的单位和个人进行延伸检查；有关单位和个人应当予以配合，不得拒绝和隐瞒。药品监督管理部门应当建立疫苗上市许可持有人及其相关人员信用记录制度，纳入全国信用信息共享平台，按照规定公示其严重失信信息，实施联合惩戒。

国家建设中央和省级两级职业化、专业化药品检查员队伍，加强对疫苗的监督检查。省、自治区、直辖市人民政府药品监督管理部门选派检查员入驻疫苗上市许可持有人。检查员负责监督检查药品生产质量管理规范执行情况，收集疫苗质量风险和违法违规线索，向省、自治区、直辖市人民政府药品监督管理部门报告情况并提出建议，对派驻期间的行为负责。

（二）疫苗质量管理

疫苗质量管理存在安全隐患，疫苗上市许可持有人等未及时采取措施消除的，药品监督管理部门可以采取责任约谈、限期整改等措施。严重违反药品相关质量管理规范的，药品监督管理部门应当责令暂停疫苗生产、销售、配送，立即整改；整改完成后，经药品监督管理部门检查符合要求的，方可恢复生产、销售、配送。

疫苗存在或者疑似存在质量问题的，疫苗上市许可持有人、疾病预防控制机构、接种单位应当立即停止销售、配送、使用，必要时立即停止生产，按照规定向县级以上人民政府药品监督管理部门、卫生健康主管部门报告。

卫生健康主管部门应当立即组织疾病预防控制机构和接种单位采取必要的应急处置措施，同时向上级人民政府卫生健康主管部门报告。

药品监督管理部门应当依法采取查封、扣押等措施。对已经销售的疫苗，疫苗上市许可持有人应当及时通知相关疾病预防控制机构、疫苗配送单位、接种单位，按照规定召回，如实记录召回和通知情况，疾病预防控制机构、疫苗配送单位、接种单位应当予以配合。

未依照规定停止生产、销售、配送、使用或者召回疫苗的，县级以上人民政府药品监督管理部门、卫生健康主管部门应当按照各自职责责令停止生产、销售、配送、使用或者召回疫苗。

疫苗上市许可持有人、疾病预防控制机构、接种单位发现存在或者疑似存在质量问题的疫苗，不得瞒报、谎报、缓报、漏报，不得隐匿、伪造、毁灭有关证据。

（三）疫苗信息公开制度

疫苗上市许可持有人应当建立信息公开制度，按照规定在其网站上及时公开疫苗产品信息、说明书和标签、药品相关质量管理规范执行情况、批签发情况、召回情况、接受检查和处罚情况以及投保疫苗责任强制保险情况等信息。

国务院药品监督管理部门会同国务院卫生健康主管部门等建立疫苗质量、预防接种等信息共享机制。省级以上人民政府药品监督管理部门、卫生健康主管部门等应当按照科学、客观、及时、公开的原则，组织疫苗上市许可持有人、疾病预防控制机构、接种单位、新闻媒体、科研单位等，就疫苗质量和预防接种等信息进行交流沟通。

（四）国家实行疫苗安全信息统一公布制度

疫苗安全风险警示信息、重大疫苗安全事故及其调查处理信息和国务院确定需要统一公布的其他疫苗安全信息，由国务院药品监督管理部门会同有关部门公布。全国预防接种异常反应报告情况，由国务院卫生健康主管部门会同国务院药品监督管理部门统一公布。未经授权不得发布上述信息。公布重大疫苗安全信息，应当及时、准确、全面，并按照规定进行科学评估，做出必要的解释说明。

县级以上人民政府药品监督管理部门发现可能误导公众和社会舆论的疫苗安全信息，应当立即会同卫生健康主管部门及其他有关部门、专业机构、相关疫苗上市许可持有人等进行核实、分析，并及时公布结果。任何单位和个人不得编造、散布虚假疫苗安全信息。

（五）社会与公民监督

任何单位和个人有权依法了解疫苗信息，对疫苗监督管理工作提出意见、建议。

任何单位和个人有权向卫生健康主管部门、药品监督管理部门等部门举报疫苗违法行为，对卫生健康主管部门、药品监督管理部门等部门及其工作人员未依法履行监督管理职责的情况，有权向本级或者上级人民政府及其有关部门、监察机关举报。有关部门、机关应当及时核实、处理；对查证属实的举报，按照规定给予举报人奖励；举报人举报所在单位严重违法行为，查证属实的，给予重奖。

（六）疫苗安全事件应急处置

县级以上人民政府应当制定疫苗安全事件应急预案，对疫苗安全事件分级、处置组织指挥体系与职责、预防预警机制、处置程序、应急保障措施等做出规定。

疫苗上市许可持有人应当制定疫苗安全事件处置方案，定期检查各项防范措施的落实情况，及时消除安全隐患。

发生疫苗安全事件，疫苗上市许可持有人应当立即向国务院药品监督管理部门或者省、自治区、直辖市人民政府药品监督管理部门报告；疾病预防控制机构、接种单位、医疗机构应当立即向县级以上人民政府卫生健康主管部门、药品监督管理部门报告。

药品监督管理部门应当会同卫生健康主管部门按照应急预案的规定，成立疫苗安全事件处置指挥机构，开展医疗救治、风险控制、调查处理、信息发布、解释说明等工作，做好补种等善后处置工作。因质量问题造成的疫苗安全事件的补种费用由疫苗上市许可持有人承担。

有关单位和个人不得瞒报、谎报、缓报、漏报疫苗安全事件，不得隐匿、伪造、毁灭有关证据。

五、疫苗管理法律责任

（一）行政责任

（1）生产、销售的疫苗属于假药的，由省级以上人民政府药品监督管理部门没收违法所得和违法生产、销售的疫苗以及专门用于违法生产疫苗的原料、辅料、包装材料、设备等物品；责令停产停业整顿，吊销药品注册证书，直至吊销药品生产许可证等；并处违法生产、销售疫苗货值金额15倍以上50倍以下的罚款，货值金额不足50万元的，按50万元计算。

（2）生产、销售的疫苗属于劣药的，由省级以上人民政府药品监督管理部门没收违法所得和违法生产、销售的疫苗以及专门用于违法生产疫苗的原料、辅料、包装材料、设备等物品；责令停产停业整顿，并处违法生产、销售疫苗货值金额10倍以上30倍以下的罚款，货值金额不足50万元的，按50万元计算；情节严重的，吊销药品注册证书，直至吊销药品生产许可证等，并由省级以上人民政府药品监督管理部门对法定代表人、主要负责人、直接负责的主管人员和关键岗位人员以及其他责任人员，没收违法行为发生期间自本单位所获收入，并处所获收入1倍以上10倍以下的罚款。

（3）除我国《疫苗管理法》另有规定的情形外，疫苗上市许可持有人或者其他单位违反药品相关质量管理规范的，由县级以上人民政府药品监督管理部门责令改正，给予警告；拒不改正的，处20万元以上50万元以下的罚款；情节严重的，处50万元以上300万元以下的罚款，责令停产停业整顿，直至吊销药品相关批准证明文件、药品生产许可证等，对法定代表人、主要负责人、直接负责的主管人员和关键岗位人员以及其他责任人员，没收违法行为发生期间自本单位所获收入，并处所获收入50%以上5倍以下的罚款，10年内直至终身禁止从事药品生产经营活动。

（4）批签发机构有下列情形之一的，由国务院药品监督管理部门责令改正，给予警告，对主要负责人、直接负责的主管人员和其他直接责任人员依法给予警告直至降级处分：未按照规定进行审核和检验；未及时公布上市疫苗批签发结果；未按照规定进行核实；发现疫苗存在重大质量风险未按照规定报告。

（5）疾病预防控制机构、接种单位、疫苗上市许可持有人、疫苗配送单位有《疫苗管理法》第八十五条规定以外的违反疫苗储存、运输管理规范行为的，由县级以上人民政府药品监督管理部门责令改正，给予警告，没收违法所得；拒不改正的，对接种单位、疫苗上市许可持有人、疫苗配送单位处10万元以上30万元以下的罚款；

情节严重的，对接种单位、疫苗上市许可持有人、疫苗配送单位处违法储存、运输疫苗货值金额三倍以上十倍以下的罚款，货值金额不足10万元的，按10万元计算。

（6）疾病预防控制机构、接种单位、医疗机构未按照规定报告疑似预防接种异常反应、疫苗安全事件等，或者未按照规定对疑似预防接种异常反应组织调查、诊断等的，由县级以上人民政府卫生健康主管部门责令改正，给予警告；情节严重的，对接种单位、医疗机构处5万元以上50万元以下的罚款。

（7）疾病预防控制机构、接种单位违反《疫苗管理法》第八十五条，由县级以上人民政府卫生健康主管部门对主要负责人、直接负责的主管人员和其他直接责任人员依法给予警告直至撤职处分，责令负有责任的医疗卫生人员暂停1年以上18个月以下执业活动；造成严重后果的，对主要负责人、直接负责的主管人员和其他直接责任人员依法给予开除处分。

（8）疾病预防控制机构、接种单位违反《疫苗管理法》第八十六条，由县级以上人民政府卫生健康主管部门可以对主要负责人、直接负责的主管人员和其他直接责任人员依法给予警告直至撤职处分，责令负有责任的医疗卫生人员暂停6个月以上1年以下执业活动；造成严重后果的，对主要负责人、直接负责的主管人员和其他直接责任人员依法给予开除处分。

（9）托幼机构、学校在儿童入托、入学时未按照规定查验预防接种证，或者发现未按照规定接种的儿童后未向接种单位报告的，由县级以上地方人民政府教育行政部门责令改正，给予警告，对主要负责人、直接负责的主管人员和其他直接责任人员依法给予处分。

（10）报纸、期刊、广播、电视、互联网站等传播媒介编造、散布虚假疫苗安全信息的，由有关部门依法给予处罚，对主要负责人、直接负责的主管人员和其他直接责任人员依法给予处分。

（11）县级以上地方人民政府在疫苗监督管理工作中有下列情形之一的，对直接负责的主管人员和其他直接责任人员依法给予降级或者撤职处分；情节严重的，依法给予开除处分；造成严重后果的，其主要负责人应当引咎辞职：履行职责不力，造成严重不良影响或者重大损失；瞒报、谎报、缓报、漏报疫苗安全事件；干扰、阻碍对疫苗违法行为或者疫苗安全事件的调查；本行政区域发生特别重大疫苗安全事故，或者连续发生重大疫苗安全事故。

（12）药品监督管理部门、卫生健康主管部门等部门在疫苗监督管理工作中有下列情形之一的，对直接负责的主管人员和其他直接责任人员依法给予降级或者撤职处分；情节严重的，依法给予开除处分；造成严重后果的，其主要负责人应当引咎辞职：未履行监督检查职责，或者发现违法行为不及时查处；擅自进行群体性预防接种；瞒报、谎报、缓报、漏报疫苗安全事件；干扰、阻碍对疫苗违法行为或者疫苗安全事件的调查；泄露举报人的信息；接到疑似预防接种异常反应相关报告，未按照规定组织调查、处理；其他未履行疫苗监督管理职责的行为，造成严重不良影响或者重大损失。

（二）刑事责任及赔偿责任

1. 刑事责任

违反我国《疫苗管理法》规定，构成犯罪的，依法从重追究刑事责任。

（1）违反本法第八十条规定，由省级以上人民政府药品监督管理部门对法定代表人、主要负责人、直接负责的主管人员和关键岗位人员以及其他责任人员，终身禁止从事药品生产经营活动，由公安机关处 5 日以上 15 日以下拘留。

（2）违反本法第八十八条规定，10 年内直至终身禁止从事药品生产经营活动，由公安机关处 5 日以上 15 日以下拘留。

（3）编造、散布虚假疫苗安全信息，或者在接种单位寻衅滋事，构成违反治安管理行为的，由公安机关依法给予治安管理处罚。

2. 赔偿责任

（1）因疫苗质量问题造成受种者损害的，疫苗上市许可持有人应当依法承担赔偿责任。

（2）疾病预防控制机构、接种单位因违反预防接种工作规范、免疫程序、疫苗使用指导原则、接种方案，造成受种者损害的，应当依法承担赔偿责任。

第四节　国境卫生检疫法律制度

一、国境卫生检疫法律制度概述

（一）国境卫生检疫的概念

国境卫生检疫是指为防止传染病由国外传入或者由国内传出，保护人体健康，由出入境检验检疫机关依据有关法律、法规，在国际通航的港口、机场以及陆地边境和国界江河的口岸，对入境、出境的人员、交通工具、运输设备以及可能传播检疫传染病的行李、货物、邮包等物品实施传染病检疫、监测、卫生监督和卫生处理，以及对进出口食品进行卫生监督检验的行政执法活动和维护国家主权的国家行为。

国境卫生检疫可以分为入境和出境检疫、传染病监测和卫生监督，按检疫地区可分为海港检疫、空港检疫和陆地边境检疫；按检疫性质可以分为常规检疫和特殊检疫，其中特殊检疫包括非口岸检疫、临时检疫、随交通工具检疫及赴国外检疫等。

（二）国境卫生检疫法的概念

国境卫生检疫法的概念有广义和狭义之分。广义的国境卫生检疫法是指由国家制定或其主管部门颁布的，由国家强制力保证实施的，通过对出入境检验检疫机关及其行政管理相对人规定权利义务来调整国境卫生检疫行政法律关系的法律规范的总称。主要包括1969年7月联合国通过的《国际卫生条例》、1986年12月六届全国人大常委会第十八次会议通过的《中华人民共和国国境卫生检疫法》、2009年2月28日第十一届全国人民代表大会常务委员会第七次会议通过的《中华人民共和国食品安全法》，以及《中华人民共和国国境卫生检疫法实施细则》《出入境集装箱卫生管理规定》《国境卫生检疫卫生处理办法》等。这些法律规范分别调整国境口岸卫生控制、进出口卫生监督检验和国际旅行卫生健康等各个不同行政法律活动中产生的行政法律关系，共同构成国境卫生检疫法的有机整体。

狭义的国境卫生检疫法是指由国家制定和颁布的规范国境卫生检疫、进出口食品安全监督检验行为，调整这些行为而产生的法律关系，并规定出入境检验检疫机关和其行政相对人权利义务的法律规范，仅包括《中华人民共和国国境卫生检疫法》及其实施细则。

（三）国境卫生检疫的对象

国境卫生检疫对象也称为检疫范围。国境卫生检疫法明确规定了检疫对象是入境、出境的人员、交通工具、运输设备以及可能传播检疫传染病的行李、货物、邮包等物品。

（四）国境卫生检疫传染病的种类

我国国境卫生检疫传染病包括以下三类：

第一类是检疫传染病。根据我国《国境卫生检疫法》的规定，检疫传染病包括鼠疫、霍乱、黄热病。

第二类是监测传染病。根据世界卫生组织要求，各国进行监测的传染病，如：流行性感冒、疟疾、脊髓灰质炎、斑疹伤寒、回归热，还包括军团热、拉萨热埃博拉-马尔堡、非典型性肺炎、甲型H1N1流感等新型传染病。《传染病防治法》规定的除上述传染病以外的、登革热、病毒性肝炎、伤寒、副伤寒、猩红热、除霍乱、痢疾、伤寒和副伤寒以外的感染性腹泻等。

第三类是限制外国人入境的疾病，如，艾滋病（含艾滋病病毒感染者）、性病、麻风病、开放性肺结核、精神病。

（五）国境卫生检疫机关

国境卫生检疫机关是指在国境口岸设立的，依法实施对传染病检疫、监测、卫生监督和卫生处理，以及对进出口食品进行卫生监督检验等活动的卫生执法机构。它代表国家在国境口岸行使检疫主权，根据有关法律规定在中华人民共和国国际通航的港口、机场以及陆地边境和国界江河口岸，依法实施传染病检疫、监测、卫生监督和卫生处理，以及对进出口食品进行卫生监督检验。

1998 年国务院体制改革，将原国境卫生检疫、进出境动植物检疫和进出口商品检验合并组建为原国家出入境检验检疫局，其所属的各地出入境检验检疫局，行使国家出入境检验检疫管理和执行权，对出入境货物、交通运输工具、出入境人员等实施检验检疫。2001 年 4 月，为适应加入世界贸易组织的需要，原国家出入境检验检疫局和原国家质量技术监督局合并组建国家质量监督检验检疫总局（简称国家质检总局），但其所属出入境检验检疫局的性质和职责不变。2018 年 3 月，根据第十三届全国人民代表大会第一次会议批准的国务院机构改革方案，将国家质量监督检验检疫总局的职责整合，组建中华人民共和国国家市场监督管理总局；将国家质量监督检验检疫总局的出入境检验检疫管理职责和队伍划入海关总署。国境卫生检疫机关的主要职责包括：

（1）执行《国境卫生检疫法》及其实施细则和国家有关卫生法规；

（2）收集、整理、报告国际和国境口岸传染病的发生、流行和终息情况；

（3）对国境口岸的卫生状况实施卫生监督。对入境、出境的交通工具、人员、集装箱、尸体、骸骨以及可能传播检疫传染病的行李、货物、邮包等实施检疫查验、传染病监测、卫生监督和卫生处理；

（4）对入境、出境的微生物、生物制品、人体组织、血液及其制品等特殊物品以及能传播人类传染病的动物实施卫生检疫；

（5）对入境出境人员进行预防接种、健康检查、医疗服务、国际旅行健康咨询和卫生宣传；

（6）签发卫生检疫证件；

（7）进行流行病学调查研究，开展科学实验；

（8）执行国务院卫生健康主管部门指定的其他工作。

二、卫生检疫

（一）入出境检疫的管理

入境出境的人员、交通工具、运输设备以及可能传播检疫传染病的行李、货物、邮包等物品都应当接受检疫。国境卫生检疫机关依据检疫医师提供的检疫结果，对未染有检疫传染病或者已实施卫生处理的交通工具，签发入境检疫证或者出境检疫证，方准入境或者出境。

入境、出境的微生物、人体组织、生物制品、血液及其制品等特殊物品的携带人、托运人或者邮递人，必须向卫生检疫机关申报并接受卫生检疫，未经卫生检疫机关许可，不准入境、出境，海关凭卫生检疫机关签发的特殊物品审批单放行。

入境、出境的旅客、员工个人携带或者托运可能传播传染病的行李和物品，应当接受卫生检查。卫生检疫机关对来自疫区或者被传染病污染的各种食品、饮料、水产品等，应当实施卫生处理或者销毁，并签发卫生处理证明，海关凭卫生检疫机关签发的卫生处理证明放行。

1. 常规检疫

入境的交通工具和人员，必须在最先到达的国境口岸的指定地点接受检疫。除引航员外，未经国境卫生检疫机关许可，任何人不准上下交通工具，不准装卸行李、货物、邮包等物品。出境的交通工具和人员必须在最后离开的国境口岸接受检疫。

（1）海港检疫。在受入境检疫的船舶到达以前或受出境检疫的船舶起航以前，船舶代理应尽早将船名、国籍、预定到达检疫锚地的日期和时间、发航港、最后寄港、船员和旅客人数、货物种类等通知卫生检疫机关。如果受入境检疫的船舶在航行中，发现检疫传染病、疑似检疫传染病，或者有人非因意外伤害而死亡并死因不明的，船长必须立即向实施检疫港口的卫生检疫机关报告病名或者主要症状、患病人数、死亡人数、船上有无船医等情况。

船舶到达后，必须在港口的检疫锚地或者经卫生检疫机关同意的指定地点等候检疫，停泊等候检疫的船舶必须按规定悬挂检疫信号，对船舶的入境检疫，在日出后到日落前的时间内实施。凡具备船舶夜航条件，夜间可靠离码头和装卸作业的港口口岸，应实行24小时检疫。对来自疫区的船舶，不实行夜间检疫。受入境检疫船舶的船长，在检疫医师到达船上时，必须提交由船长签字或者有船医附签的航海健康申报书、船员名单、旅客名单、载货申报单，并出示除鼠证书或者免予除鼠证书。

船舶实施入境、出境查验完毕以后，对没有染疫的船舶，检疫医师应当立即签发入境、出境检疫证；对染疫船舶、染疫嫌疑船舶，在卫生处理完毕以后，再发给入境、出境检疫证。

（2）航空检疫。在受入境检疫的航空器到达以前或受出境检疫的航空器起飞以前，航空站应尽早向卫生检疫机关通知航空器的国籍、机型、号码、识别标志、预定到达时间、出发站、经停站、机组和旅客人数，受入境检疫的航空器，如果在飞行中发现检疫传染病、疑似检疫传染病，或者有人非因意外伤害而死亡并死因不明时，机长应当立即通知到达机场的航空站，向卫生检疫机关报告病名或者主要症状、患病人数、死亡人数。航空器在飞行中，不得向下投掷或者任其坠下能传播传染病的任何物品。

受入境检疫的航空器到达机场以后，检疫医师首先登机。机长或者其授权的代理人，必须向卫生检疫机关提交总申报单、旅客名单、货物仓单和有效的灭蚊证书，以及其他有关检疫证件，入境旅客必须在指定的地点，接受入境查验。

对入境、出境航空器查验完毕以后，对没有染疫的航空器，检疫医师应当签发入境、出境检疫证；对染疫或者有染疫嫌疑的航空器，在规定的卫生处理完毕以后，再发给入境、出境检疫证。

(3) 陆地边境检疫。在受入境或受处境检疫的列车到达或发车之前，车站应尽早向卫生检疫机关通知列车的车次、预定到达的时间、始发站、列车编组情况。如果在行程中发现检疫传染病、疑似检疫传染病，或者有人非因意外伤害而死亡并死因不明的，列车或者其他车辆到达车站、关口时，列车长或者其他车辆负责人应当向卫生检疫机关报告。

受入出境检疫的列车和其他车辆到达车站、关口后，检疫医师首先登车，列车长或者其他车辆负责人应当口头或者书面向卫生检疫机关申报该列车或者其他车辆上人员的健康情况。对列车或者其他车辆实施入境、出境检疫完毕后，检疫医师应当根据检疫结果分别签发入境、出境检疫证，当发现染疫或染疫嫌疑时，在必要的卫生处理完毕后，再分别签发入境、出境检疫证。

徒步入境、出境的人员，必须首先在指定的场所接受入境、出境查验，未经卫生检疫机关许可，不准离开指定的场所。

☞ **案例：**

进口冷冻食品外包装新冠病毒检测呈阳性

2020 年 11 月 7 日，天津接到山东德州、山西太原通报，经天津从境外进口的冷冻食品（猪肉和带鱼）外包装新冠病毒检测呈阳性。7 日 18 时至 8 日 8 时，天津新增本地确诊病例 1 例，系天津海联冷冻食品有限公司装卸工人，未有疑似病例接触史。

思考与讨论：

根据上述材料分析，分析可能传播传染病的入境物品进行检疫过程中的薄弱环节，并提出改进建议。

2. 特殊检疫

(1) 非口岸检疫。来自国外的船舶、航空器因故停泊、降落在中国境内非口岸地点的时候。船舶、航空器的负责人应当立即向就近的国境卫生检疫机关或者当地卫生行政部门报告。除紧急情况外，未经国境卫生检疫机关或者当地卫生行政部门许可，任何人不准上下船舶、航空器，不准装卸行李、货物、邮包等物品。

(2) 临时检疫。在国境口岸发现检疫传染病、疑似检疫传染病，或者有人非因意外伤害而死亡并死因不明的，国境口岸有关单位和交通工具的负责人应当立即向国境卫生检疫机关报告，并申请临时检疫。

（二）检疫传染病人的管理

1. 就地诊验

就地诊验是指一个人在卫生检疫机关指定的期间，到就近的卫生检疫机关或者其他医疗卫生单位去接受诊察和检验，或者卫生检疫机关、其他医疗卫生单位到该人员的居留地，对其进行诊察和检验。

卫生检疫机关对接受就地诊验的人员，应当发给就地诊验记录簿，受就地诊验的人员应当携带就地诊验记录簿，按照指定的期间地点，接受医学检查、如果就地诊验的结果显示没有染疫。就地诊验期满的时候，受就地诊验的人员应当将就地诊验记录簿退还卫生检疫机关。

卫生检疫机关应当将受就地诊验人员的情况，用最快的方法通知受就地诊验的人员旅行停留地的卫生检疫机关或者其他医疗卫生单位，卫生检疫机关、医疗卫生单位遇有受就地诊验的人员请求医学检查时，应当视同急诊给予医学检查，并将检查结果在就地诊验记录簿上签注。如果发现其患检疫传染病或者监测传染病、疑似检疫传染病或者疑似监测传染病，应当立即采取必要的卫生措施，将其就地诊验记录簿收回存查，并且报告当地卫生防疫机构和签发就地诊验记录簿的卫生检疫机关。

2. 留验

留验是指将染疫嫌疑人收留在指定的处所进行诊察和检验。染疫嫌疑人指接触过检疫传染病的感染环境，并且可能传播检疫传染病的人。《国境卫生检疫法》规定，对检疫传染病染疫嫌疑人，应当将其留验。留验期限根据该传染病的潜伏期确定，染有鼠疫、黄热病嫌疑人的留验期限为 6 天，染有霍乱嫌疑人的留验期限为 5 天。

受留验的人员必须在卫生检疫机关指定的场所接受留验。但如果船长请求船员在船上留验，或者旅客经船长同意在船上留验，且船上有船医和医疗、消毒设备的，经卫生检疫机关同意，可以在船上留验。受留验的人员在留验期间如果出现检疫传染病的症状，卫生检疫机关应当立即对该人员实施隔离，对与其接触的其他受留验的人员，应当实施必要的卫生处理，并且从卫生处理完毕时算起，重新计算留验时间。

3. 隔离

隔离是指将染疫人收留在指定的处所，限制其活动并进行治疗，直到消除传染病传播的危险。染疫人是指正在患检疫传染病的人，或者经卫生检疫机关初步诊断，认为已经感染检疫传染病或者已经处于检疫传染病潜伏期的人。国境卫生检疫机关对检疫传染病染疫人必须立即将其隔离，隔离期限根据医学检查结果确定。

（三）卫生处理

卫生处理是指出入境检验检疫机关对入出境染疫人或染疫嫌疑人实施的隔离、留验和就地诊验等医学措施，以及对入出境交通工具、货物及其他物品实施的消毒、除鼠、除虫等卫生措施。其目的是控制传染源，防止传播和扩散，消灭传播媒介和传播因素。

1. 交通工具卫生处理

接受入境、出境检疫的交通工具有下列情形之一的，应当实施消毒、除鼠、除虫或者其他卫生处理来自检疫传染病疫区的，被检疫传染病污染的，发现有与人类健康有关的啮齿动物或者病媒昆虫的。

如果外国交通工具的负责人拒绝接受卫生处理，除有特殊情况外，准许该交通工具在国境卫生检疫机关的监督下，立即离开中华人民共和国国境。

2. 物品的卫生处理

国境卫生检疫机关对来自疫区、被检疫传染病污染或者可能成为检疫传染病传播媒介的行李、货物、邮包等物品，应当进行卫生检查，实施消毒、除鼠、除虫或者其他卫生处理。卫生检疫机关对入境、出境的废旧物品和曾行驶于境外港口的废旧交通工具，根据污染程度，分别实施消毒、除鼠、除虫，对污染严重的实施销毁。

3. 尸体、骸骨卫生处理

入境、出境的尸体、骸骨托运人或者代理人应当申请卫生检疫，并出示死亡证明或者其他有关证件，对不符合卫生要求的，必须接受卫生检疫机关实施的卫生处理，经卫生检疫机关签发尸体、骸骨入境、出境许可证后，方准运进或者运出，对因患检疫传染病而死亡的病人尸体，必须就近火化，不准移运。

三、传染病监测

（一）传染病监测的概念和内容

传染病监测是指对特定环境、人群进行流行病学、血清学、病原学、临床症状以及其他有关影响因素的调查研究，预测有关传染病的发生、发展和流行。传染病监测的对象包括入境、出境的交通工具、人员、食品、饮用水和其他物品以及病媒昆虫、动物。传染病监测的内容是：

（1）首发病例的个案调查；

（2）暴发流行的流行病学调查；

（3）传染源调查；

（4）国境口岸内监测传染病的回顾性调查；

（5）病原体的分离、鉴定。人群、有关动物血清学调查以及流行病学调查；

（6）有关动物、病媒昆虫、食品、饮用水和环境因素的调查；

（7）消毒、除鼠、除虫的效果观察与评价；

（8）国境口岸以及国内外监测传染病疫情的收集、整理、分析和传递；

（9）对监测对象开展健康检查和对监测传染病病人、疑似病人、密切接触人员的管理。

（二）传染病监测的措施

国境卫生检疫机关对入境、出境的人员实施传染病监测，并且采取必要的预防、控制措施。

1. 禁止患有某些疾病的外国人入境

卫生检疫机关应当阻止所发现的患有艾滋病、性病、麻风病、精神病、开放性肺结核病的外国人入境。

2. 健康申报制度

受入境、出境检疫的人员，必须根据检疫医师的要求，如实填报健康申明卡，出示某种有效的传染病预防接种证书、健康证明或者其他有关证件。

凡申请出境居住1年以上的中国籍人员，必须持有卫生检疫机关签发的健康证明。凡在境外居住1年以上的中国籍人员，入境时，必须向卫生检疫机关申报健康情况，并在入境后1个月内到就近的卫生检疫机关或者县级以上的医院进行健康检查。国际通行交通工具上的中国籍员工，应当持有卫生检疫机关或者县级以上医院出具的健康证明。健康证明的项目、格式由国务院卫生行政部门统一规定有效期为12个月。

3. 发给就诊方便卡

对来自检疫传染病和监测传染病疫区的人员，检疫医师可以根据流行病学和医学检查结果，发给就诊方便卡。卫生检疫机关、医疗卫生单位遇到持有就诊方便卡的人员请求医学检查时，应当视同急诊给予医学检查。如果发现其患检疫传染病或者监测传染病，疑似检疫传染病或者疑似监测传染病，应当立即实施必要的卫生措施，并且将情况报告当地卫生防疫机构和签发就诊方便卡的卫生检疫机关。

四、国境卫生监督

国境卫生监督是指出入境检验检疫机关按有关法律法规和卫生标准对国境口岸和入出境交通工具等进行卫生检查、卫生鉴定、卫生评价和采样检验等活动。

国境卫生监督的内容包括：①监督和指导有关人员对啮齿动物、病媒昆虫的防除；②检查和检验食品、饮用水及其储存、供应、运输设施；③监督从事食品、饮用水供应的从业人员的健康状况，检查其健康证明书；④监督和检查垃圾、废物、污水、粪便、压舱水的处理。

（一）国境口岸的卫生监督

国境口岸卫生监督主要是对国际通航的港口、机场、车站、陆地边境和国界江河的关口内的卫生状况和卫生设施等实行监督，改善口岸卫生条件，建立完善的卫生防护屏障，防止传染病的传入和传出。

国境口岸的卫生要求：①国境口岸和国境口岸内涉外的宾馆、生活服务单位以及候船、候车、候机厅（室）应当有健全的卫生制度和必要的卫生设施，并保持室内外环境整洁、通风良好；②采取切实可行的措施，控制啮齿动物、病媒昆虫，使其数量降低到不足为害的程度，仓库、货场必须具有防鼠措施；③国境口岸的垃圾、废物、污水、粪便必须进行无害化处理，保持口岸环境整洁卫生。

（二）入出境交通工具的卫生监督

入出境交通工具是指船舶、航空器、列车和其他车辆，对交通工具实施卫生监督，主要是防止交通工具因运送病人或携带病媒昆虫、啮齿动物引起疾病传播。

入出境交通工具的卫生要求：①交通工具上的宿舱、车厢必须保持清洁卫生，通风良好；②必须备有足够的消毒、除鼠、除虫药物及器械，并备有防鼠装置；③货舱、行李舱、货车车厢在装货前或卸货后应当进行彻底清扫，有毒物品和食品不得混装，防止污染；④对不符合卫生要求的入出境交通工具，必须接受出入境检验检疫机关的督导立即进行改进。

（三）饮用水、食品及从业人员的卫生监督

国境口岸和入出境交通工具上的饮用水、食品均应清洁卫生，容器、管道、储存场所、仓库等均应符合卫生标准要求，防止其在运送、传递过程中被污染。

饮用水、食品及从业人员的卫生要求：①国境口岸和交通工具上的食品、饮用水必须符合有关的卫生标准；②国境口岸内的涉外宾馆，以及向入、出境的交通工具提供饮食服务的部门，营业前，必须向出入境检验检疫机关申请卫生许可证；③国境口岸内涉外的宾馆和入出境交通工具上的食品、饮用水、从业人员应当持有出入境检验检疫机关签发的健康证明书。

五、法律责任

（一）行政责任

1. 行政处罚

（1）国境检验检疫机关对有下列行为之一的单位和个人，处以警告或者1000元以上5000元以下的罚款：应当受入境检疫的船舶，不悬挂检疫信号的；入境、出境的交通工具，在入境检疫之前或者在出境检疫之后，擅自上下人员，装卸行李、货物、邮包等物品的；拒绝接受检疫或者抵制卫生监督，拒不接受卫生处理的；伪造或者涂改检疫单证，不如实申报疫情的；瞒报携带禁止进口的微生物、人体组织、生物制品、血液及其制品或者其他可能引起传染病传播的动物和物品的。

（2）国境检验检疫机关对有下列行为之一的单位和个人，处以1000元以上10000元以下的罚款：未经检疫的入境、出境交通工具，擅自离开检疫地点，逃避查验的；隐瞒疫情或者伪造情节的；未经国境卫生检疫机关实施卫生处理，擅自排放压舱水，移下垃圾、污物等控制物品的；未经国境卫生检疫机关实施卫生处理，擅自移运尸体、骸骨的。

（3）国境检验检疫机关对有下列行为之一的单位和个人，处以5000元以上3000元以下的罚款：废旧物品、废旧交通工具，未向国境卫生检疫机关申报，未经国境卫生检疫机关实施卫生处理和签发卫生检疫证书而擅自入境、出境或者使用、拆卸的；未经国境卫生检疫机关检查，从交通工具上移下传染病病人，造成传染病危险的。

2. 行政处分

国境卫生检疫机关工作人员，对入境、出境的交通工具和人员不及时进行检疫，违法失职的，给予行政处分；情节严重构成犯罪的，依法追究刑事责任。

（二）刑事责任

《刑法》第332条规定妨害国境卫生检疫罪，是指违反国境卫生检疫规定，引起检疫

传染病传播或者有传播严重危险的行为。

（1）本罪侵害的客体是国家关于国境卫生检疫的管理制度；

（2）客观方面表现为违反国境卫生检疫法的有关规定，引起甲类传染病传播或者有传播严重危险的行为；

（3）主体除一般主体外，还包括单位；

（4）主观方面表现为故意，即行为人明知应当接受卫生检疫检查而故意逃避或拒绝。

犯本罪的，处 3 年以下有期徒刑或拘役，并处或单处罚金。单位犯罪的，对单位判处罚金，并对其直接负责的主管人员和其他直接责任人员进行处罚。

第六章 食品安全法律制度

民以食为天，食以安为先。食品安全直接关系到广大人民群众的身体健康与生命安全，也关系到国家的健康发展与社会的和谐稳定，食品安全越来越成为民众最关心的民生议题之一。《中华人民共和国食品安全法》正是为了保证食品安全，保障公众身体健康和生命安全而制定的。

第一节 食品概述

一、食品的概念

食品是指各种供人食用或饮用的成品和原料，以及按照传统既是食品又是中药材的物品，前者如糕点、饮料，后者如罗汉果、山药。但是，以治疗为目的的物品不属于食品，如人参。

二、食品分类

食品种类繁多，难以对其做出精确而涵盖全部的分类。按照营养特点可分为：谷类及薯类、动物性食物、豆类及其制品、蔬菜水果类、纯热能食物等；按照保藏方法可分为：罐头食品、脱水干制食品、冷冻食品或冻制食品、冷冻脱水食品、腌渍食品、烟熏食品等；按照原料种类可分为：果蔬制品、肉禽制品、水产制品、乳制品、粮食制品等；按照加工方法可分为：焙烤制品、膨化食品、油炸食品等；按照食用人群分类可分为：婴幼儿食品、中小学生食品、孕妇及哺乳期妇女食品、特殊人群需要的营养食品等；按其原料及其特有的功能，大致可分为普通食品、特殊食品和进口食品。

（一）普通食品

普通食品应符合《食品安全法》的规定，保证食用安全，有一定营养及良好的感官性状。食品必须按照卫生标准和卫生管理办法实施检验合格后，方可出厂或者销售；食品不得有夸大或者虚假的宣传内容；食品包装标识必须清楚，容易辨识，在国内市场销售的食品，必须有中文标识；定型包装的食品，必须在包装标识或者产品说明书上根据不同产品分别按照规定标出品名、产地、厂名、生产日期、批号或者代号、规格、配方或者主要成分、保质期限、食用或者使用方法等。

（二）特殊食品

特殊食品是指有目的地调整食品的营养成分、功效成分，或采取新的工艺技术、利用新的资源生产的食品。特殊食品包括：

（1）营养强化食品：是指按食品营养强化剂使用卫生标准的规定加入了一定量的营养强化剂的食品。食品营养强化剂是为增强营养成分而加入食品中的天然的或人工合成的属于天然营养素范围的食品添加剂。

（2）特殊营养食品：是指通过改变食品中天然营养素的成分含量比例或控制热量以适应某些疾病人群营养需要的食品。

（3）新资源食品：是指在我国无食用习惯的动物、植物和微生物，从动物、植物、微生物中分离的在我国无食用习惯的食品原料，在食品加工过程中使用的微生物新品种，以及因采用新工艺生产导致原有成分或者结构发生改变的食品原料。

（4）转基因食品：是指近年来国际上出现的新兴食品，是利用新技术生产的食品，属于《新资源食品管理办法》调整的范围。转基因食品是利用DNA重组技术将供体基因植入受体生物后生产的食品、食品添加剂，以及利用其作为原料所生产的食品成品，包括植物、动物、微生物等。

（5）保健食品：是指表明具有特定保健功能的食品，即适宜于特定人群食用，具有调节机体机能，不以治疗疾病为目的的食品。它有两个基本特征：一是安全性，对人体不产生任何急性、亚急性或慢性危害；二是功能性，对特定人群具有一定的调节作用，但与药品有严格的区分，不能治疗疾病。

（6）辐照食品：是指用化学元素产生的射线或电子加速器产生的电子束辐照加工处理的食品，包括辐照处理的食品原料、半成品。

（7）药膳：是指为辅助治疗某些疾病，根据辩证施治的原则加入中药配制而成的具有食疗作用的膳食。

三、绿色食品和有机食品

（一）绿色食品

所谓绿色食品，是指遵循可持续发展原则，按照特定生产方式生产，经专门机构认定，许可使用绿色食品标志商标的无污染的安全、优质、营养类食品。绿色食品必须同时具备以下四个条件：产品或产品原料产地必须符合绿色食品生态环境质量标准；农作物种植、畜禽饲养、水产养殖及食品加工必须符合绿色食品的生产操作规程；产品必须符合绿色食品质量和卫生标准；产品外包装必须符合国家食品标签通用标准，符合绿色食品特定的包装、装潢和标签规定。其目的是通过开发无污染的安全、优质、营养类食品，保护和改善生态环境，提高农产品及其加工品的质量，增进城乡人民身体健康，促进国民经济和社会可持续发展。

（二）有机食品

有机食品起步于20世纪70年代，以1972年国际有机农业运动联合会的成立为标志。有机食品是指生产环境无污染，在原料的生产和加工过程中不使用农药、化肥、生长激素和色素等化学合成物质，不采用基因工程技术，使用天然物质和对环境无害的方式生产、加工的环保型安全食品。它是依据有机农业原则和有机农产品生产方式及标准生产、加工出来的，并通过有机食品认证机构认证的食品。有机农业的原则是，在农业能量的封闭循环状态下生产，全部过程都利用农业资源，而不是利用农业以外的能源，如化肥、农药、生产调节剂和添加剂等，来影响和改变农业的能量循环；有机农业生产方式是指利用动物、植物、微生物和土壤4种生产因素的有效循环，不打破生物循环链的生产方式。因此，有机食品是纯天然、无污染、安全营养的食品，也可称为生态食品。国际有机农业运动联合会指出，有机食品需要符合以下3个条件：①有机食品的原料必须来自有机农业的产品；②有机食品必须是按照有机农业生产和有机食品加工标准而生产加工出来的食品；③加工出来的产品或食品必须是经过有机食品颁证组织进行质量检查，符合标准，并颁发证书的食品。

第二节　食品生产经营法律制度

一、食品安全的内涵

食品安全是指食品无毒、无害，符合应当有的营养要求，对人体健康不造成任何急性、亚急性或者慢性危害。

食品应当无毒、无害。食品应当符合相应的卫生标准和要求，在正常食用或使用情形下，不应对人体产生有毒有害的影响，不对人们的身体健康、生命安全造成损害。食品是维持人的生命、增强人体体质、促进生长发育的基本物质，必须具有一定的营养成分，应当符合营养要求；食品中的营养成分还应当易于人体吸收和消化，能维持人的正常生理功能。

二、食品安全法制建设

食品安全法律制度是调整食品生产经营和监督管理活动中所产生的各种社会关系的法律规范的总和。

中华人民共和国成立初期，原卫生部就发布了单行规范，如《清凉饮料食物管理办法》《食用合成染料管理办法》等。1964年，国务院颁布了《食品卫生管理办法试行条例》，加强了政府对食品卫生法制化管理的力度。1979年，国务院颁布了《食品卫生管理条例》。

1982年，全国人大常委会批准通过了《食品卫生法（试行）》。为了适应我国社会经济状况的不断变化，国务院于1983年2月5日发布了《城乡集市贸易管理办法》，以规范自由市场秩序。同时，原卫生部也先后颁布了《扩大使用范围的食品添加剂及新增食品添加剂品种的通知》（1985 年 6 月 5 日）、《食品工具设备洗涤剂、消毒剂、洗涤消毒剂卫生管理办法》（1985 年 8 月 5 日）、《食品安全性毒理学评价程序（试行）》（1985 年 12 月 1 日）、《辐照食品卫生管理暂行规定》（1986 年 6 月 16 日）、《食品营养强化剂卫生管理办法》（1986 年 6 月 14 日）、《禁止食品加药卫生管理办法》（1987 年 10 月 22 日）以及《食品卫生检验单位管理办法》（1987 年 12 月 2 日）等。

进入 20 世纪 90 年代，原卫生部又先后颁布了《新资源食品卫生管理办法》（1990 年 7 月 28 日）。1995 年，全国人大常委会审议通过了《食品卫生法》。为贯彻执行《食品卫生法》，原卫生部在 90 年代后期又先后颁布了《保健食品卫生管理办法》（1996 年 3 月 15 日）、《辐照食品卫生管理办法》（1996 年 4 月 5 日）、《学生用集体餐卫生监督办法》（1996 年 8 月 27 日）、《食品卫生行政处罚办法》（1997 年 3 月 15 日）、《食品卫生监督程序》（1997 年 3 月 15 日）、《食物中毒事故处理办法》（1999 年 12 月 24 日）、《餐饮业食品卫生管理办法》（2000 年 1 月 16 日）、《食品添加剂管理办法》（2002 年 3 月 28 日）及《转基因食品卫生管理办法》（2002 年 4 月 8 日）。2004 年 9 月 1 日，国务院作出《关于进一步加强食品安全工作的决定》。2007 年 7 月 26 日，国务院发布《关于加强食品等产品安全监督管理的特别规定》。

2009 年 2 月 28 日，《中华人民共和国食品安全法》在第十一届全国人民代表大会常务委员会第七次会议通过，并于 2009 年 6 月 1 日起施行，《食品卫生法》同时废止。2015 年 4 月 24 日第十二届全国人民代表大会常务委员会第十四次会议对《中华人民共和国食品安全法》进行修订。2018 年 12 月 29 日，第十三届全国人民代表大会常务委员会第七次会议决定对《中华人民共和国食品安全法》作出修改。2019 年 3 月 26 日国务院第 42 次常务会议修订通过《中华人民共和国食品安全法实施条例》，并于 2019 年 12 月 1 日起施行。

至此，以《食品安全法》为核心，由食品安全法规和规章、食品安全与卫生标准以及技术规范共同构成的食品安全法律体系已经形成。

☞ **知识链接：**

关于食品冷链，你了解多少？

2020 年 6 月以来，北京、山东等多个省份在进口冷链食品或外包装上检出新冠病毒核酸阳性。对此，国家和各地方出台了相关的法规政策和标准，以防新冠病毒的蔓延传播。

冷链物流涉及食品、医药和化工等行业，目前，食品冷链是我国冷链物流的大头，行业占比达 90%。依据《冷冻食品术语与分类》（QB/T 5284—2018），冷链是为保持食品品质，从加工、贮藏、流通销售的全过程始终处于所规定的低温状态的物流过程。2020 年 10 月 13 日，国家卫生健康委员会、国家市场监督管理总局发布 2021 年 3 月 11 日起实施的《食品安全国家标准 食品冷链物流卫生规范》（GB 31605—

2020)，这是首个食品冷链物流强制性国家标准。其中，食品冷链物流是指以温度控制为主要手段，使食品从出厂后到销售前始终处于所需温湿度范围内的物流工程。食品冷链由冷冻加工、冷冻贮藏、冷藏运输及配送、冷冻销售四个方面构成。冷链食品在生产、加工、运输过程中，由于环境变换、交接需要，温度会有起伏波动，所以需要统一操作规范，对各环节进行温度控制。

三、食品生产经营法律制度

（一）食品生产经营许可制度

国家对食品生产经营实行许可制度。从事食品生产、食品流通、餐饮服务，应当依法取得食品生产许可、食品流通许可、餐饮服务许可。食品生产经营者不得伪造、涂改、出借卫生许可证。未取得卫生许可证，工商行政管理部门不得发给营业执照。未取得卫生许可证和营业执照，不得从事食品生产经营活动。

取得食品生产许可的食品生产者在其生产场所销售其生产的食品，不需要取得食品流通的许可；取得餐饮服务许可的餐饮服务提供者在其餐饮服务场所出售其制作加工的食品，不需要取得食品生产和流通的许可；农民个人销售其自产的食用农产品，不需要取得食品流通的许可。

（二）食品生产经营要求

食品生产经营应当符合食品安全标准，并符合下列要求：

（1）具有与生产经营的食品品种、数量相适应的食品原料处理和食品加工、包装贮存等场所，保持该场所环境整洁，并与有毒、有害场所以及其他污染源保持规定的距离；

（2）具有与生产经营的食品品种、数量相适应的生产经营设备或者设施，有相应的消毒、更衣、盥洗、采光、照明、通风、防腐、防尘、防蝇、防鼠、防虫、洗涤以及处理废水、存放垃圾和废弃物的设备或者设施；

（3）有专职或者兼职的食品安全专业技术人员、管理人员和保证食品安全的规章制度；

（4）具有合理的设备布局和工艺流程，防止待加工食品与直接入口食品、原料与成品交叉污染，避免食品接触有毒物、不洁物；

（5）餐具、饮具和盛放直接入口食品的容器，使用前应当洗净、消毒，炊具、用具用后应当洗净，保持清洁；

（6）贮存、运输和装卸食品的容器、工具和设备应当安全、无害，保持清洁，防止食品污染，并符合保证食品安全所需的温度等特殊要求，不得将食品与有毒、有害物品一同运输；

（7）直接入口的食品应当使用无毒、清洁的包装材料、餐具、饮具和容器；

（8）食品生产经营人员应当保持个人卫生，生产经营食品时，应当将手洗净，穿戴清洁的工作衣、帽；销售无包装的直接入口食品时，应当使用无毒、清洁的容器、售货工具和设备；

（9）用水应当符合国家规定的生活饮用水卫生标准；

（10）使用的洗涤剂、消毒剂应当对人体安全、无害；

（11）法律、法规规定的其他要求。

（三）禁止生产经营的食品

为了充分保证食品的安全，法律明文规定任何生产经营单位不得违法生产经营以下食品：

（1）用非食品原料生产的食品或者添加食品添加剂以外的化学物质和其他可能危害人体健康物质的食品，或者用回收食品作为原料生产的食品；

（2）致病性微生物、农药残留、兽药残留、生物毒素、重金属等污染物质以及其他危害人体健康的物质含量超过食品安全标准限量的食品、食品添加剂、食品相关产品；

（3）用超过保质期的食品原料、食品添加剂生产的食品、食品添加剂；

（4）超范围、超限量使用食品添加剂的食品；

（5）营养成分不符合食品安全标准的专供婴幼儿和其他特定人群的主辅食品；

（6）腐败变质、油脂酸败、霉变生虫、污秽不洁、混有异物、掺假掺杂或者感官性状异常的食品、食品添加剂；

（7）病死、毒死或者死因不明的禽、畜、兽、水产动物肉类及其制品；

（8）未按规定进行检疫或者检疫不合格的肉类，或者未经检验或者检验不合格的肉类制品；

（9）被包装材料、容器、运输工具等污染的食品、食品添加剂；

（10）标注虚假生产日期、保质期或者超过保质期的食品、食品添加剂；

（11）无标签的预包装食品、食品添加剂；

（12）国家为防病等特殊需要明令禁止生产经营的食品；

（13）其他不符合食品安全标准或者要求的食品、食品添加剂、食品相关产品。

（四）从业人员卫生要求

食品生产经营者应当建立并执行从业人员健康管理制度。患有国务院卫生健康主管部门规定的有碍食品安全疾病的人员，不得从事接触直接入口食品的工作。食品生产经营人员每年应当进行健康检查，取得健康证明后，方可上岗工作。

（五）食品容器包装材料、工具设备规定

食品的包装材料和容器是指包装、盛放食品或者食品添加剂用的纸、竹、木、金属、搪瓷、陶瓷、塑料、橡胶、天然纤维、化学纤维、玻璃等制品和直接接触食品或者食品添加剂的涂料。食品容器和包装材料必须符合卫生要求，采用符合标准的原材料，产品应该由专门厂家生产，便于清洁和消毒，经食品安全监督部门批准，方可使用。

食品生产经营的工具、设备是指在食品或者食品添加剂生产、销售、使用过程中直接接触食品或者食品添加剂的机械、管道、传送带、容器、用具、餐具等。食品用工具设备必须符合卫生标准。生产过程中使用的一切工具设备必须清洁卫生、安全无害。

(六) 食品添加剂规定

食品添加剂是指为改善食品品质和色、香、味以及为防腐、保鲜和加工工艺的需要而加入食品中的人工合成或者天然物质，包括营养强化剂。

国家对食品添加剂的生产实行许可制度。从事食品添加剂生产，应当具有与所生产食品添加剂品种相适应的场所、生产设备或者设施、专业技术人员和管理制度，并按照规定的程序，取得食品添加剂生产许可。申请利用新的食品原料从事食品生产或者从事食品添加剂新品种、食品相关产品新品种生产活动的单位或者个人，应当向国务院卫生健康主管部门提交相关产品的安全性评估材料。

食品添加剂应当在技术上确有必要，且经过风险评估证明安全可靠，方可列入允许使用的范围。食品生产者应当依照食品安全标准中关于食品添加剂的品种、使用范围、用量的规定使用食品添加剂；不得在食品生产中使用食品添加剂以外的化学物质和其他可能危害人体健康的物质。

食品添加剂应当有标签、说明书和包装。标签、说明书应当载明食品添加剂的使用范围、用量、使用方法，并在标签上载明“食品添加剂”字样。食品和食品添加剂的标签、说明书不得含有虚假、夸大的内容，不得涉及疾病预防、治疗功能。生产经营者对标签、说明书上所载明的内容负责。食品和食品添加剂的标签、说明书应当清楚、明显，生产日期、保质期等事项应当显著标注，容易辨识。食品和食品添加剂与其标签、说明书所载明的内容不符的，不得上市销售。

(七) 特殊食品规定

国家对保健食品、特殊医学用途配方食品和婴幼儿配方食品等特殊食品实行严格监督管理。有关监督管理部门应当依法履职，承担责任。声称具有特定保健功能的食品不得对人体产生急性、亚急性或者慢性危害，应当具有科学依据，其标签、说明书不得涉及疾病预防、治疗功能，内容必须真实，应当载明适宜人群、不适宜人群、功效成分或者标志性成分及其含量等，并声明“本品不能代替药物”，产品的功能和成分必须与标签、说明书相一致。

特殊医学用途配方食品应当经国务院食品安全监督管理部门注册。注册时，应当提交产品配方、生产工艺、标签、说明书以及表明产品安全性、营养充足性和特殊医学用途临床效果的材料。婴幼儿配方食品生产企业应当实施从原料进厂到成品出厂的全过程质量控制，对出厂的婴幼儿配方食品实施逐批检验，保证食品安全。

生产保健食品、特殊医学用途配方食品、婴幼儿配方食品和其他专供特定人群的主辅食品的企业，应当按照良好生产规范的要求建立与所生产食品相适应的生产质量管理体系，定期对该体系的运行情况进行自查，保证其有效运行，并向所在地县级人民政府食品安全监督管理部门提交自查报告。

（八）生产采购规定

食品生产者采购食品原料、食品添加剂、食品相关产品，应当查验供货者的许可证和产品合格证明文件；对无法提供合格证明文件的食品原料，应当依照食品安全标准进行检验；不得采购或者使用不符合食品安全标准的食品原料、食品添加剂、食品相关产品。食品生产企业应当建立食品原料、食品添加剂、食品相关产品进货查验记录制度，如实记录食品原料、食品添加剂、食品相关产品的名称、规格、数量、生产日期或者生产批号、保质期、供货者名称、地址及联系方式、进货日期等内容，并保存相关凭证。记录和凭证保存期限不得少于产品保质期满后6个月；没有明确保质期的，保存期限不得少于2年。

（九）食品进出口规定

进口的食品、食品添加剂以及食品相关产品应当符合我国食品安全国家标准。进口的食品、食品添加剂应当经出入境检验检疫机构依照进出口商品检验相关法律、行政法规的规定检验合格。进口的食品、食品添加剂应当按照国家出入境检验检疫部门的要求随附合格证明材料。进口尚无食品安全国家标准的食品，或者首次进口食品添加剂新品种、食品相关产品新品种，由境外出口商、境外生产企业或者其委托的进口商向国务院卫生健康主管部门提交所执行的相关国家（地区）标准或者国际标准。国务院卫生健康主管部门对相关标准进行审查，认为符合食品安全要求的，决定暂予适用，并及时制定相应的食品安全国家标准。

向我国境内出口食品的境外出口商或者代理商、进口食品的进口商，应当向国家出入境检验检疫部门备案。向我国境内出口食品的境外食品生产企业，应当经国家出入境检验检疫部门注册。进口商应当建立食品、食品添加剂进口和销售记录制度，如实记录食品及食品添加剂的名称、规格、数量、生产日期、生产或者进口批号、保质期、境外出口商和购货者名称、地址及联系方式、交货日期等内容，并保存相关凭证。进口的预包装食品及食品添加剂应当有中文标签、中文说明书。标签、说明书应当符合我国《食品安全法》以及我国其他有关法律、行政法规的规定和食品安全国家标准的要求，载明食品的原产地以及境内代理商的名称、地址、联系方式。预包装食品没有中文标签、中文说明书或者标签、说明书不符合规定的，不得进口。

（十）城乡集市贸易食品卫生管理规定

城乡集市贸易是食品销售的重要场所。各类食品市场的举办者，应当负责市场内的食品安全管理工作，在市场内设立必要的卫生设施，保持良好的卫生环境。集中交易市场的开办者、柜台出租者和展销会举办者，应当依法审查入场食品经营者的许可证，明确入场食品经营者的食品安全管理责任，定期对入场食品经营者的经营环境和条件进行检查，发现食品经营者有违反我国《食品安全法》规定的行为的，应当及时制止，并立即报告所在地县级人民政府食品安全监督管理部门。

第三节　食品安全监管法律制度

一、我国食品安全监管主体

根据食品安全法律制度的精神和原则，我国建立起了一套比较完整的食品安全监管体系：

第一，国务院设立食品安全委员会，其工作职责由国务院规定。

第二，国务院食品安全监督管理部门依照《食品安全法》和国务院规定的职责，对食品生产经营活动实施监督管理。

国务院卫生健康主管部门依照《食品安全法》和国务院规定的职责，组织开展食品安全风险监测和风险评估，会同国务院食品安全监督管理部门制定并公布食品安全国家标准。国务院其他有关部门依照《食品安全法》和国务院规定的职责，承担有关食品安全工作。

第三，县级以上地方人民政府对本行政区域的食品安全监督管理工作负责，统一负责、领导、组织、协调本行政区域的食品安全监督管理工作以及食品安全突发事件应对工作，建立健全食品安全全程监督管理的工作机制和信息共享机制。

县级以上地方人民政府依照《食品安全法》和国务院的规定确定本级食品安全监督管理、卫生健康主管部门和其他有关部门的职责。有关部门在各自职责范围内负责本行政区域的食品安全监督管理工作。县级以上地方人民政府实行食品安全监督管理责任制。上级人民政府负责对下一级人民政府的食品安全监督管理工作进行评议、考核。县级以上地方人民政府负责对本级食品安全监督管理部门和其他有关部门的食品安全监督管理工作进行评议、考核。

县级以上人民政府应当将食品安全工作纳入本级国民经济和社会发展规划，将食品安全工作经费列入本级政府 财政预算，加强食品安全监督管理能力建设，为食品安全工作提供保障。县级以上人民政府食品安全监督管理部门和其他有关部门应当加强沟通、密切配合，按照各自职责分工，依法行使职权，承担责任。

二、食品安全风险监测和评估

国家建立食品安全风险监测制度，对食源性疾病、食品污染以及食品中的有害因素进行监测。国务院卫生健康主管部门会同国务院有关部门制定、实施国家食品安全风险监测计划。省、自治区、直辖市人民政府卫生健康主管部门根据国家食品安全风险监测计划，结合本行政区域的具体情况，制定、调整本行政区域的食品安全风险监测方案，报国务院卫生健康主管部门备案并实施。

国家建立食品安全风险评估制度，运用科学方法、根据食品安全风险监测信息、科学数据以及有关信息，对食品、食品添加剂、食品相关产品中生物性、化学性和物理性危害因素进行风险评估。国务院卫生健康主管部门负责组织食品安全风险评估工作，成立由医学、农业、食品、营养、生物、环境等方面的专家组成的食品安全风险评估专家委员会进行食品安全风险评估。食品安全风险评估结果由国务院卫生健康主管部门公布。

☞ **案例：**

守护校园食品安全

2020年10月17日，辽宁朝阳市朝阳县教育局发布消息，10月16日早6：30左右，朝阳县羊山镇中心小学高年级部69名住宿生出现腹泻、呕吐现象。学校发现问题后，第一时间将这些同学送至朝阳县人民医院。经诊断，除9名学生留院观察处置外，其余60名学生已于当日返回学校。截至17日16时，留院观察9名学生中，有7名学生已经出院，其余2名学生具备出院条件，但在检查过程中发现其他病症，需要留院进一步治疗。

羊山镇中心小学15日所用食材和食品留样已全部封存并送朝阳市疾控中心进行检测；朝阳市县疾控部门到现场进行了流行病学调查；学校相关工作人员目前已停职接受调查。此事发生具体原因正在调查中，后续调查及工作进展情况将及时公布。

思考与讨论：

（1）校园食品安全事件频发，食品监管部门该承担何种职责？

（2）如何守护校园食品安全？

三、食品安全标准

食品安全标准是我国食品安全法律体系中一个独立的、特殊的、重要的组成部分，是指为了保证食品安全，对食品生产经营过程影响食品安全的各种要素以及各关键环节所规定的统一技术要求，是对食品生产、加工、流通和消费食品链全过程中影响食品安全和质量的各种要素以及各关键环节进行控制和管理，经协商一致制定，并由公认机构批准，共同使用的和重复使用的一种规范性文件。

食品安全标准是强制执行的标准，除食品安全标准外，不得制定其他的食品强制性标准。制定食品安全标准时，应当以保障公众身体健康为宗旨，做到科学合理、安全可靠。

（一）制定主体

食品安全国家标准由国务院卫生健康主管部门会同国务院食品安全监督管理部门制定、公布，国务院标准化行政部门提供国家标准编号。食品中农药残留、兽药残留的限量规定及其检验方法与规程由国务院卫生健康部门、国务院农业行政部门制定。屠宰畜、禽的检验规程由国务院农业行政部门会同国务院卫生健康主管部门制定。

（二）食品安全标准内容

食品安全标准内容包括：①食品、食品添加剂、食品相关产品中的致病性微生物、农药残留、兽药残留、生物毒素、重金属等污染物质以及其他危害人体健康物质的限量规定；②食品添加剂的品种、使用范围、用量；③专供婴幼儿和其他特定人群的主辅食品的营养成分要求；④对与食品安全营养有关的标签、标志、说明书的要求；⑤食品生产经营过程的卫生要求；⑥与食品安全有关的质量要求；⑦与食品安全有关的食品检验方法与规程；⑧其他需要制定为食品安全标准的内容。

（三）食品安全地方标准

对地方特色食品，没有食品安全国家标准的，省、自治区、直辖市人民政府卫生健康主管部门可以制定并公布食品安全地方标准，报国务院卫生健康部门备案。食品安全国家标准制定后，相应地方标准即行废止。食品安全地方标准编号由代号加上省、自治区、直辖市行政区划代顺序号和年代号三部分组成。汉语拼音字母“DBS”码前两位数再加斜线，组成食品安全地方标准代号。

（四）食品安全企业标准

企业生产的食品没有食品安全国家标准或者地方标准的，应当制定企业标准，作为组织生产的依据。国家鼓励食品生产企业制定严于食品安全国家标准或者地方标准的企业标准。企业标准应当报省、自治区、直辖市人民政府卫生健康主管部门备案，在本企业内部适用。

四、食品召回制度

国家建立食品召回制度。食品生产者发现其生产的食品不符合食品安全标准或者有证据证明可能危害人体健康时，应当立即停止生产，召回已经上市销售的食品，通知相关生产经营者和消费者，并记录召回和通知情况。食品生产者应当对召回的食品采取无害化处理、销毁等措施，并将食品召回和处理情况向所在地县级人民政府食品安全监督部门报告；需要对召回食品进行无害化处理、销毁的，应当提前报告时间、地点。食品安全监督管理部门认为有必要的，可以实施现场监督。食品经营者发现其经营的食品不符合食品安全标准时，应当立即停止经营，通知相关生产经营者和消费者，并记录停止经营和通知情况。食品生产者认为应当召回的，食品经营者应当立即召回。

食品生产经营者未依照规定召回或者停止经营不符合食品安全标准的食品的，县级以上人民政府食品安全监督管理部门可以责令其召回或者停止经营。

五、食品安全监管机构的职权

县级以上地方人民政府组织本级食品安全监督管理、农业行政等部门制订本行政区域的食品安全年度监督管理计划，向社会公布并组织实施。该计划应该包含食品抽样检验的内容，对专供婴幼儿、老年人、病人等特定人群的主辅食品、保健食品，应当重点加强抽样检验。

县级以上人民政府食品安全监督管理部门履行食品安全监督管理职责，有权采取下列措施：①进入生产经营场所实施现场检查；②对生产经营的食品、食品添加剂、食品相关产品进行抽样检验；③查阅、复制有关合同、票据、账簿以及其他有关资料；④查封、扣押有证据证明不符合食品安全标准或者有证据证明存在安全隐患以及用于违法生产经营的食品、食品添加剂、食品相关产品；⑤查封违法从事食品生产经营活动的场所。县级以上农业行政部门应当依照《中华人民共和国农产品质量安全法》规定的职责，对食用农产品进行监督管理。

六、食品安全检验机构及职责

食品卫生检验机构是依照国家食品卫生检验程序和食品卫生标准对送检的样品进行检验，并出具检验报告的单位。

食品检验机构按照国家有关认证认可的规定取得资质认定后，方可从事食品检验活动。食品检验由食品检验机构指定的检验人独立进行。检验人应当依照有关法律、法规的规定，并依照食品安全标准和检验规范，对食品进行检验，尊重科学，恪守职业道德，保证出具的检验数据和结论客观、公正，不得出具虚假的检验报告。

食品检验实行食品检验机构与检验人负责制。食品检验报告应当加盖食品检验机构公章，并有检验人的签名或者盖章，食品检验机构和检验人对出具的食品检验报告负责。县级以上人民政府食品安全监督管理部门应当对食品进行定期或者不定期的抽样检验，并依据有关规定公布检验结果。进行抽样检验，应当购买抽取的样品，委托符合规定的食品检验机构进行检验，并支付相关费用，不得向食品生产经营者收取检验费和其他任何费用。食品安全监督管理部门对食品不得实施免检。

七、食品安全事故处置

食品安全事故是指食源性疾病、食品污染等源于食品，对人体健康有危害或者可能有危害的事故。

（一）事故应急预案

国务院组织制定国家食品安全事故应急预案。县级以上地方人民政府应当根据有关法律、法规的规定和上级人民政府的食品安全事故应急预案以及本地区的实际情况，制定本行政区域的食品安全事故应急预案，并报上一级人民政府备案。食品生产经营企业应当制定食品安全事故处置方案，定期检查本企业各项食品安全防范措施的落实情况，及时消除食品安全事故隐患。

（二）事故报告

发生食品安全事故的单位应当立即予以处置，防止事故扩大。事故发生单位和接收病人进行治疗的单位应当及时向事故发生地县级人民政府食品安全监督管理、卫生健康主管部门报告。县级以上人民政府农业行政等部门在日常监督管理中发现食品安全事故，或者接到有关食品安全事故的举报时，应当立即向同级食品安全监督管理部门通报。发生食品安全事故时，接到报告的县级人民政府食品安全监督管理部门应当按照应急预案的规定向本级人民政府和上级人民政府食品安全监督管理部门报告。县级人民政府和上级人民政府食品安全监督管理部门应当按照应急预案的规定上报。

任何单位或者个人不得对食品安全事故隐瞒、谎报、缓报，不得隐匿、伪造、毁灭有关证据。

（三）事故处置

县级以上人民政府食品安全监督管理部门接到食品安全事故的报告后，应当立即会同同级卫生健康主管、农业行政等部门进行调查处理，并采取相应措施，防止或者减轻社会危害。

（四）事故责任调查

发生食品安全事故，设区的市级以上人民政府食品安全监督管理部门应当立即会同有关部门进行事故责任调查，督促有关部门履行职责，向本级人民政府和上一级人民政府食品药品监督管理部门提出事故责任调查处理报告。重大食品安全事故涉及两个以上省、自治区、直辖市的，由国务院食品安全监督管理部门依照前款规定组织事故责任调查。

八、法律责任

根据我国《食品安全法》的规定，食品生产经营者如有违法行为，应承担行政责任、民事责任或刑事责任。《刑法》第143条也规定了生产、销售不符合卫生标准的食品罪。

（一）行政责任

根据责任主体不同，食品安全行政法律责任的形式可分为：

（1）针对市场主体的行政处罚。主要适用于违反食品生产经营法律规定、违反食品安全事故处置法律规定、违反食品进出口法律规定等行为。食品生产经营者违反上述有关法律法规的规定，由县级以上人民政府食品安全监督管理部门根据违法行为的情节轻重对其做出警告，责令改正，责令停产停业，没收违法所得，违法生产经营的食品、食品添加剂和用于违法生产经营的工具、设备、原料等物品，罚款，以及吊销许可证的行政处罚。

（2）针对监管主体的行政责任。主要针对监管主体失职或疏于监管以及滥用职权、徇私舞弊的违法行政行为。食品检验机构、食品检验人员出具虚假检验报告的，由授予其资质的主管部门或者机构撤销该检验机构的检验资格，依法对检验机构直接负责的主管人员和食品检验人员给予撤职或者开除的处分。目前我国《食品安全法》规定的行政责任形式主要有记大过、降级、撤职或者开除、引咎辞职等。

受到开除处分的食品检验机构人员，自处分决定作出之日起10年内不得从事食品检验工作。因食品安全违法行为受到刑事处罚或者因出具虚假检验报告导致发生重大食品安全事故受到开除处分的食品检验机构人员，终身不得从事食品检验工作。食品检验机构聘用不得从事食品检验工作的人员的，由授予其资质的主管部门或者机构撤销该检验机构的检验资格。

（二）民事责任

（1）食品生产经营者违反《食品安全法》的规定，造成他人人身、财产或者其他损害的，依法承担赔偿责任。消费者因不符合食品安全标准的食品受到损害的，可以向经营者要求赔偿损失，也可以向生产者要求赔偿损失。接到消费者赔偿要求的生产经营者，应当实行首负责任制，先行赔付，不得推诿；属于生产者责任的，经营者赔偿后有权向生产者追偿；属于经营者责任的，生产者赔偿后有权向经营者追偿。

（2）生产不符合食品安全标准的食品或者销售明知是不符合食品安全标准的食品，消费者除要求赔偿损失外，还可以向生产者或者经营者要求支付价款10倍或者损失3倍的赔偿金；增加赔偿的金额不足1000元的，为1000元。

（3）民事赔偿先行规定。食品生产经营者违反《食品安全法》的规定，应当承担民事赔偿责任并需要承担缴纳罚款、罚金行政责任的，其财产不足以同时支付时，先承担民事赔偿责任。

（三）刑事责任

违反《食品安全法》规定，生产经营不符合安全标准的食品，造成严重食物中毒事故或者其他严重食源性疾患，对人体健康造成严重危害的，或者在生产经营的食品中掺入有毒、有害的非食品原料的，依法追究其刑事责任。以暴力、威胁方法阻碍食品安全监督管理人员依法执行职务的，也要依法追究刑事责任。

食品安全监督管理人员收受贿赂，构成犯罪的，依法追究刑事责任。滥用职权、玩忽职守、徇私舞弊，造成重大事故，构成犯罪的，依法追究刑事责任。

◎ 思考题

1. 食品生产经营法律制度包含哪些方面的规定？
2. 《食品安全法》规定禁止生产、经营哪些食品？
3. 食品安全事故发生后该如何处置？
4. 《食品安全法》规定了哪些方面的法律责任？

第七章 公共场所和学校卫生法律制度

加强公共卫生管理、创造良好的公共场所及学校卫生条件，是预防疾病、保障公民人体健康的重要途径，公共场所和学校卫生法律制度是保证这一途径正常发挥作用的重要基础。

第一节 公共场所卫生法律制度

一、公共场所卫生法律制度概述

（一）公共场所的概念

公共场所是指为了满足人们对生活、文化、人际交往的需要而设立，供公众共同使用的具有一定封闭性的社会公共设施。它对公众来说是人工生活环境，对从业人员来说是劳动环境。

我国目前法定管理的公共场所，属于人为环境，是指人群聚集，并供公众进行生活活动和文化娱乐活动等使用的一切有维护结构的场所。按照《公共场所卫生管理条例》的规定，我国已纳入法定管理的公共场所有以下7类：①住宿和餐旅场所：宾馆、饭店、旅馆、招待所、车站、咖啡馆、酒吧、茶座；②净身和美容场所：公共浴室、理发店、美容店；③文化娱乐场：影剧院、录像厅（室）、游艺厅（室）、舞厅、音乐厅；④体育健身场所：体育场（馆）、游泳场（馆）、公园；⑤文化交流场：展览馆、博物馆、美术馆、图书馆；⑥商场（店）、书店；⑦就医和交通场所：候诊室、候车（机、船）室、公共交通工具。《公共场所卫生监督管理办法（征求意见稿）》拟对公共场所实行分类管理，公共场所分为甲类和乙类，甲类公共场所为：①宾馆、旅店、招待所；②公共浴室；③游泳场（馆）。其他场所为乙类公共场所，分别参照不同的标准执行。

（二）公共场所的卫生管理立法

公共场所是人们聚众活动的场所，人口稠密、设施公用，其卫生状况的好坏不仅直接影响到广大人民群众的身体健康，而且直接反映一个国家、一个地区的精神文明程度和卫生管理水平。为创制良好的公共场所卫生条件，预防疾病，保障人体健康，国务院1987年4月1日发布了《公共场所卫生管理条例》，对全国公共场所的卫生工作实行法制管理。这是中华人民共和国成立以来，由国家最高行政机关发布的第一部公共场所卫生管理法规，充分体现了我国政府对人民群众身体健康的重视与关怀。该条例于2016年2月与2019年4月分别经历了两次修改与再发布，顺应我国卫生事业的发展。为配合条例的实施，1987年9月15日，当时的卫生部发布了《〈公共场所卫生管理条例〉实施细则》，1991年、2011年、2017年先后对实施细则进行了三次修订，并予以重新发布，使之更加完善和更具操作性。为了更好地实施条例，加强公共场所卫生监督管理，1987年当时的卫生部制定了《公共场所卫生监督监测要点》和《公共场所从业人员培训大纲》。之后又陆续地制订了《旅店业卫生标准》等十几项公共场所国家标准，2006年2月10日又发布了《公共场所集中空调通风系统卫生管理办法》。

随着我国社会和经济不断深入发展，公共场所的种类、服务内容、数量大幅增加，法制建设不断完善，行政体制改革不断深入，《〈公共卫生管理条例〉实施细则》已不能适应新形势下公共场所卫生法制管理的需要，根据国务院《关于城镇医药卫生体制改革的指导意见》和国务院批准的《关于卫生监督体制改革的意见》，全国各地加快了卫生监督体制改革步伐，原来的卫生防疫站已变为现在的卫生监督机构，依法行政急需调整《〈公共卫生管理条例〉实施细则》中的执法主体，进一步加强公共场所卫生立法，改革优化监管方式，有效实施公共场所卫生监督执法工作。在2019年12月28日全国人大通过的《中华人民共和国基本医疗卫生与健康促进法》中，明确要求国家完善公共场所管理制度，公共场所经营单位应当建立健全并严格实施卫生管理制度。同时提出，公共场所控制吸烟，强化监督执法。

二、公共场所卫生管理

（一）公共场所卫生管理规定

公共场所的卫生管理主要是指公共场所的主管部门及经营单位的自我管理。主管部门应当建立卫生管理制度，配备专职或兼职卫生管理人员，建立卫生管理制度和卫生管理档案，落实卫生安全保障措施。对所属经营单位包括个体经营的卫生状况进行经常性检查，并提供必要的条件。经营单位应当负责所经营的公共场所的卫生管理，建立卫生责任制度，对单位的从业人员进行卫生知识的培训和考核工作。经营单位应当及时向卫生健康主管部门申请办理卫生许可证，卫生许可证每两年复核一次。

国家卫生健康委员会主管全国公共场所卫生监督工作。县级以上地方人民政府卫生健康主管部门负责本行政区域内公共场所卫生监督工作。铁路部门行使管辖范围内公共场所卫生监督职能。卫生监督机构负责监督和指导公共场所经营单位对其从业人员进行卫生知识培训和考核工作，其中，个体经营者的培训和考核工作由所在地区卫生监督机构负责。

（二）公共场所卫生要求

公共场所人员流动性大、设施公用，容易传播疾病，卫生要求主要包括：

（1）公共场所选址、设计、装修应当符合国家标准和规范要求，进行室内整体装饰装修期间不得营业，装修后空气质量经检验合格的方可营业。公共场所局部装饰装修期间，经采取有效措施，非装饰装修区域室内空气质量合格的，可正常营业。

（2）一般要求。公共场所应保持环境清洁、卫生。室内空气、饮用水、沐浴用水、游泳池水、采光、照明、噪声等卫生指标符合国家卫生标准和规范要求。

（3）场所检测。公共场所应当定期对其场所进行卫生检测并公示。卫生检测结果应当向当地卫生行政部门报告。不具备卫生检测能力的，应当委托具备条件的卫生技术服务机构进行卫生检测。

（4）卫生设施。公共场所应当设置与其经营规模相适应的清洗消毒场所、卫生间及浴室，配备与其经营项目相适应的清洗消毒和盥洗设施、设备。公共场所应当配备有效的鼠、蚊、蝇、蟑螂和其他病媒生物的预防控制设施及废弃物存放专用设施。

（5）集中空调。公共场所集中空调通风系统应当安装空气净化消毒装置，新风口应当远离建筑物的排风口、开放式冷却塔和其他污染源，并设置防护装置；送风口和回风口应当设置防鼠装置，风口表面应保持清洁。空调机房内应保持清洁、干燥，严禁存放无关物品。

（6）用品用具。公共场所的用品用具应当安全、卫生、无害。为顾客提供的用品用具，在使用前应当清洗消毒，其储存设施应当分类设置和专门使用。禁止重复使用一次性用品。

（7）健康相关产品。公共场所提供或使用的化妆品、涉及饮用水卫生安全产品、消毒产品等健康相关产品应当符合国家有关法律、法规和卫生标准的要求，并取得卫生行政部门卫生许可或备案批准证明文件。

（8）饮用水管理。提供二次供水和直饮水的公共场所，其经营者应当配备专（兼）职供水管理人员负责公共场所二次供水和直饮水管理。

（三）公共场所卫生要求

公共场所从业人员应持证上岗。公共场所直接为顾客服务的人员，持有健康合格证方能从事本职工作。患有痢疾、伤寒、病毒性肝炎、活动性肺结核、化脓性或者渗出性皮肤病以及其他有碍公共卫生的疾病，在治愈前，不得从事直接为顾客服务的工作。

三、公共场所卫生监督于处罚

（一）公共场所卫生监督机构及其职责

《公共场所卫生管理条例》规定，各级卫生防疫机构负责管辖范围内的公共场所卫生监督工作。民航、铁路、交通、厂（场）矿卫生防疫机构对管辖范围内的公共场所施行卫生监督，并接受当地卫生防疫机构的业务指导。

卫生防疫机构对公共场所的卫生监督有以下职责：①对公共场所进行卫生监测和卫生技术指导，管理核发公共场所卫生许可证；②监督从业人员健康检查，指导有关部门对从业人员进行卫生知识的教育和培训；③对公共场所发生的危害健康事故进行调查处理；④对违反公共场所卫生管理条例的单位和个人行进行政处罚。

（二）公共场所卫生监督员及其职责

卫生防疫机构根据需要设立公共场所卫生监督员，执行卫生防疫机构交给的任务。公共场所卫生监督员由同级人民政府发给证书。民航、铁路、交通、工矿企业卫生防疫机构的公共场所卫生监督员，由上级主管部门发给证书。

卫生监督员有权对公共场所进行现场检查，索取有关资料，经营单位不得拒绝或隐瞒。卫生监督员对所提供的技术资料有保密的责任。公共场所卫生监督员在执行任务时应佩戴证章、出示证件。

（三）违反公共场所卫生法规的法律责任

违反《公共场所卫生管理条例》及相关法律规范的法律责任包括行政责任、民事责任和刑事责任。

1. 行政责任

凡经营单位或者个人卫生质量不符合国家卫生标准和要求，而继续经营的、未获得健康合格证而从事直接为顾客服务的、拒绝卫生监督和未取得卫生许可证擅自营业的，卫生防疫机构可以根据情节轻重，给予警告、罚款、停业整顿、吊销卫生许可证的行政处罚。

公共场所卫生监督机构和卫生监督员滥用职权、收取贿赂的，由上级主管部门给予直接责任人员行政处分。

2. 民事责任

违反《公共场所卫生管理条例》规定，造成严重危害公民健康的事故或中毒事故的经营单位或个人，依法应当对受害者赔偿损失。

3. 刑事责任

违反《公共场所卫生管理条例》规定，致人残废或者死亡，构成犯罪的，应由司法机关依法追究直接责任人员的刑事责任。公共场所卫生监督机构和卫生监督员玩忽职守，滥用职权、收取贿赂构成犯罪的，由司法机关追究直接责任人员的刑事责任。

第二节　学校卫生法律制度

一、学校卫生法律制度概述

（一）学校卫生法的概念

学校卫生是指根据儿童和青少年生长发育的特点，通过制定相应的法律规定，提出相应的学校卫生要求和卫生标准，消除各种不利于儿童和青少年学习和生活中的因素，创造良好的学校教育环境，保护和促进学生的正常发育、身心健康，以实现德、智、体全面发展的社会主义教育目标。学校卫生中，包括普通中小学、农业中学、职业中学、中等专业学校、技工学校、普通高等学校等的卫生。学校卫生既是预防医学的组成部分，也是教育学的组成部分。

学校卫生法律制度是调整因改善和加强学校卫生工作、提高学生健康水平而产生的各种社会关系的法律规范总称。

（二）学校卫生立法

中华人民共和国成立后不久，为提高学生的健康水平，政府及有关部门颁布了许多学校卫生工作的规范性文件，制定了许多关系青少年健康成长的卫生标准。1990 年 6 月 4 日颁布的《学校卫生工作条例》，对学校卫生工作的要求、管理、监督、奖励与处罚等作出了具体的规定，这是我国第一部关于学校卫生工作的行政法规，使学校卫生工作走上了法制化的轨道。

为保证学校卫生工作的顺利开展，教育部和卫生健康主管部门还制定了许多规章。1999 年，当时的卫生部根据 WHO《健康促进学校发展纲领》制定了《健康促进学校工作指南》；2002 年 5 月，发布了《关于加强学校预防艾滋病健康教育工作的通知》。为了做好学校卫生防疫以及食品卫生安全工作，保障青少年学生身体健康和生命安全，保持学校正常的教学秩序，维护社会的稳定，1996 年，当时的卫生部发布了《学校集体用餐卫生监督办法》；2002 年 11 月，教育部、当时的卫生部联合颁布了《学校食堂与学生集体用餐卫生管理规定》；2003 年 7 月，国务院办公厅转发了教育部、原卫生部《关于加强学校卫生防疫与食品安全工作的意见》。2006 年 4 月，原卫生部发布了《学校和托幼机构传染病疫情报告工作规范（试行）》。此外，国家还批准颁布了一系列学校卫生国家标准，包括：《中小学建筑设计》（GBJ9—86）、《中小学教室采光和照明卫生标准》（GB7793—87）、《学校课桌椅卫生标准》（GB7792—87）等。

二、学校卫生工作主要内容和要求

（一）教学过程卫生

1. 教学和作息时间

教学过程要严格遵守卫生保健原则，根据学生年龄，合理安排教学进度和作息时间，使学生的学习能力保持在最佳状态。根据我国教育部和卫生健康主管部门的规定，学生每日学习时间（包括自习）为：小学不超过 6 个学时，中学不超过 8 个学时，大学不超过 10 个学时。学校还必须保证学生有课间休息的时间，课间休息时间应当至少保证 10 分钟。

2. 劳动卫生

学校应当根据学生的年龄，组织学生参加适当的劳动，安排适当的劳动工种和劳动量。对参加劳动的学生，要进行安全生产教育，严格遵守操作规程。学校要采取必要的安全和防护措施。普通中小学组织学生参加劳动，不得让学生接触有毒有害物质或者从事不安全工种的作业，不得让学生参加夜班劳动。普通高等学校、中等专业学校、技工学校、农林中学、职业中学组织学生参加生产劳动，接触有毒有害物质，按照国家有关规定，提供保健待遇。学校应当定期对他们进行体格检查，加强卫生防护。

3. 体育卫生

学校应保证学生每天至少有1个小时的体育活动时间，体育及格率在85%以上。学校要根据学生的生理承受能力和体质健康状况，合理安排合适学生的运动项目和运动强度，防止发生伤害事故。还应当注意女学生的生理特点，给予必要的照顾。

（二）教学设施卫生

我国《未成年人保护法》规定，学校不得使未成年学生在危及人身安全、健康的校舍和其他教育教学设施中活动。《教育法》规定，各级政府、教育行政部门、有关部门、学校和其他教育机构应当提供符合国家安全标准的教育教学设施和设备。

学校在新建、改建、扩建校舍时，其选址、设计应当符合国家的卫生标准，并取得当地卫生行政部门的许可，竣工验收应当由当地卫生行政部门参加。学校教学建筑、环境噪声、室内微小气候、采光、照明等环境质量以及黑板、课桌椅的设置应当符合国家有关标准。学校应当按照有关规定，为学生提供充足的符合卫生标准的饮用水。学校体育场地和器材应当符合卫生和安全要求。

（三）学校卫生保健

1. 开展健康教育

学校要把健康教育纳入教学计划，对学生进行系统的健康教育。普通中小学必须开设健康教育课，普通高等中学、中等专业学校、技工学校、农业中学、职业中学应当开设健康教育选修课或者讲座，进行个人卫生、环境卫生、饮食卫生、教师宿舍卫生等的教育，开展学生健康咨询活动，使学生掌握健康的知识。

2. 开展健康检查

学校应当根据条件，定期对学生进行体格检查，建立学生体质健康卡，纳入学生档案。学校对体格检查中发现学生有器质性疾病的，应当配合学生家长做好转诊治疗。学校对多病、体弱的学生，应当加强医学照顾和心理卫生工作。学校应当积极做好学生常见病的群体预防和矫治工作。

（四）学生健康管理

1. 建立健全卫生管理的综合组织网络

学校应当建立健全卫生管理的综合组织网络，充分发挥学校保健科（室）、学校爱国卫生运动委员会、学校红十字少年组织、班级卫生值日等组织机构的作用，制定学校卫生规章制度，建立由师生共同参与、各司其职的学校卫生岗位责任制，加强对学生个人卫生、课外活动卫生、体育锻炼卫生、劳动训练卫生、学校环境和教育设备卫生以及膳宿卫生、学生心理卫生健康教育、疾病防治、卫生宣传等的日常管理。

2. 完善学生健康管理制度

学校应当有完善的学生健康管理制度，建立学生体质健康卡片，并纳入学生档案。配备可以处理一般伤病事故的医疗用品。供学生使用的文具、娱乐器具必须符合国家卫生标准。

（五）饮食卫生

学校食堂与学生集体用餐的卫生管理，必须坚持“预防为主”的工作方针，实行卫生健康主管部门监督指导、教育行政部门管理督查、学校具体实施的工作原则。各级教育行政部门应根据规定，将食品卫生安全管理工作纳入对学校的考核指标。学校应建立主管校长负责制，配备专兼的食品卫生管理人员，加强学校食堂和学生集体用餐的卫生管理，防止学校食物中毒或者其他食源性疾患事故的发生。

（六）学校和托幼机构传染病疫情报告

学校负责建立健全本单位传染病疫情等突发公共卫生事件的发现、收集、汇总与报告管理工作制度。指定专人或兼职教师负责本单位内传染病疫情等突发公共卫生事件、因病缺勤等健康信息的收集、汇总与报告工作。

报告内容及时限要求：①在同一宿舍或同一班级，1天内有3例或者连续3天内有多个学生（5例以上）患病，并有相似症状（如发热、皮疹、腹泻、呕吐、黄疸等）或者共同用餐、饮水史时，学校疫情报告人应当在24小时内报出相关信息；②当学校和托幼机构发现传染病或疑似传染病病人时，学校疫情报告人应当立即报出相关信息；③当个别学生出现不明原因的高热、呼吸急促或剧烈呕吐、腹泻等症状时，学校疫情报告人应当在24小时内报出相关信息；④当学校发生群体性不明原因疾病或者其他突发公共卫生事件时，学校疫情报告人应当在24小时内报出相关信息。

三、学校卫生工作管理

各级教育行政部门负责学校卫生工作的行政管理。卫生健康主管部门负责对学校卫生工作的监督指导。

普通高等学校、中等专业学校、技工学校和规模较大的农业中学、职业中学、普通小学可以设立学校卫生管理机构。普通高等学校设立校医院卫生科；城市普通中、小学，农村中心小学和普通中学设立卫生室，并按学生人数600∶1的比例配备专职卫生技术人员；中等专业学校、技工学校、农业中学、职业中学可根据需要，配备专职卫生技术人员；学生人数不足600人的学校，可以配备专职或者兼职保健教育，开展学生卫生工作。

县级以上卫生健康主管部门对学校卫生工作行使监督权，包括对校舍的选址、设计，影响学生健康的学习、生活、劳动、环境、食品等方面的卫生和传染病防治工作，以及学生使用的文具、保健用品等实行卫生监督。

四、法律责任

对于违反《学校卫生工作条例》的单位或个人，应承担相应的法律责任。主要有：

（1）未经卫生健康主管部门许可新建、改建、扩建校舍的，由卫生健康主管部门对直接责任单位或者个人予以警告、责令停止施工或者限期改建。

（2）学校环境设施不符合国家有关标准的，由卫生健康主管部门对直接责任单位或个人给予警告，并责令限期改进。情节严重的，可以同时建议教育行政部门给予行政处分。

（3）在组织学生参加劳动时违反学校卫生有关规定，致使学生健康受到损害的，由卫生健康主管部门对直接责任单位或者个人给予警告，责令限期改进。

（4）供学生使用的文具、娱乐玩具、保健用品，不符合国家有关卫生标准的，由卫生健康主管部门对直接责任单位或者个人给予警告。情节严重的，可以会同市场监管部门没收其不符合国家有关卫生标准的物品，并予以非法所得两倍以下的罚款。

（5）拒绝或者妨碍学校卫生监督员依照本条例实施卫生监督的，由卫生健康主管部门对直接责任单位或者个人给予警告。情节严重的，可以建议教育行政部门给予行政处分或者处以200元以下的罚款。

◎ 思考题

1. 简述公共场所的概念。
2. 公共场所的卫生管理包括哪些内容？
3. 什么是学校卫生法？
4. 学校卫生管理的主要内容有哪些？

第八章　职业病防治法律制度

职业病防治法律制度的主要目的是为了预防、控制和消除职业病危害，防治职业病，保护劳动者健康及其相关权益，促进经济社会发展。

第一节　职业病防治法概述

一、职业病的概念及范围

（一）职业病的概念及特点

职业病是指企业、事业单位和个体经济组织等用人单位的劳动者在职业活动中，因接触粉尘、放射性物质和其他有毒、有害因素而引起的疾病。职业病的分类和目录由国务院卫生健康主管部门会同国务院安全生产监督管理部门、劳动保障行政部门制定、调整并公布。

广义上讲，凡是由职业危害因素引起的疾病，均称为职业病。但是从立法意义上讲，在具体给以保险待遇上，则要根据疾病对患者的危害程度、国家的经济状况、生产环境和技术条件由国家对职业病的范围加以划定，并提出法定职业病种类，凡属于法定职业病的患者，在治疗和休养期间及在确定为伤残或治疗无效而死亡时，均应按劳动保险有关规定给予劳保待遇。

职业病有以下特点：

（1）病因明确。职业病的病因是指对从事职业活动的劳动者可能导致职业病的各种职业病危害因素，包括职业活动中存在的各种有害的化学、物理、生物因素以及在作业过程中产生的其他职业有害因素。职业病的发生与从事职业活动的劳动者接触的职业病危害的种类、性质、浓度或强度有关。也就是说，某种疾病如果与职业病危害因素无法联系，就不能称为有职业病病变。从另一个角度讲，只要控制和消除职业病病因，职业病就不会发生。

（2）表现多样化。职业病的发病表现多种多样，有急性的，也有慢性的，还有接触职业病危害后经过一段时间缓缓发生的，也有长期潜伏性的。如在吸入氯气、氨气等刺激性气体后，人会立即出现眼泪、畏光、结膜充血、流涕、呛咳等不适，严重者可发生喉头痉挛水肿、化学性肺炎；从事开矿、石英喷砂等接触大量矽尘作业者，经过数年或 10 余年后可发生矽肺；接触过石棉、苯氯乙烯等致癌物质者，往往接触 1~20 年后才显示职业性癌肿。有时，同一种毒物，其中毒表现也有不同，如硫化氢急性中毒可导致电击样猝死，而在低浓度作用时主要出现刺激症状。由于职业病表现多样，涉及的学科比较多，在诊断时应进行综合性分析，以保证诊断的正确性。

(3) 职业病具有联合作用。生产环境中，常有多种毒物同时存在，共存的毒物在体外环境中或在体内均可能产生相互作用，因而影响各个毒物的毒性表现，这类作用成为联合作用。例如，一氧化碳如与氮氧化合物同时存在，则前者毒性增加 1.5 倍，后者毒性增加 3 倍，即出现加强作用。另外，高温与一氧化碳同时存在时，一氧化碳较易引起中毒。一氧化碳与二氧化氮同时存在，其毒性增大。

☞ **知识链接：**

常见接触粉尘的职业及工种

粉尘是我国目前最主要的职业病危害因素，尘肺病也是我国最主要的职业病。可以说，工业生产过程中粉尘是随时随处都存在的，主要的职业及工种是：(1) 金属矿山及非金属矿山开采：是最严重的粉尘危害行业。在金属或非金属矿山接触粉尘最多的工种是凿岩工、放炮工、支柱工、运输工等，在煤矿主要是掘进工、采煤工、搬运工等。(2) 机械制造：制造金属铸件主要接触粉尘的工作包括配砂、混砂、成型以及铸件的打箱、清砂等。(3) 冶炼：金属冶炼中矿石的粉碎、烧结、选矿等，可产生大量的粉尘，冶炼工人广泛分布在钢铁冶炼和其他金属冶炼业中。(4) 建筑材料：耐火材料、玻璃、水泥制造业，石料的开采、加工、粉碎、过筛以及陶瓷中原料的混配、成型、烧炉、出炉和搪瓷工业，主要接触二氧化硅粉尘和硅酸盐粉尘。(5) 筑路业：包括铁道、公路修建中的隧道开凿及铺路。(6) 水电业：水利电力行业中的隧道开凿、地下电站建设。(7) 其他：石碑、石磨加工、制作等。

(二) 职业病的范围

根据劳动和社会保障部 2002 年 4 月发布的《职业病目录》的规定，我国法定职业病现有 10 大类、115 种。包括：尘肺、职业性放射性疾病、职业中毒、物理因素所致职业病、生物因素所致职业病、职业性皮肤病、职业性眼病、职业性耳鼻喉口腔疾病、职业性肿瘤和其他职业病等。由于导致职业病的职业危害，除化学、物理、生物因素外，尚有许多不确定性，加之受我国经济发展水平限制，所以不可能将所有职业危害性疾病都列入法律调整范围。

二、职业病防治法制建设

职业病防治法是调整预防、控制和消除职业病危害，防治职业病，保护劳动者健康及其相关权益的活动中产生的各种社会关系的法律规范的总称。作为职业病防治管理的法律依据，职业病防治法律制度是改善生产环境、保障劳动者健康、消除职业危害的重要保障。

2001 年 10 月 27 日九届全国人大常委会第二十四次会议通过了《中华人民共和国职业病防治法》（以下简称《职业病防治法》），并于 2002 年 5 月 1 日起施行。2011 年 12 月 31 日，十一届全国人大常委会第二十四次会议表决通过了《全国人民代表大会常务委员会关于修订〈中华人民共和国职业病防治法〉的决定》，此次修法进一步明确了相关监管部门的监管职责，将原来规定的“国务院卫生行政部门统一负责全国职业病防治的监督管理工作”修改为“国务院安全生产监督管理部门、卫生行政部门、人力资源社会保障部门依据本法和国务院确定的职责，负责全国职业病防治的监督管理工作”。相关部门依据中央编办发〔2010〕104 号文件规定的职责分工，对相应条款进行了修改。为确保《职业病防治法》的有效实施，原卫生部颁发了与之配套的《国家职业卫生标准管理办法》《职业危害项目申报管理办法》《建设项目职业病危害分类管理办法》《职业健康监护管理办法》《职业病诊断与鉴定管理办法》《职业病危害事故调查处理办法》等部门规章，使职业病防治工作走上了法制化轨道。

三、职业病防治法的适用范围与防治方针

（一）适用范围

《职业病防治法》适用于中华人民共和国领域内的职业病防治活动。本法所涉及的用人单位既包括我国的用人单位，也包括我国领域内的外国人用人单位；劳动者既包括中国人，也包括在中国工作的具有外国国籍的人和无国籍人。

（二）防治方针

我国职业病防治坚持预防为主、防治结合的方针，建立用人单位负责、行政机关监管、行业自律、职工参与和社会监督的机制，实行分类管理、综合治理。预防为主是指要把预防职业病的发生作为根本目的和首要措施，控制各类职业病危害源头。防治结合是指既要预防职业病危害的产生，又要在职业病危害产生后，尽可能降低职业病危害的后果和损失。分类管理是指根据不同的职业病危害的致病性质、严重程度等，采取不同的管理措施。综合治理是指在职业病防治活动中采取一切有效的管理和技术措施，包括立法、行政、经济、科技、民主管理和社会监督等。

为贯彻预防为主、防治结合的方针，国家鼓励研制、开发、推广、应用有利于职业病防治和保护劳动者健康的新技术、新工艺、新材料，加强对职业病的机制和发生规律的基础研究，提高职业病防治科学研究水平；积极采用有效的职业病防治技术、工艺、材料；限制使用或者淘汰职业病危害严重的技术、工艺、材料。

第二节 职业病防护与管理

一、职业病前期预防的法律规定

用人单位应当依照法律、法规要求，严格遵守国家职业卫生标准，落实职业病预防措施，从源头上控制和消除职业病危害。

（一）工作场所的职业卫生要求

产生职业病危害的用人单位的设立，除应当符合法律、行政法规规定的设立条件外，其工作场所还应当符合下列职业卫生要求：①职业病危害的强度或者浓度符合国家卫生标准；②有与职业病危害防护相适应的设施；③生产布局合理，符合有害与无害作业分开原则；④有配套的更衣间、洗浴间、孕妇休息间等卫生设施；⑤设备、工具、用具等设施符合保护劳动者生理、心理健康的要求；⑥法律、行政法规和国务院卫生健康主管部门关于保护劳动者健康的其他要求。

（二）建立职业病危害项目申报制度

用人单位工作场所存在《职业病目录》所列职业病的危害因素的，应当及时、如实向所在地安全生产监督管理部门申报危害项目，接受监督。职业病危害因素分类目录由国务院卫生健康主管部门会同国务院安全生产监督管理部门制定、调整并公布。职业病危害项目申报的具体办法由国务院安全生产监督管理部门制定。

按照《职业病危害项目申报管理办法》第 3 条规定，申报的主要内容是：用人单位的基本情况；工作场所职业病危害因素种类、浓度或强度；产生职业病危害因素的生产技术、工艺和材料；职业病危害防护设施、应急救援设施。

（三）建设项目职业病危害的管理

1. 职业病危害预评价报告

新建、扩建、改建建设项目和技术改造、技术引进项目（以下统称建设项目）可能产生职业病危害的，建设单位在可行性论证阶段，应当向卫生健康主管部门提交职业病危害预评价报告。卫生健康主管部门应当自收到职业病危害预评价报告之日起 30 日内，作出审核决定，并书面通知建设单位。未提交预评价报告或者预评价报告未经卫生健康主管部门审核同意的，有关部门不得批准该建设项目。

职业病危害预评价报告应当对建设项目可能产生的职业病危害因素及其对工作场所和劳动者健康的影响作出评价，确定危害类别和职业病防护措施；建设项目职业病危害分类管理办法，由国务院安全生产监督管理部门制定。

2. 建设项目贯彻“三同时”原则

建设项目的职业病防护设施所需费用应当纳入建设项目工程预算，并与主体工程同时设计，同时施工，同时投入生产和使用。职业病危害严重的建设项目的防护设施设计，应当经卫生健康主管部门进行卫生审查，符合国家职业卫生标准和卫生要求的，方可施工。

3. 建设项目职业病危害控制效果评价

建设项目在竣工验收前，建设单位应当进行职业病危害控制效果评价。建设项目竣工验收时，其职业病防护设施经卫生健康主管部门验收合格后，方可投入正式生产和使用。

职业病危害预评价、职业病危害控制效果评价由依法设立的取得省级以上人民政府卫生健康主管部门资质认证的职业卫生技术服务机构进行。职业卫生技术服务机构所作评价应当客观、真实。

二、劳动过程中防护与管理的法律规定

（一）职业病防治管理措施

用人单位应当采取下列职业病防治管理措施：①设置或者指定职业卫生管理机构或者组织，配备专职或者兼职的职业卫生专业人员，负责本单位的职业病防治工作；②制定职业病防治计划和实施方案；③建立健全职业卫生管理制度和操作规程；④建立健全职业卫生档案和劳动者健康监护档案；⑤建立健全工作场所职业病危害因素监测及评价制度；⑥建立健全职业病危害事故应急救援预案。

（二）职业病防护管理制度

用人单位必须按照法定的要求为劳动者提供相应的职业病防护设施和措施，尽最大可能地保证劳动者的身体健康。

第一，用人单位必须采用有效的职业病防护设施，并为劳动者提供个人使用的职业病防护用品。用人单位为劳动者个人提供的职业病防护用品必须符合防治职业病的要求；不符合要求的，不得使用。

第二，用人单位应当优先采用有利于防治职业病和保护劳动者健康的新技术、新工艺、新材料，逐步替代职业病危害严重的技术、工艺、材料。

第三，产生职业病危害的用人单位，应当在醒目位置设置公告栏，公布有关职业病防治的规章制度、操作规程、职业病危害事故应急救援措施和工作场所职业病危害因素检测结果。对产生严重职业病危害的作业岗位，应当在其醒目位置设置警示标识和中文警示说明。警示说明应当载明产生职业病危害的种类、后果、预防以及应急救治措施等内容。

第四，对可能发生急性职业损伤的有毒、有害工作场所，用人单位应当设置报警装置，配置现场急救用品、冲洗设备、应急撤离通道和必要的泄险区。对放射工作场所和放射性同位素的运输、贮存，用人单位必须配置防护设备和报警装置，保证接触放射线的工作人员佩戴个人剂量计。

除了设置上述设备、提供相关用品之外，对职业病防护设备、应急救援设施和个人使用的职业病防护用品，用人单位应当进行经常性的维护、检修，定期检测其性能和效果，

确保其处于正常状态，不得擅自拆除或者停止使用。

（三）职业病危害因素的日常监测

用人单位应当实施由专人负责的职业病危害因素日常监测，并确保监测系统处于正常运行状态。用人单位应当按照国务院安全生产监督管理部门的规定，定期对工作场所进行职业病危害因素检测、评价。检测、评价结果存入用人单位职业卫生档案，定期向所在地安全生产监督管理部门报告，并向劳动者公布。

职业病危害因素检测、评价由依法设立的取得国务院安全生产监督管理部门或者设区的市级以上地方人民政府安全生产监督管理部门按照职责分工给予资质认可的职业卫生技术服务机构进行。职业卫生技术服务机构所作检测、评价应当客观、真实。

发现工作场所职业病危害因素不符合国家职业卫生标准和卫生要求时，用人单位应当立即采取相应治理措施，仍然达不到国家职业卫生标准和卫生要求的，必须停止存在职业病危害因素的作业；职业病危害因素经治理后，符合国家职业卫生标准和卫生要求后，方可重新作业。

职业卫生技术服务机构依法从事职业病危害因素检测、评价工作，接受安全生产监督管理部门的监督检查。安全生产监督管理部门应当依法履行监督职责。

（四）设备与材料

向用人单位提供可能产生职业病危害的设备的，应当提供中文说明书，并在设备的醒目位置设置警示标识和中文警示说明。警示说明应当载明设备性能、可能产生的职业病危害、安全操作和维护注意事项、职业病防护以及应急救治措施等内容。

向用人单位提供可能产生职业病危害的化学品、放射性同位素和含有放射性物质的材料的，应当提供中文说明书。说明书应当载明产品特性、主要成分、存在的有害因素、可能产生的危害后果、安全使用注意事项、职业病防护以及应急救治措施等内容。产品包装应当有醒目的警示标识和中文警示说明。贮存上述材料的场所应当在规定的部位设置危险物品标识或者放射性警示标识。

国内首次使用或者首次进口与职业病危害有关的化学材料，使用单位或者进口单位按照国家规定经国务院有关部门批准后，应当向国务院卫生健康主管部门报送该化学材料的毒性鉴定以及经有关部门登记注册或者批准进口的文件等资料。

任何单位和个人不得生产、经营、进口和使用国家明令禁止使用的可能产生职业病危害的设备或者材料；任何单位和个人不得将产生职业病危害的作业转移给不具备职业病防护条件的单位和个人。不具备职业病防护条件的单位和个人不得接受产生职业病危害的作业。

用人单位对采用的技术、工艺、材料，应当知悉其产生的职业病危害，对有职业病危害的技术、工艺、材料，隐瞒其危害而采用的，对所造成的职业病危害后果承担责任。

☞ **案例：**

下煤窑13年患上了尘肺病

2011年2月初，已下煤窑挖了13年煤的湖南浏阳人刘某，因头晕、胸闷、无力等症状赶到市人民医院诊治。记者和刘某取得电话联系时，他已接受人民医院医生的建议，专程赶至长沙市疾控中心，结果被确诊为一级尘肺病。

“我的工作主要是挖煤，工作的时候灰很大，沿途什么都看不见的。”今年43岁的刘某是南区人，他说，“30岁以后，儿子上学的开销越来越大，我每天都去挖煤。清晨6点出工，一直忙到下午6点出井，一天在煤尘里至少要呆12个小时，一年都难得请几天假。”在他从业之初，采煤行业并没有得到有效管理，为了多赚钱，他经常会去私人煤窑下井，然而，这些煤窑都很不规范，“不像现在，下井都戴专业口罩，那时候根本就没有什么保护措施。”

从去年下半年开始，刘某就时常感到胸前下方偶有刺痛、胸闷、呼吸困难，经长沙市疾控中心检查，其肺内有粉尘存在，并有小面积发炎，他说：“这两个月打了很多吊针，吃了很多药，刺痛感已经消失了，但粉尘还没有去除，可能会要洗一次肺。”

思考与讨论：

（1）如果你是刘某，你会如何维权？

（2）为预防或减少职业病的发生，用人单位应承担哪些义务？

（五）劳动者健康管理

用人单位必须按照法律的规定对劳动者进行必要的健康管理，主要体现在以下四方面：

1. 劳动合同

用人单位与劳动者订立劳动合同时，应当将工作过程中可能产生的职业病危害及其后果、职业病防护措施和待遇等如实告知劳动者，并在劳动合同中写明，不得隐瞒或者欺骗。劳动者在已订立劳动合同期间因工作岗位或者工作内容变更，从事与所订立劳动合同中未告知的存在职业病危害的作业时，用人单位应当依照上述规定，向劳动者履行如实告知的义务，并协商变更原劳动合同相关条款。用人单位违反以上规定的，劳动者有权拒绝从事存在职业病危害的作业，用人单位不得因此解除或者终止劳动合同。

2. 职业卫生培训

用人单位的负责人应当接受职业卫生培训，遵守职业病防治法律、法规，依法组织本单位的职业病防治工作。

用人单位应当对劳动者进行上岗前的职业卫生培训和在岗期间的定期职业卫生培训，普及职业卫生知识，督促劳动者遵守职业病防治法律、法规、规章和操作规程，指导劳动者正确使用职业病防护设备和个人使用的职业病防护用品。

劳动者应当学习和掌握相关的职业卫生知识，遵守职业病防治法律、法规、规章和操作规程，正确使用、维护职业病防护设备和个人使用的职业病防护用品，发现职业病危害事故隐患，应当及时报告。

劳动者不履行上述规定义务的，用人单位应当对其进行教育。

☞ **知识链接：**

防尘口罩的三个常识性错误

（1）纱布口罩可以防尘，且佩戴舒适。防尘口罩属于特种劳动防护用品，国家对其质量有专门的标准。早在2000年，原国家经贸委就明文规定，纱布口罩不得作为防尘口罩使用，因为对危害人体最大的五微米以下的粉尘，其阻尘效率只有百分之十左右，未能起到防止粉尘危害的作用。

（2）无纺布防尘口罩可以清洗后再用，以节约成本。常见的防尘口罩的过滤材料都为熔喷无纺布材料，通常称为PP熔喷布，是一种超细静电纤维布，可以捕捉粉尘。粉尘被超细静电纤维布捕捉后，极不易因清洗而脱离，且水洗亦会破坏静电的吸附力。无纺布口罩是一次性的，清洗无效。

（3）戴了防尘口罩就不会得尘肺。首先，防尘口罩都有一定的过滤容积，超过了其过滤能力，就不能防尘了。因此，对粉尘浓度高的场所，应该先进行工程改造，治理粉尘，将粉尘浓度降到可容许的浓度以下，再考虑选择戴防尘口罩。其次，防尘口罩没有正确佩戴，或不坚持佩戴，或更换不及时，也不能防尘。

3. 职业健康监护

对从事接触职业病危害的作业的劳动者，用人单位应当按照国务院卫生健康主管部门的规定，组织上岗前、在岗期间和离岗时的职业健康检查，并将检查结果如实告知劳动者。职业健康检查费用由用人单位承担。

用人单位不得安排未经上岗前职业健康检查的劳动者从事接触职业病危害的作业；不得安排有职业禁忌的劳动者从事其所禁忌的作业；对在职业健康检查中发现有与所从事的职业相关的健康损害的劳动者，应当调离原工作岗位，并妥善安置；对未进行离岗前职业健康检查的劳动者，不得解除或者终止与其订立的劳动合同。职业健康检查应当由省级以上人民政府卫生健康主管部门批准的医疗卫生机构承担。

用人单位应当为劳动者建立职业健康监护档案，并按照规定的期限妥善保存。职业健康监护档案应当包括劳动者的职业史、职业病危害接触史、职业健康检查结果和职业病诊疗等有关个人健康资料。劳动者离开用人单位时，有权索取本人职业健康监护档案复印件，用人单位应当如实、无偿提供，并在所提供的复印件上签章。

4. 劳动者的职业卫生保护权利

劳动者的职业卫生保护权利主要有：①获得职业卫生教育、培训；②获得职业健康检查、职业病诊疗、康复等职业病防治服务；③了解工作场所产生或者可能产生的职业病危害因素、危害后果和应当采取的职业病防护措施；④要求用人单位提供符合防治职业病要求的职业病防护设施和个人使用的职业病防护用品，改善工作条件；⑤对违反职业病防治法律、法规以及危及生命健康的行为提出批评、检举和控告；⑥拒绝违章指挥和强令进行没有职业病防护措施的作业；⑦参与用人单位职业卫生工作的民主管理，对职业病防治工作提出意见和建议。

因劳动者依法行使正当权利而降低其工资、福利等待遇或者解除、终止与其订立的劳动合同的，其行为无效。另外，用人单位不得安排未成年工从事接触职业病危害的作业；不得安排孕期、哺乳期的女职工从事对本人和胎儿、婴儿有危害的作业。

（六）职业病危害事故应急处理

发生或者可能发生急性职业病危害事故时，用人单位应立即采取应急救援和控制措施，并及时报告所在地卫生健康主管部门和有关部门。卫生健康主管部门接到报告后，应当及时会同有关部门组织调查处理；必要时，可以采取临时控制措施。

对遭受或者可能遭受急性职业病危害的劳动者，用人单位应当及时组织救治，进行健康检查和医学观察，所需费用由用人单位承担。

1. 职业病危害事故分类

按一次职业病危害事故所造成的危害严重程度，职业病危害事故分为三类：①一般事故：发生急性职业病 10 人以下的；②重大事故：发生急性职业病 10 人以上 50 人以下或者死亡 5 人以下的，或者发生职业性炭疽 5 人以下的；③特大事故：发生急性职业病 50 人以上或者死亡 5 人以上，或者发生职业性炭疽 5 人以上的。

2. 事故的报告

发生职业病危害事故时，用人单位应当立即向所在地县级卫生健康主管部门和有关部门报告。县级卫生健康主管部门接到职业病危害事故报告后，应当实施紧急报告。对特大和重大事故，应当立即向同级人民政府、省级卫生健康主管部门和国家卫生健康委员会报告；对一般事故，应当于 6 小时内向同级人民政府和上级卫生健康主管部门报告。接收遭受急性职业病危害劳动者的首诊医疗卫生机构，应当及时向所在地县级卫生健康主管部门报告。职业病危害事故发生的情况，由省级以上卫生健康主管部门统一对外公布。任何单位和个人不得以任何借口对职业病事故瞒报、虚报、漏报和迟报。

3. 事故处理

卫生健康主管部门根据事故调查组提出的事故处理意见，决定和实施对发生事故的用人单位的行政处罚，并责令用人单位及主管部门负责落实有关改进措施意见。

（1）对用人单位要求：发生职业病危害事故时，用人单位应当根据情况立即采取以下措施：停止导致职业病危害事故的作业，控制事故现场，防止事态扩大，把事故危害降到最低程度；疏通应急撤离通道，撤离作业人员，组织泄险；保护事故现场，保留导致职业病危害事故的材料、设备和工具等；对遭受或可能遭受急性职业病危害的劳动者，及时组织救治、进行健康检查和医学观察；按规定进行事故报告；配合卫生健康主管部门进行调查，按照卫生健康主管部门的要求，如实提供事故发生情况、有关材料和样品。

（2）对卫生健康主管部门要求：卫生健康主管部门接到职业病危害事故报告后，根据情况可采取以下措施：责令暂停导致职业病危害事故的作业；组织控制职业病危害事故现场；封存造成职业病危害事故的材料、设备和工具等；组织医疗卫生机构救治遭受或可能遭受急性职业病危害的劳动者。职业病危害事故处理工作应当按照有关规定在 90 日内结束，特殊情况不得超过 180 日。事故处理结案后，应当公布处理结果。

三、职业病防治监督检查的法律规定

（一）职业病监督检查机构及其职责

国务院安全生产监督管理部门、卫生健康主管部门、劳动保障行政部门依照《职业病防治法》和国务院确定的职责，负责全国职业病防治的监督管理工作。国务院有关部门在各自的职责范围内，负责职业病防治的有关监督管理工作。县级以上地方人民政府安全生产监督管理部门、卫生健康主管部门、劳动保障行政部门（以下统称职业卫生监督管理部门）依据各自职责，负责本行政区域内职业病防治的监督管理工作。职业卫生监督管理部门应当加强沟通，密切配合，按照各自职责分工，依法行使职权，承担责任。

安全生产监督管理部门履行监督检查职责时，有权采取下列措施：①进入被检查单位和职业病危害现场，了解情况，调查取证；②查阅或者复制与违反职业病防治法律、法规的行为有关的资料和采集样品；③责令违反职业病防治法律、法规的单位和个人停止违法行为。

发生职业病危害事故或者有证据证明危害状态可能导致职业病危害事故发生时，安全生产监督管理部门可以采取下列临时控制措施：①责令暂停导致职业病危害事故的作业；②封存造成职业病危害事故或者可能导致职业病危害事故发生的材料和设备；③组织控制职业病危害事故现场。

（二）职业病卫生监督执法人员职责

职业卫生监督执法人员依法执行职务时，应当出示监督执法证件。职业卫生监督执法人员应当忠于职守，秉公执法，严格遵守执法规范；涉及用人单位的秘密的，应当为其保密。

职业卫生监督执法人员依法执行职务时，被检查单位应当接受检查，并予以支持配合，不得拒绝和阻碍。

卫生健康主管部门及其职业卫生监督执法人员履行职责时，不得有下列行为：①对不符合法定条件的，发给建设项目有关证明文件、资质证明文件或者予以批准；②对已经取得有关证明文件的，不履行监督检查职责；③发现用人单位存在职业病危害的，可能造成职业病危害事故，不及时依法采取控制措施；④其他违反职业病防治法的行为。

职业卫生监督执法人员应当依法经过资格认定。

第三节　职业病诊断与职业病病人保障

一、职业病诊断法律规定

（一）职业病诊断机构

职业病的诊断与治疗应按照《职业病防治法》及其配套规章、职业病诊断标准进行。职业病诊断治疗机构应具备法律效力，必须由省级以上人民政府卫生健康主管部门批准的医疗卫生机构承担。省、自治区、直辖市人民政府卫生健康主管部门应当向社会公布本行政区域内承担职业病诊断的医疗卫生机构的名单。

承担职业病诊断的医疗卫生机构应当具备以下条件：①持有《医疗机构执业许可证》；②具有与开展职业病诊断相适应的医疗卫生技术人员；③具有与开展职业病诊断相适应的仪器、设备；④具有健全的职业病诊断质量管理制度。

承担职业病诊断的医疗卫生机构不得拒绝劳动者进行职业病诊断的要求。劳动者可以在用人单位所在地、本人户籍所在地或者经常居住地依法承担职业病诊断的医疗卫生机构进行职业病诊断。

（二）职业病诊断

1. 职业病诊断标准

职业病诊断标准和职业病诊断、鉴定办法由国务院卫生健康主管部门制定。职业病伤残等级的鉴定办法由国务院劳动保障行政部门会同国务院卫生健康主管部门制定。职业病诊断应当综合分析下列因素：①病人的职业史；②职业病危害接触史和现场危害调查与评价；③临床表现以及辅助检查结果等。没有证据否定职业病危害因素与病人临床表现之间的必然联系的，应当诊断为职业病。

2. 职业病诊断程序

承担职业病诊断的医疗卫生机构在进行职业病诊断时，应当组织 3 名以上取得职业病诊断资格的执业医师集体诊断。对诊断有分歧的，一般按照多数人的意见诊断，对不同意见应当如实记录。做出诊断后，应当向当事人出具职业病诊断证明书。诊断证明书应当明确是否患有职业病，对患有职业病的，还应当载明所患职业病的名称、程度、处理意见和复查时间。诊断证明书应当由参与诊断的医师共同签署，并经承担职业病诊断的医疗卫生机构审核盖章。

☞ **案例：**

特殊岗位保护不力得职业病

28 岁的小吴在一家电子制造企业打工，他负责喷涂一种金属材料，每天在车间工作十几个小时。2007 年 7 月，小吴出现了严重的咳嗽、气喘，并伴有持续性的发烧。随即在当地住院进行治疗。CT 检查发现，小吴的肺部全是白色的粉尘颗粒。医生取小吴肺部组织活检寻找病因，发现在患者的肺泡里有像牛奶一样的乳白色液体。医生将从患者肺部找到的白色粉尘颗粒送到南京大学的实验室进行分析检测，检测报告显示，主要成分除了氧化硅和氧化铝外，还有一种重金属元素——铟。铟是一种稀有金属，是制作液晶显示器和发光二极管的原料，毒性比铅还强。

专家表示，这是一种新型的职业病，在医学界还不为人所知，所以才导致患者迟迟没有检测出病因。目前国外一些知名品牌的 LED 液晶显示器都到国内来生产，企业应该引以为戒，加强对员工的保护。

思考与讨论：

该案例给职业病防治什么启示？

（三）职业病的报告

用人单位和医疗卫生机构发现职业病病人或者疑似职业病病人时，应当及时向所在地卫生健康主管部门和安全生产监督管理部门报告。确诊为职业病的，用人单位还应当向所在地劳动保障行政部门报告。接到报告的部门应当依法作出处理。县级以上地方人民政府卫生健康主管部门负责本行政区域内的职业病统计报告的管理工作，并按照规定上报。

（四）职业病诊断争议鉴定

1. 当事人申请鉴定

当事人对职业病诊断有异议的，在接到职业病诊断证明书之日起 30 日内，可以向作出诊断的医疗卫生机构所在地设区的市人民政府卫生健康主管部门申请鉴定。职业病诊断争议由设区的市级以上地方人民政府卫生健康主管部门根据当事人的申请，组织职业病诊断鉴定委员会进行鉴定。当事人对设区的市级职业病诊断鉴定委员会的鉴定结论不服的，可以向省、自治区、直辖市人民政府卫生健康主管部门申请再鉴定。

2. 鉴定委员会专家组成

省、自治区、直辖市人民政府卫生健康主管部门应当设立相关的专家库，需要对职业病争议作出诊断鉴定时，由当事人或者当事人委托有关卫生健康主管部门从专家库中以随机抽取的方式确定参加诊断鉴定委员会的专家。

职业病诊断鉴定委员会应当按照国务院卫生健康主管部门颁布的职业病诊断标准和职业病诊断、鉴定办法进行职业病诊断鉴定，向当事人出具职业病诊断鉴定书。职业病诊断鉴定费用由用人单位承担。

职业病诊断鉴定委员会组成人员应当遵守职业道德，客观、公正地进行诊断鉴定，并承担相应的责任。职业病诊断鉴定委员会组成人员不得私下接触当事人，不得收受当事人的财物或者其他好处，与当事人有利害关系的，应当回避。

人民法院受理有关案件，需要进行职业病鉴定时，应当从省、自治区、直辖市人民政府卫生健康主管部门依法设立的相关的专家库中选取参加鉴定的专家。

3. 职业病现场调查

用人单位应当如实提供职业病诊断、鉴定所需的劳动者职业史和职业病危害接触史、工作场所职业病危害因素检测结果等资料；安全生产监督管理部门应当监督检查和督促用人单位提供上述资料；劳动者和有关机构也应当提供与职业病诊断、鉴定有关的资料。职业病诊断、鉴定机构需要了解工作场所职业病危害因素情况时，可以对工作场所进行现场调查，也可以向安全生产监督管理部门提出，安全生产监督管理部门应当在10日内组织现场调查，用人单位不得拒绝、阻挠。

4. 诊断和鉴定结论

职业病诊断、鉴定过程中，用人单位不提供工作场所职业病危害因素检测结果等资料的，诊断、鉴定机构应当结合劳动者的临床表现、辅助检查结果和劳动者的职业史、职业病危害接触史，并参考劳动者的自述、安全生产监督管理部门提供的日常监督检查信息等，作出职业病诊断、鉴定结论。

二、职业病病人的待遇与保障机制

（一）职业病病人待遇

职业病病人待遇是指劳动者罹患职业病后依法享有医疗、职业康复、工作、工资及物质福利等方面的权利。凡被确诊有职业病的病人，享受国家规定的职业病待遇。根据《职业病防治法》和《使用有毒物品服务业场所劳动保护条例》和劳动部《企业职工工伤保险试行办法》等规定，职业病病人的诊疗、康复费用、伤残以及丧失劳动能力的职业病病人的社会保障，按照国家有关工伤社会保险的规定执行。职业病病人待遇的内容主要有：工伤医疗待遇、伤残待遇、因工死亡待遇、职业康复待遇以及其他工伤保险待遇。

职业病病人除依法享有工伤社会保险外，依照有关民事法律，尚未获得赔偿权利的，有权向用人单位提出赔偿要求。职业病危害的民事赔偿，按照《职业病防治法》的规定，适用民法有关特殊侵权行为造成人身损害的民事赔偿责任。职业病危害的民事赔偿项目和标准，按照最高人民法院解释和各省、自治区、直辖市高级人民法院具体规定计算。

（二）职业病病人保障机制

1. 工伤保险

工伤保险是指国家通过社会统筹和建立工伤保险基金，对因工伤、职业病造成损害劳动能力、死亡的劳动者及其遗属提供必要的物质补偿和对其劳动者提供医疗救治、职业康复等服务的一种社会保险制度。《职业病防治法》规定，用人单位必须依法参加工伤社会保险，国务院和县级以上地方人民政府劳动保障行政部门应当加强对工伤社会保险的监督管理。确保劳动者依法享受工伤社会保险待遇。

2. 用人单位责任

用人单位应当保障职业病病人依法享受国家规定的职业病待遇。用人单位应当按照国家有关规定，安排职业病病人进行治疗、康复和定期检查。用人单位对不适宜继续从事原工作的职业病病人，应当调离原岗位，并妥善安置。用人单位对从事接触职业病危害的作业的劳动者，应当给予适当岗位津贴。

3. 社会救济

社会救济是指国家和社会对因各种原因无法维持最低生活保障水平的公民给予无偿救助的一种社会保障制度。职业病病人是曾在创造社会财富时付出了沉重的健康代价的劳动者，对他们的社会救济属于整个社会救济的一部分。对职业病病人的社会救济，不影响职业病病人预防对造成其职业病的原用人单位的追偿权利。

（三）职业病病人工作变动的待遇保障

劳动者被确诊患有职业病，用人单位根据职业病诊断医疗卫生机构的意见，安排其医治和康复疗养后被确认为不宜继续从事原有害作业的，应当调离原岗位，并妥善安置。

职业病病人变动工作单位，其依法享有的待遇不变。造成劳动者职业病的责任单位明确的，由责任单位承担；最后的用人单位有证据证明该职业病是先前用人单位的职业病危害造成的，由先前的用人单位承担；用人单位发生分立、合并、解散、破产等情形的，应当对从事接触职业病危害作业的劳动者进行健康检查，并按照国家有关规定妥善安置职业病病人。

（四）疑似职业病病人的权益保障

职业病诊断委员会根据职业病危害因素和病人的临床表现及检查结果，在一定时间内对职业病既不能确诊，又不能排除，而需要进一步检查和医学视察的，称为疑似职业病。医疗卫生机构发现疑似职业病病人时，应当告知劳动者本人，并及时通知用人单位。用人单位应当及时安排对疑似职业病病人进行诊断；在疑似职业病病人诊断或者医学观察期间，不得解除或者终止与其订立的劳动合同。疑似职业病病人在诊断、医学观察期间的费用，由用人单位承担。除享有作为劳动者同时作为病人的一般权益外，还享有《职业病防治法》规定的合法权益，主要是：知情权、合理诊疗权利、保留工作及其待遇的权利、申请诊断鉴定的权利、提起劳动争议仲裁权以及民事诉讼赔偿权利。

用人单位已经不存在或者无法确认劳动关系的职业病病人，可以向地方人民政府民政部门申请医疗救助和生活等方面的救助。

地方各级人民政府应当根据本地区的实际情况，采取其他措施，使前款规定的职业病病人获得医疗救治。

第四节　违反职业病防治法的法律责任

一、行政责任

（一）建设单位

建设单位有下列行为之一的，由安全生产监督管理部门给予警告，责令限期改正；逾期不改正的，处10万元以上50万元以下的罚款；情节严重的，责令停止产生职业病危害的作业，或者提请有关人民政府按照国务院规定的权限责令停建、关闭：①未按照规定进行职业病危害预评价或者未提交职业病危害预评价报告，或者职业病危害预评价报告未经安全生产监督管理部门审核同意，开工建设的；②建设项目的职业病防护设施未按照规定与主体工程同时投入生产和使用的；③职业病危害严重的建设项目，其职业病防护设施设计未经安全生产监督管理部门审查，或者不符合国家职业卫生标准和卫生要求施工的；④未按照规定对职业病防护设施进行职业病危害控制效果评价、未经安全生产监督管理部门验收或者验收不合格，擅自投入使用的。

（二）用人单位

用人单位有下列行为之一的，由安全生产监督管理部门给予警告，责令限期改正；逾期不改正的，处10万元以下的罚款：①工作场所职业病危害因素检测、评价结果没有存档、上报、公布的；②未采取《职业病防治法》第21条规定的职业病防治管理措施的；③未按照规定公布有关职业病防治的规章制度、操作规程、职业病危害事故应急救援措施的；④未按照规定组织劳动者进行职业卫生培训，或者未对劳动者个人职业病防护采取指导、督促措施的；⑤国内首次使用或者首次进口与职业病危害有关的化学材料，未按照规定报送毒性鉴定资料以及经有关部门登记注册或者批准进口的文件的。

用人单位有下列行为之一的，由安全生产监督管理部门责令限期改正，给予警告，可以并处5万元以上10万元以下的罚款：①未按照规定及时、如实向安全生产监督管理部门申报产生职业病危害的项目的；②未实施由专人负责的职业病危害因素日常监测，或者监测系统不能正常监测的；③订立或者变更劳动合同时，未告知劳动者职业病危害真实情况的；④未按照规定组织职业健康检查、建立职业健康监护档案，或者未将检查结果书面告知劳动者的；⑤未依照《职业病防治法》规定，在劳动者离开用人单位时提供职业健康监护档案复印件的。

用人单位有下列行为之一的，由安全生产监督管理部门给予警告，责令限期改正，逾期不改正的，处5万元以上20万元以下的罚款；情节严重的，责令停止产生职业病危害的作业，或者提请有关人民政府按照国务院规定的权限责令关闭：①工作场所职业病危害因素的强度或者浓度超过国家职业卫生标准的；②未提供职业病防护设施和个人使用的职业病防护用品，或者提供的职业病防护设施和个人使用的职业病防护用品不符合国家职业卫生标准和卫生要求的；③对职业病防护设备、应急救援设施和个人使用的职业病防护用品未按照规定进行维护、检修、检测，或者不能保持正常运行、使用状态的；④未按照规定对工作场所职业病危害因素进行检测、评价的；⑤工作场所职业病危害因素经治理仍然达不到国家职业卫生标准和卫生要求时，未停止存在职业病危害因素的作业的；⑥未按照规定安排职业病病人、疑似职业病病人进行诊治的；⑦发生或者可能发生急性职业病危害事故时，未立即采取应急救援和控制措施或者未按照规定及时报告的；⑧未按照规定在产生严重职业病危害的作业岗位醒目位置设置警示标识和中文警示说明的；⑨拒绝职业卫生监督管理部门监督检查的；⑩隐瞒、伪造、篡改、毁损职业健康监护档案、工作场所职业病危害因素检测评价结果等相关资料，或者拒不提供职业病诊断、鉴定所需资料的；⑪未按照规定承担职业病诊断、鉴定费用和职业病病人的医疗、生活保障费用的。

用人单位有下列情形之一的，由安全生产监督管理部门责令限期治理，并处 5 万元以上 30 万元以下的罚款；情节严重的，责令停止产生职业病危害的作业，或者提请有关人民政府按照国务院规定的权限责令关闭：①隐瞒技术、工艺、设备、材料所产生的职业病危害而采用的；②隐瞒本单位职业卫生真实情况的；③可能发生急性职业损伤的有毒、有害工作场所、放射工作场所或者放射性同位素的运输、贮存不符合《职业病防治法》第 26 条规定的；④使用国家明令禁止使用的可能产生职业病危害的设备或者材料的；⑤将产生职业病危害的作业转移给没有职业病防护条件的单位和个人，或者没有职业病防护条件的单位和个人接受产生职业病危害的作业的；⑥擅自拆除、停止使用职业病防护设备或者应急救援设施的；⑦安排未经职业健康检查的劳动者、有职业禁忌的劳动者、未成年工或者孕期、哺乳期女职工从事接触职业病危害的作业或者禁忌作业的；⑧违章指挥和强令劳动者进行没有职业病防护措施的作业的。

用人单位违反《职业病防治法》规定，已经对劳动者生命健康造成严重损害的，由安全生产监督管理部门责令停止产生职业病危害的作业，或者提请有关人民政府按照国务院规定的权限责令关闭，并处 10 万元以上 50 万元以下的罚款。

（三）生产经营商

向用人单位提供可能产生职业病危害的设备、材料，未按照规定提供中文说明书或者设置警示标识和中文警示说明的，由安全生产监督管理部门责令限期改正，给予警告，并处 5 万元以上 20 万元以下的罚款。

生产、经营或者进口国家明令禁止使用的可能产生职业病危害的设备或者材料的，依照有关法律、行政法规的规定给予处罚。

（四）职业卫生技术服务机构

未取得职业卫生技术服务资质认可擅自从事职业卫生技术服务的，或者医疗卫生机构未经批准擅自从事职业健康检查、职业病诊断的，由安全生产监督管理部门和卫生健康主管部门依据职责分工责令立即停止违法行为，没收违法所得；违法所得 5000 元以上的，并处违法所得 2 倍以上 10 倍以下的罚款；没有违法所得或者违法所得不足 5000 元的，并处 5000 元以上 5 万元以下的罚款；情节严重的，对直接负责的主管人员和其他直接责任人员，依法给予降级、撤职或者开除的处分。

（五）医疗机构

从事职业卫生技术服务的机构和承担职业健康检查、职业病诊断的医疗卫生机构违反《职业病防治法》规定，有下列行为之一的，由安全生产监督管理部门和卫生健康主管部门依据职责分工责令立即停止违法行为，给予警告，没收违法所得；违法所得 5000 元以上的，并处违法所得 2 倍以上 5 倍以下的罚款；没有违法所得或者违法所得不足 5000 元的，并处 5000 元以上 2 万元以下的罚款；情节严重的，由原认可或者批准机关取消其相应的资格；对直接负责的主管人员和其他直接责任人员，依法给予降级、撤职或者开除的处分；构成犯罪的，依法追究刑事责任：①超出资质认可或者批准范围从事职业卫生技术服务或者职业健康检查、职业病诊断的；②不按照本法规定履行法定职责的；③出具虚假证明文件的。

用人单位和医疗卫生机构未按照规定报告职业病、疑似职业病的，由有关主管部门依据职责分工责令限期改正，给予警告，可以并处 1 万元以下的罚款；弄虚作假的，并处 2 万元以上 5 万元以下的罚款；对直接负责的主管人员和其他直接责任人员，可以依法给予降级或者撤职的处分。

（六）职业病诊断鉴定委员会组成人员

职业病诊断鉴定委员会组成人员收受职业病诊断争议当事人的财物或者其他好处的，给予警告，没收收受的财物，可以并处 3000 元以上 5 万元以下的罚款，取消其担任职业病诊断鉴定委员会组成人员的资格，并从省、自治区、直辖市人民政府卫生健康主管部门设立的专家库中予以除名。

（七）卫生健康主管部门及职业卫生监督执法人员

卫生健康主管部门、安全生产监督管理部门不按照规定报告职业病和职业病危害事故的，由上一级行政部门责令改正，通报批评，给予警告；虚报、瞒报的，对单位负责人、直接负责的主管人员和其他直接责任人员，依法给予降级、撤职或者开除的处分。

有关部门擅自批准建设项目或者发放施工许可的，对该部门直接负责的主管人员和其他直接责任人员，由监察机关或者上级机关依法给予记过直至开除的处分。

县级以上人民政府职业卫生监督管理部门不履行本法规定的职责，滥用职权、玩忽职守、徇私舞弊的，依法对直接负责的主管人员和其他直接责任人员给予记大过或者降级的处分；造成职业病危害事故或者其他严重后果的，依法给予撤职或者开除的处分。

二、刑事责任

用人单位违反《职业病防治法》规定，造成重大职业病危害事故或者其他严重后果，构成犯罪的，对直接负责的主管人员和其他直接责任人员，依法追究刑事责任。

从事职业卫生技术服务的机构和承担职业健康检查、职业病诊断的医疗卫生机构，有下列行为之一的，构成犯罪的，对直接负责的主管人员和其他直接责任人员，依法追究刑事责任：①超出资质认可或者批准范围从事职业卫生技术服务或者职业健康检查、职业病诊断的；②不按照本法规定履行法定职责的；③出具虚假证明文件的。

卫生健康主管部门及其职业卫生监督执法人员有下列行为之一，导致职业病危害事故发生，构成犯罪的，依法追究刑事责任：①对不符合法定条件的，发给建设项目有关证明文件、资质证明文件或者予以批准；②对已经取得有关证明文件的，不履行监督检查职责；③发现用人单位存在职业病危害的，可能造成职业病危害事故，不及时依法采取控制措施；④其他违反《职业病防治法》的行为。

三、民事责任

职业病病人依照有关民事法律，尚有获得赔偿的权利的，有权向用人单位提出赔偿要求。

◎ 思考题

1. 什么是职业病？我国职业病防治的方针是什么？
2. 简述职业病防治法的适用范围。
3. 职业病卫生监督执法人员有哪些职责？
4. 职业病病人的待遇和保障机制有哪些规定？
5. 用人单位在职业病防治方面有哪些义务？

第九章　精神卫生法律制度

随着我国经济的高速发展和社会压力的加剧，患有精神疾病的状况愈发严峻。精神科医师的奇缺、精神病学领域的继续教育和科研项目的匮乏、精神疾病治疗的长期性，使我国精神疾病的防治工程还有相当长的路要走。面对这种严峻的形势，《精神卫生法》的问世，必将为这一弱势群体提供人道主义关怀和法律保障。

第一节　精神卫生法律概述

一、精神卫生与精神疾病

（一）精神卫生

精神卫生，又称心理卫生，是和躯体卫生既相对立又平行的概念。

精神卫生有广义和狭义两种含义。广义的精神卫生是指一切维护和增进人体精神健康水平的各种个人和社会活动的总和。既包括防治各类精神疾病，减少其发病率和复发率，减少和预防其他各类不良精神疾病的发生；也包括培养健康人格、增强对各种不良刺激的应激能力，为健康人群提供卫生保健服务，保持并不断提高精神健康水平的活动。狭义的精神卫生是指对精神疾病患者进行广泛的防治，积极地采取对策，改善他们的处境和待遇，促进其康复，减少复发率；同时为患者以及他人的安全实行必要的监护，对社会进行有关知识宣传，去除偏见，采取同情的态度，以及培训专业人员，推动社会保健工作。

本书所涉及的主要是狭义的精神卫生，有时也从广义上来理解。

（二）精神疾病

精神疾病是以人的精神活动障碍为主要表现的一类疾病。精神活动主要指认识、情感和意志活动，在发生精神疾病时出现轻重程度不同的各种精神活动异常表现，可以归纳为感觉、知觉、记忆、思维、情感、意志障碍。这些不同的精神活动障碍统称为精神症状。

精神疾病正成为一种严重威胁人类健康的疾病。据世界卫生组织 2001 年世界卫生报告披露，目前全世界约有 4.5 亿各类精神和脑部疾病患者，全世界 10 个主要致残病因中有 5 个属于精神疾病，即严重抑郁症、精神分裂症、双相情感障碍、酒精依赖和强迫性障碍。抑郁症、神经症、酗酒、药物依赖、自杀发生率在全世界均呈上升趋势，老年精神障碍的比例也在增高。抑郁症已成为世界第四大疾患，到 2020 年时可能成为仅次于心脏病的第二大疾病。精神卫生问题已引起世界范围的高度重视。世界卫生组织从 1992 年起把每年的 10 月 10 日定为“世界精神卫生日”。

需要特别指出的是：我国在法律上明确使用的是“精神障碍”，而非“精神疾病”。所谓精神障碍，是指由各种原因引起的感知、情感和思维等精神活动的紊乱或者异常，导致患者明显的心理痛苦或者社会适应等功能损害。如果疾病症状严重，导致患者社会适应等功能严重损害、对自身健康状况或者客观现实不能完整认识，或者不能处理自身事务，就是严重精神障碍。

综上所述，从一般意义上来说，精神疾病与精神障碍本质上是一样的；事实上，人们也经常混合起来使用这两个概念。

二、精神卫生立法的目的和调整对象

（一）精神卫生立法的目的

《精神卫生法》是调整保护精神疾病患者的医疗、康复、就业、婚姻等合法权益，维护精神卫生机构正常工作秩序和社会安定活动中产生的各种社会关系的法律规范的总称。精神卫生立法是指享有国家立法权的国家机关依法制定有关部门精神卫生的法律、法规和其他规范性文件的活动。

《精神卫生法》第 1 条明确规定：为了发展精神卫生事业，规范精神卫生服务，维护精神障碍患者的合法权益，制定本法。显然，国家通过立法的形式以保护精神疾病患者得到及时发现、收容、治疗、预防和维护他们的合法权益，并对精神疾病患者进行司法鉴定和民事能力鉴定，以及对精神卫生行政管理机构等加以规范，从而维护社会的秩序和安定。

（二）《精神卫生法》的调整对象

法律就是以各种社会关系作为自己的调整对象的。《精神卫生法》明文规定：在中华人民共和国境内开展维护和增进公民心理健康、预防和治疗精神障碍、促进精神障碍患者康复的活动，适用本法。显然，《精神卫生法》调整对象就是在开展维护和增进公民心理健康、预防和治疗精神障碍、促进精神障碍患者康复的活动中产生的各种社会关系。

（三）精神卫生工作方针和原则

《精神卫生法》第 3 条指出：精神卫生工作实行预防为主的方针，坚持预防、治疗和康复相结合的原则。

（四）我国精神卫生立法进程

为加强对精神疾病患者的管理以及为司法机关正确处理案件、保护精神疾病患者的合法权益，我国自 1980 年以来，在《刑法》《刑事诉讼法》《民法通则》《民事诉讼法》《治安管理处罚条例》《残疾人保障法》《精神药品管理规定》《精神疾病司法鉴定暂行规定》等20多部法律法规中均涉及精神疾病患者管理、精神卫生的内容。如1980年颁布的《刑法》中有对精神病患者在不能辨认或不能控制自己行为的时候造成危害结果免除刑事责任的规定；在1982年试行的《民事诉讼法》和1987年施行的《民法通则》等法规中，都有保护精神病患者权益的条款；1987年4月，国务院审核同意了原卫生部、民政部、公安部《关于加强精神卫生工作的意见》；1988年12月，国务院发布《精神药品管理办法》；1989年7月，最高人民法院、最高人民检察院、公安部、司法部、原卫生部联合发布了《精神疾病司法鉴定暂行规定》；1992年6月，原卫生部、民政部、公安部、全国残联发布《精神卫生工作"八五"计划要点》；1993年5月全国残联、原卫生部、民政部、公安部联合召开了全国精神病防治康复工作会议，对精神病防治工作的措施、扶持政策、经费筹集等方面作了明确规定；2002年4月，原卫生部、民政部、公安部、中国残疾人联合会联合发布了《中国精神卫生工作规划（2002—2010年）》，提出要遵循"预防为主，防治结合，重点干预，广泛覆盖，依法管理"的工作原则，全面推进新世纪精神卫生工作的进展。

2001年12月，上海市人大常委会正式通过了《上海市精神卫生条例》，并于2002年4月7日（世界卫生日）起施行。这是我国首部规范精神卫生问题的地方法规。这部法规共7章49条，内容涉及总则、心理健康咨询和精神疾病的预防、医疗看护、精神疾病的治疗、精神疾病的康复、法律责任和附则。2006年1月，宁波市人大常委会发布了《宁波市精神卫生条例》。2006年12月北京市人大常委会公布了《无锡市精神卫生条例》。2006年12月杭州市人大常委会公布了《杭州市精神卫生条例》。2007年7月无锡市人大常委会公布了《无锡市精神卫生条例》。这些地方法规的发布与实施，将对我国精神卫生立法起到一定的推动作用。

早在1985年，我国就启动了专门的精神卫生法起草工作，当时的卫生部委托四川省卫生厅和湖南省卫生厅起草精神卫生法。1999年12月，原卫生部有关司局组织修改精神卫生法第11稿。2000年11月，卫生部成立精神卫生立法领导小组，并在全国进行精神卫生工作现状和立法难点的调研。2007年，原卫生部向国务院报送《精神卫生法草案》（送审稿）。2011年9月，国务院常务会议讨论通过《精神卫生法（草案）》，并提请全国人大常委会审议；经过广泛征集社会各方意见并三次审议，全国人大常委会终于在2012年10月26日表决通过《精神卫生法》，并于2013年5月1日开始施行。

第二节　精神障碍的预防和诊断

一、精神障碍的预防

（一）部门职责

各级人民政府和县级以上人民政府有关部门应当采取措施，加强心理健康促进和精神障碍预防工作，提高公众心理健康水平。

各级人民政府和县级以上人民政府有关部门制定的突发事件应急预案，应当包括心理援助的内容。发生突发事件，履行统一领导职责或者组织处置突发事件的人民政府应当根据突发事件的具体情况，按照应急预案的规定，组织开展心理援助工作。

县级以上地方人民政府卫生健康主管部门应当定期对本行政区域内从事精神障碍诊断、治疗的医疗机构进行检查，主要内容包括：①相关人员、设施、设备是否符合法律要求；②诊疗行为是否符合法律以及诊断标准、治疗规范的规定；③对精神障碍患者实施住院治疗的程序是否符合法律规定；④是否依法维护精神障碍患者的合法权益。

县级以上地方人民政府卫生健康主管部门进行检查的同时，应当听取精神障碍患者及其监护人的意见；发现存在违反法律法规的行为的，应当立即制止或者责令改正，并依法作出处理。

（二）精神障碍的预防

1. 精神卫生专业人员服务规范

精神卫生专业人员，是指精神科执业医师、精神科注册护士、临床心理工作者、精神卫生社会工作者。此类人员应当按照国家有关规定，经考核取得资格证书后从事精神卫生服务。心理咨询人员应当符合国家规定的从业资质条件，经考试合格取得资格证书后从事心理咨询服务。医务人员开展疾病诊疗服务，应当按照诊断标准和治疗规范的要求，对就诊者进行心理健康指导；发现就诊者可能患有精神障碍的，应当建议其到符合精神卫生法规定的医疗机构就诊。

心理咨询人员主要是为社会公众提供专业化的心理咨询服务，但不得从事心理治疗或者精神障碍的诊断、治疗。心理咨询人员发现接受咨询的人员可能患有精神障碍的，应当建议其到符合精神卫生法规定的医疗机构就诊。心理咨询人员应当尊重接受咨询人员的隐私，并为其保守秘密。

2. 特殊人群的心理咨询和辅导

监狱、看守所、拘留所、强制隔离戒毒所等场所，应当对服刑人员，被依法拘留、逮捕、强制隔离戒毒的人员等，开展精神卫生知识宣传，关注其心理健康状况，必要时，提供心理咨询和心理辅导。

3. 保障措施

县级以上地方人民政府人力资源社会保障、教育、卫生健康、司法行政、公安等部门应当在各自职责范围内，分别对各类单位履行精神障碍预防义务的情况进行督促和指导。

村民委员会、居民委员会应当协助所在地人民政府及其有关部门开展社区心理健康指导、精神卫生知识宣传教育活动，创建有益于居民身心健康的社区环境。乡镇卫生院或者社区卫生服务机构应当为村民委员会、居民委员会开展社区心理健康指导、精神卫生知识宣传教育活动提供技术指导。

4. 家庭环境

家庭成员之间应当相互关爱，创造良好、和睦的家庭环境，提高精神障碍预防意识；发现家庭成员可能患有精神障碍的，应当帮助其及时就诊，照顾其生活，做好看护管理。

5. 精神卫生的宣传和普及

国家鼓励和支持新闻媒体、社会组织开展精神卫生的公益性宣传，普及精神卫生知识，引导公众关注心理健康，预防精神障碍的发生。

6. 精神卫生监测和信息共享

国务院卫生健康主管部门建立精神卫生监测网络，实行严重精神障碍发病报告制度，组织开展精神障碍发生状况、发展趋势等的监测和专题调查工作，并依法制定精神卫生监测和严重精神障碍发病报告管理办法。

国务院卫生健康主管部门应当会同有关部门、组织，建立精神卫生工作信息共享机制，实现信息互联互通、交流共享。

二、精神障碍的诊断

（一）精神障碍诊断的原则

1. 人格尊严保障原则

精神障碍的诊断、治疗，应当遵循维护患者合法权益，尊重患者人格尊严的原则，保障患者在现有条件下获得良好的精神卫生服务。人格尊严是公民的一项宪法权利，也是一项民事权利。我国《宪法》明确规定：“中华人民共和国公民的人格尊严不受侵犯。”由于社会存在着歧视和偏见，依法维护精神障碍患者的人格尊严更具有突出的重要意义。

2. 坚持预防、治疗和康复相结合原则

对于任何一种疾病来说，预防、治疗和康复是“全程治疗”三个不可分割的组成部分。精神卫生工作实行预防为主的方针，同时重视康复环节，对于帮助患者彻底战胜疾病、重新回归社会具有重要作用。

3. 以精神健康状况为依据原则

精神障碍的诊断应当以精神健康状况为依据。除法律另有规定外，不得违背本人意志进行确定其是否患有精神障碍的医学检查。

4. 谨慎收治原则

疑似精神病人的鉴定和诊断以及精神病人的收治，都涉及人身自由权这一基本的人权，所以必须规定严格的程序并谨慎对待。在国外，强制治疗都是通过司法程序作出的。在德国，法院越来越强调尊重被监护人的基本权利，“精神病人也是人”成为普遍共识。只有精神病人的行为严重危害到公共安全时，德国的政府相关部门才可不经过漫长的监护权法庭程序，安排一个精神病院（强制）安置。进行强制安置之后，必须无延迟地向法庭提交申请解释为什么其他措施都不能奏效和为什么不能等待法庭的裁决。法庭必须在安置后第一天结束之前作出是否强制治疗的决定；否则，医院必须让当事人出院。而在我国香港，精神障碍者无论入院、出院，均需由法院聆讯后裁定；如不服，可向上级法院上诉。如接受特别治疗，须经本人书面授权同意，不得由监护人决定。

精神病患者入院前的诊断鉴定，必须对程序进行细化规定，不能由一方单独做出，要有严格的认定程序和相互制约的机制，以及出错的责任追溯制度。此外，救济的途径有申诉和诉讼等多种方式。现有法律体系中，只有民事诉讼法能与之结合，但最大矛盾在于：被鉴定为精神障碍患者的人是无行为能力或限制行为能力人，是不能向法院提起诉讼的。《精神卫生法》带给社会的最大进步是明确了“自愿住院原则”，这个立法原则将替换原本散乱的地方性及部门性的医疗规范，使精神病人权利限制的标准，从医学标准进步为法律标准。

☞ **案例：**

《精神卫生法》面世后第一案

2012 年 6 月，北京女工程师陈某由于婚恋分歧，被亲生父母强行送入精神病院，并在里面待了接近 72 个小时。2012 年 7 月，陈某将收治医院告上法庭，陈某认为，该医院的收治行为侵犯了她的自主权、人身自由及身体权，要求相应赔偿 20 万元，并赔礼道歉。据了解，该医院是亚洲最大的精神病医院。

2012 年 11 月 11 日，法院对此案进行庭审时，《中华人民共和国精神卫生法》不久前已获全国人大常委会通过，虽尚未正式施行。此案被业内人士称为《精神卫生法》面世后第一案。

思考与讨论：

如何对疑似精神病人进行鉴定、诊断和收治？

（二）精神障碍诊断的送诊主体

1. 个人及近亲属

除个人自行到医疗机构进行精神障碍诊断外，疑似精神障碍患者的近亲属可以将其送往医疗机构进行精神障碍诊断。

2. 民政部门

对查找不到近亲属的流浪乞讨疑似精神障碍患者，由当地民政等有关部门按照职责分工，帮助送往医疗机构进行精神障碍诊断。

3. 公安机关

疑似精神障碍患者发生伤害自身、危害他人安全的行为，或者有伤害自身、危害他人安全的危险的，其近亲属、所在单位、当地公安机关应当立即采取措施予以制止，并将其送往医疗机构进行精神障碍诊断。

（三）精神障碍诊断主体的准入

医疗机构开展精神障碍诊断、治疗活动，应当具备下列条件，并依照医疗机构的管理规定办理有关手续：①有与从事的精神障碍诊断、治疗相适应的精神科执业医师、护士；②有满足开展精神障碍诊断、治疗需要的设施和设备；③有完善的精神障碍诊断、治疗管理制度和质量监控制度。从事精神障碍诊断、治疗的专科医疗机构，还应当配备从事心理治疗的人员。

心理治疗活动应当在医疗机构内开展。专门从事心理治疗的人员不得从事精神障碍的诊断，不得为精神障碍患者开具处方或者提供外科治疗。心理治疗的技术规范由国务院卫生行政部门制定。

（四）诊断程序

（1）医疗机构接到送诊的疑似精神障碍患者，不得拒绝为其作出诊断。

（2）精神障碍的诊断应当由精神科执业医师作出。医疗机构接到按照法律规定送诊的疑似精神障碍患者，应当将其留院，立即指派精神科执业医师进行诊断，并及时出具诊断结论。

第三节　精神障碍的治疗和康复

一、精神障碍的治疗

精神障碍的住院治疗实行自愿原则。“未经法律审判，任何机构和个人不得剥夺公民人身自由”是基本的法治原则。根据联合国《保护精神病患者和改善精神保健的原则》的规定，如果精神病人并没有危害社会，也没有严重侵犯他人的合法权利，是不必要对其进行强制收治的。我国法律规定，经诊断符合住院治疗条件的精神病人，经其监护人同意，医疗机构应当对患者实施住院治疗；监护人不同意的，医疗机构不得对患者实施住院治疗，监护人应当对在家居住的患者做好看护管理。在“强制收治”中明确了“自愿原则”，划清界限，将大幅减少“被精神病”的可能性。

精神障碍分类、诊断标准和治疗规范，由国务院卫生健康主管部门组织制定。2002年，原卫生部印发了《临床技术操作规范——精神病学分册》和《临床诊疗指南——精神病学分册》。

《精神卫生法》在规定精神障碍的住院治疗实行自愿原则的同时，也针对严重精神障碍患者往往缺乏自知力、对自身健康状况或者客观现实不能完整认识的特殊情况，规定了非自愿住院治疗制度，以保证需要住院治疗的患者得到及时的住院治疗。为了保证公民的合法权益不因此而受到侵害，同时设定了严格的非自愿住院治疗程序。

（一）非自愿住院治疗程序

1. 非自愿住院治疗的条件

诊断结论、病情评估表明，就诊者为严重精神障碍患者并有下列情形之一的，应当对其实施住院治疗：①已经发生伤害自身的行为，或者有伤害自身的危险的；②已经发生危害他人安全的行为，或者有危害他人安全的危险的。

对于第①种情形，经其监护人同意，医疗机构应当对患者实施住院治疗；监护人不同意的，医疗机构不得对患者实施住院治疗。监护人应当对在家居住的患者做好看护管理。

2. 再次诊断鉴定程序

为了充分保障患者及其监护人的救济权，防止因为初次诊断错误而导致不需要住院治疗的就诊者被实施非自愿住院治疗，《精神卫生法》规定了再次诊断和医学鉴定的程序，从医学角度对患者是否需要住院治疗再次进行判断。

（1）再次诊断。患者或者其监护人对需要住院治疗的诊断结论有异议，不同意对患者实施住院治疗的，可以要求再次诊断和鉴定。要求再次诊断的，应当自收到诊断结论之日起 3 日内向原医疗机构或者其他具有合法资质的医疗机构提出。承担再次诊断的医疗机构应当在接到再次诊断要求后指派 2 名初次诊断医师以外的精神科执业医师进行再次诊断，并及时出具再次诊断结论。承担再次诊断的执业医师应当到收治患者的医疗机构面见、询问患者，该医疗机构应当予以配合。

（2）再次鉴定。对再次诊断结论有异议的，可以自主委托依法取得执业资质的鉴定机构进行精神障碍医学鉴定；医疗机构应当公示经公告的鉴定机构名单和联系方式。接受委托的鉴定机构应当指定本机构具有该鉴定事项执业资格的 2 名以上鉴定人共同进行鉴定，并及时出具鉴定报告。

鉴定人应当到收治精神障碍患者的医疗机构面见、询问患者，该医疗机构应当予以配合。鉴定人本人或者其近亲属与鉴定事项有利害关系，可能影响其独立、客观、公正进行鉴定的，应当回避。

鉴定机构、鉴定人应当遵守有关法律、法规、规章的规定，尊重科学，恪守职业道德，按照精神障碍鉴定的实施程序、技术方法和操作规范，依法独立进行鉴定，出具客观、公正的鉴定报告。鉴定人应当对鉴定过程进行实时记录并签名。记录的内容应当真实、客观、准确、完整，记录的文本或者声像载体应当妥善保存。

如果再次诊断结论或者鉴定报告表明，不能确定就诊者为严重精神障碍患者，或者患者不需要住院治疗的，医疗机构不得对其实施住院治疗。但若再次诊断结论或者鉴定报告表明，精神障碍患者有已经发生危害他人安全的行为，或者有危害他人安全的危险的情形的，其监护人应当同意对患者实施住院治疗。监护人阻碍实施住院治疗或者患者擅自脱离住院治疗的，可以由公安机关协助医疗机构采取措施对患者实施住院治疗。

需要注意的是，在相关机构出具再次诊断结论、鉴定报告前，为了保证治疗的连续性，防止患者病情恶化，收治精神障碍患者的医疗机构应当按照诊疗规范的要求对患者实施住院治疗，即医疗机构并不停止对患者实施住院治疗。

3. 住院治疗入院和出院程序

（1）入院手续。诊断结论表明需要住院治疗的精神障碍患者，本人没有能力办理住院手续的，由其监护人办理住院手续；患者属于查找不到监护人的流浪乞讨人员的，由送诊的有关部门办理住院手续。

非自愿住院治疗的患者，其监护人不办理住院手续的，由患者所在单位、村民委员会或者居民委员会办理住院手续，并由医疗机构在患者病历中予以记录。

(2) 出院手续。自愿住院治疗的精神障碍患者可以随时要求出院，医疗机构应当同意。对已经发生伤害自身的行为，或者有伤害自身的危险的精神障碍患者，监护人可以随时要求患者出院，医疗机构应当同意。医疗机构认为前两款规定的精神障碍患者不宜出院的，应当告知不宜出院的理由；患者或者其监护人仍要求出院的，执业医师应当在病历资料中详细记录告知的过程，同时提出出院后的医学建议，患者或者其监护人应当签字确认。对已经发生危害他人安全的行为，或者有危害他人安全的危险的精神障碍患者实施住院治疗，医疗机构认为患者可以出院的，应当立即告知患者及其监护人。

医疗机构应当根据精神障碍患者病情，及时组织精神科执业医师对非自愿住院治疗的患者进行检查评估。评估结果表明患者不需要继续住院治疗的，医疗机构应当立即通知患者及其监护人。

精神障碍患者出院，本人没有能力办理出院手续的，监护人应当为其办理出院手续。

4. 治疗过程的用药及外科手术要求

对精神障碍患者使用药物，应当以诊断和治疗为目的，使用安全、有效的药物，不得为诊断或者治疗以外的目的使用药物。我国《麻醉药品和精神药品管理条例》规定，医务人员应当根据国务院卫生健康主管部门制定的临床应用指导原则，使用麻醉药品和精神药品。《精神卫生法》禁止对非自愿住院治疗的精神障碍患者实施以治疗精神障碍为目的的外科手术。神经外科手术的目的是完全治愈或缓解患者之精神疾病的症状，恢复或完善精神功能，提高患者及家属的生活质量。手术必须是经过有资质的、经验丰富的精神科专科医生正规充分治疗后未能奏效的难治性病例。术前必须告知病人和家属手术的必要性、安全性、可能带来的效益及并发症和不可预测的风险。《联合国保护精神病患者和改善精神保健原则》规定，绝不能对精神病院的非自愿住院患者进行精神外科及其他侵扰性和不可逆转的治疗，对其他患者，在国内法允许进行此类治疗的情况下，只有患者给予知情同意且独立的外部机构确信知情同意属实，而这种治疗最符合患者病情需要时，才可实行此类手术。

5. 特定治疗程序

我国法律规定禁止对精神障碍患者实施与治疗其精神障碍无关的实验性临床医疗。医疗机构对精神障碍患者实施两类特殊治疗措施，应当向患者或者其监护人告知医疗风险、替代医疗方案等情况，并取得患者的书面同意；无法取得患者意见的，应当取得其监护人的书面同意，并经本医疗机构伦理委员会批准；因情况紧急查找不到监护人的，应当取得本医疗机构负责人和伦理委员会批准。

(1) 导致人体器官丧失功能的外科手术，是指通过手术方式将精神障碍患者已经或即将损失功能的器官予以切除。

(2) 与精神障碍治疗有关的实验性临床医疗，是指经过批准，按照治疗规范及有关法律、法规的规定，在精神障碍患者身上采取的试验新的药物和治疗方法，以检验其是否有效。

这两种治疗具有较强的侵入性，一旦滥用，往往对患者权益造成严重影响，故需严格控制。首先应当履行告知义务并征得书面同意，以充分尊重患者的知情同意权和自我决定权。在紧急情况下需要施行手术又无法取得患者或监护人意见的，应当取得医疗机构负责人和伦理委员会批准。

☞ **知识链接：**

令人心酸的“谁送来谁监护”原则

2014年5月1日，我国《精神卫生法》正式施行颁布一周年。根据该法，“被精神病”和非严重精神障碍患者被强制住院治疗的现状被法律明令禁止。精神障碍的诊断、治疗、住院、出院、康复和发病报告有严格的法定程序，精神障碍患者的人格尊严、人身和财产安全等合法权益受法律保护。

我国《民事诉讼法》第57条把“被精神病”这部分人的诉权交给监护人。实践中，谁送你去精神病院，谁就是你的监护人，没有正当程序，没有利益冲突排除。这么一来，住院者想讨个公道，就要通过送治人实现。这样的情形，同样适用于未成年人、一部分残疾人。我国《精神卫生法》出台后，依然会出现拥有较完整社会功能的成年公民被精神科医疗界认为无行为能力的现象。令人心酸的是，短期内，相关各方并不能彻底统一医学标准与法律标准保证“被精神病”人的诉权。

（二）保护性医疗措施

约束、隔离等保护性医疗措施旨在保护精神障碍患者自身和他人的人身安全、避免扰乱医疗秩序。一方面，它是一种特殊的治疗或辅助治疗手段，在临床工作中必不可少；另一方面，由于极容易被滥用于其他目的，因此通常需要对其严格限制。同时，在防范危险行为时过分依赖约束、隔离等保护性医疗措施，也会使精神障碍患者日常生活技能和应对医疗机构以外的环境挑战的能力削弱。一旦缺少规范和监督管理，会容易导致滥用，影响医疗质量及侵犯精神障碍患者的合法权益。所以，禁止利用约束、隔离等保护性医疗措施惩罚精神障碍患者。

实施条件：精神障碍患者在医疗机构内发生或者将要发生伤害自身、危害他人安全、扰乱医疗秩序的行为，医疗机构及其医务人员在没有其他可替代措施的情况下，可以实施约束、隔离等保护性医疗措施。实施保护性医疗措施应当遵循诊断标准和治疗规范，并在实施后告知患者的监护人。

（三）未住院精神障碍患者的治疗

监护人应当妥善看护未住院治疗的患者，按照医嘱督促其按时服药、接受随访或者治疗。精神疾病的治疗过程较长，有些病症需要长期服药来控制病情，因此日常护理和照料十分关键，需要监护人看护、督促和接受随访，配合医疗机构及时调整治疗方案，控制病情。精神障碍患者会给监护人及其家庭带来沉重负担，除了要强化监护人的责任外，政府和社会也应提供各方面的帮助和支持。村民委员会、居民委员会、患者所在单位等机构，应当依患者或者其监护人的请求，对监护人看护患者提供必要的帮助。

（四）医疗机构告知义务

医疗机构及其医务人员应当将精神障碍患者在诊断、治疗过程中享有的权利，告知患者或者其监护人。医疗机构及其医务人员的告知义务与精神障碍患者的知情同意权相对应。只有明晰其在诊断、治疗过程中的权利，患者及其监护人才能正确行使这些权利。这些权利主要包括：法律所规定的知情同意、通讯会见、查阅、复制病历资料、要求再次诊断和鉴定、依法提起诉讼等。

医疗机构及其医务人员应当遵循精神障碍诊断标准和治疗规范，制定治疗方案，并向精神障碍患者或者其监护人告知治疗方案和治疗方法、目的以及可能产生的后果。在医疗领域，创设告知说明义务，是因为具有侵袭性的医疗行为必须获得正当性基础，而患者的知情权是阻却侵袭性医疗行为违法性的法定事由。治疗知识的专业性要求医生应当以浅显易懂的语言介绍，使患者或者其监护人能够了解患者的病情、可供选择的治疗方案及其成功率和治疗效果等，最终使得患者或者其监护人能够准确理解，克服信息不对称状况。正是由于医疗行为的高风险性、信赖性、专业性和患者的广泛性等因素，使得医疗机构的告知说明义务具备了由约定义务上升为法定义务的合理性。

（五）医疗机构的设备和环境

医疗机构应当配备适宜的设施、设备，保护就诊和住院治疗的精神障碍患者的人身安全，防止其受到伤害，并为住院患者创造尽可能接近正常生活的环境和条件。《联合国保护精神病患者和改善精神保健的原则》规定，精神卫生机构环境和生活条件应尽可能接近同龄人正常生活的环境和条件，而且尤其应包括：约会和闲暇活动设施、教育设施、购买或接受日常生活、娱乐和通信的各种用品的设备，提供有关设备并鼓励使用此类设备，使患者从事与其社会和文化背景相适应的有收益职业，并接受旨在促进重新加入社区生活的适宜的职业康复措施。

（六）患者的权利保障

除了与告知说明义务相对应的知情同意权之外，精神障碍患者也有一些重要的权利需要法律确定并予以保护。

1. 通信和会见权

医疗机构及其医务人员应当尊重住院精神障碍患者的通信和会见探访者等权利。除在急性发病期或者为了避免妨碍治疗可以暂时性限制外，不得限制患者的通信和会见探访者等权利。长期以来，我国一直缺少对住院精神障碍患者的通信、会见朋友亲属等权利的统一规定，个别医院为便于管理，拒绝患者与外界联系，而部分非自愿住院治疗的患者的家属也不愿意与患者通信会见，致使一些住院的精神障碍患者不能依自己的意愿与其亲属、朋友、律师等人员通信、会面。因此，保障住院的精神障碍患者通信、会见权利尤为重要：一方面，可以维护患者本人利益，减少因住院治疗对其正常生活的影响，消除患者内心的孤独失落情绪；另一方面，也有利于外界对医务人员的护理、治疗行为予以监督和规范。

2. 病历记录及查阅复制权

医疗机构及其医务人员应当在病历资料中如实记录精神障碍患者的病情、治疗措施、用药情况、实施约束、隔离措施等内容，并如实告知患者或者其监护人。患者及其监护人可以查阅、复制病历资料；但是，患者查阅、复制病历资料可能对其治疗产生不利影响的除外。病历资料保存期限不得少于30年。

3. 获得医疗救助权

医疗机构不得因就诊者是精神障碍患者，推诿或者拒绝为其治疗属于本医疗机构诊疗范围的其他疾病。

4. 自由劳动权

医疗机构不得强迫精神障碍患者从事生产劳动。

二、精神障碍的康复

精神障碍康复是指对有心身疾病的患者，尽可能利用药物、社会、职业、经济和教育的方法，使残疾的风险减少到最低程度，是精神障碍患者最终摆脱疾病、走向健康的重要环节。我国《精神卫生法》对康复做了专章规定。康复措施应该贯彻在院内、院外全部医疗过程中，不能局限在医院环境中，必须考虑外界现实，把治疗延伸到社会中。目前，我国精神障碍康复工作以社区康复为基础，以康复机构为骨干，以家庭为依托；坚持发展全面的精神障碍社区康复服务模式，健全完善社区康复机构；在基层地方政府的统一领导下，充分利用社区内资源，做好精神障碍社区康复管理与服务工作。精神障碍康复的主要形式是机构康复和社区康复。除医疗机构外，机构康复主要有工疗站、农疗站、社区康复日间照料站、长期托养机构等几种形式。

（一）社区康复的发展历史

社区精神卫生服务在我国已有50多年的历史，我国政府历来十分重视精神障碍的防治和康复工作，1958年的第一次全国精神病防治工作会议首次提出了“积极防治、就地管理、重点收容、开放治疗”的工作方针。20世纪70年代以来，我国已基本完成了城乡基层卫生服务组织的建设，各地先后建立了精神卫生防治机构，不少地区建立了精神障碍三级防治网。

（二）社区康复机构的职责

（1）社区康复机构应当为需要康复的精神障碍患者提供场所和条件，对患者进行生活自理能力和社会适应能力等方面的康复训练。

（2）社区康复机构的能力建设医疗机构应当为在家居住的严重精神障碍患者提供精

神科基本药物维持治疗，并为社区康复机构提供有关精神障碍康复的技术指导和支持；县级人民政府卫生健康主管部门应当为社区卫生服务机构、乡镇卫生院、村卫生室开展随访和康复工作给予指导和培训。

（3）三类基层卫生医疗服务机构对严重精神障碍患者的康复义务。社区卫生服务机构、乡镇卫生院、村卫生室应当建立严重精神障碍患者的健康档案，对在家居住的严重精神障碍患者进行定期随访，指导患者服药和开展康复训练，并对患者的监护人进行精神卫生知识和看护知识的培训。

社区卫生服务机构是城市社区卫生服务网络的主体，在严重精神障碍患者的康复过程中，应承担患者的信息与报告工作，开展线索调查并登记、上报县级精防机构；登记已确诊的严重精神障碍患者，并建立健康档案；定期随访患者；向精神卫生医疗机构转诊疾病复发患者，参与严重精神障碍防治知识健康教育工作等。

乡镇卫生院是一定区域范围内的预防、保健、医疗技术指导中心，在严重精神障碍患者的康复过程中，应承担患者的信息收集与报告工作，开展线索调查，并登记、上报县级精防机构；协助上级卫生健康主管部门及精神卫生医疗机构开展村医严重精神障碍防治知识培训，并进行绩效考核；登记已确诊的严重精神障碍患者并建立健康档案；定期随访患者，指导患者服药。有条件的地方可开展社区患者危险行为评估，实施个案管理计划，向精神卫生医疗机构转诊疾病复发患者。

村卫生室承担行政村的公共卫生服务及一般疾病的诊治工作，在严重精神障碍患者的康复过程中，协助乡镇卫生院开展线索调查并登记、报告和患者家庭成员护理指导工作；协助精神卫生医疗机构开展患者应急医疗处置；定期随访患者；指导监护人督促患者按时按量服药，督促患者按时复诊；参与严重精神障碍防治知识健康教育工作等。

（三）社会支持

1. 基层群众自治组织

村民委员会、居民委员会应当为生活困难的精神障碍患者家庭提供帮助，并向所在地乡镇人民政府或者街道办事处以及县级人民政府有关部门反映患者及其家庭的情况和要求，帮助其解决实际困难，为患者融入社会创造条件。

2. 残疾人组织或者残疾人康复机构

各级残疾人联合会和残疾人康复机构应当根据精神障碍患者康复的需要，组织患者参加康复活动。残联组织机构中的精神残疾人及亲友协会专门对口服务精神障碍患者。在组织机构方面，残联具有从上而下的机构网络，尤其是具有健全的基层服务机构和设施。在经费保障方面，残联的经费来源比较稳定，有财政拨付的事业经费、专项补贴经费、基建经费、机构开办费，残疾人就业保障金，康复扶贫专项贷款，从社会募集的慈善资金等。在经验积累方面，残联一直以来将精神障碍疾病的康复作为其主要职责之一，长期参与开展社会化、综合性、开放性精神障碍防治康复工作，形成了一套较为成熟的工作模式和方法。

3. 用人单位

对于处在工作岗位的精神障碍患者来说，工作单位是其重要的持续康复环境。用人单位应当根据精神障碍患者的实际情况，安排患者从事力所能及的工作，保障患者享有同等待遇，安排患者参加必要的职业技能培训，提高患者的就业能力，为患者创造适宜的工作环境，对患者在工作中取得的成绩予以鼓励。用人单位对于精神障碍患者职工的这些义务，一方面是我国劳动法律法规的延伸，另一方面也是由社会主义劳动关系的性质和特点决定的。

（四）监护人职责

家庭是精神障碍患者的主要生活环境，监护人的照料对于精神障碍患者的康复起至关重要的作用。监护人的一些失当做法对患者的康复会产生不良影响，如采取禁闭、捆绑和锁铐等，或因家庭负担过重或个人压力过大，对患者采取抱怨、责难甚至放弃的态度。这些行为多是由于监护人没有足够的责任心或没有掌握正确的护理常识造成的。因此，监护人应当明确自己所承担的法律义务，掌握一些常见症状的应对技巧，协助患者进行生活自理能力和社会适应能力等方面的康复训练。社区卫生服务机构或者乡镇卫生院、村卫生室、社区康复机构应当为精神障碍患者的监护人提供相应的技术指导。

第四节　精神卫生工作的保障措施与法律责任

一、精神卫生服务体系的完善

（一）规划及实施

县级以上人民政府卫生健康主管部门会同有关部门依据国民经济和社会发展规划的要求，制订精神卫生工作规划并组织实施。精神卫生监测和专题调查结果应当作为制订精神卫生工作规划的依据。制订精神卫生工作规划，对于指导精神卫生工作的科学发展、促进精神卫生工作多部门协作、建设精神卫生防治体系、引导社会资源有序参与精神卫生服务有重要作用，必须将此以法律形式固定下来。

（二）体系与能力建设

省、自治区、直辖市人民政府根据本行政区域的实际情况，统筹规划，整合资源，建设和完善精神卫生服务体系，加强精神障碍预防、治疗和康复服务能力建设。县级人民政府根据本行政区域的实际情况，统筹规划，建立精神障碍患者社区康复机构。《精神卫生法》对精神卫生服务网络作出了具体规定：开展精神障碍诊断、治疗活动，应当符合精神障碍诊疗条件，并依照医疗机构管理的规定办理有关手续。综合性医疗机构应当按照国务院卫生行政部门的规定开设精神科门诊或者心理治疗门诊，提高精神障碍预防、诊断、治疗能力。

（三）鼓励社会力量举办精神卫生服务机构

县级以上地方人民政府应当采取措施，鼓励和支持社会力量举办从事精神障碍诊断、治疗的医疗机构和精神障碍患者康复机构，这将有利于增加医疗卫生资源，扩大服务供给，满足人民群众多层次、多元化的精神卫生服务需求；有利于建立竞争机制，提高精神卫生服务的效率和质量，完善精神卫生服务体系。

二、全方面的社会保障

（一）加大财政支持力度

国家加强基层精神卫生服务体系建设，扶持贫困地区、边远地区的精神卫生工作，保障城市社区、农村基层精神卫生工作所需经费。

各级人民政府应当根据精神卫生工作需要，加大财政投入力度，保障精神卫生工作所需经费，将精神卫生工作经费列入本级财政预算。

（二）加强人才队伍建设

医学院校应当加强精神医学的教学和研究，按照精神卫生工作的实际需要，培养精神医学专门人才，为精神卫生工作提供人才保障。师范院校应当为学生开设精神卫生课程；医学院校应当为非精神医学专业的学生开设精神卫生课程。县级以上人民政府教育健康主管部门对教师进行上岗前和在岗培训，应当有精神卫生的内容，并定期组织心理健康教育教师、辅导人员进行专业培训。

医疗机构应当组织医务人员学习精神卫生知识和相关法律、法规、政策。从事精神障碍诊断、治疗、康复的机构应当定期组织医务人员、工作人员进行在岗培训，更新精神卫生知识。县级以上人民政府卫生健康主管部门应当组织医务人员进行精神卫生知识培训，提高其识别精神障碍的能力。

各级人民政府及其有关部门、医疗机构、康复机构应当采取措施，加强对精神卫生工作人员的职业保护，提高精神卫生工作人员的待遇水平，并按照规定给予适当的津贴。

（三）加强医疗卫生保障

县级以上人民政府卫生健康主管部门应当组织医疗机构为严重精神障碍患者免费提供基本公共卫生服务。基本公共卫生服务，由疾病预防控制机构、城市社区卫生服务中心、乡镇卫生院等城乡基本医疗卫生机构向全体居民提供，是公益性的公共卫生干预措施。

精神障碍患者的医疗费用按照国家有关社会保险的规定由基本医疗保险基金支付。医疗保险经办机构应当按照国家有关规定，将精神障碍患者纳入城镇职工基本医疗保险、城镇居民基本医疗保险或者新型农村合作医疗的保障范围。县级人民政府应当按照国家有关规定，对家庭经济困难的严重精神障碍患者参加基本医疗保险给予资助。

精神障碍患者通过基本医疗保险支付医疗费用后仍有困难，或者不能通过基本医疗保险支付医疗费用的，民政部门应当优先给予医疗救助。

对符合城乡最低生活保障条件的严重精神障碍患者，民政部门应当会同有关部门，及时将其纳入最低生活保障。对属于农村五保供养对象的严重精神障碍患者，以及城市中无劳动能力、无生活来源且无法定赡养、抚养、扶养义务人，或者其法定赡养、抚养、扶养义务人无赡养、抚养、扶养能力的严重精神障碍患者，民政部门应当按照国家有关规定予以供养、救助。其他情形下严重精神障碍患者确有困难的，民政部门可以采取临时救助等措施，帮助其解决生活困难。

（四）完善教育及就业保障措施

县级以上地方人民政府及其有关部门应当采取有效措施，保证患有精神障碍的适龄儿童、少年接受义务教育，扶持有劳动能力的精神障碍患者从事力所能及的劳动，并为已经康复的人员提供就业服务。

劳动就业对改善精神障碍患者生活状况，提高其社会地位，使其平等充分地参与社会生活，共享社会物质文化成果有重要意义。国家对安排精神障碍患者就业的用人单位依法给予税收优惠，并在生产、经营、技术、资金、物资、场地等方面给予扶持。

三、法律责任

（一）行政责任

（1）县级以上人民政府卫生健康主管部门和其他有关部门未依照《精神卫生法》规定履行精神卫生工作职责，或者滥用职权、玩忽职守、徇私舞弊的，由本级人民政府或者上一级人民政府有关部门责令改正，通报批评，对直接负责的主管人员和其他直接责任人员，依法给予处分，包括警告、记过、记大过、降级、撤职或者开除等。

（2）不符合精神卫生法规定条件的医疗机构擅自从事精神障碍诊断、治疗的机构或人员，由县级以上人民政府卫生健康主管部门依法责令停止诊疗活动，给予警告，罚款、没收违法所得等处罚；对直接负责的主管人员和其他直接责任人员，给予降低岗位等级或者撤职、开除的处分；对有关医务人员，吊销其执业证书。

（3）如果医疗机构及其工作人员有以下行为：①拒绝对送诊的疑似精神障碍患者作出诊断的；②对依照《精神卫生法》第30条第2款规定实施住院治疗的患者未及时进行检查评估或者未根据评估结果作出处理，由县级以上人民政府卫生健康主管部门责令改正，给予警告；情节严重的，对直接负责的主管人员和其他直接责任人员，依法给予处分，并可责令医务人员暂停执业活动。

（4）医疗机构及其工作人员有下列行为之一的，由县级以上人民政府卫生健康主管部门责令改正，对直接负责的主管人员和其他直接责任人员依法给予处分；对有关医务人员，给予暂停执业、开除，直至吊销执业证书的处罚：违法实施约束、隔离等保护性医疗措施的；违法强迫精神障碍患者劳动的；违法对精神障碍患者实施外科手术或者实验性临床医疗的；违法侵害精神障碍患者的通信和会见探访者等权利的；违反精神障碍诊断标准，将非精神障碍患者诊断为精神障碍患者的。

（5）对心理咨询人员从事心理治疗或者精神障碍的诊断治疗、从事心理治疗的人员在医疗机构以外开展心理治疗活动、专门从事心理治疗的人员从事精神障碍的诊断或者专门从事心理治疗的人员为精神障碍患者开具处方或者提供外科治疗等违法情形，精神卫生法规定由县级以上人民政府卫生健康主管部门、市场监督管理部门依据各自职责责令改正，给予警告、罚款、没收违法所得、责令暂停执业活动，直至吊销执业证书或者营业执照的处罚。

（6）在精神障碍的诊断、治疗、鉴定过程中，寻衅滋事，阻挠有关工作人员依照《精神卫生法》的规定履行职责，扰乱医疗机构、鉴定机构工作秩序的，依法给予治安管理处罚。

（二）民事责任

（1）心理咨询人员、专门从事心理治疗的人员在心理咨询、心理治疗活动中造成他人人身、财产或者其他损害的，依法承担民事责任。

（2）有关单位和个人违反《精神卫生法》第4条第3款规定，给精神障碍患者造成损害的，依法承担赔偿责任；对单位直接负责的主管人员和其他直接责任人员，还应当依法给予处分。

（3）违反《精神卫生法》规定，有下列情形之一，给精神障碍患者或者其他公民造成人身、财产或者其他损害的，依法承担赔偿责任：①将非精神障碍患者故意作为精神障碍患者送入医疗机构治疗的；②精神障碍患者的监护人遗弃患者，或者有不履行监护职责的其他情形的；③歧视、侮辱、虐待精神障碍患者，侵害患者的人格尊严、人身安全的；④非法限制精神障碍患者人身自由的；⑤其他侵害精神障碍患者合法权益的情形。

（4）医疗机构出具的诊断结论表明精神障碍患者应当住院治疗而其监护人拒绝，致使患者造成他人人身、财产损害的，或者患者有其他造成他人人身、财产损害情形的，其监护人依法承担民事责任。

（三）刑事责任

违反《精神卫生法》规定，构成犯罪的，依法追究刑事责任。

◎ 思考题

1. 简述精神障碍诊断和治疗的原则。
2. 简述精神障碍患者需要法律确定并予以保护的重要权利。
3. 试讨论《精神卫生法》中“自愿住院治疗原则”与“非自愿住院治疗程序”设置的必要性及其关系。
4. 在目前的社区健康促进体系中如何完善精神障碍的预防、诊治和康复？

第十章　血液及血液制品卫生法律制度

根据我国目前血液管理工作的相关法律法规规定，对血液分医疗临床用血和血液制品生产用血两部分分别进行管理。

第一节　献血法律制度概述

一、献血法立法概况

（一）献血法的概念

“献血法”一词，在不同的语境使用，含义有广义、狭义之别。广义的献血法，是指一切调整血液采集、供应、临床使用和血液制品生产与流通领域各种社会关系的法律规范的总称，包括医疗临床用血和血液制品生产用血两大部分。其宗旨在于保证临床用血需要与质量、安全，保障献血者身体健康，规范血液制品原料采集和产、供、销活动。社会上日常所说的“献血法”，主要在其狭义范围内使用，指围绕临床用血需要而开展的血源募集、血液采集、成分制备、储存、供应、使用全过程的质量和安全规制的总和，指的是围绕医疗临床用血而制定的血液管理规范的总和。

而口语中“献血法”一词往往特指《中华人民共和国献血法》这部具体的法律规范。

本书认为，献血法是调整保证临床用血需要和安全，保障献血者用血者身体健康活动中产生的各种社会关系的法律规范的总称。

（二）血液管理立法概况

《中华人民共和国献血法》由中华人民共和国第八届全国人民代表大会常务委员会第二十九次会议于1997年12月29日通过，自1998年10月1日起实施。

我国的无偿献血制度始于20世纪70年代后期，但由于历史原因发展缓慢。为了规范公民献血，1978年11月，国务院批转当时的卫生部《关于加强输血工作的请示报告》，正式提出实行公民义务献血制度。1979年《全国血站工作重要任务（试行草案）》，提出确立统一制订献血计划，统一管理血源，统一组织采血的血液管理“三统一”的初步设想。1984年，当时的卫生部和中国红十字总会在全国倡导自愿无偿献血，使我国的献血制度又大大向前迈进了一步。1993年，当时的卫生部下发了《采供血机构和血液管理办法》《血站基本标准》，进一步细化了对血站和单采血浆站的管理。1996年12月3日，国务院又发布了《血液制品管理条例》，这是我国第一个有关血液制品管理的行政法规。为保证临床用血需要和安全，保障献血者和用血者身体健康，1997年12月29日，第八届全国人大常委会第29次会议通过了《中华人民共和国献血法》，自1998年10月1日起施行。1999年，当时的卫生部、中国红十字会总会颁布了《全国无偿献血表彰奖励办法》。《献血法》及其配套法规的颁布实施，标志着我国血液工作管理进入到一个崭新的阶段。2002年，当时的卫生部开始按照WHO安全血液和血液制品四项方针，即国家血液工作的要点是建立组织完善的、国家协调的输血服务机构；要从来自低风险人群的定期的、自愿无偿的献血者采集血液；对所有采集血液进行输血传播性疾病检测、血液定型和配合性试验；血液在临床的合理使用，深入实施采、供血机构全面质量管理项目，加强血站实验室建设和临床用血管理，确保血液安全。

为确保血液安全，规范血站执业行为，促进血站的建设与发展，原卫生部发布了修订后的《血站管理办法》和《采供血机构设置规划指导原则》，以及2007年10月31日发布的《单采血浆站管理办法》，自2008年3月1日起施行，为规范我国的采供血机构规划及管理提供了法律上、制度上、技术上的保证。2008年8月，为加强血站质量管理，规范各项技术操作，原卫生部组织专家对1997年下发的《中国输血技术操作规程（血站部分）》进行了修订，有利于进一步规范血液管理，保证输血安全。

二、无偿献血法律制度

（一）无偿献血的含义

无偿献血是指为了拯救他人生命，自愿将自己的血液无私奉献给社会公益事业，而献血者不向采血单位和献血者单位领取任何报酬的行为。

《中华人民共和国献血法》规定，我国实行无偿献血制度。无偿献血是无私奉献、救死扶伤的崇高行为，是保证医疗安全用血的必由之路，是我国血液事业发展的总方向。世界卫生组织和国际红十字会一直向世界各国呼吁“医疗用血采用无偿献血”的原则。目前许多国家和地区，包括我国的香港、澳门和台湾地区都实行了无偿献血。

只有以人道主义无私奉献而不是以经济报酬为目的无偿献血，才能从根本上清除有偿供血带来的各种弊病，血液质量才能得到保证，才能保护受血者的安全，最大限度地降低经血液传播疾病的危险。

（二）无偿献血的主体

《献血法》规定，国家提倡18~55周岁的健康公民自愿献血；既往无献血反应、符合健康检查要求的多次献血者主动要求献血的，年龄可延长至60岁。提倡个人、家庭、亲友、单位及社会互助献血。

国家鼓励国家工作人员、现役军人和高等学校在校学生率先献血，并规定了无偿献血者或其配偶、直系亲属用血时实行减免血液采集、储存、分离、检验等费用的优惠措施，以及对无偿献血先进单位和个人实行奖励制度。

（三）无偿献血工作的组织与管理

无偿献血制度的推行是一项长期的工程，需要社会各界的共同努力。《献血法》规定，地方各级人民政府领导本行政区域内的献血工作，统一规划，并负责组织、协调有关部门共同做好献血工作。县级以上各级人民政府卫生健康主管部门监督管理献血工作；各级红十字会依法参与、推动献血工作。明确了各级政府、卫生健康主管部门和红十字会在献血工作中的地位、责任及其相互关系，并建立监督制约机制，加大实施力度。不少地方成立了以政府主管领导为组长的献血工作领导小组，把推动无偿献血工作作为政府的责任纳入政府工作议事日程。

此外，各级人民政府要采取措施广泛宣传献血的意义，普及献血的科学知识，开展预防和控制经血液传播的疾病的教育。新闻媒介要开展献血的社会公益性宣传，向群众广泛宣传无偿献血的意义，营造舆论声势，通过各种形式，动员社会各界力量，进一步加强和促进广大人民对无偿献血的认识，提高群众的参与意识。

☞ **知识链接：**

我国无偿献血人次数保持连续 22 年增长

每年的 6 月 14 日是世界献血者日。2019 年 6 月 14 日世界卫生组织发布宣传口号“人人享有安全血液”，旨在全球范围强调血液安全和公平可及的重要性，号召各成员国进一步建立完善血液安全保障制度，也号召更多民众参与无偿献血，共同提升整个社会的血液安全和可及水平。

2021 年 6 月 14 日是世界第 18 个献血者日，国家卫健委当天表示，我国已经全面建立无偿献血制度，实现临床用血全部来自公民自愿无偿捐献。无偿献血人次数和采血量 22 年连续增长，无偿献血整体形势向好。最新统计显示，全国无偿献血人次由 1998 年的 32.8 万提高到 2019 年的 1563 万，千人口献血率由 1998 年的 4.8‰提升至 2019 年 11.2‰。

国家卫健委建立了覆盖全国所有血站的国家血液管理信息系统，实现全国血液采集、供应、检测、报废、调配、库存以及献血者资料日更新。系统上线运行以来，目前已累计收集采供血数据超过 29 亿条，预计每年将新产生数据约 8 亿条。29 个省份成立省级临床用血质量控制中心，目前，我国临床用血呈现出院患者人均用血量、手术台均用血量“双下降”。我国探索建立“互联网+无偿献血”服务模式，实现无偿献血者及其直系亲属用血费用出院直接减免。推广启用全国统一的电子献血证。

第二节　临床用血法律制度

一、临床用血的原则

血液是指用于临床的全血、成分血。无偿献血者的血液必须用于临床，不得买卖。医疗机构不得使用原料血浆，除批准的科研项目外，不得直接使用脐带血。

《中华人民共和国献血法》规定，医疗机构临床用血应遵照合理、科学的原则，制订用血计划，不得浪费和滥用血液。医疗机构应当根据自己的规模、床位以及平均每天的用血量严格掌握输血指征，定期向当地血站提出自己的用血计划，同时做好输血记录。避免不必要的输血，严禁无输血适应证的输血。医疗机构不得将无偿献血的血液出售给单采血浆站或者血液制品生产单位。

二、临床用血管理

（一）医疗机构临床用血管理

1. 管理机构和人员

医疗机构应当设立临床输血管理委员会，负责临床用血的规范服务管理和临床合理用血，科学用血的教育和培训。二级以上医疗机构设立输血科（血库），在本院临床输血管理委员会领导下，负责本单位临床用血的计划申报，储存血液，对本单位临床用血制度执行情况进行检查，并参与临床有关疾病的诊断、治疗与科研，负责临床用血的技术指导和技术实施，确保贮血、配血和其他科学、合理用血措施的执行。医疗机构应指定医务人员负责血液的收领、发放工作，认真核查血袋包装，血液包装不符合国家规定的卫生标准和要求的，应拒领拒收。

2. 血液核查

医疗机构的临床用血，由县级以上人民政府卫生健康主管部门指定的血站供给。血站应当保证向医疗机构发出的血液质量，医疗机构对血站提供的血液不再检测。但为避免输错血、输变质血等严重威胁受血者生命健康的事故发生，《献血法》规定，医疗机构对临床用血必须进行核查，核查内容包括血液的包装是否完整、血液的物理外观是否正常、血液是否在有效期内等。医疗机构不得将不符合国家规定标准的血液用于临床。

3. 开源节流

为保证医疗临床急救用血，防止发生血液供应不上的“血荒”，《献血法》规定，国家提倡并指导择期手术的患者自身储血，动员家庭、亲友、所在单位以及社会互助献血。同时，为了最大限度地发挥血液的功效，医疗机构应当推行“成分输血”，也就是先将采集的血液成分进行分离，分别储存，然后针对不同患者的不同需要，输入血液的不同成分，这样既可以使血液能得以充分利用，又可以减少浪费。

☞ **知识链接：**

成分输血

成分输血（transfusion of blood components）是根据血液比重不同，将供者血液的不同成分应用现代科学方法分离提纯，依据患者病情的不同需要，分别输入相关血液成分。成分输血主要输血种类包括红细胞、粒细胞、单核细胞、血浆及蛋白和自身输血五种。成分输血是目前临床常用的输血类型，其优点在于疗效突出、副作用小、充分利用血液资源以及便于保存和运输等。成分输血的比例是衡量一个国家或地区医疗技术水平高低的重要标志之一。目前，国际上输成分血的比例已经达到90%以上，输全血不到10%，发达国家输成分血的比例已经超过95%。

（二）临时采集血液

为保证应急用血，医疗机构在符合法定条件，确保采血、用血安全的前提下可以临时采集血液。

《医疗机构临床用血管理办法（试行）》规定，医疗机构因应急用血需要临时采集血液的，必须符合以下情况：①边远地区的医疗机构和所在地无血站（或中心血库）；②危及病人生命，急需输血，而其他医疗措施所不能替代；③具备交叉配血及快速诊断方法检验乙型肝炎病毒表面抗原、丙型肝炎病毒抗体、艾滋病病毒抗体的条件。医疗机构应当在临时采集血液后10日内将情况报告当地县级以上人民政府卫生健康主管部门。

三、临床输血技术规范

根据2000年原卫生部制定的《临床输血技术规范》，临床医师和输血医技人员要严格掌握输血适应证，正确应用成熟的临床输血技术和血液保护技术，包括成分输血和自体输血等，并对临床输血的各环节作了具体规定。

（一）输血申请

申请输血应由经治医师逐项填写《临床输血申请单》，由主治医师核准签字，连同受血者血样，于预定输血日期前送交输血科（血库）备血。决定输血治疗前，经治医师应向患者或其家属说明输同种异体血的不良反应和经血传播疾病的可能性，征得患者或家属的同意，并在《输血治疗同意书》上签字。《输血治疗同意书》入病历。无家属签字的无自主意识患者的紧急输血，应报医疗职能部门或主管领导同意、备案，并记入病历。

（二）受血者血样采集与送检

确定输血后，医护人员持输血申请单和贴好标签的试管，当面核对患者姓名、性别、年龄、病案号、病室/门急诊、床号、血型和诊断，采集血样。由医护人员或专门人员将受血者血样与输血申请单送交输血科（血库），双方进行逐项核对。

（三）交叉配血

受血者配血试验的血标本必须是输血前3天之内的。输血科（血库）要逐项核对输血申请单、受血者和供血者血样，复查受血者和供血者ABO血型（正、反定型），并常规检查患者Rh（D）血型（急诊抢救患者紧急输血时Rh(D)检查可除外），正确无误时可进行交叉配血。凡输注全血、浓缩红细胞、红细胞悬液、洗涤红细胞、冰冻红细胞、浓缩白细胞、手工分离浓缩血小板等患者，应进行交叉配血试验。机器单采浓缩血小板应ABO血型同型输注。对于交叉配血不合时或者有输血史、妊娠史或短期内需要接收多次输血者，必须按《全国临床检验操作规程》有关规定作抗体筛选试验。

☞ **知识链接：**

亲属间相互输血并不安全

有人认为病人输入血型相同的亲属的血液最安全，事实上并非如此。输血本质上是移植的一种，也会伴随着一系列可能发生的免疫反应。而输血相关性移植物抗宿主病（简称TA-GVHD）就是最严重的输血并发症之一，死亡率在90%以上。供血者体内有免疫活性的淋巴细胞，在患者体内迁移、增殖，反客为主，进而攻击患者的免疫系统。直系亲属间（尤其是父母与子女之间）的输血发生TA-GVHD的可能性十分大，甚至是其他人输血的几十倍。直系亲属之间，由于单倍体基因型一般相同，这样，患者的免疫系统就很难识别供者的细胞为外来物，不产生排斥，最终使供者细胞在体内大幅增殖，反客为主，产生危害。同时，丈夫也不能给妻子输血，尽管他们没有血缘关系。这是因为妻子接受丈夫血液后，会产生针对其血型抗原的抗体。怀孕后，抗体可以到达胎儿体内，胎儿就可能会发生新生儿溶血病。如果因为特殊原因，不能规避直系亲属输血，这时就需要利用专门的辐照仪进行照射，将血液中的有免疫活性的淋巴细胞灭活，再进行输入。因此，病人输血时要避免使用亲属的血液，而应使用供血机构调剂分配的非亲属供血者的血液。

（四）血液入库、核对、贮存

全血、血液成分入库前，要认真核对验收。核对验收内容包括：运输条件、物理外观、血袋封闭及包装是否合格，标签填写是否清楚齐全（供血机构名称及其许可证号，供血者姓名或条形码编号和血型、血液品种、容量、采血日期、血液成分的制备日期及时间，有效期及时间、血袋编号/条形码，储存条件）等。输血科（血库）要认真做好血液出入库、核对、领发的登记，有关资料需保存10年。按A、B、O、AB血型将全血、血液成分分别贮存于血库专用冰箱不同层内或不同专用冰箱内，并有明显的标识。

（五）发血

配血合格后，由医护人员到输血科（血库）取血。取血与发血的双方必须共同查对患者姓名、性别、病案号、门急诊/病室、床号、血型、血液有效期及配血试验结果，以及保存血的外观等，确保准确无误，双方共同签字后方可发出。血液发出后，受血者和供血者的血样保存于2~6℃冰箱，至少7天，以便对输血不良反应追查原因。血液发出后不得退回。

（六）输血

输血前，由两名医护人员对交叉配血报告单及血袋标签各项内容，检查血袋有无破损渗漏，血液颜色是否正常。准确无误方可输血。输血时，由两名医护人员带病历共同到患者床旁核对患者姓名、性别、年龄、病案号、门急诊/病室、床号、血型等，确认与配血报告相符，再次核对血液后，用符合标准的输血器进行输血。输血过程中应先慢后快，再根据病情和年龄调整输注速度，并严密观察受血者有无输血不良反应，如出现异常情况，应及时处理。输血完毕，医护人员对有输血反应的应逐项填写患者输血反应回报单，并返还输血科（血库）保存。输血科（血库）每月统计上报医务处（科）。输血完毕后，医护人员将输血记录单（交叉配血报告单）贴在病历中，并将血袋送回输血科（血库）至少保存一天。

☞ **案例：**

成都血浆浇花事件

2009年11月，成都一位网友将献血者捐献的、仍在使用期内的血浆兑入清水浇灌兰花，同时拍下照片上传至某论坛，声称自己给兰花的肥料是“高蛋白的营养品”。其照片在各网站上引起大量转载，引发“自愿献血的血浆被人拿来做浇花肥料”的激烈讨论。后经成都市卫生局调查发现，血浆是由成都市血液中心发到某县级储存血库，随后再转至本地一家工矿医院的。工矿医院输血科值班人员发现血浆有絮状物，于是在没有经过审批的情况下就擅自报废血浆，并且没有按照规定对报废血浆进行正当处理，而是交给科室另一人员传递给其朋友。

思考与讨论：

该医院输血科工作人员违反了临床用血技术规范的哪些规定？

第三节　血站管理法律制度

一、血站的概念

血站是指不以营利为目的，采集、提供临床用血的公益性卫生机构。在我国，采供血机构分血站和单采血浆站。血站包括一般血站和特殊血站。一般血站分为血液中心、中心血站和中心血库。特殊血站包括脐带血造血干细胞库和卫生健康委根据医学发展需要设置的其他类型血库。

二、血站的设置与执业要求

（一）血站的设置

1. 一般血站的设置

属于一般血站的血液中心、中心血站和中心血库，由地方人民政府设立。

（1）血液中心的设置。在省、自治区人民政府所在地的城市和直辖市，应规划设置一所相应规模的血液中心。

（2）中心血站的设置。在设区的市级人民政府所在地的城市，可规划设置一所相应规模的中心血站。中心血站供血半径应大于100公里。距血液中心150公里范围内（或在3个小时车程内）的设区的市，原则上不单独设立中心血站；与已经设立中心血站距离不足100公里的相近（邻）设区的市原则上不单独设立中心血站。

（3）中心血库的设置：在血液中心或中心血站3个小时车程内不能提供血液的县（市），可根据实际需要在县级医疗机构内设置一所中心血库，其任务是完成本区域的采供血任务，供血半径应在60公里左右。距血液中心或中心血站3个小时车程内的县（市）原则上不予设置。

一个城市内不得重复设置血液中心，中心血站可根据服务区域实际需要，设立非独立的分支机构、固定采血点、储血点。固定采血点、储血点不得进行血液检测。

2. 特殊血站的设置

特殊血站包括脐带血造血干细胞库和卫生健康委员会根据医学发展需要批准、设置的其他类型血库。

（1）2010年以前，全国规划设置4～10个脐带血造血干细胞库。符合规划的省级行政区域范围内，只能设置一个脐带血造血干细胞库。脐带血造血干细胞库不得在批准设置地以外的省、自治区、直辖市设置分支机构或采血点。

（2）根据医学发展需要设置的其他特殊血液成分库的设置标准，由卫生健康委另行制定。国家不批准设置以营利为目的的脐带血造血干细胞库等特殊血站。

（二）血站的执业登记

1. 执业许可

血站执业以及中心血库开展采供业务必须经注册登记。《献血法》规定，设立血站向公民采集血液，必须经国务院卫生健康主管部门或者省、自治区、直辖市人民政府卫生健康主管部门批准。根据《血站管理办法》规定，血站开展采供血活动，应当向所在省、自治区、直辖市人民政府卫生健康主管部门申请办理执业登记，取得《血站执业许可证》；没有取得《血站执业许可证》的，不得开展采供血活动。

2. 登记管理

血站执业登记必须履行如下报批程序：

（1）申请：填写《血站执业登记申请书》。

（2）审查：省级人民政府卫生健康主管部门在受理血站执业登记申请后，应当组织有关专家或者委托技术部门，根据《血站质量管理规范》和《血站实验室质量管理规范》，对申请单位进行技术审查，并提交技术审查报告。

（3）审核：省级人民政府卫生健康主管部门应当在接到专家或者技术审查报告后20日内对申请事项进行审核。审核合格的，予以执业登记，发给卫生健康委统一样式的《血站执业许可证》及其副本。《血站执业许可证》有效期为3年，期满前3个月应当办理再次执业登记。

血站因采、供血需要，在规定的服务区域内设置分支机构中，应当报所在省、自治区、直辖市人民政府卫生健康主管部门备案。为保证辖区内临床用血需要，血站可以设置储血点储存血液。储血点应当具备必要的储存条件，并由省级卫生健康主管部门批准。

三、采供血管理

血站必须按照注册登记的项目、内容、范围开展采供血业务，必须严格遵守有关法律、行政法规、规章和技术规范。应当根据医疗机构临床用血需求，制订血液采集、制备、供应计划，保障临床用血安全、及时、有效，并为献血者提供各种安全、卫生、便利的条件。

（一）血站采血

1. 献血者选择

为了确保血液安全，血站应从低危人群中招募无偿献血者。在血液采集前，血站应正确履行对献血者的血液安全教育、登记、健康征询和检查、血液初筛、献血适宜性评估以及告知、记录、标识等规程。血站对献血者必须免费进行必要的健康检查；身体不符合献血条件的，血站应当向其说明情况，不得采集血液。献血者的身体健康条件由国务院卫生健康主管部门规定。

2. 质量管理

采血必须由具有采血资格的医务人员进行。血站开展采供血业务应当实行全面质量管理，严格遵守技术规范和标准，并建立人员岗位责任制度和采供血管理相关工作制度，并定期检查、考核各项规章制度和各级各类人员岗位责任制的执行和落实情况。

3. 采血量和间隔

血站对献血者每次采集血液量一般为200毫升，最多不得超过400毫升，两次采集间隔期不少于6个月。严格禁止血站违反规定，对献血者超量频繁采集血液。

4. 一次性采血器材用后必须销毁

血站采集必须使用有生产单位名称批冷文号的一次性采血器材，不得合理用血可重复使用的采血器材和无生产单位名称和批准文号的一次性采血器材；同时，一次性采血器材一次使用后必须销毁，不得再次使用。

5. 血液检测

血站对采集的血注必须根据规定进行检测；未经检测或者检测不合格的血液，不得向医疗机构提供。

（二）血站供血

血站在供血环节上，必须加强管理，严格执行各项法律规定和卫生要求，以保证医疗临床用血的安全。

血站应当保证发生的血液质量符合国家有关标准，其品种、规格、数量、活性、血型无差错；未经检测或者检测不合格的血液，不得向医疗机构提供。

血液的包装、储存、运输应当符合《血站质量管理规范》的要求，血液包装袋上应当标明：①血站的名称及其许可证号；②献血编号或者条形码；③血型；④血液品种；⑤采血日期及时间或者制备日期及时间；⑥有效日期及时间；⑦储存条件。血站应当保证发出的血液质量符合国家有关标准，其品种、规格、数量、活性、血型无差错；未经检测或者检测不合格的血液，不得向医疗机构提供。血站还应当加强对其所设储血点的质量监督，确保储存条件，保证血液储存质量；按照临床需要进行血液储存和调换。

血站要制定紧急灾害应急预案，并从血源、管理制度、技术能力和设备条件等方面保证预案的实施，在紧急灾害发生时，服从县级以上人民政府卫生健康主管部门的调遣。此外，特殊血型的血液需要从外省、自治区、直辖市调配的，由省级人民政府卫生健康主管部门批准，实施中由需方血站对血液进行再次检验，保证血液质量。

第四节 血液制品管理法律制度

一、血液制品的概念

血液制品，特指各种人血浆蛋白制品。为加强血液制品管理，预防和控制经血液途径传播的疾病，保证血液制品的质量，根据国务院1996年12月30日发布的《血液制品管理条例》规定，由国务院卫生健康主管部门和县级以上地方各级人民政府卫生健康主管部门分别对全国的原料血浆的采集、供应和血液制品的生产、经营活动和本行政区域内的原料血浆的采集、供应和血液制品的生产、经营活动，实施监督管理。2008 年 1 月原卫生部发布的《单采血浆站管理办法》对单采血浆站的规划设置、审批要求、执业许可、监督管理和处罚标准等作出了明确的规定。

☞ **知识链接：**

血液制品

血液制品也称血制品，是指各种人血浆蛋白制品，包括人血白蛋白，人胎盘血白蛋白，静脉注射用人免疫球蛋白，肌注人免疫球蛋白，组织胺人免疫球蛋白，特异性免疫球蛋白，乙型肝炎、狂犬病、破伤风免疫球蛋白，人凝血因子Ⅷ，人凝血酶原复合物，人纤维蛋白原，抗人淋巴细胞免疫球蛋白等。血液制品的原料是血浆。人血浆中有92%~93%是水，仅有7%~8%是蛋白质，血液制品就是从这部分蛋白质分离提纯制成的。受技术水平的限制，血浆蛋白中仅有一部分能够得到利用。

二、原料血浆的管理

(一) 原料血浆的概念

原料血浆是指由单采血浆站采集的专用于血液制品生产原料的血浆。

县级以上各级人民政府卫生健康主管部门负责本行政区域内的单采血浆站、供血浆者、原料血浆的采集及血液制品经营单位的监督管理。省、自治区、直辖市人民政府卫生健康主管部门依照《血液制品管理条例》的规定负责本行政区域内的血液制品生产单位的监督管理。县级以上地方各级人民政府卫生健康主管部门的监督人员执行职务时，可以按照国家有关规定抽取样品和索取有关资料，有关单位不得拒绝和隐瞒。

(二) 单采血浆站的管理

单采血浆站是指根据地区血源资源，按照有关标准和要求并经严格审批设立，采集供应血液制品生产用原料血浆的单位。单采血浆站由血液制品生产单位设置，具有独立的法人资格。其他任何单位和个人不得从事单采血浆活动。

1. 设置规划

国家卫生健康委员会根据全国生产用原料血浆的需求、经济发展状况、疾病流行情况等，制定全国采供血机构设置规划指导原则。省、自治区、直辖市人民政府卫生健康主管部门根据国家卫生健康委员会《采供血机构设置规划指导原则》，结合本行政区域疾病流行、供血浆能力等实际情况和当地区域卫生发展规划，制订本地区的单采血浆站设置规划，组织实施，并报国家卫生健康委员会备案，各负其责，监督管理。

2. 设置审批

血液制品生产单位设置单采血浆站应当符合当地单采血浆站设置规划，并经省、自治区、直辖市人民政府卫生健康主管部门批准。单采血浆站应当设置在县（旗）及县级市，不得与一般血站设置在同一县级行政区域内。有地方病或者经血传播的传染病流行、高发的地区不得规划设置单采血浆站。上一年度和本年度自愿无偿献血未能满足临床用血的市级行政区域内不得新建单采血浆站。

省、自治区、直辖市人民政府卫生健康主管部门根据实际情况，划定单采血浆站的采浆区域。采浆区域的选择应当保证供血浆者的数量，能满足原料血浆年采集量不少于30吨。新建单采血浆站在3年内达到年采集量不少于30吨。

设置单采血浆站必须具备下列条件：①符合采供血机构设置规划、单采血浆站设置规划以及《单采血浆站基本标准》要求的条件；②具有与所采集原料血浆相适应的卫生专业技术人员；③具有与所采集原料血浆相适应的场所及卫生环境；④具有识别供血浆者的身份识别系统；⑤具有与所采集原料血浆相适应的单采血浆机械及其他设施；⑥具有对所采集原料血浆进行质量检验的技术人员以及必要的仪器设备；⑦符合国家生物安全管理相关规定。

申请设置单采血浆站的血液制品生产单位，应当向单采血浆站设置地的县级人民政府卫生健康主管部门提交《设置单采血浆站申请书》，县级人民政府卫生健康主管部门在收到全部申请材料后进行初审，经设区的市、自治州人民政府卫生健康主管部门审查同意后，报省级人民政府卫生健康主管部门审批。经审查符合条件的，由省级人民政府卫生健康主管部门核发《单采血浆许可证》（有效期为2年），并在设置审批后10日内报卫健委备案。

3. 原料血浆的采集管理

（1）单采血浆站采集原料血浆应当遵循自愿和知情同意的原则。按照《中华人民共和国药典》血液制品原料血浆规程对申请供血浆者进行健康状况征询、健康检查和血样化验，并按照卫健委发布的供血浆者须知对供血浆者履行告知义务。对健康检查合格的申请供血浆者，核对身份证后，填写供血浆者名册，报所在地县级人民政府卫生健康主管部门。省级人民政府卫生健康主管部门应当在本省和相邻省内进行供血浆者信息检索，确认未在其他单采血浆站登记，将有关信息进行反馈，由县级人民政府卫生健康主管部门发给《供血浆证》。

（2）供血浆者健康管理。供血浆者是指提供血液制品生产用原料血浆的人员。划定采浆区域内具有当地户籍的18岁到55岁健康公民可以申请登记为供血浆者。单采血浆站应当建立供血浆者管理档案，记录供血浆者供血浆情况、健康检查情况。建立供血浆者永久淘汰、暂时拒绝及不予发放《供血浆证》者档案名册。同时，采用计算机管理档案并建立供血浆者身份识别系统。单采血浆站在采集血浆中发现《供血浆证》内容变更或者供血浆者健康检查不合格的，应当收缴《供血浆证》并及时告知当地县级人民政府卫生健康主管部门。

（3）血浆采集工作规程。单采血浆站应当根据登记的供血浆者供血浆实际情况和血液制品生产单位原料血浆需求情况，制订采浆工作计划，合理安排供血浆者供血浆。在每次采集血浆前，必须将供血浆者持有的身份证或者其他有效身份证明、《供血浆证》与计算机档案管理内容进行核实，确认无误的，方可按照规定程序进行健康检查和血样化验；对检查、化验合格的，按照有关技术操作标准和程序采集血浆，并详细记录。单采血浆站必须使用单采血浆机械采集血浆，严禁手工采集血浆。每次采集供血浆者的血浆量不得超过 580 毫升（含抗凝剂溶液，以容积比换算质量比不超过 600 克）。严禁超量采集血浆。两次供血浆时间间隔不得少于 14 天。严禁频繁采集血浆。

（4）原料血浆的采集、包装、储存、运输和供应。严禁采集非划定采浆区域内供血浆者的血浆。严禁采集冒名顶替者及无《供血浆证》者的血浆。原料血浆的采集、包装、储存、运输应当符合《单采血浆站质量管理规范》的要求。单采血浆站只能向设置其的血液制品生产单位供应原料血浆。严禁采集血液或者将所采集的原料血浆用于临床。

（5）工作人员要求。单采血浆站应当建立人员岗位责任制和采供血浆管理相关工作制度，并定期检查、考核各项规章制度和各级各类人员岗位责任制的执行和落实情况。关键岗位工作人员应当符合岗位执业要求，并接受血液安全和业务岗位培训与考核，领取岗位培训合格证书后方可上岗。单采血浆站工作人员每人每年应当接受不少于 75 学时的岗位继续教育。岗位培训与考核由省级以上人民政府卫生健康主管部门负责组织实施。

三、对血液制品生产和经营的管理和监督

（一）血液制品生产经营机构设置管理

新建、改建或者扩建血液制品生产单位，必须经国务院卫生健康主管部门根据总体规划进行立项审查同意后，由省、自治区、直辖市人民政府卫生健康主管部门审核批准。

血液制品生产单位必须具备《药品生产企业许可证》，并达到国务院卫生健康主管部门制定的《药品生产质量管理规范》规定的标准，经国务院卫生健康主管部门审查合格，并依法向市场监督管理部门申领营业执照后，方可从事血液制品的生产活动。

严禁血液制品生产单位出让、出租、出借以及与他人共用《药品生产企业许可证》和产品的批准文号。

开办血液制品经营单位，应当具备与所经营的产品相适应的冷藏条件。熟悉所经营品种的业务人员，由省、自治区、直辖市人民政府卫生健康主管部门审核批准。

（二）血液制品生产经营管理

血液制品生产单位生产国内已经生产的品种，必须依法向国务院卫生健康主管部门申请产品批准文号；生产国内尚未生产的品种，必须按照国家有关新药审批的程序和要求申报。

血液制品生产单位不得从无《单采血浆许可证》的单采血浆站或者未与其签订质量责任书的单采血浆站及其他任何单位收集原料血浆。也不得向其他任何单位供应原料血浆。

血液制品生产单位在原料血浆投料生产前，必须使用有产品批准文号并经国家药品生物制品检定机构逐批检定合格的体外诊断试剂，对每1人份血浆进行全面复检，并作检测记录。原料血浆经复检不合格的，不得投料生产，并必须在省级药品监督员监督下按照规定程序和方法予以销毁，并做记录。原料血浆经复检发现有经血液途径传播的疾病的，必须通知供应血浆的单位采血浆站，并及时上报所在地省、自治区、直辖市人民政府卫生健康主管部门。血液制品出厂前，必须经过质量检验；经检验不符合国家标准的，严禁出厂。

血液制品生产经营单位生产、包装、储存、运输、经营血液制品，应当符合国家规定的卫生标准和要求。

第五节　法律责任

一、行政责任

《中华人民共和国献血法》规定，有下列行为之一的，由县级以上地方人民政府予以取缔，没收违法所得，可以并处10万元以下的罚款：①非法采集血液的；②血站、医疗机构出售无偿献血的血液的；③非法组织他人出卖血液的。

血站违反有关操作规程和制度采集血液，由县级以上地方人民政府卫生健康主管部门责令改正；给献血者健康造成损害的，应当依法赔偿，对直接负责的主管人员和其他直接责任人员，依法给予行政处分。

临床用血的包装、储运、运输不符合国家规定的卫生标准和要求的，由县级以上地方人民政府卫生健康主管部门责令改正，给予警告，可以并处1万元以下的罚款。

血站违反规定，向医疗机构提供不符合国家规定标准的血液的，由县级以上人民政府卫生健康主管部门责令改正；情节严重，造成经血液途径传播的疾病传播或者有传播严重危险的，限期整顿，对直接负责的主管人员和其他直接责任人员，依法给予行政处分。

医疗机构的医务人员违反规定，将不符合国家规定标准的血液用于患者的，由县级以上地方人民政府卫生健康主管部门责令改正；给患者健康造成损害的，应当依法赔偿，对直接负责的主管人员和其他直接责任人员，依法给予行政处分。

卫生健康主管部门及其工作人员在献血、用血的监督管理工作中，玩忽职守，造成严重后果，尚不构成犯罪的，依法给予行政处分。

二、民事责任

血站违反有关制度采集血液，给献血者健康造成损害的，应依法赔偿。医疗机构的医务人员违反规定，将不符合国家规定标准的血液用于患者，给患者健康造成损害的，应当依法赔偿。

三、刑事责任

违反血液及血液制品相关管理法律、法规，情节严重，触犯刑法的，应当受到刑事处罚。我国《刑法》规定了以下几种罪名：

（1）非法组织卖血罪和强迫卖血罪。《刑法》第 333 条规定非法组织他人出卖血液的，处五年以下有期徒刑，并处罚金；以暴力、威胁方法强迫他人出卖血液的，处 5 年以上 10 年以下有期徒刑，并处罚金。有上述行为，对他人造成伤害的，依照《刑法》第 234 条定罪处罚。《刑法》第 234 条“故意伤害罪”规定，故意伤害他人身体的，处 3 年以下有期徒刑、拘役或者管理；致人重伤的，处 3 年以上 10 年以下有期徒刑；致人死亡或者以特别残忍手段致人重伤的，处 10 年以上有期徒刑、无期徒刑或者死刑。本法另有规定的，依照规定。

（2）非法采集、供应血液或者制作、供应血液制品罪。《刑法》第 334 条第 1 款规定：非法采集、供应血液或者制作、供应血液制品，不符合国家规定的标准，足以危害人体健康的，处 5 年以下有期徒刑或者拘役，并处罚金；对人体健康造成严重危害的，处 5 年以上 10 年以下有期徒刑，并处罚金；造成特别严重后果的，处 10 年以上有期徒刑或者无期徒刑，并处罚金或者没收财产。

（3）《刑法》第 334 条第 2 款规定：经国家主管部门批准采集、供应血液或者制作、供应血液制的部门，不依照规定进行检测或者违背其他操作规定，造成危害他人身体健康后果的，对单位判处罚金，并对其直接负责的主管人员和直接负责的其他直接责任人员，处 5 年以下有期徒刑或者拘役。

（4）《刑法》第 335 条规定：医务人员由于严重不负责任，造成就诊人死亡或者严重损害就诊人身体健康的，处 3 年以下有期徒刑或者拘役。

（5）《刑法》第 397 第 1 款规定：国家机关工作人员滥用职权或者玩忽职守，致使公共财产、国家和人民利益遭受重大损失的，处 3 年以下有期徒刑或者拘役；情节特别严重的，处 3 年以上 7 年以下有期徒刑。

◎ 思考题

1. 无偿献血的对象及条件是什么？
2. 采供血机构的分类和设置要求是什么？
3. 血站在采供血过程中应遵守哪些规定？
4. 医疗机构临床用血原则和程序是什么？

第三篇　医疗保健服务法律制度

第十一章　药品与医疗器械管理法律制度

药品与医疗器械作为现代科学技术产品，已广泛应用于疾病的预防、诊断、治疗、保健和康复过程中，成为现代医学领域中的重要手段。如何保证药品与医疗器械安全有效地使用，是药品与医疗器械生产、经营、使用单位和技术监测部门共同面临的问题。因此，加强对医院在用医疗器械的管理就显得特别重要。

第一节　药品及药品管理法律制度概述

一、药品的概念和特征

药品，是指依法用于预防、治疗、诊断人的疾病，有目的地调节人的生理功能并规定有适应证或功能主治、用法和用量的物质，包括中药材、中药饮片、中成药、化学原材料及其制剂、抗生素、生化药品、放射性药品、血清、疫苗、血液制品和诊断药品等。

药品是直接影响人的身体健康和生命安全的特殊商品，具有特殊性，具体如下：

（1）药品作用的双重性。药物的作用和功能在于预防、治疗、诊断人的疾病，维护人体健康。但多数药品在不同程度上具有毒副作用，对人体具有一定的侵袭性。

（2）药品质量的严格性。药品直接关系到疾病治疗效果，关系到患者的身体健康和生命安危。药品必须符合质量标准要求。

（3）药品的研制、生产、销售的法定性。药品的生产者、销售者、研制者以及新药本身都必须经过相关政府部门的批准，否则为法律所禁止或限制。

（4）药品种类的广泛性。有现代药和传统药，其中，传统药有中药和少数民族传统药。

（5）药品鉴定的科学性。药品具有很强的专业性和技术性，对于药品的质量和疗效，必须由专门的技术人员和专门机构，依照法定的标准和技术方法作出鉴定和评价。

二、我国药品管理立法进程

药品管理立法，是指由特定的国家机关，依据法定权限和程序，制定、认可、修订、补充和废除药品管理法律规范的活动。

为了加强药品监督管理，保证质量，保障人体用药安全，维护人民身体健康和用药的合法权益，1984 年 9 月 20 日第六届全国人大常委会第 7 次会议通过了《药品管理法》，并于 1985 年 7 月 1 日起施行；2001 年 2 月 28 日第九届全国人大常委会第 20 次会议根据社会的发展对《药品管理法》作了比较大的修订，并于2001年12月1日起施行。国务院及其相关部委先后颁布了《中华人民共和国药品管理法实施条例》（2002年修订）、《麻醉药品和精神药品管理条例》（2005年）、《医疗用毒性药品管理办法》（1988年）、《放射性药品管理办法》（1989年）、《药品广告审查标准》（1995年）、《互联网药品信息服务管理办法》（2004年）等重要的行政法规。

2009年《中共中央、国务院关于深化医药卫生体制改革的意见》正式出台，国家将建立健全药品供应保障体系。加快建立以国家基本药物制度为基础的药品供应保障体系，保障人民群众安全用药。随着法制建设不断完善，我国将进一步完善以《药品管理法》为主体，包括配套的行政法规、规章以及地方性法规在内的具有中国特色的药品监督管理法律体系。

2019年8月26日，新修订的《中华人民共和国药品管理法》经十三届全国人大常委会第十二次会议表决通过，并于2019年12月1日起施行。修改后药品管理法全面加了大对生产、销售假药、劣药的处罚力度。

☞ **知识链接：**

国家基本药物制度

基本药物是适应我国基本医疗卫生需求、剂型适宜、价格合理、能够保障供应且公众可公平获得的药品。国家将基本药物全部纳入基本医疗保障药品目录，报销比例明显高于非基本药物，降低个人自付比例，用经济手段引导广大群众首先使用基本药物。

国家基本药物制度是对基本药物目录制定、生产供应、采购配送、合理使用、价格管理、支付报销、质量监管、监测评价等多个环节实施有效管理的制度。它的主旨是改善目前的药品供应保障体系，保障人民群众的安全用药。国家发改委等9部委2009年8月18日发布了《关于建立国家基本药物制度的实施意见》《国家基本药物目录管理办法（暂行）》和《国家基本药物目录（基层医疗卫生机构配备使用部分）》（2009），标志着我国建立国家基本药物制度工作正式实施。现行《国家基本药物目录》（2012）自2013年5月1日起施行。

第二节　药品生产经营的监督管理

一、药品生产企业的管理

药品生产企业是投资人依法定条件和程序设立的以营利为目的的经营实体，是生产药品的专营企业或者兼营企业。就药品生产企业的法律形式而言，有中外投资人设立的公司、合伙企业和个人独资企业；就经营目的而言，主要着眼于营利目的的实现。由于药品生产本身对社会公共利益的极端重要性，国家必须加强对于药品生产企业的严格规范。

（一）开办药品生产企业的条件

开办药品生产企业必须具备以下条件：具有依法经过资格认定的药学技术人员、工程技术人员及相应的技术工人；具有与其药品生产相适应的厂房、设施和卫生环境；具有能对所生产药品进行质量管理和质量检验的机构、人员以及必要的仪器设备；具有保证药品质量的规章制度。

（二）开办药品生产企业的审批

开办药品生产企业，须经企业所在地省、自治区、直辖市人民政府药品监督管理部门批准并发给《药品生产许可证》，凭《药品生产许可证》到市场监督管理部门办理登记注册。无《药品生产许可证》的，不得生产药品。

《药品生产许可证》应当标明有效期和生产范围，到期重新审查发证。《药品生产许可证》有效期为5年。有效期届满，需要继续生产药品的，持证企业应当在许可证有效期届满前6个月，按照国务院药品监督管理部门的规定申请换发《药品生产许可证》。

（三）药品生产的批准制

药品生产企业设立成功以后，要从事药品的生产，还必须经过相关部门的批准。药品生产企业的批准和药品生产的批准是两回事：前者是批准企业本身的设立，使企业具有存在的合法性，不等于具有药品生产的合法性；后者是企业开展生产活动的合法性的批准。

生产新药或者已有国家标准的药品的，须经国务院药品监督管理部门批准，并发给药品批准文号，但是生产没有实施批准文号管理的中药材和中药饮片除外。实施批准文号管理的中药材、中药饮片品种目录由国务院药品监督管理部门会同国务院中医药管理部门制定。药品生产企业在取得药品批准文号后，方可生产该药品。

（四）委托生产药品

经国务院药品监督管理部门或者国务院药品监督管理部门授权的省、级人民政府药品监督管理部门批准，药品生产企业可以接受委托生产药品。接受委托生产药品的，受托方必须是持有与其受托生产的药品相适应的《药品生产质量管理规范》认证证书的药品生产企业。疫苗、血液制品和国务院药品监督管理部门规定的其他药品，不得委托生产。

（五）《药品生产许可证》的变更

药品生产企业变更《药品生产许可证》许可事项的，应当在许可事项发生变更30日前，向原发证机关申请《药品生产许可证》变更登记；未经批准，不得变更许可事项。原发证机关应当自收到申请之日起15个工作日内作出决定。申请人凭变更后的《药品生产许可证》，到市场监督管理部门依法办理变更登记手续。

（六）药品生产企业的质量管理

药品生产企业必须遵守《中华人民共和国产品质量法》和药品管理法律法规关于产品质量上的责任，维护药品的质量安全。

1. 药品生产质量认证管理

药品认证，是指药品监督管理部门对药品研制、生产、经营、使用单位实施相应质量管理规范进行检查、评价并决定是否发给相应认证证书的过程。药品生产企业必须按照《药品生产质量管理规范》组织生产。药品监督管理部门按照规定对药品生产企业是否符合《药品生产质量管理规范》的要求进行认证；对认证合格的，发给认证证书。

2. 炮制药品标准

中药饮片必须按照国家药品标准炮制；国家药品标准没有规定的，必须按照省级人民政府药品监督管理部门制定的炮制规范炮制。省级人民政府药品监督管理部门制定的炮制规范应当报国务院药品监督管理部门备案。生产药品所需的原料、辅料，必须符合药用要求。

除中药饮片的炮制外，药品必须按照国家药品标准和国务院药品监督管理部门批准的生产工艺进行生产，生产记录必须完整准确。药品生产企业改变影响药品质量的生产工艺的，必须报原批准部门审核批准。

3. 质量检验

药品生产企业必须对其生产的药品进行质量检验；不符合国家药品标准或者不按照省级人民政府药品监督管理部门制定的中药饮片炮制规范炮制的，不得出厂。

☞ **知识链接：**

产品生产质量管理规范

产品生产质量管理规范（Good Manufacturing Practice，GMP），是一套适用于制药、食品等行业的强制性标准，要求企业从原料、人员、设施设备、生产过程、包装运输、质量控制等方面按国家有关法规达到卫生质量要求，形成一套可操作的作业规范帮助企业改善企业卫生环境，及时发现生产过程中存在的问题，确保了药品质量的安全性、稳定性和均一性。我国新版《药品生产质量管理规范》（2010）自 2011 年 3 月 1 日起施行。新版 GMP 中不仅引入了质量风险管理新理念，强调在实施 GMP 中要以科学和风险为基础，还引入了质量管理体系的新理念，要求制药企业应当建立全面、系统、严密的质量管理体系，并且必须配备足够的资源。

二、药品经营企业管理

药品经营企业是投资人依法设立的以营利为目的的经营实体，是经销药品的专营企业或者兼营企业，有中外投资人设立的公司、合伙企业和个人独资企业。药品经营企业的药品经营方式，包括药品批发和药品零售。药品经营企业可以区分为药品批发企业和药品零售企业。药品批发企业，是指将购进的药品销售给药品生产企业、药品经营企业、医疗机构的药品经营企；药品零售企业，是指将购进的药品直接销售给消费者的药品经营企业。

（一）开办药品经营企业的条件

开办药品经营企业须具备以下条件：具有依法经过资格认定的药学技术人员；具有与所经营药品相适应的营业场所、设备、仓储设施、卫生环境；具有与所经营药品相适应的质量管理机构或者人员；具有保证所经营药品质量的规章制度。

（二）开办药品经营企业的审批和认证

对于药品销售企业的设立，我国实行的是审批制，这点不同于一般的商品经营企业。药品监督管理部门批准药品经营企业的设立，要进行设立条件的真实性、合法性的实质性审查，要遵循合理布局和方便群众购药的原则。无《药品经营许可证》的，不得经营药品。

开办药品批发企业，申办人应当向拟办企业所在地省级人民政府药品监督管理部门提出申请。药品监督管理部门应当自收到申请之日起 30 个工作日内，依据国务院药品监督管理部门规定的设置标准作出是否同意筹建的决定。申办人完成拟办企业筹建后，应当向原审批部门申请验收。原审批部门应当自收到申请之日起 30 个工作日内，依据《药品管理法》第十五条规定的开办条件组织验收；符合条件的，发给《药品经营许可证》。申办人凭《药品经营许可证》，到市场监督管理部门依法办理登记注册。

开办药品零售企业，申办人应当向拟办企业所在地药品监督管理机构或者省级人民政府药品监督管理部门直接设置的县级药品监督管理机构提出申请。受理申请的药品监督管理机构应当自收到申请之日起 30 个工作日内，依据国务院药品监督管理部门的规定，结合当地常住人口数量、地域、交通状况和实际需要进行审查，做出是否同意筹建的决定。申办人完成拟办企业筹建后，应当向原审批机构申请验收，原审批机构应当自收到申请之日起 15 个工作日内，依据《药品管理法》第十五条规定的开办条件组织验收；符合条件的，发给《药品经营许可证》。申办人凭《药品经营许可证》，到市场监督管理部门依法办理登记注册。

《药品经营许可证》有效期为 5 年。有效期届满，需要继续经营药品的，持证企业应当在许可证有效期届满前 6 个月，按照国务院药品监督管理部门的规定申请换发《药品经营许可证》。药品经营企业终止经营药品或者关闭的，《药品经营许可证》由原发证机关缴销。

（三）其他相关规定

（1）中药材的经营管理规定。城乡集市贸易市场可以出售中药材。交通不便的边远地区城乡集市贸易市场没有药品零售企业的，当地药品零售企业经所在地药品监督管理机构批准，并到市场监督管理部门办理登记注册后，可以在该城乡集市贸易市场内设点并在批准经营的药品范围内销售非处方药品。

（2）通过互联网进行药品交易的药品生产企业、药品经营企业、医疗机构及其交易的药品，必须符合《药品管理法》和本条例的规定。互联网药品交易服务的管理办法，由国务院药品监督管理部门会同国务院有关部门制定。

（3）新发现和从国外引种的药材，经国务院药品监督管理部门审核批准后，方可销售。

（4）地区性民间习用药材的管理办法，由国务院药品监督管理部门会同国务院中医药管理部门制定。

（四）药品经营企业的质量管理

药品销售企业必须遵守《中华人民共和国产品质量法》和药品管理法律法规关于产品质量上的责任，这种药品质量责任贯穿于药品进货、经销、保管、标识等各个环节。

（1）药品经营质量认证管理。药品经营企业必须按照国务院药品监督管理部门依据本法制定的《药品经营质量管理规范》经营药品。药品监督管理部门按照规定对药品经营企业是否符合《药品经营质量管理规范》的要求进行认证。对认证合格的，发给认证证书。

（2）进货检查验收。药品经营企业购进药品，必须建立并执行进货检查验收制度，验明药品合格证明和其他标识。不符合规定要求的，不得购进。

（3）购销记录管理。药品经营企业购销药品，必须有真实完整的购销记录。购销记录必须注明药品的通用名称、剂型、规格、批号、有效期、生产厂商、购（销）货单位、购（销）货数量、购销价格、购（销）货日期及国务院药品监督管理部门规定的其他内容。

（4）药品销售要求。药品经营企业销售药品必须准确无误，并正确说明用法、用量和注意事项；调配处方必须经过核对，对处方所列药品不得擅自更改或者代用。对有配伍禁忌或者超剂量的处方，应当拒绝调配；必要时，经处方医师更正或者重新签字，方可调配。药品经营企业销售中药材，必须标明产地。

（5）药品保管制度。药品经营企业必须制定和执行药品保管制度，采取必要的冷藏、防冻、防潮、防虫、防鼠等措施，保证药品质量。药品入库和出库必须执行检查制度。

☞ **知识链接：**

药品经营质量管理规范

药品经营质量管理规范（Good Supply Practice，GSP），是指在药品流通过程中，针对计划采购、购进验收、储存、销售及售后服务等环节而制定的保证药品符合质量标准的一项管理制度。其核心是通过严格的管理制度来约束企业的行为，对药品经营全过程进行质量控制，保证向用户提供优质的药品。现行《药品经营质量管理规范》（2013）自2013年6月1日起施行。

三、医疗机构药剂管理

医疗机构制剂，是指医疗机构根据本单位临床需要经批准而配制、自用的固定处方制剂。

（一）医疗机构配置药剂的条件

1. 医疗机构配制制剂的审批制

医疗机构配制制剂必须经所在地省级人民政府卫生健康主管部门审核同意，由省级人民政府药品监督管理部门批准，发给《医疗机构制剂许可证》。无《医疗机构制剂许可证》的，不得配制制剂。《医疗机构制剂许可证》有效期为5年。有效期届满，需要继续配制制剂的，医疗机构应当在许可证有效期届满前6个月，按照国务院药品监督管理部门的规定申请换发《医疗机构制剂许可证》。医疗机构终止配制制剂或者关闭的，《医疗机构制剂许可证》由原发证机关缴销。

医疗机构配制制剂必须按照国务院药品监督管理部门的规定报送有关资料和样品，经所在地省级人民政府药品监督管理部门批准，并发给制剂批准文号后，方可配制。

2. 药剂配置人员的资格要件

医疗机构必须配备依法经过资格认定的药学技术人员，非药学技术人员不得直接从事药剂技术工作。

3. 医疗制剂配置机构资格及适用范围

配制制剂的机构必须具有能够保证制剂质量的设施、管理制度、检验仪器和卫生条件；医疗机构配制的制剂，应当是本单位临床需要而市场上没有供应的品种。

（二）医疗机构的药剂、药品质量管理

医疗机构配置使用药剂、药品，必须遵守相关法律、行政法规的规定，履行自己在药剂、药品质量管理上的责任。

1. 配制制剂质量要求

配制的制剂必须按照规定进行质量检验；合格的，凭医师处方在本医疗机构使用。

2. 配置药剂使用范围

医疗机构自己配制的制剂，一般而言，只限在本医疗机构使用。发生灾情、疫情、突发事件或者临床急需而市场没有供应时，经国务院或者省级人民政府的药品监督管理部门批准，在规定期限内，医疗机构配制的制剂可以在指定的医疗机构之间调剂使用。国务院药品监督管理部门规定的特殊制剂的调剂使用以及省、自治区、直辖市之间医疗机构制剂的调剂使用，必须经国务院药品监督管理部门批准。医疗机构配制的制剂不得在市场上销售或者变相销售，不得发布医疗机构制剂广告。

3. 药品、药剂的调配要求

医疗机构向患者提供的药品应当与诊疗范围相适应，并凭执业医师或者执业助理医师的处方调配。计划生育技术服务机构采购和向患者提供药品，其范围应当与经批准的服务

范围相一致，并凭执业医师或者执业助理医师的处方调配。个人设置的门诊部、诊所等医疗机构不得配备常用药品和急救药品以外的其他药品。常用药品和急救药品的范围和品种，由所在地的省级人民政府卫生健康主管部门会同同级人民政府药品监督管理部门规定。

医疗机构的药剂人员调配处方必须经过核对，对处方所列药品不得擅自更改或者代用。对有配伍禁忌或者超剂量的处方，应当拒绝调配；必要时，经处方医师更正或者重新签字，方可调配。

4. 进货检查验收制度

医疗机构购进药品，必须建立并执行进货检查验收制度，验明药品合格证明和其他标识。不符合规定要求的，不得购进和使用。药品合格证明和其他标识，是指药品生产批准证明文件、药品检验报告书、药品的包装、标签和说明书。

医疗机构购进药品，必须有真实、完整的药品购进记录。药品购进记录必须注明药品的通用名称、剂型、规格、批号、有效期、生产厂商、供货单位、购货数量、购进价格、购货日期以及国务院药品监督管理部门规定的其他内容。

5. 药品保管制度

医疗机构必须制定和执行药品保管制度，采取必要的冷藏、防冻、防潮、防虫、防鼠等措施，以保证药品质量。

☞ **案例：**

擅自配制制剂案

2004年2月10日武汉市药监部门突查武昌某中医门诊部，查获400余袋无文号治肝假药和60多瓶水剂。根据群众举报线索，对该中医门诊部一楼药房进行检查，发现400余袋紫色、棕色、黑色的药丸，外包装塑料袋上无任何标示，以及60多瓶褐色水剂一批。药房处方上，记录有转阴1号、5号、6号的记录。这些无文号药剂是该门诊部肝病和耳鼻喉专科用药。专科承包人张某交代，他来自广西，这些无文号的药丸是所谓的“转阴排毒丸”，是在门诊后的注射室里分装的。张某与门诊的合同中显示，他每年向门诊部交纳“管理费”10万元。该门诊部和张某拒不交代药品来源、价格和使用数量。

问题：

1. 本案中该门诊部的行为有哪些违法之处？
2. 药品监督管理部门应如何依法处置该案？

四、药品包装管理

药品生产、销售企业必须遵守法律、行政法规关于药品包装的责任，因为药品包装涉及药品质量的维持、药品的合理使用、信息的披露责任等。

（一）包装材料和容器的要求

药品生产企业使用的直接接触药品的包装材料和容器，必须符合药用要求和保障人体健康、安全的标准，并经国务院药品监督管理部门批准注册。药品生产企业不得使用未经批准的直接接触药品的包装材料和容器。对不合格的直接接触药品的包装材料和容器，由药品监督管理部门责令停止使用。

生产中药饮片，应当选用与药品性质相适应的包装材料和容器。包装不符合规定的中药饮片，不得销售。中药饮片包装必须印有或者贴有标签。中药饮片的标签必须注明品名、规格、产地、生产企业、产品批号、生产日期，实施批准文号管理的中药饮片还必须注明药品批准文号。

（二）药品包装的要求

药品包装必须适合药品质量的要求，方便储存、运输和医疗使用。发运中药材必须有包装。

（三）药品包装的标识

药品包装必须按照规定印有或者贴有标签并附有说明书。标签或者说明书上必须注明药品的通用名称、成分、规格、生产企业、批准文号、产品批号、生产日期、有效期、适应证或者功能主治、用法、用量、禁忌、不良反应和注意事项。发运的中药材上必须有包装，在每件包装上，必须注明品名、产地、日期、调出单位，并附有质量合格的标志。

对于特殊药品必须具有特定的标识和说明，以显著地区别于一般性药品，避免混淆。麻醉药品、精神药品、医疗用毒性药品、放射性药品、外用药品和非处方药的标签，必须印有规定的标志。

五、药品价格和广告的管理

（一）药品价格管理

药品价格关乎公众就医看病权利的实现，药价必须依法科学合理地界定。我国将初步建立国家基本药物制度，改革药品价格形成机制，建立比较完整的基本药物遴选、生产供应、使用和医疗保险报销的体系。2009 年，公布国家基本药物目录，规范基本药物采购和配送，合理确定基本药物的价格。

1. 实行政府定价、政府指导价的药品定价原则

对列入国家基本医疗保险药品目录的药品以及国家基本医疗保险药品目录以外具有垄断性生产、经营的药品，实行政府定价或者政府指导价；对其他药品，实行市场调节价。依法实行政府定价、政府指导价的药品，政府价格主管部门应当依照《中华人民共和国价格法》规定的定价原则，依据社会平均成本、市场供求状况和社会承受能力合理制定和调整价格，做到质价相符，消除虚高价格，保护用药者的正当利益。

药品的生产企业、经营企业和医疗机构必须执行政府定价、政府指导价，不得以任何形式擅自提高价格。

药品生产企业应当依法向政府价格主管部门如实提供药品的生产经营成本，不得拒报、虚报、瞒报。

2. 实行市场调节价药品的定价原则

依法实行市场调节价的药品，药品的生产企业、经营企业和医疗机构应当按照公平、合理和诚实信用、质价相符的原则制定价格，为用药者提供价格合理的药品。

药品的生产企业、经营企业和医疗机构应当遵守国务院价格主管部门关于药价管理的规定，制定和标明药品零售价格，禁止暴利和损害用药者利益的价格欺诈行为。

药品的生产企业、经营企业、医疗机构应当依法向政府价格主管部门提供其药品的实际购销价格和购销数量等资料。

3. 药品价格管理中的禁止性规定

禁止医疗机构滥收费行为。医疗机构必须保障患者一方的价格知情权利，提供与收费有关的真实信息，不得滥收费。医疗机构应当向患者提供所用药品的价格清单；医疗保险定点医疗机构还应当按照规定的办法如实公布其常用药品的价格，加强合理用药的管理。具体办法由国务院卫生健康主管部门规定。

禁止药品购销过程中的商业贿赂行为。商业贿赂行为是我国《刑法》《反不正当竞争法》以及《消费者权益保护法》等法律规定明文禁止的行为。这种行为不仅扰乱了正常的市场秩序，而且会危害了相关利益主体的合理的利益诉求。

禁止药品的生产企业、经营企业和医疗机构在药品购销中账外暗中给予、收受回扣或者其他利益。禁止药品的生产企业、经营企业或者其代理人以任何名义给予使用其药品的医疗机构的负责人、药品采购人员、医师等有关人员以财物或者其他利益。所谓“财物或者其他利益”，是指药品的生产企业、经营企业或者其代理人向医疗机构的负责人、药品采购人员、医师等有关人员提供的目的在于影响其药品采购或者药品处方行为的不正当利益。禁止医疗机构的负责人、药品采购人员、医师等有关人员以任何名义收受药品的生产企业、经营企业或者其代理人给予的财物或者其他利益。

（二）药品广告管理

1. 药品广告的批准

药品广告须经企业所在地省级人民政府药品监督管理部门批准，并发给药品广告批准文号。未取得药品广告批准文号的，不得发布。

处方药可以在国务院卫生健康主管部门和国务院药品监督管理部门共同指定的医学、药学专业刊物上介绍，但不得在大众传播媒介发布广告或者以其他方式进行以公众为对象的广告宣传。非处方药的广告需经药品监督管理部门的审批，取得药品广告批准文号后，可以在大众媒介进行广告宣传。

2. 药品广告内容要求

药品广告行为的不规范，是现阶段我国比较普遍和严重的问题，其危害很大，必须予以规范和引导，坚决打击违法的药品广告行为。其一，禁止发布虚假广告。药品广告的内容必须真实、合法，以国务院药品监督管理部门批准的说明书为准，不得含有虚假的内容。其二，禁止发布片面误导性广告。药品广告不得含有不科学的表示功效的断言或者保证；不得利用国家机关、医药科研单位、学术机构或者专家、学者、医师、患者的名义和形象作证明。其三，禁止界限模糊性广告。非药品不得在其包装、标签、说明书及有关宣传资料上进行含有预防、治疗、诊断人体疾病等有关内容的宣传。

3. 对药品广告的检查

省级人民政府药品监督管理部门应当对其批准的药品广告进行检查，对于违反《药品管理法》和《广告法》的广告，应当向广告监督管理机关通报并提出处理建议，广告监督管理机关应当依法作出处理。药品价格和广告，《药品管理法》未规定的，适用《价格法》《广告法》等规定。

4. 互联网药品信息服务管理

互联网药品信息服务，是指通过互联网向上网用户提供药品信息的服务活动。国家食品药品监督管理局对全国提供互联网药品信息服务活动的网站实施监督管理。省级食品药品监督管理局对本行政区域内提供互联网药品信息服务活动的网站实施监督管理。

提供互联网药品信息服务的网站不得发布麻醉药品、精神药品、医疗用毒性药品、放射性药品、戒毒药品和医疗机构制剂的产品信息。其发布的药品广告，须经过食品药品监督管理部门审查批准，并且要注明广告审查批准文号。

第三节　药品管理的法律规定

一、药品标准

药品标准是国家对药品质量规格及检验方法所作的技术规定，是药品生产、供应、使用、检验和管理部门共同遵循的法定依据。药品必须符合国家药品标准，药品标准属于强制性标准。

国务院药品监督管理部门颁布的《中华人民共和国药典》和药品标准为国家药品标准。国务院药品监督管理部门组织药典委员会，负责国家药品标准的制定和修订。国务院药品监督管理部门的药品检验机构负责标定国家药品标准品、对照品。

二、新药管理

新药，是指未曾在中国境内上市销售的药品。改变药品的剂型、给药途径、增加新的适应证或者制成新的复方剂而生产的药品，也属于新药范畴。新药研制是事关重大的行为，需要大量人力、物力、财力和时间的投入，必须进行科学的规范和引导。国家鼓励研究和创制新药，保护公民、法人和其他组织研究、开发新药的合法权益。

（一）新药临床试验的审批管理

研制新药，必须按照国务院药品监督管理部门的规定，如实报送研制方法、质量指标、药理及毒理试验结果等有关资料和样品，经国务院药品监督管理部门批准后，方可进行临床试验。药物临床试验机构资格的认定办法，由国务院药品监督管理部门、国务院卫生健康主管部门共同制定。

药物的非临床安全性评价研究机构和临床试验机构必须分别执行药物非临床研究质量管理规范、药物临床试验质量管理规范。药物非临床研究质量管理规范、药物临床试验质量管理规范由国务院确定的部门制定。

完成临床试验并通过审批的新药，由国务院药品监督管理部门批准，发给新药证书。

（二）新药生产的审批管理

药品生产企业要进行新药生产，不同于一般商品的生产经营活动的拓展，必须取得监管机构的事先批准；否则，不得进行新药的生产经营活动。具体来讲，生产新药或者已有国家标准的药品的，须经国务院药品监督管理部门批准，并发给药品批准文号，但是生产没有实施批准文号管理的中药材和中药饮片除外。实施批准文号管理的中药材、中药饮片品种目录由国务院药品监督管理部门会同国务院中医药管理部门制定。

药品生产企业在取得药品批准文号后，方可生产该药品。药品批准文号的取得是企业开展药品生产经营活动的先决条件，这属于强制性法律规定，企业不得非法生产新药。

（三）新药监测

药品生产企业生产的新药品种设立不超过5年的监测期，在监测期内，不得批准其他企业生产和进口。

（四）新药再评价制度

国务院药品监督管理部门组织药学、医学和其他技术人员，对新药进行审评，对已经批准生产的药品进行再评价。

三、特定药品管理

国家对麻醉药品、精神药品、医疗用毒性药品、放射性药品实行特殊管理。麻醉药品和精神药品，是指列入麻醉药品目录、精神药品目录的药品和其他物质。精神药品分为第一类精神药品和第二类精神药品。目录由国务院药品监督管理部门会同国务院公安部门、国务院卫生健康主管部门制定、调整并公布。上市销售但尚未列入目录的药品和其他物质或者第二类精神药品发生滥用，已经造成或者可能造成严重社会危害的，国务院药品监督管理部门会同国务院公安部门、国务院卫生健康主管部门应当及时将该药品和该物质列入目录或者将该第二类精神药品调整为第一类精神药品。国家对麻醉药品药用原植物以及麻醉药品和精神药品实行管制。任何单位、个人不得非法进行麻醉药品药用原植物的种植以及麻醉药品和精神药品的实验研究、生产、经营、使用、储存、运输等活动。

四、处方药和非处方药分类管理

国家对药品实行处方药与非处方药分类管理制度。

处方药，是指凭执业医师和执业助理医师处方方可购买、调配和使用的药品。处方药只准在专业性医药报刊进行广告宣传。

非处方药，是指由国务院药品监督管理部门公布的，不需要凭执业医师和执业助理医师处方，消费者可以自行判断、购买和使用的药品。非处方药经审批可以在大众传播媒介进行广告宣传。非处方药标签和说明书除符合规定外，用语应当科学、易懂，便于消费者自行判断、选择和使用。非处方药的包装必须印有国家指定的非处方药专有标识，必须符合质量要求，方便储存、运输和使用。根据药品安全性，非处方药分为甲、乙两类。

经营处方药、非处方药的批发企业和经营处方药、甲类非处方药的零售企业必须具有《药品经营企业许可证》。经省级药品监督管理部门或其授权的药品监督管理部门批准的其他商业企业可以零售乙类非处方药。零售乙类非处方药的商业企业必须配备专职的具有高中以上文化程度，经专业培训后，由省级药品监督管理部门或其授权的药品监督管理部门考核合格并取得上岗证的人员。

医疗机构根据医疗需要可以决定或推荐使用非处方药。消费者有权自主选购非处方药，并须按非处方药标签和说明书所示内容使用。

五、进出口药品管理

（一）进口药品管理

药品进口，须经国务院药品监督管理部门组织审查，经审查确认符合质量标准、安全有效的，方可批准进口，并发给进口药品注册证书。医疗单位临床急需或者个人自用进口的少量药品，按照国家有关规定办理进口手续。

药品必须从允许药品进口的口岸进口，并由进口药品的企业向口岸所在地药品监督管理部门登记备案。海关凭药品监督管理部门出具的《进口药品通关单》放行。无《进口药品通关单》的，海关不得放行。

口岸所在地药品监督管理部门应当通知药品检验机构按照国务院药品监督管理部门的规定，对进口药品进行抽查检验，并依法收取检验费。

允许药品进口的口岸由国务院药品监督管理部门会同海关总署提出，报国务院批准。

国务院药品监督管理部门对下列药品在销售前或者进口时，指定药品检验机构进行检验；检验不合格的，不得销售或者进口：国务院药品监督管理部门规定的生物制品；首次在中国销售的药品（所谓首次在中国销售的药品，是指国内或者国外药品生产企业第一次在中国销售的药品，包括不同药品生产企业生产的相同品种)；国务院规定的其他药品。

国家禁止进口疗效不确、不良反应大或者其他原因危害人体健康的药品。国务院药品监督管理部门对已经批准生产或者进口的药品，应当组织调查；对疗效不确、不良反应大或者其他原因危害人体健康的药品，应当撤销批准文号或者进口药品注册证书。已被撤销批准文号或者进口药品注册证书的药品，不得生产或者进口、销售和使用；已经生产或者进口的，由当地药品监督管理部门监督销毁或者处理。

(二) 出口药品管理

出口药品必须保证质量。凡我国制造销售的药品，须经省级药品监督管理部门审核批准后，根据国外药商需要出具有关证明办理相关手续。对国内供应不足的药品，国务院有权限制或者禁止出口。

(三) 特定药品的进出口管理

进、出口麻醉药品和国家规定范围内的精神药品，必须持有国务院药品监督管理部门发给的进、出口准许证。

六、药品审评

药品审评是药品管理的重要内容，由国家药品间的管理部门采取集中统一管理的方式，统一行使药品评审的权利，由国务院药品监督管理部门组织药学、医学和其他技术人员，对新药进行评审，对已经批准生产的药品进行再评价，包括通过临床用药评定新药，对老药进行再评价，淘汰危害严重、疗效不确切或不合理的组方。

七、药品储备管理

国家实行药品储备制度。国内发生重大灾情、疫情及其他突发事件时，国务院规定的部门可以紧急调用企业药品。

八、药品管理中的强制性、禁止性规定

(一) 假药生产销售的禁止

假药对社会危害巨大，国家法律明令禁止生产、配制、销售假药。药品存在下列情形之一的，为假药：①药品所含成分与国家药品标准规定的成分不符的；②以非药品冒充药品或者以他种药品冒充此种药品的。

《药品管理法》规定，药品如果具有下列情形之一的，按假药论处：①国务院药品监督管理部门规定禁止使用的；②依照本法必须批准而未经批准生产、进口，或者依照本法必须检验而未经检验即销售的；③变质的；④被污染的；⑤使用依照本法必须取得批准文号而未取得批准文号的原料药生产的；⑥所标明的适应证或者功能主治超

出规定范围的。

（二）劣药生产销售的禁止

国家法律明文禁止生产、配置、销售劣药。判断劣药的依据是国家药品标准，药品成分的含量不符合国家药品标准的药品是劣药。药品存在下列情形之一的，按劣药论处：①未标明有效期或者更改有效期的；②不注明或者更改生产批号的；③超过有效期的；④直接接触药品的包装材料和容器未经批准的；⑤擅自添加着色剂、防腐剂、香料、矫味剂及辅料的；⑥其他不符合药品标准规定的。

（三）药品通用名称作为药品商标使用的禁止

列入国家药品标准的药品名称为药品通用名称。已经作为药品通用名称的，该名称不得作为药品商标使用。

（四）强制性的健康检查

药品生产企业、药品经营企业和医疗机构直接接触药品的工作人员，必须每年进行健康检查。患有传染病或者其他可能污染药品的疾病的，不得从事直接接触药品的工作。

（五）药品来源企业的合格制度

药品生产企业、药品经营企业、医疗机构必须从具有药品生产、经营资格的企业购进药品，但是购进没有实施批准文号管理的中药材除外。

第四节　药品监督管理机构

一、药品监督管理机构及其职责

（一）药品监督管理机构

国务院药品监督管理部门主管全国药品监督管理工作，国务院有关部门在各自的职责范围内负责与药品有关的监督管理工作，省级人民政府药品监督管理部门负责本行政区域内的药品监督管理工作，省级人民政府有关部门在各自的职责范围内负责与药品有关的监督管理工作。国务院药品监督管理部门应当配合国务院经济综合主管部门，执行国家制定的药品行业发展规划和产业政策。

（二）药品监督管理机构职责

药品监督管理部门有权按照法律、行政法规的规定对报经其审批的药品研制和药品的生产、经营以及医疗机构使用药品的事项进行监督检查，有关单位和个人不得拒绝和隐瞒。

1. 药品抽查检验

药品监督管理部门根据监督检查的需要，可以对药品质量进行抽查检验。药品抽样必须由两名以上药品监督检查人员实施，并按照国务院药品监督管理部门的规定进行抽样；被抽检方应当提供抽检样品，不得拒绝。药品被抽检单位没有正当理由，拒绝抽查检验的，国务院药品监督管理部门和被抽检单位所在地省级人民政府药品监督管理部门可以宣布停止该单位拒绝抽检的药品上市销售和使用。抽查检验应当按照规定抽样，并不得收取任何费用。所需费用按照国务院规定列支。

药品监督管理部门对有证据证明可能危害人体健康的药品及其有关材料可以采取查封、扣押的行政强制措施，并在 7 日内作出行政处理决定；药品需要检验的，必须自检验报告书发出之日起 15 日内作出行政处理决定。

国务院和省级人民政府的药品监督管理部门应当定期公告药品质量抽查检验的结果；公告不当的，必须在原公告范围内予以更正。

当事人对药品检验机构的检验结果有异议的，可以自收到药品检验结果之日起 7 日内向原药品检验机构或者上一级药品监督管理部门设置或者确定的药品检验机构申请复验，也可以直接向国务院药品监督管理部门设置或者确定的药品检验机构申请复验。受理复验的药品检验机构必须在国务院药品监督管理部门规定的时间内作出复验结论。

2. 监督检查

药品监督管理部门应当按照规定，依据《药品生产质量管理规范》《药品经营质量管理规范》，对经其认证合格的药品生产企业、药品经营企业进行认证后的跟踪检查。

3. 业务指导

药品生产企业、药品经营企业和医疗机构的药品检验机构或者人员，应当接受当地药品监督管理部门设置的药品检验机构的业务指导。

药品监督管理机构应该依法履行职责，不得滥用权力。具体而言，有两个方面：其一，出示证件和保密的义务。药品监督管理部门进行监督检查时，必须出示证明文件，对监督检查中知悉的被检查人的技术秘密和业务秘密应当保密。其二，行政垄断的禁止性义务。地方人民政府和药品监督管理部门不得以要求实施药品检验、审批等手段限制或者排斥非本地区药品生产企业依照《药品管理法》规定生产的药品进入本地区。药品监督管理部门及其设置的药品检验机构和确定的专业从事药品检验的机构不得参与药品生产经营活动，不得以其名义推荐或者监制、监销药品。药品监督管理部门及其设置的药品检验机构和确定的专业从事药品检验的机构的工作人员不得参与药品生产经营活动。

二、药品检验机构及其职责

国务院药品监督管理部门设置国家药品检验机构。省级人民政府药品监督管理部门可以在本行政区域内设置药品检验机构。地方药品检验机构的设置规划由省级人民政府药品监督管理部门提出，报省级人民政府批准。国务院和省级人民政府的药品监督管理部门可以根据需要，确定符合药品检验条件的检验机构承担药品检验工作。

药品监督管理部门设置或者确定的药品检验机构，承担依法实施药品审批和药品质量监督检查所需的药品检验工作。

三、药品不良反应报告制度

药品生产企业、药品经营企业和医疗机构必须经常考察本单位所生产、经营、使用的药品质量、疗效和反应。发现可能与用药有关的严重不良反应，必须及时向当地省级人民政府药品监督管理部门和卫生健康主管部门报告。

对已确认发生严重不良反应的药品，国务院或者省级人民政府的药品监督管理部门可以采取停止生产、销售、使用的紧急控制措施，并应当在5日内组织鉴定，自鉴定结论作出之日起15日内依法作出行政处理决定。

第五节　医疗器械管理的法律规定

一、医疗器械及其管理立法进程

（一）医疗器械及其分类

医疗器械，是指单独或者组合使用于人体的仪器、设备、器具、材料或者其他物品，包括所需要的软件；其用于人体体表及体内的作用不是用药理学、免疫学或者代谢的手段获得，但是可能有这些手段参与并起一定的辅助作用；其使用旨在达到下列预期目的：①对疾病的预防、诊断、治疗、监护、缓解；②对损伤或者残疾的诊断、治疗、监护、缓解、补偿；③对解剖或者生理过程的研究、替代、调节；④妊娠控制。

根据我国对医疗器械的管理规定，通常把医疗器械分成三大类：第一类是指通过常规管理足以保证其安全性、有效性的医疗器械；第二类是指对其安全性、有效性应当加以控制的医疗器械；第三类是指植入人体，用于支持、维持生命，对人体具有潜在危险，对其安全性、有效性必须严格控制的医疗器械。

（二）我国医疗器械管理立法进程

为了加强对医疗器械的监督管理，保证医疗器械的安全有效，保障人体健康和生命安全，国务院于1999年12月28日制定《医疗器械监督管理条例》并于2000年4月1日起施行。《医疗器械注册管理办法》《医疗器械生产质量管理规范（试行）》《医疗器械广告审查办法》《医疗器械不良事件监测和再评价管理办法（试行）》等配套规章随后制定出台，使医疗器械监督管理法律法规体系逐步完善。

2014年2月12日国务院常务会议再次修订通过新的《医疗器械监督管理条例》，自2014年6月1日开始施行。2020年12月21日国务院第119次常务会议又一次修订通过最新的《医疗器械监督管理条例》，于2021年6月1日开始施行。

二、医疗器械的产品管理

（一）医疗器械的管理体制

加强对医疗器械的监督管理，是保证医疗器械的安全、有效的需要，是保障人体健康和生命安全的基本要求。

我国对医疗器械进行分类管理的制度，即上述三大类。国务院药品监督管理部门负责全国的医疗器械监督管理工作，省级地方人民政府药品监督管理部门负责本行政区域内的医疗器械监督管理工作。国务院药品监督管理部门应当配合国务院经济综合管理部门，贯彻实施国家医疗器械产业政策。

（二）医疗器械新产品的审批管理

国家鼓励依法研制医疗器械新产品。医疗器械新产品，是指国内市场尚未出现过的或者安全性、有效性及产品机理未得到国内认可的全新的品种。第二类、第三类医疗器械新产品的临床试用，应当按照国务院药品监督管理部门的规定，经批准后进行。完成临床试用，并通过国务院药品监督管理部门组织专家评审的医疗器械新产品，由国务院药品监督管理部门批准，并发给新产品证书。

（三）医疗器械临床试用或者临床验证管理

省级人民政府药品监督管理部门负责审批本行政区域内的第二类医疗器械的临床试用或者临床验证。国务院药品监督管理部门负责审批第三类医疗器械的临床试用或者临床验证。临床试用或者临床验证应当在省级以上人民政府药品监督管理部门指定的医疗机构进行。医疗机构进行临床试用或者临床验证，应当符合国务院药品监督管理部门的规定。进行临床试用或者临床验证的医疗机构的资格，由国务院药品监督管理部门会同国务院卫生健康主管部门认定。

医疗机构根据本单位的临床需要，可以研制医疗器械，在执业医师指导下在本单位使用。医疗机构研制的第二类医疗器械，应当报省级以上人民政府药品监督管理部门审查批准；医疗机构研制的第三类医疗器械，应当报国务院药品监督管理部门审查批准。

（四）医疗器械生产注册管理

生产第一类、第二类医疗器械，由省、自治区、直辖市人民政府药品监督管理部门审查批准，并发给产品生产注册证书。生产第三类医疗器械，由国务院药品监督管理部门审查批准，并发给产品生产注册证书。生产第二类、第三类医疗器械，应当通过临床验证。

申报注册医疗器械，应当按照国务院药品监督管理部门的规定提交技术指标、检测报告和其他有关资料。

省级人民政府药品监督管理部门应当自受理申请之日起 60 个工作日内，作出是否给予注册的决定；不予注册的，应当书面说明理由。国务院药品监督管理部门应当自受理申请之日起 90 个工作日内，作出是否给予注册的决定；不予注册的，应当书面说明理由。

医疗器械产品注册证书所列内容发生变化的，持证单位应当自发生变化之日起 30 日内，申请办理变更手续或者重新注册。

医疗器械产品注册证书有效期为 4 年。持证单位应当在产品注册证书有效期届满前 6 个月内，申请重新注册。连续停产 2 年以上的，产品生产注册证书自行失效。

（五）医疗器械国家标准

生产医疗器械，应当符合医疗器械国家标准；没有国家标准的，应当符合医疗器械行业标准。医疗器械国家标准由国务院标准化行政主管部门会同国务院药品监督管理部门制定，医疗器械行业标准由国务院药品监督管理部门制定。

（六）医疗器械标识

医疗器械的使用说明书、标签、包装应当符合国家有关标准或者规定。医疗器械及其外包装上应当按照国务院药品监督管理部门的规定，标明产品注册证书编号。国家对医疗器械实施再评价及淘汰制度。具体办法由国务院药品监督管理部门和国务院有关部门制定。

（七）进口医疗器械审批管理

首次进口的医疗器械，进口单位应当提供该医疗器械的说明书、质量标准、检验方法等有关资料和样品以及出口国（地区）批准生产、销售的证明文件，经国务院药品监督管理部门审批注册，领取进口注册证书后，方可向海关申请办理进口手续。

三、医疗器械生产、经营和使用的管理

（一）医疗器械生产企业的开办条件和程序

1. 医疗器械生产企业的开办条件

开办医疗器械生产企业，必须满足有关企业法律规定的设立条件，同时还应当符合下列条件：具有与其生产的医疗器械相适应的专业技术人员；具有与其生产的医疗器械相适应的生产场地及环境；具有与其生产的医疗器械相适应的生产设备；具有对其生产的医疗器械产品进行质量检验的机构或者人员及检验设备。

2. 医疗器械生产企业的开办程序

开办第一类医疗器械生产企业，应当向省级人民政府药品监督管理部门备案。开办第二类、第三类医疗器械生产企业，应当经省级人民政府药品监督管理部门审查批准，并发给《医疗器械生产企业许可证》。无《医疗器械生产企业许可证》的，市场监督管理部门不得发给营业执照。《医疗器械生产企业许可证》有效期为 5 年，有效期届满应当重新审查发证。具体办法由国务院药品监督管理部门制定。

医疗器械生产企业在取得医疗器械产品生产注册证书后，方可生产医疗器械。

（二）医疗器械经营企业的开办条件和程序

1. 医疗器械经营企业的开办条件

开办医疗器械经营企业，应当符合企业法律规定的设立条件，也必须满足：具有与其经营的医疗器械相适应的经营场地及环境；具有与其经营的医疗器械相适应的质量检验人员；具有与其经营的医疗器械产品相适应的技术培训、维修等售后服务能力。

2. 医疗器械经营企业的开办程序

开办第一类医疗器械经营企业，应当向省级人民政府药品监督管理部门备案。开办第二类、第三类医疗器械经营企业，应当经省级人民政府药品监督管理部门审查批准，并发给《医疗器械经营企业许可证》。无《医疗器械经营企业许可证》的，市场监督管理部门不得发给营业执照。《医疗器械经营企业许可证》有效期为5年，有效期届满应当重新审查发证。

省级人民政府药品监督管理部门应当自受理医疗器械生产企业、经营企业许可证申请之日起30个工作日内，作出是否发证的决定；不予发证的，应当书面说明理由。

（三）医疗器械的使用管理规定

医疗器械经营企业和医疗机构应当从取得《医疗器械生产企业许可证》的生产企业或者取得《医疗器械经营企业许可证》的经营企业购进合格的医疗器械，并验明产品合格证明。医疗器械经营企业不得经营未经注册、无合格证明、过期、失效或者淘汰的医疗器械。医疗机构不得使用未经注册、无合格证明、过期、失效或者淘汰的医疗器械。

医疗机构对一次性使用的医疗器械不得重复使用；使用过的，应当按照国家有关规定销毁，并做记录。

我国法律规定，国家建立医疗器械质量事故报告制度和医疗器械质量事故公告制度，具体办法由国务院药品监督管理部门会同国务院卫生健康主管部门制定。

四、医疗器械的监督

（一）医疗器械监督员制度

药品监督管理部门设医疗器械监督员。医疗器械监督员对本行政区域内的医疗器械生产企业、经营企业和医疗机构进行监督、检查；必要时，可以按照国务院药品监督管理部门的规定抽取样品和索取有关资料，有关单位、人员不得拒绝和隐瞒。监督员对所取得的样品、资料负有保密义务。

（二）医疗器械检测机构资格认可制度

国家对医疗器械检测机构实行资格认可制度。经国务院药品监督管理部门会同国务院市场监督管理部门认可的检测机构，方可对医疗器械实施检测。医疗器械检测机构及其人员对被检测单位的技术资料负有保密义务，并不得从事或者参与同检测有关的医疗器械的研制、生产、经营和技术咨询等活动。

（三）医疗器械监督职权的内容

1. 查封、扣押权

对已经造成医疗器械质量事故或者可能造成医疗器械质量事故的产品及有关资料，药品监督管理部门可以予以查封、扣押。

2. 撤销权

对不能保证安全、有效的医疗器械，由省级以上人民政府药品监督管理部门撤销其产品注册证书。被撤销产品注册证书的医疗器械不得生产、销售和使用，已经生产或者进口的，药品监督管理部门负责监督处理。

3. 责令限期改正权

省级药品监督管理部门违反《医疗器械监督管理条例》规定实施的产品注册，由国务院药品监督管理部门责令限期改正；逾期不改正的，可以撤销其违法注册的医疗器械产品注册证书，并予以公告。

4. 广告审批权

（1）医疗器械广告的审批。医疗器械广告应当经省级以上人民政府药品监督管理部门审查批准，审查程序：医疗器械广告审查机关应当自受理之日起 20 个工作日内，依法对广告内容进行审查。对审查合格的医疗器械广告，发给医疗器械广告批准文号；对审查不合格的医疗器械广告，应当作出不予核发医疗器械广告批准文号的决定，书面通知申请人并说明理由，同时告知申请人享有依法申请行政复议或者提起行政诉讼的权利。

对批准的医疗器械广告，医疗器械广告审查机关应当报国家药品监督管理局备案。国家药品监督管理局对备案中存在问题的医疗器械广告，应当责成医疗器械广告审查机关予以纠正。

（2）不得发布广告的医疗器械。《医疗器械广告审查办法》规定，下列医疗器械不得发布广告：未经国家药品监督管理局或省级药品监督管理部门批准进入市场的医疗器械；未经生产者所在国（地区）政府批准进入市场的境外生产的医疗器械；应当取得生产许可证的生产者的医疗器械；扩大临床应用、试生产阶段的医疗器械；治疗艾滋病，改善和治疗性功能障碍的医疗器械。

（3）医疗器械广告内容的规定。医疗器械广告应当与审查批准的产品市场准入说明相符，不得任意扩大范围，应当把广告的批准文号列为广告内容同时发布。推荐给个人使用的医疗器械，应当标明“请在医生指导下使用”。

医疗器械广告中不得含有表示功效断言或保证，如“疗效最佳”“保证治愈”等。不得贬低同类产品，不得与其他产品进行功效和安全性对比。不得含有“最高技术”“最先进科学”等绝对化语言和表示。不得含有治愈率、有效率及获奖的内容。不得含有利用医疗科研单位、学术机构、医疗机构或者专家、医生、患者的名义、形象作证明的内容。不得含有直接显示疾病症状和病理的画面，不得令人感到已患某种疾病，不得使人误解不使用该医疗器械会患某种疾病或者加重病情。不得含有“无效退款”“保险公司保险”等承诺。不得利用消费者缺乏医疗器械专业、技术知识和经验的弱点，以专业术语或者无法证实的演示误导消费者。

五、新型大型医疗器械配置管理规定

为规范和加强新型大型医用设备配置管理，促进有序配置和合理使用。2013 年 3 月 13 日，由原卫生部研究制定《新型大型医用设备配置管理规定》，其适用范围包括境内一切各级各类医疗机构。其中所称新型大型医用设备，是指首次从境外引进或国内研发制造，经药品监督管理部门注册，单台（套）市场售价在 500 万元人民币以上，尚未列入国家大型医用设备管理品目的医学装备。

（一）配置评估程序

卫生健康委成立大型医用设备管理专家委员会（以下简称专家委员会），负责对新型大型医用设备进行技术追踪、收集和分析相关信息、提供技术咨询和开展配置评估。配置评估程序为：

（1）专家委员会进行技术追踪，提出启动评估的建议，或医疗机构申请配置；专家委员会初步评估并提出意见；

（2）卫生健康委依据专家委员会初步评估意见和医疗机构申请，遴选医疗机构进行配置试用；

（3）专家委员会评估配置试用情况；

（4）卫健委依据专家委员会评估意见作出配置管理规定。

根据工作需要，卫健委可要求专家委员会开展新型大型医用设备配置评估。配置试用评估期间，停止受理配置申请。卫健委应当向社会公布专家委员会评估意见和配置试用审批情况。对纳入大型医用设备管理品目的，卫健委应当在配置评估结束后制定并公布大型医用设备配置规划。

（二）配置评估内容

新型大型医用设备配置评估内容应当包括但不限于：

（1）先进性：国内外同类设备发展趋势和比较；对相关学科临床、科研以及人才队伍建设的作用。

（2）经济性：购置成本、运行维护成本、同类设备医疗服务收费情况、成本效果/效益分析。

（3）安全性：临床适应证范围、使用风险、应用质量控制措施。如具有辐射性，还应当包括辐射防护措施。

（4）有效性：临床应用意义、诊断设备诊断准确率、治疗设备疗效，国内外同类设备有效性等情况。

（5）医疗机构配置使用资质条件：医疗机构，应当具备的临床水平和科研能力、相关科室使用人员组成和条件、医疗机构医疗质量保障和管理制度。

（6）医疗机构配置试用情况。

开展新型大型医用设备配置试用的医疗机构，应当在全国范围内合理布局。单一生产商制造的新型大型医用设备，配置试用数量一般不超过3台（套）。多家生产商制造的新型大型医用设备，配置试点数量一般不超过5台（套）。

（三）医疗机构配置试用基本条件

（1）医疗机构应当具备与新型大型医用设备装备使用相适应的临床诊疗水平、科研能力和专业技术人员，具有卫生健康主管部门核准登记的相应诊疗科目。

（2）医疗机构应当遵守国家法律法规，管理制度健全，具备完善的医疗质量控制和保障体系。

（3）医疗机构应当具备完善的配套辅助设施。

（4）开展配置试用的公立医疗机构，应当是三级甲等综合医院或专科医院，临床、科研水平在国内领先。社会资本举办医疗机构的相关学科临床诊疗能力应当达到三级甲等医疗机构同等水平。

（5）开展配置试用的医疗机构相关使用科室，应当是省部级及以上重点专（学）科或实验室，能够代表国内本学科先进水平，并具备完备的专业人才队伍，具有使用新型大型医用设备的相应资质，学科带头人在本学科领域具有较高学术水平。

（6）同等条件下，优先支持社会资本举办医疗机构和购置资金以财政投入、社会捐赠为主的公立医疗机构。

（四）监督管理

（1）卫健委负责对全国医疗机构执行本规定情况进行监督检查。省级卫生健康主管部门负责加强对本地区医疗机构配置使用新型大型医用设备情况的监督检查。

（2）医疗机构应当健全新型大型医用设备应用质量保障措施，及时总结和制订操作规范，建立新型大型医用设备使用管理档案。

（3）开展配置试用的医疗机构应当每3个月组织一次自评估。配置试用期间，发生下列情形之一的，医疗机构应当立即中止临床应用，向当地卫生健康主管部门报告，并上报国家卫生健康委员会；发生不良事件的，应当同时向所在省、自治区、直辖市医疗器械不良事件监测技术机构报告：①因新型大型医用设备配置使用发生不良事件的；②外部环境和人员、技术等条件发生变化，可能引起严重不良后果的；③申报资料内容与事实严重不符的；④其他应当立即中止临床应用的情况。

第六节　违反药品和医疗器械管理的法律责任

药品和医疗器械是一种特殊商品，直接关系人体健康和生命安全，为了保证药品、医疗器械的质量安全，保障人民身体健康，世界各国对药品和医疗器械的生产、经营均采取了严格的管理制度。违反这些管理制度，对公民人体健康和社会秩序造成损害的行为，必须承担相应的法律责任。

一、违反药品管理法律制度的罚则

（一）行政责任

行政责任的承担主要是以行政违法行为的不同种类为依据：

1. 无证生产、经营、购买药品

无证生产药品、经营药品的，依法予以取缔，没收违法生产、销售的药品和违法所得，并处违法生产、销售的药品（包括已售出的和未售出的，下同）货值金额15倍以上30倍以下的罚款，货值金额不足10万元的，按10万元计算。

从无证企业购进药品的，责令改正，没收违法购进的药品，并处违法购进药品货值金额15倍以上30倍以下的罚款，货值金额不足10万元的，按10万元计算；有违法所得的，没收违法所得。

2. 生产销售假药、劣药

生产、销售假药的，没收违法生产、销售的药品和违法所得，并处违法生产、销售药品货值金额15倍以上30倍以下的罚款；情节严重的，吊销《药品生产许可证》《药品经营许可证》或者医疗机构执业许可证书，10年内不受理其相应申请；药品上市许可持有人为境外企业的，10年内禁止其药品进口。

生产、销售劣药的，没收违法生产、销售的药品和违法所得，并处违法生产、销售药品货值金额10倍以上20倍以下的罚款；违法生产、批发的药品货值金额不足10万元的，按10万元计算，违法零售的药品货值金额不足1万元的，按1万元计算；情节严重的，责令停产停业整顿直至吊销药品批准证明文件、药品生产许可证、药品经营许可证或者医疗机构制剂许可证。

生产、销售假药，或者生产、销售劣药且情节严重的，对法定代表人、主要负责人、直接负责的主管人员和其他责任人员，没收违法行为发生期间自本单位所获收入，并处所获收入30%以上3倍以下的罚款，终身禁止从事药品生产经营活动，并可以由公安机关处5日以上15日以下的拘留。对生产者专门用于生产假药、劣药的原料、辅料、包装材料、生产设备予以没收。

知道或者应当知道属于假药、劣药或者《药品管理法》第一百二十四条第一款第一项至第五项规定的药品，而为其提供储存、运输等便利条件的，没收全部储存、运输收入，并处违法收入1倍以上5倍以下的罚款；情节严重的，并处违法收入5倍以上15倍以下的罚款；违法收入不足5万元的，按5万元计算。

3. 药品质量管理违法

药品上市许可持有人、药品生产企业、药品经营企业、药物非临床安全性评价研究机构、药物临床试验机构等未遵守药品生产质量管理规范、药品经营质量管理规范、药物非临床研究质量管理规范、药物临床试验质量管理规范等的，责令限期改正，给予警告；逾期不改正的，处10万元以上50万元以下的罚款；情节严重的，处50万元以上200万元以下的罚款，责令停产停业整顿直至吊销药品批准证明文件、药品生产许可证、药品经营许可证等，药物非临床安全性评价研究机构、药物临床试验机构等五年内不得开展药物非临床安全性评价研究、药物临床试验，对法定代表人、主要负责人、直接负责的主管人员和其他责任人员，没收违法行为发生期间自本单位所获收入，并处所获收入10%以上50%以下的罚款，10年直至终身禁止从事药品生产经营等活动。

4. 进口药品未按规定备案

进口已获得药品进口注册证书的药品，未按照《药品管理法》规定向允许药品进口的口岸所在地的药品监督管理部门登记备案的，责令限期改正，给予警告；逾期不改正的，撤销进口药品注册证书。

5. 非法使用、骗取许可证或者药品批准证明文件

伪造、变造、出租、出借、非法买卖许可证或者药品批准证明文件的，没收违法所得，并处违法所得1倍以上5倍以下的罚款；情节严重的，并处违法所得5倍以上15倍以下的罚款，吊销药品生产许可证、药品经营许可证、医疗机构制剂许可证或者药品批准证明文件，对法定代表人、主要负责人、直接负责的主管人员和其他责任人员处2万元以上20万元以下的罚款，10年内禁止从事药品生产经营活动，并可以由公安机关处5日以上15日以下的拘留；违法所得不足10万元的，按10万元计算。

提供虚假的证明、数据、资料、样品或者采取其他手段骗取临床试验许可、药品生产许可、药品经营许可、医疗机构制剂许可或者药品注册等许可的，撤销相关许可，10年内不受理其相应申请，并处50万元以上500万元以下的罚款；情节严重的，对法定代表人、主要负责人、直接负责的主管人员和其他责任人员，处2万元以上20万元以下的罚款，10年内禁止从事药品生产经营活动，并可以由公安机关处5日以上15日以下的拘留。

6. 药品标识违法

药品包装未按照规定印有、贴有标签或者附有说明书，标签、说明书未按照规定注明相关信息或者印有规定标志的，责令改正，给予警告；情节严重的，吊销药品注册证书。

7. 出具虚假检验报告

药品检验机构出具虚假检验报告的，责令改正，给予警告，对单位并处20万元以上100万元以下的罚款；对直接负责的主管人员和其他直接责任人员依法给予降级、撤职、开除处分，没收违法所得，并处5万元以下的罚款；情节严重的，撤销其检验资格。药品检验机构出具的检验结果不实，造成损失的，应当承担相应的赔偿责任。

8. 药品经营中的商业贿赂

药品上市许可持有人、药品生产企业、药品经营企业或者医疗机构在药品购销中给予、收受回扣或者其他不正当利益的，药品上市许可持有人、药品生产企业、药品经营企业或者代理人给予使用其药品的医疗机构的负责人、药品采购人员、医师、药师等有关人员财物或者其他不正当利益的，由市场监督管理部门没收违法所得，并处30万元以上300万元以下的罚款；情节严重的，吊销药品上市许可持有人、药品生产企业、药品经营企业营业执照，并由药品监督管理部门吊销药品批准证明文件、药品生产许可证、药品经

营许可证。

药品上市许可持有人、药品生产企业、药品经营企业在药品研制、生产、经营中向国家工作人员行贿的，对法定代表人、主要负责人、直接负责的主管人员和其他责任人员终身禁止从事药品生产经营活动。

药品上市许可持有人、药品生产企业、药品经营企业的负责人、采购人员等有关人员在药品购销中收受其他药品上市许可持有人、药品生产企业、药品经营企业或者代理人给予的财物或者其他不正当利益的，没收违法所得，依法给予处罚；情节严重的，5 年内禁止从事药品生产经营活动。

医疗机构的负责人、药品采购人员、医师、药师等有关人员收受药品上市许可持有人、药品生产企业、药品经营企业或者代理人给予的财物或者其他不正当利益的，由卫生健康主管部门或者本单位给予处分，没收违法所得；情节严重的，还应当吊销其执业证书。

（二）民事责任

药品上市许可持有人、药品生产企业、药品经营企业或者医疗机构违反本法规定，给用药者造成损害的，依法承担赔偿责任。

因药品质量问题受到损害的，受害人可以向药品上市许可持有人、药品生产企业请求赔偿损失，也可以向药品经营企业、医疗机构请求赔偿损失。接到受害人赔偿请求的，应当实行首负责任制，先行赔付；先行赔付后，可以依法追偿。

生产假药、劣药或者明知是假药、劣药仍然销售、使用的，受害人或者其近亲属除请求赔偿损失外，还可以请求支付价款 10 倍或者损失 3 倍的赔偿金；增加赔偿的金额不足 1000 元的，为 1000 元。

（三）刑事责任

刑事责任是行为人违反我国《刑法》关于药品、医疗器械管理秩序的法律规定，依法应当承担的刑事法律后果。

2020 年 12 月 26 日，全国人大常委会通过的《刑法修正案（十一）》，对《刑法》中有关生产销售假药、劣药罪进行了修改，同时增加了药品监管渎职罪的内容，适应了新药品管理法的新变化和新要求，明确了药品违法的刑事责任，对强化药品违法行刑衔接、打击药品领域渎职犯罪具有重要指导意义。

1. 生产、销售假药、劣药的刑事责任

生产、销售假药的，处 3 年以下有期徒刑或者拘役，并处罚金；对人体健康造成严重危害或者有其他严重情节的，处 3 年以上 10 年以下有期徒刑，并处罚金；致人死亡或者有其他特别严重情节的，处 10 年以上有期徒刑、无期徒刑或者死刑，并处罚金或者没收财产。药品使用单位的人员明知是假药而提供给他人使用的，依照上述规定进行处罚。

生产、销售 劣药，对人体健康造成严重危害的，处 3 年以上 10 年以下有期徒刑，并处罚金；后果特别严重的，处 10 年以上有期徒刑或者无期徒刑，并处罚金或者没收财产。

药品使用单位的人员明知是劣药而提供给他人使用的，依照上述规定处罚。

2. 未按规定生产、销售的刑事责任

违反药品管理法规，有下列情形之一，足以严重危害人体健康的，处3年以下有期徒刑或者拘役，并处或者单处罚金；对人体健康造成严重危害或者有其他严重情节的，处3年以上7年以下有期徒刑，并处罚金：①生产、销售国务院药品监督管理部门禁止使用的药品的；②未取得药品相关批准证明文件生产、进口药品或者明知是上述药品而销售的；③药品申请注册中提供虚假的证明、数据、资料、样品或者采取其他欺骗手段的；④编造生产、检验记录的。

3. 药品监督管理渎职的刑事责任

负有药品安全监督管理职责的国家机关工作人员，滥用职权或者玩忽职守，有下列情形之一，造成严重后果或者有其他严重情节的，处5年以下有期徒刑或者拘役；造成特别严重后果或者有其他特别严重情节的，处5年以上10年以下有期徒刑：①瞒报、谎报药品安全事件的；②对发现的严重药品安全违法行为未按规定查处的；③在药品和特殊食品审批审评过程中，对不符合条件的申请准予许可的；④依法应当移交司法机关追究刑事责任不移交的；⑤有其他滥用职权或者玩忽职守行为的。

4. 其他

未取得许可证生产药品、经营药品的；知道或者应当知道属于假劣药品而为其提供运输、保管、仓储等便利条件的；伪造、变造、买卖、出租、出借许可证或者药品批准证明文件的；违反药品广告的管理规定的，以及药品经营中的商业贿赂行为等，上述行为构成犯罪的，也要依法追究刑事责任。

二、违反医疗器械管理法律制度的罚则

（一）行政责任

（1）生产、经营未取得医疗器械注册证的第二类、第三类医疗器械或未经许可从事第二类、第三类医疗器械生产活动以及未经许可从事第三类医疗器械经营活动的，由负责药品监督管理的部门没收违法所得、违法生产经营的医疗器械和用于违法生产经营的工具、设备、原材料等物品；违法生产经营的医疗器械货值金额不足1万元的，并处5万元以上15万元以下罚款；货值金额1万元以上的，并处货值金额15倍以上30倍以下罚款；情节严重的，责令停产停业，10年内不受理相关责任人以及单位提出的医疗器械许可申请，对违法单位的法定代表人、主要负责人、直接负责的主管人员和其他责任人员，没收违法行为发生期间自本单位所获收入，并处所获收入30%以上3倍以下罚款，终身禁止其从事医疗器械生产经营活动。

（2）未经许可擅自配置使用大型医用设备的，由县级以上人民政府卫生健康主管部门责令停止使用，给予警告，没收违法所得；违法所得不足1万元的，并处5万元以上10万元以下罚款；违法所得1万元以上的，并处违法所得10倍以上30倍以下罚款；情节严重的，5年内不受理相关责任人以及单位提出的大型医用设备配置许可申请，对违法

单位的法定代表人、主要负责人、直接负责的主管人员和其他责任人员，没收违法行为发生期间自本单位所获收入，并处所获收入30%以上3倍以下罚款，依法给予处分。

（3）在申请医疗器械行政许可时提供虚假资料或者采取其他欺骗手段的，不予行政许可；已经取得行政许可的，由作出行政许可决定的部门撤销行政许可，没收违法所得以及违法生产经营使用的医疗器械，10年内不受理相关责任人以及单位提出的医疗器械许可申请；违法生产经营使用的医疗器械货值金额不足1万元的，并处5万元以上15万元以下罚款；货值金额1万元以上的，并处货值金额15倍以上30倍以下罚款；情节严重的，责令停产停业，对违法单位的法定代表人、主要负责人、直接负责的主管人员和其他责任人员，没收违法行为发生期间自本单位所获收入，并处所获收入30%以上3倍以下罚款，终身禁止其从事医疗器械生产经营活动。

伪造、变造、买卖、出租、出借相关医疗器械许可证件的，由原发证部门予以收缴或者吊销，没收违法所得；违法所得不足1万元的，并处5万元以上10万元以下罚款；违法所得1万元以上的，并处违法所得10倍以上20倍以下罚款；构成违反治安管理行为的，由公安机关依法予以治安管理处罚。

（4）有下列情形之一的，由负责药品监督管理的部门向社会公告单位和产品名称，责令限期改正；逾期不改正的，没收违法所得、违法生产经营的医疗器械；违法生产经营的医疗器械货值金额不足1万元的，并处1万元以上5万元以下罚款；货值金额1万元以上的，并处货值金额5倍以上20倍以下罚款；情节严重的，对违法单位的法定代表人、主要负责人、直接负责的主管人员和其他责任人员，没收违法行为发生期间自本单位所获收入，并处所获收入30%以上2倍以下罚款，5年内禁止其从事医疗器械生产经营活动：①生产、经营未经备案的第一类医疗器械；②未经备案从事第一类医疗器械生产；③经营第二类医疗器械，应当备案但未备案；④已经备案的资料不符合要求。

（5）有下列情形之一的，由负责药品监督管理的部门责令改正，处1万元以上5万元以下罚款；拒不改正的，处5万元以上10万元以下罚款；情节严重的，责令停产停业，直至由原发证部门吊销医疗器械生产许可证、医疗器械经营许可证，对违法单位的法定代表人、主要负责人、直接负责的主管人员和其他责任人员，没收违法行为发生期间自本单位所获收入，并处所获收入30%以上2倍以下罚款，5年内禁止其从事医疗器械生产经营活动：①生产条件发生变化、不再符合医疗器械质量管理体系要求，未依照《医疗器械监督管理条例》规定整改、停止生产、报告；②生产、经营说明书、标签不符合本条例规定的医疗器械；③未按照医疗器械说明书和标签标示要求运输、贮存医疗器械；④转让过期、失效、淘汰或者检验不合格的在用医疗器械。

（6）有下列情形之一的，由县级以上人民政府卫生健康主管部门责令改正，给予警告；拒不改正的，处5万元以上10万元以下罚款；情节严重的，处10万元以上30万元以下罚款，责令暂停相关医疗器械使用活动，直至由原发证部门吊销执业许可证，依法责令相关责任人员暂停6个月以上1年以下执业活动，直至由原发证部门吊销相关人员执业证书，对违法单位的法定代表人、主要负责人、直接负责的主管人员和其他责任人员，没收违法行为发生期间自本单位所获收入，并处所获收入30%以上3倍以下罚款，依法给予处分：①对重复使用的医疗器械，医疗器械使用单位未按照消毒和管理的规定进行处理；②医疗器械使用单位重复使用一次性使用的医疗器械，或者未按照规定销毁使用过的一次性使用的医疗器械；③医疗器械使用单位未按照规定将大型医疗器械以及植入和介入类医疗器械的信息记载到病历等相关记录中；④医疗器械使用单位发现使用的医疗器械存在安全隐患未立即停止使用、通知检修，或者继续使用经检修仍不能达到使用安全标准的医疗器械；⑤医疗器械使用单位违规使用大型医用设备，不能保障医疗质量安全。

（7）负责药品监督管理的部门或者其他有关部门工作人员违反医疗器械监督管理条例规定，滥用职权、玩忽职守、徇私舞弊的，依法给予处分。

（二）民事及刑事责任

违反医疗器械监督管理条例规定，造成人身、财产或者其他损害的，依法承担赔偿责任；构成犯罪的，依法追究刑事责任。

◎ **思考题**

1. 简述药品的概念和特征。
2. 简述药品生产、经营企业开办的条件和程序。
3. 简述药品生产、经营企业的质量管理。
4. 简述医疗器械的产品管理主要制度。
5. 违反药品和医疗器械管理的法律责任是什么？

第十二章 医疗机构管理法律制度

医疗机构以救死扶伤、防病治病、为公民的健康服务为宗旨，在保障人民身体健康和促进国家卫生事业的发展等方面有着不可替代的重要作用。加强对医疗机构的法制化管理，也是维护医患双方利益的根本保证。

第一节 医疗机构概述

一、医疗机构及其分类

（一）医疗机构的概念

依照《医疗机构管理条例实施细则》的规定，医疗机构是指经登记取得《医疗机构执业许可证》，以救死扶伤、防病治病、为公民的健康服务为宗旨，从事疾病诊断、治疗康复活动的机构。

从上述规定可以看出，医疗机构是依法成立的，主要业务是从事疾病诊断、治疗和康复活动的卫生机构，使其与开展疾病预防和控制活动的疾病防控机构及其他卫生机构区别开来。我国的医疗机构是由一系列开展疾病诊断、治疗活动的卫生机构组成的，医院、社区卫生服务中心、卫生院是我国医疗机构的主要形式，此外，还有卫生所（室）、门诊部、疗养院、急救中心（站）等，共同构成了我国的医疗机构。

（二）医疗机构的分类

根据不同的划分标准，医疗机构可以分为许多不同的类别。

1. 按医疗机构的功能、任务、规模等标准划分

按此类标准，主要分为以下12类：①综合医院、中医医院、中西医结合医院、民族医院、专科医院、康复医院；②妇幼保健院；③社区卫生服务中心、乡（镇）卫生院；④疗养院；⑤综合门诊部、专科门诊部、中医门诊部、中西医结合门诊部、民族医门诊部；⑥诊所、中医诊所、民族医诊所、卫生所、医务室、卫生保健所、卫生站；⑦卫生室、中心村卫生室；⑧急救中心、急救站；⑨临床检验中心；⑩专科疾病防治院、专科疾病防治所、专科疾病防治站；⑪护理院、护理站；⑫其他诊疗机构（在本机构法定业务范围内存在的诊疗、医疗美容等项目）。

2. 按医疗机构的营利性质、社会功能来划分

（1）营利性医疗机构：医疗服务所得收益可用于投资者经济回报的医疗机构。政府不举办此类机构。

（2）非营利性医疗机构：为社会公众利益服务而设立和运营的医疗机构，不以营利为目的，其收入用于弥补医疗服务成本，实际运营中的收支结余只能用于自身的发展，如改善医院条件、引进技术、开展新的医疗服务项目等。

3. 按医疗卫生活动的主要功能与目的划分

按此类标准，主要有：①预防为主的保健机构；②诊疗为中心的医疗机构；③康复为中心的疗养机构；④急救中心机构。

二、医疗机构的名称

医疗机构名称管理制度是为了规范医疗机构名称、方便患者和保护医疗机构对名称的占有权而拟定的一项法律制度，医疗机构名称是医疗机构申请执业登记的必备条件之一。

（一）医疗机构名称的构成

医疗机构的名称主要由识别名称和通用名称两部分依次组成。

（1）通用名称：主要是《医疗机构管理条例实施细则》第 40 条规定的名称，主要有以下几类：医院、卫生院、疗养院、妇幼保健院、检验中心、护理院、卫生服务中心，等等。

（2）识别名称：医疗机构可以将下列名称作为识别名称：地名、单位名称、个人姓名、医学学科名称、医学专业和专科名称、诊疗科目名称和核准批准使用的名称。

（二）医疗机构命名原则

医疗机构必须严格按照《医疗机构管理条例实施细则》所规定的条款命名，主要符合以下原则：

（1）医疗机构通用名称只能使用《医疗机构管理条例实施细则》第 40 条规定的名称，要规范使用医疗机构通用名称，不得擅自增加、更改。

（2）医疗机构识别名称可以分别使用，也可以合并使用。如武汉大学口腔医院，其中就包括了地名、单位名称、学科等识别名称，属于识别名称合并使用的类型。

（3）医疗机构名称必须名副其实。不能使用向社会传递任何虚假、夸大信息的名称。

（4）医疗机构名称必须与设置的医疗机构类别或者诊疗科目相适应。如妇幼保健院与综合性医院，名称不同，业务涉及范围区别就很大，后者比前者诊疗科目范围要大。

（5）各级人民政府设置的医疗机构的识别名称中应含有省、市、县、区、街道、乡、镇、村等行政区划名称，如湖北省人民医院、武汉市某区人民医院等。其他医疗机构的识别名称不得含有行政区划名称，如一些民营医院就不能含有所在地的行政区划名称。

（6）国家机关、企业和事业单位、社会团体或者个人设置的医疗机构的名称中应当含有设置单位名称或者个人名称。如武汉船舶工业公司设立的医院，可以命名为武汉市船舶工业公司医院。

医疗机构一般只准使用一个名称，确有需要，经有关部门核准后，可以使用两个或两个以上名称，但必须确定一个第一名称。如武汉大学人民医院作为第一名称，又名湖北省人民医院。

（三）医疗机构命名禁止性条款

根据法律法规的限定，以下7种情形是属于医疗机构命名禁止性规定：①医疗机构禁止使用有损于国家、社会或者公共利益的名称；②医疗机构禁止使用侵犯他人利益的名称；③医疗机构禁止使用外文字母、汉语拼音组成的名称；④医疗机构禁止使用以医疗仪器、药品、医用产品命名的名称；⑤医疗机构禁止使用含有"疑难病""专治""专家""名医"或者同类含义文字的名称以及其他宣传或者暗示诊疗效果的名称，但专科疾病防治机构可以使用具体疾病名称作为识别名（如结核病防治院），其他医疗机构如确有需要使用疾病名称作为识别名的，必须经省、自治区、直辖市卫生健康主管部门核准；⑥医疗机构禁止使用超出登记的诊疗范围的名称；⑦医疗机构禁止使用省级以上卫生健康主管部门规定不得使用的名称。

三、医疗机构管理的立法概况

我国经过几十年不断的建章立制，到目前为止，已经具有一套比较完备的医疗机构管理法律体系。1994年2月26日，国务院颁布《医疗机构管理条例》，1994年9月10日开始实施，这是医疗机构管理方面的基础性法律制度，为医疗机构的规范运行和管理提供了基本的制度依据；在此基础性法律的颁布实行后，原卫生部和相关政府部门先后制定颁布了《医疗机构管理条例实施细则》（1994年8月29日）、《医疗机构设置规划指导原则》（1994年9月5日）、《医疗机构监督管理行政处罚程序》（1994年9月1日起施行）、《中外合资、合作医疗机构管理暂行办法》（2000年7月1日起施行）、《医疗广告管理办法》（2006年11月10日）等。

2009年1月21日，国务院常务会议通过《关于深化医药卫生体制改革的意见》和《2009—2011年深化医药卫生体制改革实施方案》，2009年4月6日《中共中央、国务院关于深化医药卫生体制改革的意见》正式出台，新一轮医改正式启动。随着医改的进一步推进和完善，我国的医疗卫生体制将日益完善，更符合社会整体利益的需要。

第二节　医疗机构的设置审批与登记执业

一、医疗机构的设置规划

医疗机构的设置规划是区域卫生规划的重要组成部分，是卫生健康主管部门审批医疗机构设置的依据。它以卫生区域内居民实际医疗服务需求为依据，以合理配置利用医疗卫生资源及公平地向全体公民提供高质量的基本医疗服务为目的，将各级各类、不同隶属关系、不同所有制形式的医疗机构统一规划设置和布局。

医疗机构设置规划遵循公平性、整体性、可及性、中西医并重以及分级的原则。

根据《医疗机构管理条例》及《医疗机构管理条例实施细则》规定，县级以上地方人民政府应当把医疗机构设置规划纳入当地的区域卫生发展规划和城乡建设发展总体规划。医疗机构设置规划应当由县级以上地方人民政府卫生健康主管部门根据本行政区域内的人口、医疗资源、医疗需求和现有医疗机构的分布状况制定，并报同级人民政府批准后实施。机关、企事业单位可以根据需要设置医疗机构，并纳入当地医疗机构的设置规划。

二、医疗机构的设置与审批

国家对医疗机构设置实行法定审批制度。任何单位和个人设置医疗机构，必须经县级以上地方人民政府卫生健康主管部门审查批准，并取得设置医疗机构批准书，方可向有关部门办理其他手续。

（一）医疗机构设置申请条件

1. 医疗机构设置的禁止性条件

根据《医疗机构管理条例实施细则》的规定，有下列情形之一的，不得申请设置医疗机构：①不能独立承担民事责任的单位，正在服刑或者不具有完全民事行为能力的个人；②医疗机构在职、因病退职或者停薪留职的医务人员；③发生二级以上医疗事故未满5年的医务人员；④因违反有关法律、法规和规则，已被吊销执业证书的医务人员；⑤被吊销《医疗机构执业许可证》的医疗机构法定代表人或者主要负责人；⑥省、自治区、直辖市政府卫生健康主管部门规定的其他情形。

2. 个人设置诊所的条件

在城市设置诊所的个人，除了需要不存在上述禁止情形外，还必须同时具备以下条件：①经医师执业技术考核合格，取得《医师执业证书》；②取得《医师执业证书》或者医师职称后，从事5年以上同一专业的临床工作；③省、自治区、直辖市卫生健康主管部门规定的其他条件。

个人在乡镇和村里设置诊所的条件由省、自治区、直辖市政府卫生健康主管部门规定。

3. 中外合资、合作医疗机构设置的条件

中外合资、合作医疗机构的设置和发展需要符合我国区域卫生规划和医疗机构设置规划，除了满足医疗机构设置的一般性条件外，还应当符合以下条件：①必须是独立法人；②投资总额不得低于2000万元人民币，中方在该医疗机构中的股份不得低于30%；③合资、合作期限不超过20年；④省级以上卫生健康主管部门规定的其他条件。

（二）医疗机构设置的审批程序

1. 医疗机构设置的审批机构

单位或个人设置医疗机构，可以按医疗机构规模及医疗服务向不同级别的卫生健康主管部门申请。主要分为以下三类：不设床位或者床位不满100张的医疗机构，由所在地的县级人民政府卫生健康主管部门负责审批；床位在100张以上的医疗机构和专科医院按照省级人民政府卫生健康主管部门的规定申请；国家统一规划的医疗机构，由国务院卫生健康主管部门决定。

2. 医疗机构设置的审批事项

申请主体主要分为以下几类：①地方各级人民政府设置的医疗机构，由政府制定或者任命的拟设医疗机构的筹建负责人申请；②法人或者其他组织设置医疗机构，由其法定代表人申请；③个人设置医疗机构，由设置人申请；④两人以上合伙设置医疗机构，由合伙人共同申请。

卫生健康主管部门对设置医疗机构的申请，卫生健康主管部门在受理之日起30日内作出批准或者不批准的书面答复。对符合条件的，发给设置医疗机构批准证书；对不符合要求的，在受理之日起30日内给出书面不受理答复。

中外合资、合作医疗机构审批需卫健委和外经贸部同意。设置中外合资、合作医疗机构，经申请获卫健委许可，按照有关规定向外经贸部提出申请，予以批准，发给《外商投资企业批准证书》。

3. 设置申请不予批准的情形

根据《医疗机构管理条例实施细则》第20条规定，有下列情形之一者，设置医疗机构的申请不予批准：①不符合当地医疗机构设置规划；②设置不符合规定的条件；③不能提供满足投资总额的资信证明；投资总额不能够满足各项预算开支；④医疗机构选址不合理；污物、污水、粪便处理不合理。

三、医疗机构登记与校验

医疗机构要开展医疗服务活动，首先必须向人民政府部门申请进行登记，领取《医疗机构执业许可证》后方可执业。

（一）申请执业的条件及提交的材料

1. 申请执业的条件

申请医疗机构执业登记，应当具备下列条件：①有设置医疗机构批准书；符合医疗机构的基本标准；②有适合的名称、组织机构和场所；③有与其开展的业务相适应的经费、设施和专业卫生技术人员；④有相应的规章制度；⑤能够独立承担民事责任。

2. 申请执业提交的材料

申请医疗机构执业登记必须填写《医疗机构申请执业登记注册书》，并向登记机关提交下列材料：①《设置医疗机构批准书》或者《设置医疗机构备案回执》，医疗机构用房权证明或者使用证明；②医疗机构建筑设计平面图；③验资证明、资产评估报告；④医疗机构规章制度；⑤医疗机构法定代表人或者主要负责人以及各科室负责人名录和有关资格证书、执业证书复印件；⑥省、自治区、直辖市卫生健康主管部门规定提交的其他材料。

申请门诊部、诊所、卫生所、医务室、卫生保健所和卫生站登记的，还应当提交附设药房（柜）的药品种类清单、卫生技术人员名录及其有关资格证书、执业证书复印件以及省、自治区、直辖市卫生行政部门规定\ 提交的其他材料。

（二）执业审批

1. 审批部门

医疗机构的执业登记，由批准设置的人民政府卫生健康主管部门办理。由国家统一规划的医疗机构的执业登记，由所在地的省、自治区、直辖市人民政府卫生健康主管部门办理。机关、企业和事业单位设置的为内部职工服务的门诊部、诊所、卫生所的执业登记，由所在地的县级人民政府卫生健康主管部门办理。

2. 执业登记事项

医疗机构执业登记的主要事项包括：①类别、名称、地址、法定代表人或者主要负责人；②所有制形式；③注册资金；④服务方式；⑤诊疗科目；⑥房屋建筑面积、床位(牙椅)；⑦服务对象；⑧职工人数；⑨执业许可登记号（医疗机构代码)；⑩省、自治区、直辖市卫生健康主管部门规定的其他等级事项。

3. 执业登记审批

医疗机构执业登记机关在受理医疗机构执业登记申请后，在45天的法定期限内按照申请执业条件进行审查和实地考察、核实，并对有关执业人员进行消毒、隔离和无菌操作等基本知识和技能的现场抽查考核。经审核合格的，发给《医疗机构执业许可证》；经审核不合格的，将审核结果和不予批准的理由以书面形式通知申请人。

4. 不予登记的情形

申请医疗机构执业登记有下列情形之一的，不予登记：①不符合《设置医疗机构批准书》核准的事项；②不符合《医疗机构基本标准》；③投资不到位；④医疗机构用房不能满足诊疗服务功能；⑤通信、供电、上下水道等公共设施不能满足医疗机构正常运转；⑥医疗机构规章制度不符合要求；⑦医疗机构规章制度不符合要求。

（三）变更登记

医疗机构申请变更登记主要有三种情形：①医疗机构因改变名称、场所、主要负责人、诊疗科目、床位等涉及医疗机构需要登记事项的，应当申请变更登记；②因分立或者合并而保留的医疗机构，应当申请变更登记；③机关、企业和事业单位设置的为内部职工服务的医疗机构向社会开放，也必须按规定申请办理变更登记。

（四）医疗机构校验

根据我国《医疗机构管理条例》第22条的规定，床位在100张以上的综合医院、中医医院、中西医结合医院、民族医医院以及专科医院、疗养院、康复医院、妇幼保健院、急救中心、临床检验中心和专科疾病防治机构的校验期为3年；其他医疗机构的校验期为

1 年。医疗机构应当于校验期满前 3 个月向登记机关申请办理校验手续。

需要校验的文件主要有：①《医疗机构校验申请书》；②《医疗机构执业许可证》副本；③省、自治区、直辖市卫生健康主管部门规定提交的其他材料。

医疗机构有下列情形之一的，登记机关可以根据情况，给予 1~6 个月的暂缓校验期：①不符合《医疗机构基本标准》；②限期改正期间；③省、自治区、直辖市卫生健康主管部门规定的其他情形；不设床位的医疗机构在暂缓校验期内不得执业。暂缓校验期满仍不能通过校验的，由登记机关注销其《医疗机构执业许可证》。

四、医疗机构的执业与医疗广告管理

（一）医疗机构执业的条件

医疗机构执业，应当进行登记，取得《医疗机构执业许可证》。任何单位或者个人，未取得《医疗机构执业许可证》，不得开展诊疗、治疗活动。为内部职工服务的医疗机构未经许可和变更登记，不得向社会开放。医疗机构被吊销或者注销执业许可证后，不得继续开展诊疗、治疗活动。

医疗机构应当按照核准登记的诊疗科目开展诊断、治疗活动，未经允许，不得擅自扩大业务范围。需要改变诊疗科目的，应当按照规定的程序和要求，办理变更登记手续。医疗机构应当按照政府物价等有关部门核准的收费标准收取医疗费用，详列细项并悬挂于明显处所。

医疗机构不得使用非卫生技术人员从事医疗卫生技术工作。工作人员上岗工作应当佩戴标有本人姓名、职务或职称的标牌。

医疗机构的印章、银行账户、牌匾及医疗文书中使用的名称应当与核准登记的医疗机构名称相同。标有医疗机构标识的票据和病历册及处方笺，各种检查的申请单、报告单、证明文书单、药品分装袋、制剂标签等，不得买卖、出借或转让。医疗机构不得冒用标有其他医疗机构标识的病历册及处方笺、检查的申请单、报告单、证明文书单、药品分装袋、制剂标签等。医疗机构的门诊病例的保存期不少于 15 年，住院病历的保存期不少于 30 年。

（二）开展诊疗活动的规则

医疗机构执业，必须遵守有关法律、法规和医疗技术规范；必须将《医疗机构执业许可证》、诊疗科目、诊疗时间和收费标准悬挂于明显处所；必须按照核准登记的诊疗科目开展诊疗活动；不得使用非卫生技术人员从事医疗卫生技术工作；应当加强对医务人员的医德教育；其工作人员上岗工作，必须佩戴载有本人姓名、职务或职称的标牌。

医疗机构在诊疗过程中，对危重病人应当立即抢救，对限于设备或者技术条件不能诊治的病人，应当及时转诊；未经医师（士）、助产人员亲自接产，医疗机构不得出具出生证明书或者死产报告书；施行手术、特殊检查或者特殊治疗时，必须征得患者同意，并应当取得其家属或者关系人同意并签字，无法取得患者意见时，应当取得家属或者关系人同意并签字，无法取得患者意见又无家属或者关系人在场，或者遇到其他特殊情况时，主治医师应当提出医疗处置方案，在取得医疗机构负责人或者被授权负责人员的批准后实施；发生医疗事故，按照国家法律、法规的规定办理；必须按照有关药品管理的法律、法规，加强药品管理；必须按照人民政府或者市场监管部门的有关规定，收取医疗费用，详列细项，并出具收据。

医疗机构除开展疾病诊疗外，还必须承担相应的预防保健工作，承担县级以上人民政府卫生行政部门委托的支援农村、指导基层医疗卫生工作等任务；发生重大灾害、事故、疾病流行或者其他意外情况时，医疗机构及其卫生技术人员必须服从县级以上人民政府卫生健康主管部门的调遣。

☞ **案例：**

2007年11月21日4时左右，在北京打工的肖某带着已有9个多月身孕的妻子李某来到北京某医院的分院，要求治疗感冒。医生经过诊断，发现肺炎已经导致产妇的心肺功能严重下降，必须马上进行剖官产。起先李某不同意手术，患者病情加重陷入昏迷后，无法自主表达。此时，肖某拒绝签署手术单。医院已经免费让孕妇住院，但肖某仍不同意签字，并拒绝给出李某其他亲属的联系方式。在请示了主管部门后，医生只能动用药物急救。21日晚7时，22岁的李某因为严重的呼吸、心肺衰竭而不治身亡。

思考与讨论：

按照医疗机构执业规则，该事件中涉及的医疗机构在法律上是否存在过错？

(三) 医疗广告管理

医疗广告是指医疗机构通过一定的媒介或者形式，向公众宣传其利用科学技术诊疗疾病的活动。我国已经出台的规范医疗广告的法律文件主要有：《广告法》《医疗广告管理办法》，以及国家市场监督管理总局《关于实行医疗广告发布内容格式化的通知》等规范性文件。

医疗广告在不仅要合法，而且还要符合一定的格式要求。合法的医疗广告应当符合以下基本条件：广告主体资格和发布程序合法。医疗广告格式化，既对广告内容有要求，也对广告形式进行了限制和规范。根据格式化的要求，医疗广告内容仅限于医疗机构名称、诊疗地点、从业医师姓名、技术职称、服务商标、诊疗时间、诊疗科目、诊疗方法、通信方式以及医疗广告证明文号、有效期截止日，其中，医疗机构名称、证明文号及其有效期截止日为必须发布的广告内容；不得利用新闻报道形式发布广告；不得发布诊疗性病的广告。

医疗广告中禁止出现下列内容：有淫秽、迷信、荒诞语言文字、画面的；贬低他人的；保证治愈或者隐含保证治愈的；宣传治愈率、有效率等诊疗效果的；利用患者或者其他医学权威机构、人员和医生的名义、形象或者使用其推荐语进行宣传的；冠以祖传秘方或者名医传授等内容的；单纯以一般通信方式诊疗疾病的；国家卫生健康主管部门规定的不宜进行广告宣传的诊疗方法；违法其他有关法律、法规的。

医疗广告的管理机构是各级市场监督管理机构；医疗广告专业技术内容的出证者是省级卫生健康主管部门，医疗机构必须持有省级卫生健康主管部门出具的《医疗广告证明》，方可发布广告。

五、医院感染管理规定

医院感染是指住院病人在医院内获得的感染，包括在住院期间发生的感染和在医院内获得出院后发生的感染，但不包括入院前已开始或者入院时已处于潜伏期的感染。医院感染管理是各级卫生行政部门、医疗机构及医务人员针对诊疗活动中存在的医院感染、医源性感染及相关危险因素进行的预防、诊断和控制活动。

（一）医院感染监督管理主体及其职责

医院感染监督管理主体主要分为以下几类：卫健委负责全国医院感染管理的监督管理工作；县级以上人民政府卫生健康主管部门负责本行政区域内医院感染管理的监督管理工作。

1. 卫健委成立的医院感染预防与控制专家组

卫健委成立医院感染预防与控制专家组，成员由医院感染管理、疾病控制、传染病学、临床检验、流行病学、消毒学、临床药学、护理学等专业的专家组成。主要职责是：①研究起草有关医院感染预防与控制、医院感染诊断的技术性标准和规范；②对全国医院感染预防与控制工作进行业务指导；③对全国医院感染发生状况及危险因素进行调查、分析；④对全国重大医院感染事件进行调查和业务指导；⑤完成卫健委交办的其他工作。

2. 医院感染管理委员会

住院床位总数在 100 张以上的医院应当设立医院感染管理委员会，主要由医院感染管理部门、医务部门、护理部门、临床科室、消毒供应室、手术室、临床检验部门、药事管理部门、设备管理部门、后勤管理部门及其他有关部门的主要负责人组成，主任委员由医院院长或主管医疗工作副院长担任。其主要职责为：①认真贯彻医院感染管理方面的法律法规及技术规范、标准，制定本医院预防和控制医院感染的规章制度、医院感染诊断标准，并监督实施；②根据预防医院感染和卫生学要求，对本医院的建筑设计、重点科室建设的基本标准、基本设施和工作流程进行审查，并提出意见；③研究并确定医院感染管理工作计划，并对计划的实施进行考核和评价；④研究并确定本医院的医院感染重点部门、重点环节、重点流程、危险因素以及采取的干预措施，明确各有关部门、人员在预防和控制医院感染工作中的责任；⑤研究并制定本医院发生医院感染爆发及出现不明原因传染性疾病或者特殊病原体感染病例等事件时的控制预案；⑥建立会议制度，定期研究、协调和解决有关医院感染管理方面的问题；⑦根据本医院病原体特点和耐药现状，配合药事管理委员会提出合理使用抗菌药物的指导意见；⑧其他有关医院感染管理的重要事宜。

（二）医院感染管理制度与规范

医疗机构应当按照有关医院感染管理的法律和技术规范，加强医院感染的预防与控制工作。主要达到以下几点要求：①医疗机构应当按照《消毒管理办法》，严格执行医疗器械、器具的消毒工作技术规范；②医疗机构应当制定具体措施，保证医务人员的卫生、诊疗环境条件、无菌操作技术和职业卫生防护工作负荷规定要求，对医院感染的危险因素进行控制；③医疗机构应当严格执行隔离技术规范，根据病原体传播途径，采取相应的隔离措施；④医疗机构应当制定医务人员职业卫生防护工作的具体措施，提供必要的防护物品，保障医务人员的执业健康；⑤医疗机构应当严格按照《抗菌药物临床应用指导原则》，加强抗菌药物临床使用和耐药菌检测管理；⑥医疗机构应当按照医院感染诊断标准及时诊断医院感染病例，建立有效的医院感染监测制度，分析医院感染的危险因素，并针对导致医院感染的危险因素，实施预防与控制措施；⑦医疗机构经调查证实发生重大感染事故时，应当于12小时内向所在地县级地方人民政府卫生健康主管部门报告，并同时向所在地疾病预防控制机构报告。所在地的县级地方人民政府卫生健康主管部门确认后，应当于24小时内逐级上报至省级人民政府卫生行政部门。省级人民政府卫生健康主管部门审核后，应当在24小时内上报至卫健委。卫生健康主管部门接到报告后，应当根据情况指导医疗机构进行医院感染的调查和控制工作，并可以组织提供相应的技术支持。

第三节　医院的分级管理与评审

实施医院分级管理与评审制度能够加强医疗卫生服务的宏观管理和医院微观管理的双重机制，完善各级医院功能，健全、巩固三级医疗预防体系，更好地发挥整体效应，以充分合理利用有限卫生资源，促进科技发展，加强医德医风建设，不断提高医疗质量，更好地为人民健康服务。

一、医院分级管理

医院分级管理是指在保证城乡医疗卫生网的合理结构和整体功能的原则下，由卫生行政部门按地方政府区域卫生同意规划来确定，并根据医院的功能、任务、设施条件、技术建设、医疗服务质量和科学管理的综合水平和划分一定级别和等次。医院分级管理的实质是按照现代医院管理的原理，遵照医疗卫生服务工作的科学规律与特点所实行的医院标准化管理和目标管理。

（一）医院基本标准

医院基本标准是各级医院都必须达到的标准，也是医院开业资格的认定标准。基本标准单独考核评定，与分级标准考核打分分开。如达不到基本标准的要求，不予通过，定为不合格医院，新申请开业的医院则不予批准。其主要内容有：医院规模、医院功能与任务、医院管理体制、医院质量管理系统、医院思想政治工作与医德医风建设、医院安全保障、医院环境。

（二）医院等级划分

我国医院按其功能及任务划分为一、二、三级。

1. 一级医院

一级医院是直接向具有一定人口的社区提供医疗、预防、保健和康复服务的基层医疗卫生机构，是在我国实施初级卫生保健，实现“人人享有卫生保障”全球目标的基层医疗机构。其主要功能在于为接受服务人群提供一级预防，完成社区内常见病、多发病的门诊，对急危重病患组织转诊，协助高层次医院搞好中间或院后服务，合理分流患者。

2. 二级医院

二级医院是向多个社区提供综合医疗卫生服务和承担一定教学、科研任务的地区性医院。其主要功能为向社区提供全面、连续的医疗护理、预防保健和康复服务，与一级医院建立业务指导关系，进行一定量的与医疗相结合的教学和科研工作。

3. 三级医院

三级医院是向几个地区提供高水平专科性医疗卫生服务和执行高等教育、科研任务的区域性以上的医院。其主要功能是提供专科（包括特殊专科）的医疗服务，解决危重疑难病症，接受二级医院转诊，对下级医院进行业务指导和培训；完成培养各种高级医学人才的教学和承担省级以上科研项目的任务；参与和指导一、二级医院的预防工作。

在三级划分基础上，按照《医院分级管理标准》，每一级又分为甲、乙、丙三等，其中三级医院增设特等，共分十等。

一、二、三级医院之间应建立完善的双向转诊制度和逐级技术指导关系。企事业单位及集体、个体开办的医院的级别，可比照此划定来分级。

（三）医院分级标准

医院分级的标准和指标主要有：医院规模，包括床位数、建筑面积、人员配备、科室设置四方面的指标；医院技术水平，即与医院级别相适应的技术水平，按科室外分别提出要求和指标；医疗设备；医院的管理水平，包括院长素质、人事管理、信息管理、现代管理技术、医院感染管理、资源利用、经济效益七方面的要求与指标；医院质量，包括诊断质量、治疗质量、护理质量、工作质量、综合质量等几方面要求与指标。

☞ **知识链接：**

一级、二级、三级医院的量化标准

凡以“医院”命名的医疗机构，住院床位总数应在20张以上。

一级综合医院的标准：

（1）床位：住院床位总数为20~99张。

（2）科室设置：临床科室至少设有急诊室、内科、外科、妇（产）科、预防保健科。医技科室至少设有药房、化验室、X光室、消毒供应室。

(3) 人员：每床至少配备0.7名卫生技术人员，至少有3名医师、5名护士和相应的药剂、检验、放射等卫生技术人员，至少有1名具有主治医师以上职称的医师。

二级综合医院的标准：

(1) 床位：住院床位总数为100~499张。

(2) 二级综合医院科室设置：耳鼻喉科、口腔科、皮肤科、传染科，其中眼科、耳鼻喉科、口腔科可合并建科，皮肤科可并入内科或外科。医技科室至少设有药剂科、检验科、放射科、理疗科、消毒供应室、手术室、病理室、血库（可并入检验科）、理疗室、病案室。

(3) 人员：每床至少配备0.88名卫生技术人员，每床至少配备0.4名护士，至少有3名具有副主任医师以上职称的医师，各专业科室至少有1名具有主治医师以上职称的医师。

三级综合医院的标准：

(1) 床位：住院床位总数在500张以上。

(2) 科室设置：临床科室至少设有急诊室、内科、外科、妇（产）科、预防保健科、儿科、眼科，耳鼻喉科、口腔科、皮肤科、传染科、中医科、康复科。医技科室至少设有药房、检验科、放射科、手术室、病理科、核医学科、输血科、理疗科（可与康复科合设）、消毒供应室、病案室、营养部和相应的临床功能检查室。

(3) 人员：每床至少配备1.03名卫生技术人员，每床至少配备0.4名护士，专业科室应具有副主任医师以上职称，临床营养师不少于2名，工程技术人员（技师、助理工程师以上人员）占卫生技术人员总数的比例不低于1%。

二、医疗机构评审

国家实行医疗机构评审制度，对医疗机构的基本标准、服务质量、技术水平、管理水平等进行综合评价。医院评审可以有效地促进医院实现标准化、目标化管理，提高科学管理水平，促进医院提高医疗服务质量，改善医疗条件和就医环境。

（一）医院评审组织及其体系

实施医院评审的组织主要是各级医院评审委员会，它是在同级卫生健康主管部门领导下，由同级卫生行政部门聘请有经验的医院管理、医学教育、临床、医技、护理和财务等有关方面专家若干人组成，独立从事医院评审的专业性组织。

医院评审委员会分为部级、省级、地（市）级评审委员会三级：①部级评审委员会由卫健委组织，负责评审三级特等医院，制定与修订医院分级管理标准及实施方案，并对地方各级评审结果进行必要的抽查复核；②省级评审委员会由省、自治区、直辖市卫健委组织，负责评审二、三级甲、乙、丙等医院（包括计划单列市的二、三级医院）；③地（市）级评审委员会由地（市）卫健委组织，负责评审一级甲、乙、丙等医院。

（二）医院评审主要内容

医院评审主要是检查医院是否认真执行国家有关法律、法规和规则制度，医院的各项管理制度是否健全，是否得到有效落实。主要评审指标有一下几项：①医院依法执业情况；②医院组织机构和管理；③人力资源管理；④医疗、医技、药事、输血和护理管理状况；⑤应急管理；⑥信息系统；⑦财务管理；⑧建设、设备和后勤保障管理。

第四节 医疗机构处方管理法律制度

为加强处方开具、调剂、使用、保存的规范化管理，提高处方质量，促进合理用药，保障患者用药安全，2004 年 8 月，当时的卫生部和国家中医药管理局联合制定并公布了《处方管理办法（试行）》，自 2004 年 9 月 1 日起施行。经过两年多的试行，在总结实践经验的基础上，原卫生部于 2006 年 11 月讨论并通过了《处方管理办法》，于 2007 年 5 月 1 日正式施行。

一、处方的含义及特征

（一）处方的含义

处方是指由注册的执业医师和执业助理医师在诊疗活动中为患者开具的、由取得药学专业技术职务任职资格的药学专业技术人员（以下简称药师）审核、调配、核对，并作为患者用药凭证的医疗文书。处方包括医疗机构病区用药医嘱单。

（二）处方的基本特征

从以上处方的定义我们可以看出，处方有以下特征：

（1）处方的开具者（主体）是经依法注册的执业医师，包括执业医师和执业助理医师。

（2）处方是经依法注册的执业医师和执业助理医师在诊疗活动中为患者开具的，也就是说，执业医师只有在诊疗活动中才享有处方权，在非诊疗活动以外的活动中不享有处方权。

（3）处方必须经药学专业技术人员审核、调配、核对。非经药学专业技术人员审核、调配、核对的处方，不得作为发药的依据。

（4）处方是发药的依据。这里又有两层含义：首先，处方是医疗机构发药的依据，患者可以凭处方到医疗机构药房或者药品经营单位购买药品，医疗机构的护理人员可以凭处方为患者使用药品；其次，处方是购买处方药的法定凭据。根据《处方管理办法》规定，处方药必须凭医师处方销售、调配和使用。

（5）处方是医疗机构医疗用药的医疗文书。

二、处方权的获得与处方开具

（一）处方权的获得

处方权是指具有开具处方药品的权力。经注册的执业医师在执业地点取得相应的处方权。经注册的执业助理医师在医疗机构开具的处方，应当经所在执业地点执业医师签名或加盖专用签章后方有效；经注册的执业助理医师在乡、民族乡、镇、村的医疗机构独立从事一般的执业活动，可以在注册的执业地点取得相应的处方权。医师在注册的医疗机构签名留样或者专用签章备案后，方可开具处方。

医疗机构应当按照有关规定，对本机构执业医师和药师进行麻醉药品和精神药品使用知识和规范化管理的培训。执业医师经考核合格后，取得麻醉药品和第一类精神药品的处方权；药师经考核合格后，取得麻醉药品和第一类精神药品调剂资格。医师取得麻醉药品和第一类精神药品处方权后，方可在本机构开具麻醉药品和第一类精神药品处方，但不得为自己开具该类药品处方；药师取得麻醉药品和第一类精神药品调剂资格后，方可在本机构调剂麻醉药品和第一类精神药品。

试用期人员开具处方，应当经所在医疗机构有处方权的执业医师审核并签名或加盖专用签章后方有效；进修医师由接收进修的医疗机构对其胜任本专业工作的实际情况进行认定后，授予相应的处方权。

医师被责令暂停执业、被责令离岗培训期间或者被注销、吊销执业证书后，其处方权即被取消。

（二）处方的开具

1. 总的原则

处方的开具应当遵循经济、安全、合理的原则。医师应当根据医疗、预防、保健需要，按照诊疗规范、药品说明书中的药品适应证、药理作用、用法、用量、禁忌、不良反应和注意事项等开具处方；开具麻醉药品、精神药品、医疗用毒性药品、放射性药品的处方，必须遵守国家有关法律、法规、规章的规定。

2. 处方的时效和用量

处方开具当日有效。特殊情况下需延长有效期的，由开具处方的医师注明有效期，但有效期最长不得超过 3 天。处方一般不得超过 7 日用量；急诊处方一般不得超过 3 日用量；对于某些慢性病、老年病或特殊情况，处方用量可适当延长，但医师应当注明理由。医疗用毒性药品、放射性药品的处方用量应当严格按照国家有关规定执行。

3. 处方的格式

处方笺由各医疗机构按照规定的格式统一印制。关于处方笺的颜色，通常如下规定：麻醉药品处方为淡红色、急诊处方为淡黄色、儿科处方为淡绿色、普通处方为白色。在处方笺的右上角，还应注明处方的类别。

4. 处方的内容

处方由前记、正文、后记三部分组成：①前记：包括医疗、预防、保健机构名称，处方编号，费别，患者姓名、性别、年龄、门诊或住院病历号，科别或病室和床位号、临床诊断、开具日期等，并可添列专科要求项目；②正文：以 Rp 或 R（拉丁文 Recipe“请取”的缩写）标识，分别记药品名称、规格、数量、用法、用量；③后记：医师签名和/或加盖专用签章、药品金额，以及审核、调配、核对、发药的药学专业技术人员签名。

（三）处方的书写规则

处方书写应当符合下列规则：①患者一般情况、临床诊断填写清晰、完整，并与病历记载相一致；②每张处方限于一名患者的用药；③字迹清楚，不得涂改；如需修改，应当在修改处签名并注明修改日期；④药品名称应当使用规范的中文名称书写，没有中文名称的，可以使用规范的英文名称书写。医疗机构或者医师、药师不得自行编制药品缩写名称或者使用代号。书写药品名称、剂量、规格、用法、用量要准确规范，药品用法可用规范的中文、英文、拉丁文或者缩写体书写，但不得使用“遵医嘱”“自用”等含糊不清字句；⑤患者年龄应当填写实足年龄，新生儿、婴幼儿写日、月龄，必要时要注明体重；⑥西药和中成药可以分别开具处方，也可以开具一张处方，中药饮片应当单独开具处方；⑦开具西药、中成药处方，每一种药品应当另起一行，每张处方不得超过 5 种药品；⑧中药饮片处方的书写，一般应当按照“君、臣、佐、使”的顺序排列，调剂、煎煮的特殊要求注明在药品右上方，并加括号，如布包、先煎、后下等；对饮片的产地、炮制有特殊要求的，应当在药品名称之前写明；⑨药品用法用量应当按照药品说明书规定的常规用法用量使用，特殊情况需要超剂量使用时，应当注明原因并再次签名；⑩除特殊情况外，应当注明临床诊断；⑪开具处方后的空白处画一斜线，以示处方完毕；⑫处方医师的签名式样和专用签章应当与院内药学部门留样备查的式样相一致，不得任意改动，否则应当重新登记留样备案。

（四）特殊药品处方的规定

门（急）诊癌症疼痛患者和中、重度慢性疼痛患者需长期使用麻醉药品和第一类精神药品的，首诊医师应当亲自诊查患者，建立相应的病历，要求其签署《知情同意书》。病历中应当留存下列材料复印件：①二级以上医院开具的诊断证明；②患者户籍簿、身份证或者其他相关有效身份证明文件；③为患者代办人员身份证明文件。

除需长期使用麻醉药品和第一类精神药品的门（急）诊癌症疼痛患者和中、重度慢性疼痛患者外，麻醉药品注射剂仅限于医疗机构内使用。

为门（急）诊患者开具的麻醉药品注射剂，每张处方为一次常用量；控缓释制剂，每张处方不得超过 7 日常用量；其他剂型，每张处方不得超过 3 日常用量。第一类精神药品注射剂，每张处方为一次常用量；控缓释制剂，每张处方不得超过 7 日常用量；其他剂型，每张处方不得超过 3 日常用量。哌醋甲酯用于治疗儿童多动症时，每张处方不得超过 15 日常用量。第二类精神药品一般每张处方不得超过 7 日常用量；对于慢性病或某些特殊情况的患者，处方用量可以适当延长，医师应当注明理由。

为门（急）诊癌症疼痛患者和中、重度慢性疼痛患者开具的麻醉药品、第一类精神药品注射剂，每张处方不得超过3日常用量；控缓释制剂，每张处方不得超过15日常用量；其他剂型，每张处方不得超过7日常用量。

为住院患者开具的麻醉药品和第一类精神药品处方应当逐日开具，每张处方为1日常用量。

对于需要特别加强管制的麻醉药品，盐酸二氢埃托啡处方为一次常用量，仅限于二级以上医院内使用；盐酸哌替啶处方为一次常用量，仅限于医疗机构内使用。医疗机构应当要求长期使用麻醉药品和第一类精神药品的门（急）诊癌症患者和中、重度慢性疼痛患者，每3个月复诊或者随诊一次。

三、处方的调剂

（一）处方调剂的资格

处方的调剂需要科学的专业素养和严格的安全条件。处方管理办法规定：取得药学专业技术职务任职资格的人员方可从事处方调剂工作；药师在执业的医疗机构取得处方调剂资格，药师签名或者专用签章式样应当在本机构留样备查；具有药师以上专业技术职务任职资格的人员负责处方审核、评估、核对、发药以及安全用药指导；药士从事处方调配工作。

（二）处方调剂的要求与内容

1. 处方调剂的要求

药师应当凭医师处方调剂处方药品，非经医师处方不得调剂。药师应当按照以下操作规程调剂处方药品：认真审核处方，准确调配药品，正确书写药袋或粘贴标签，注明患者姓名和药品名称、用法、用量，包装；向患者交付药品时，按照药品说明书或者处方用法，进行用药交代与指导，包括每种药品的用法、用量、注意事项等；药师应当认真逐项检查处方前记、正文和后记书写是否清晰、完整，并确认处方的合法性。

2. 处方审核的内容

药师应当对处方用药适宜性进行审核，审核内容包括：规定必须做皮试的药品，处方医师是否注明过敏试验及结果的判定；处方用药与临床诊断的相符性，剂量、用法的正确性；选用剂型与给药途径的合理性；是否有重复给药现象；是否有潜在临床意义的药物相互作用和配伍禁忌；其他用药不适宜情况。

3. 处方的调剂

药师经处方审核后，认为存在用药不适宜时，应当告知处方医师，请其确认或者重新开具处方。药师发现严重不合理用药或者用药错误，应当拒绝调剂，及时告知处方医师，并应当记录，按照有关规定报告。药师调剂处方时，必须做到“四查十对”：查处方，对科别、姓名、年龄；查药品，对药名、剂型、规格、数量；查配伍禁忌，对药品性状、用法用量；查用药合理性，对临床诊断。

药师在完成处方调剂后，应当在处方上签名或者加盖专用签章。药师应当对麻醉药品和第一类精神药品处方，按年月日逐日编制顺序号。药师对于不规范处方或者不能判定其合法性的处方，不得调剂。

医疗机构应当将本机构基本用药供应目录内同类药品相关信息告知患者。除麻醉药品、精神药品、医疗用毒性药品和儿科处方外，医疗机构不得限制门诊就诊人员持处方到药品零售企业购药。

四、处方的监督管理

（一）医疗机构的监督管理

医疗机构应当加强对本机构处方开具、调剂和保管的管理，主要表现在以下几个方面：

医疗机构应当建立处方点评制度，填写处方评价表，对处方实施动态监测及超常预警，登记并通报不合理处方，对不合理用药及时予以干预。

医疗机构应当对出现超常处方 3 次以上且无正当理由的医师提出警告，限制其处方权；限制处方权后，仍连续 2 次以上出现超常处方且无正当理由的，取消其处方权。

医师出现下列情形之一的，处方权由其所在医疗机构予以取消：被责令暂停执业；考核不合格离岗培训期间；被注销、吊销执业证书；不按照规定开具处方，造成严重后果的；不按照规定使用药品，造成严重后果的；因开具处方牟取私利。

未取得处方权的人员及被取消处方权的医师不得开具处方。未取得麻醉药品和第一类精神药品处方资格的医师不得开具麻醉药品和第一类精神药品处方。除治疗需要外，医师不得开具麻醉药品、精神药品、医疗用毒性药品和放射性药品处方。未取得药学专业技术职务任职资格的人员，不得从事处方调剂工作。处方由调剂处方药品的医疗机构妥善保存。普通处方、急诊处方、儿科处方保存期限为 1 年，医疗用毒性药品、第二类精神药品处方保存期限为 2 年，麻醉药品和第一类精神药品处方保存期限为 3 年。

处方保存期满后，经医疗机构主要负责人批准、登记备案，方可销毁。

（二）卫生健康主管部门监管

处方管理办法明文规定：县级以上地方卫生健康主管部门应当定期对本行政区域内医疗机构处方管理情况进行监督检查。

卫生健康主管部门在对医疗机构实施监督管理过程中，发现医师出现上述处方权被取消的情形之一的，应当责令医疗机构取消医师处方权。

卫生健康主管部门的工作人员依法对医疗机构处方管理情况进行监督检查时，应当出示证件；被检查的医疗机构应当予以配合，如实反映情况，提供必要的资料，不得拒绝、阻碍、隐瞒。

第五节　医疗机构的监督与法律责任

一、医疗机构监督管理机构及其职责

监督管理的行政主体是县级以上人民政府卫生健康主管行政部门。县级以上卫生健康主管部门设立医疗机构监督管理办公室。各级医疗机构监督管理办公室在同级卫生健康主管部门的领导下开展工作。在监督管理工作中，要充分发挥医院管理学会和卫生工作者协会等学术性和行业性社会团体的作用。

卫生健康主管部门行使下列监督管理职权：①负责医疗机构的设置审批、执业登记和校验；②对医疗机构的执业活动进行检查指导；③负责组织对医疗机构的评审；④对违反《医疗机构管理条例》的行为给予处罚。

各级医疗机构监督管理办公室的职责：①拟订医疗机构监督管理工作计划；②办理医疗机构监督员的审查、发证、换证；③负责医疗机构登记、校验和有关监督管理工作的统计，并向同级卫生健康主管部门报告；④负责接待、办理群众对医疗机构的投诉；⑤完成卫生健康主管部门交给的其他监督管理工作。

县级以上卫生健康主管部门设医疗机构监督员，履行规定的监督管理职责。医疗机构监督员由同级卫生健康主管部门聘任。医疗机构监督员应当严格执行国家有关法律、法规和规章，其主要职责是：对医疗机构执行有关法律、法规、规章和标准的情况进行监督、检查、指导；对医疗机构执业活动进行监督、检查、指导；对医疗机构违法案件进行调查、取证；对经查证属实的案件向卫生健康主管部门提出处理或者处罚意见；实施职权范围内的处罚；完成卫生健康主管部门交付的其他监督管理工作。

医疗机构监督员有权对医疗机构进行现场检查，无偿索取有关资料，医疗机构不得拒绝、隐匿或者隐瞒。医疗机构监督员在履行职责时，应当佩戴证章，出示证件。医疗机构监督员证章、证件由卫健委监制。

各级卫生健康主管部门对医疗机构的执业活动检查、指导主要包括：执行国家有关法律、法规、规章和标准情况；执行医疗机构内部各项规章制度和各级各类人员岗位责任制情况；医德医风情况；服务质量和服务水平情况；执行医疗收费标准情况；组织管理情况；人员任用情况；省、自治区、直辖市卫生健康主管部门规定的其他检查、指导项目。

医疗机构评审委员会在对医疗机构进行评审时，发现有违法情节时，应当及时报告卫生健康主管部门；医疗机构评审委员会委员为医疗机构监督员的，可以直接行使监督权。

二、法律责任

违法医疗机构管理规定所承担的法律责任，根据不同的违法行为而各有不同。

（一）无证非法执业行为

未取得《医疗机构执业许可证》擅自执业的，由县级以上人民政府卫生健康主管部门责令其停止执业活动，没收非法所得和药品、器械，并处以 3000 元以下的罚款。有下列情形之一的，责令其停止执业活动，没收非法所得和药品、器械，处以 3000 元以上 1 万元以下的罚款：①因擅自执业曾受过卫生健康主管部门处罚；②擅自执业的人员为非卫生技术专业人员；③擅自执业时间在 3 个月以上；④给患者造成伤害；⑤使用假药、劣药蒙骗患者；⑥以行医为名骗取患者钱物；⑦省、自治区、直辖市卫生健康主管部门规定的其他情形。

（二）逾期不校验执业行为

逾期违法不办理校验《医疗机构执业许可证》又不停止诊疗活动的，责令其限期补办校验手续；在限期内仍不办理校验的，吊销其《医疗机构执业许可证》。

（三）出卖、转让、出借医疗机构执业许可证的行为

违反规定出卖、转让、出借《医疗机构执业许可证》的，由县级以上人民政府卫生健康主管部门没收非法所得，并处以 3000 元以下的罚款。有下列情形之一的，没收其非法所得，处以 3000 元以上 5000 元以下的罚款，并吊销《医疗机构执业许可证》：①出卖《医疗机构执业许可证》；②转让或者出借《医疗机构执业许可证》是以营利为目的；③受让方或者承借方给患者造成伤害；④转让、出借《医疗机构执业许可证》给非卫生技术专业人员；⑤省、自治区、直辖市卫生健康主管部门规定的其他情形。

（四）超出登记范围的诊疗行为

除急诊和急救外，医疗机构诊疗活动超出登记范围的诊疗科目范围，情节轻微的，处以警告。有下列情形之一的，责令其限期改正，并可处以 3000 元以下罚款：①超出登记的诊疗科目范围的诊疗活动累计收入在 3000 元以下；②给患者造成伤害。

有下列情形之一的，处以 3000 元罚款，并吊销《医疗机构执业许可证》：①超出登记的诊疗科目范围的诊疗活动累计收入在 3000 元以上；②给患者造成伤害；③省、自治区、直辖市卫生健康主管部门规定的其他情形。

（五）非法用工从事医疗卫生技术工作的行为

违反规定任用非卫生技术人员从事医疗卫生技术工作的，责令其立即改正，并可处以 3000 元以下的罚款。有下列情形之一的，处以 3000 元以上 5000 元以下罚款，并可以吊销其《医疗机构执业许可证》：①任用两名以上非卫生技术人员从事诊疗活动；②任用的非卫生技术人员给患者造成伤害。医疗机构使用卫生技术人员从事本专业以外的诊疗活动的，按使用非卫生技术人员处理。

（六）出具虚假证明文件的行为

出具虚假证明文件，情节轻微的，给予警告，并可处以 500 元以下的罚款。有下列情形之一的，处以 500 元以上 1000 元以下的罚款：①出具虚假证明文件造成延误诊治的；

②出具虚假证明文件给患者精神造成伤害的；③造成其他危害后果的。对直接责任人员由所在单位或者上级机关，给予行政处分。

（七）违反医疗广告管理的行为

医疗机构违反规定发布医疗广告，县级以上地方卫生健康主管部门、中医药管理部门应责令其限期改正，给予警告；情节严重的，核发《医疗机构执业许可证》的卫生健康主管部门、中医药管理部门可以责令其停业整顿、吊销有关诊疗科目，直至吊销《医疗机构执业许可证》。未取得《医疗机构执业许可证》发布医疗广告的，按非法行医处罚。

医疗机构篡改《医疗广告审查证明》内容发布医疗广告的，省级卫生健康主管部门、中医药管理部门应当撤销《医疗广告审查证明》，并在一年内不受理该医疗机构的广告审查申请。市场监督管理机关对违反《医疗广告管理办法》规定的广告主、广告经营者、广告发布者，依据《广告法》《反不正当竞争法》予以处罚，对情节严重，造成严重后果的，可以并处1至6个月暂停发布医疗广告，直至取消广告经营者、广告发布者的医疗广告经营和发布资格的处罚。法律、法规没有规定的，市场监督管理机关应当对负有责任的广告主、广告经营者、广告发布者给予警告或者处以1万元以上3万元以下的罚款；医疗广告内容涉嫌虚假的，市场监督管理机关可根据需要会同卫生健康主管部门、中医药管理部门作出认定。

（八）违反处方管理的行为

医疗机构有下列情形之一的，由县级以上卫生健康主管部门按照《医疗机构管理条例》第48条的规定，责令限期改正，并可处以5000元以下的罚款；情节严重的，吊销其《医疗机构执业许可证》：①使用未取得处方权的人员、被取消处方权的医师开具处方的；②使用未取得麻醉药品和第一类精神药品处方资格的医师开具麻醉药品和第一类精神药品处方的；③使用未取得药学专业技术职务任职资格的人员从事处方调剂工作的。

医疗机构未按照规定保管麻醉药品和精神药品处方，或者未依照规定进行专册登记的，按照《麻醉药品和精神药品管理条例》第72条的规定，由设区的市级卫生健康主管部门责令限期改正，给予警告；逾期不改正的，处5000元以上1万元以下的罚款；情节严重的，吊销其印鉴卡；对直接负责的主管人员和其他直接责任人员，依法给予降级、撤职、开除的处分。

医师出现下列情形之一的，按照《医师法》第55条的规定，由县级以上卫生健康主管部门给予警告或者责令暂停6个月以上、1年以下执业活动；情节严重的，吊销其执业证书：①未取得处方权或者被取消处方权后开具药品处方的；②未按照《处方管理办法》规定开具药品处方的；③违反《处方管理办法》其他规定的。

药师未按照规定调剂处方药品，情节严重的，由县级以上卫生健康主管部门责令改正，通报批评，给予警告，并由所在医疗机构或者其上级单位给予纪律处分。

县级以上地方卫生健康主管部门未按照《处方管理办法》规定履行监管职责的，由上级卫生行政部门责令改正。

◎ **思考题**

1. 根据不同的分类标准，医疗机构可分为哪些种类？
2. 医疗机构合法执业的条件是什么？
3. 医疗机构在执业过程中应遵循哪些规则？
4. 我国医院按功能和任务可分为哪些类别？
5. 违反处方管理应当承担哪些法律责任？

第十三章　卫生技术人员管理法律制度

卫生技术人员是医疗服务机构工作人员的主体，是受过医药卫生教育或培训，掌握医药卫生知识，依法取得执业资格或经卫生健康主管部门审查合格的技术人员。根据业务性质，卫生技术人员分为医、药、护、技四类，即：医疗、预防、保健人员；中药、西药等药学人员；护理人员；从事检验、理疗、病理、口腔、同位素、放射、营养卫生技术专业人员。

第一节　执业医师法律制度

一、执业医师立法概述

医师是我国卫生技术队伍中的主体，加强医师队伍的建设，提高医师队伍的职业道德和整体素质，将对保护人民健康起到至关重要的作用。1998 年 6 月 26 日，第九届人大常委会第三次会议审议通过了《中华人民共和国执业医师法》（以下称《执业医师法》），并于 1999 年 5 月 1 日起开始实施。《执业医师法》是中华人民共和国成立以来颁布实施的第一部有关医师执业的法律，对于医师考试与注册、执业规则、考核培训、法律责任等作了明确规定。为了贯彻实施执业医师法，原卫生部成立了国家医师资格考试委员会，发布了《医师资格考试暂行办法》《医师执业注册暂行办法》《关于医师执业注册中执业范围的暂行规定》等配套规章制度，我国的执业医师管理走上了法制化、规范化的轨道。

为了保障医师合法权益，规范医师执业行为，加强医师队伍建设，保护人民健康，实施健康中国战略提供有效法律保障，2021 年 8 月 20 日第十三届全国人大常委会第三十次会议审议通过《中华人民共和国医师法》（以下简称《医师法》），将于 2022 年 3 月 1 日起施行，届时《中华人民共和国执业医师法》将同时废止。《医师法》明确规定每年 8 月 19 日为中国医师节。

医师法的适用对象是医师，医师是指依法取得执业医师资格或者执业助理医师资格，经注册取得医师执业证书，在医疗卫生机构中从事相应医疗、预防、保健等医学专业工作的人员。《医师法》中所称的医师，包括执业医师和执业助理医师。医师应当坚持人民至上、生命至上，发扬人道主义精神，弘扬敬佑生命、救死扶伤、甘于奉献、大爱无疆的崇高职业精神，恪守职业道德，遵守执业规范，提高执业水平，履行防病治病、保护人民健康的神圣职责。医师依法执业，受法律保护。医师的人格尊严、人身安全不受侵犯。

二、医师资格考试和执业注册制度

英国、德国等欧洲国家实行医师资格考试已有数百年，美国实行医师资格考试已经80余年，日本、韩国等亚洲国家在第二次世界大战后也相继开始实行。医师执业法律制度的实施，建立和确认了医师资格考试和持资格证书注册行医制度，国家通过考试，对申请执业进入学识、技术和能力的资质进行衡量认证，实行医疗行业性准控，执业资格成为医师依法独立工作或开业所必备的条件。

（一）医师资格考试制度

我国《医师法》第8条明确规定，国家实行医师资格考试制度。这表明，在我国取得医师资格的途径是参加医师资格考试。医师资格考试的类别和具体办法由国务院卫生健康主管部门制定。

医师资格考试分为执业医师资格考试和助理执业医师资格考试，每年举行一次，考试内容和方法由国家卫生健康委员会医师资格考试委员会制定，国家统一命题。医师资格考试由省级以上人民政府卫生健康主管部门组织实施。考试类别分为临床、中医、口腔、公共卫生四类。考试方式分为实践技能考试和医学综合笔试。医师资格考试成绩合格，取得执业医师资格和助理执业医师资格。

根据《医师法》规定，具有下列条件之一的，可以参加执业医师考试：①具有高等学校医学专业本科以上学历，在执业医师指导下，在医疗卫生机构中参加医学专业工作满1年的；②具有高等学校医学专业专科学历，取得执业助理医师执业证书后，在医疗卫生机构中工作满2年。

参加助理执业医师资格考试的条件为：具有高等学校相关医学专业专科以上学历，在执业医师指导下，在医疗卫生机构中参加医学专业工作实践满1年。

此外，以师承方式学习中医满3年或者经多年实践医术确有专长的，经县级以上人民政府卫生健康主管部门委托的中医药专业组织或者医疗卫生机构考核合格并推荐，可以参加中医医师资格考试。

以师承方式学习中医或者经多年实践，医术确有专长的，由至少2名中医医师推荐，经省级人民政府中医药主管部门组织实践技能和效果考核合格后，即可取得中医医师资格及相应的资格证书。相关考试、考核办法，由国务院中医药主管部门拟订，报国务院卫生健康主管部门审核、发布。

医师资格考试成绩合格，取得执业医师资格或者执业助理医师资格，发给医师资格证书。

（二）医师执业注册制度

1. 申请执业注册

国家实行医师执业注册制度。医师资格考试成绩合格，取得执业医师资格或者执业助理医师资格后，申请人即可向所在地县级以上人民政府卫生健康主管部门申请注册，医疗卫生机构可以为本机构中的申请人集体办理注册手续。

《医师执业证书》是证明医师取得执业许可的法律文件。医师经注册后，取得《医师执业证书》，可以在医疗卫生机构中按照注册的执业地点、执业类别、执业范围执业，从事相应的医疗卫生服务。未经注册取得《医师执业证书》者，不得从事医师执业活动。中医、中西医结合医师可以在医疗机构中的中医科、中西医结合科或者其他临床科室按照注册的执业类别、执业范围执业。

一般情况下，医师不得从事执业注册范围以外其他专业的执业活动，但有下列情况之一的，不属于超范围执业：对病人实施紧急医疗救护的；临床医师依据《住院医师规范化培训规定》和《全科医师规范化培训试行办法》等，进行临床转科的；依据国家有关规定，经医疗、预防、保健机构批准的卫生支农、会诊、进修、学术交流、承担政府交办的任务和卫生健康主管部门批准的义诊等；省级以上卫生健康主管部门规定的其他情形。

医师经相关专业培训和考核合格，可以增加执业范围。法律、行政法规对医师从事特定范围执业活动的资质条件有规定的，从其规定。经考试取得医师资格的中医医师，按照国家有关规定，经培训和考核合格，在执业活动中可以采用与其专业相关的西医药技术方法。西医医师按照国家有关规定，经培训和考核合格，在执业活动中可以采用与其专业相关的中医药技术方法。

医师在 2 个以上医疗卫生机构定期执业的，应当以一个医疗卫生机构为主，并按照国家有关规定办理相关手续。国家鼓励医师定期定点到县级以下医疗卫生机构，包括乡镇卫生院、村卫生室、社区卫生服务中心等，提供医疗卫生服务，主执业机构应当支持并提供便利。

2. 申请时提交的材料

医师申请注册时应当提交下列材料：医师执业申请审核表；《医师资格证书》；注册主管部门指定的医疗机构出具的申请人 6 个月内的健康体检表；申请人身份证明；医疗卫生机构的拟聘用证明；省级以上卫生健康主管部门规定的其他材料。受理申请的卫生健康主管部门应当自收到申请之日起 30 日内，对申请人提交的申请材料进行审核，做出是否准予注册的决定。审核合格的准予注册，并发给由国务院卫生健康主管部门统一印制的医师执业证书。

3. 不予注册的情形

有下列情形之一的，不予注册：①无民事行为能力或者限制民事行为能力；②受刑事处罚，刑罚执行完毕不满 2 年或者被依法禁止从事医师职业的期限未满；③被吊销医师执业证书，自处罚决定之日起至申请注册之日止不满 2 年；④因医师定期考核不合格被注销注册不满 1 年；⑤法律、行政法规规定不得从事医疗卫生服务的其他情形。

受理申请的卫生健康主管部门对不予注册的，应当自受理申请之日起 20 个工作日内书面通知申请人和其所在医疗卫生机构，并说明理由。

4. 注销注册的以情形

医师注册后有下列情况之一的，医师所在医疗卫生机构应当在 30 日内报告准予注册的卫生健康主管部门，卫生健康主管部门依职权发现医师有下列情形的，应当及时通报准予注册的卫生健康主管部门；准予注册的卫生健康主管部门应当及时注销注册，废止医师执业证书：①死亡；②受刑事处罚；③被吊销医师执业证书；④医师定期考核不合格，暂停执业活动期满，再次考核仍不合格；⑤中止医师执业活动满2年；⑥法律、行政法规规定不得从事医疗卫生服务或者应当办理注销手续的其他情形。

5. 重新注册

中止医师执业活动2年以上或者本法规定不予注册的情形消失，申请重新执业的，应当由县级以上人民政府卫生健康主管部门或者其委托的医疗卫生机构、行业组织考核合格，并依照《医师法》规定重新注册。

6. 变更注册

医师变更执业地点、执业类别、执业范围等注册事项的，应当依法到准予注册的卫生健康主管部门办理变更注册手续。

医师从事下列活动的，可以不办理相关变更注册手续：①参加规范化培训、进修、对口支援、会诊、突发事件医疗救援、慈善或者其他公益性医疗、义诊；②承担国家任务或者参加政府组织的重要活动等；③在医疗联合体内的医疗机构中执业。

7. 个体行医注册

医师个体行医应当依法办理审批或者备案手续。

执业医师个体行医，须经注册后在医疗卫生机构中执业满5年；但是，依照《医师法》第11条第2款规定取得中医医师资格的人员，按照考核内容进行执业注册后，即可在注册的执业范围内个体行医。

县级以上地方人民政府卫生健康主管部门对个体行医的医师，应当按照国家有关规定实施监督检查，发现有本法规定注销注册的情形的，应当及时注销注册，废止医师执业证书。

8. 其他规定

当事人对于卫生健康主管部门做出的不予注册或注销注册的决定不服，可以在收到通知之日起15日内，依法申请行政复议或者向人民法院提起诉讼。

根据我国法律规定，外国医师应邀、应聘来华短期行医，应当向当地设区的市级以上卫生健康管理部门申请注册，取得《外国医师短期行医许可证》。

二、医师执业规则

（一）医师执业活动中的权利

我国《医师法》规定，医师在执业活动中依法享有下列权利，任何人不得侵犯或者剥夺：

（1）在注册的执业范围内，按照有关规范进行医学诊查、疾病调查、医学处置、出具相应的医学证明文件，选择合理的医疗、预防、保健方案；

（2）获取劳动报酬，享受国家规定的福利待遇，按照规定参加社会保险并享受相应待遇；

(3) 获得符合国家规定标准的执业基本条件和职业防护装备；

(4) 从事医学教育、研究、学术交流；

(5) 参加专业培训，接受继续医学教育；

(6) 对所在医疗卫生机构和卫生健康主管部门的工作提出意见和建议，依法参与所在机构的民主管理；

(7) 法律、法规规定的其他权利。

(二) 医师执业活动中的义务

取得执业证书的医师在执业活动中依法必须履行下列义务：

(1) 树立敬业精神，恪守职业道德，履行医师职责，尽职尽责救治患者，执行疫情防控等公共卫生措施；

(2) 遵循临床诊疗指南，遵守临床技术操作规范和医学伦理规范等；

(3) 尊重、关心、爱护患者，依法保护患者隐私和个人信息；

(4) 努力钻研业务，更新知识，提高医学专业技术能力和水平，提升医疗卫生服务质量；

(5) 宣传推广与岗位相适应的健康科普知识，对患者及公众进行健康教育和健康指导；

(6) 法律、法规规定的其他义务。

(三) 医师执业规范要求

医师执业规范要求是医师在执业活动中必须遵守的行为规则，是维护执业活动正常秩序，保障执业责任得以实现的重要措施。《医师法》规定，医师执业应当遵守以下规范要求：

(1) 医师实施医疗、预防、保健措施，签署有关医学证明文件，必须亲自诊查、调查，并按照规定及时填写病历等医学文书，不得隐匿、伪造、篡改或者擅自销毁病历等医学文书及有关资料；医师不得出具虚假医学证明文件以及与自己执业范围无关或者与执业类别不相符的医学证明文件。

(2) 对急危患者，医师应当采取紧急措施进行诊治；不得拒绝急救处置。医师在诊疗活动中，应当向患者说明病情、医疗措施和其他需要告知的事项。需要实施手术、特殊检查、特殊治疗的，医师应当及时向患者具体说明医疗风险、替代医疗方案等情况，并取得其明确同意；不能或者不宜向患者说明的，应当向患者的近亲属说明，并取得其明确同意。

(3) 医师开展药物、医疗器械临床试验和其他医学临床研究应当符合国家有关规定，遵守医学伦理规范，依法通过伦理审查，取得书面知情同意。

(4) 对需要紧急救治的患者，医师应当采取紧急措施进行诊治，不得拒绝急救处置；因抢救生命垂危的患者等紧急情况，不能取得患者或者其近亲属意见的，经医疗机构负责人或者授权的负责人批准，可以立即实施相应的医疗措施；国家鼓励医师积极参与公共交通工具等公共场所急救服务；医师因自愿实施急救造成受助人损害的，不承担民事责任。

（5）医师应当使用经依法批准或者备案的药品、消毒药剂、医疗器械，采用合法、合规、科学的诊疗方法；除按照规范用于诊断治疗外，不得使用麻醉药品、医疗用毒性药品、精神药品、放射性药品等。

（6）医师应当坚持安全有效、经济合理的用药原则，遵循药品临床应用指导原则、临床诊疗指南和药品说明书等合理用药；在尚无有效或者更好治疗手段等特殊情况下，医师取得患者明确知情同意后，可以采用药品说明书中未明确但具有循证医学证据的药品用法实施治疗。医疗机构应当建立管理制度，对医师处方、用药医嘱的适宜性进行审核，严格规范医师用药行为。

（7）执业医师按照国家有关规定，经所在医疗卫生机构同意，可以通过互联网等信息技术提供部分常见病、慢性病复诊等适宜的医疗卫生服务。国家支持医疗卫生机构之间利用互联网等信息技术开展远程医疗合作。

（8）医师不得利用职务之便，索要、非法收受财物或者牟取其他不正当利益；不得对患者实施不必要的检查、治疗。

（9）遇自然灾害、事故灾难、公共卫生事件和社会安全事件等严重威胁人民生命健康的突发事件时，县级以上人民政府卫生健康主管部门根据需要组织医师参与卫生应急处置和医疗救治，医师应当服从调遣。

（10）在执业活动中有下列情形之一的，医师应当按照有关规定及时向所在医疗卫生机构或者有关部门、机构报告：发现传染病、突发不明原因疾病或者异常健康事件；发生或者发现医疗事故；发现可能与药品、医疗器械有关的不良反应或者不良事件；发现假药或者劣药；发现患者涉嫌伤害事件或者非正常死亡；法律、法规规定的其他情形。

（11）执业助理医师应当在执业医师的指导下，在医疗卫生机构中按照注册的执业类别、执业范围执业，在乡、民族乡、镇和村医疗卫生机构以及艰苦边远地区县级医疗卫生机构中执业的执业助理医师，可以根据医疗卫生服务情况和本人实践经验，独立从事一般的执业活动。

（12）参加临床教学实践的医学生和尚未取得医师执业证书、在医疗卫生机构中参加医学专业工作实践的医学毕业生，应当在执业医师监督、指导下参与临床诊疗活动。医疗卫生机构应当为有关医学生、医学毕业生参与临床诊疗活动提供必要的条件。

三、医师的考核与培训

为了加强医师执业管理，提高医师的医疗水平和综合素质，保证医疗质量和医疗安全，《医师法》规定了医师的培训和考核制度。

（一）医师的培养规划

国家制订医师培养规划，建立适应行业特点和社会需求的医师培养和供需平衡机制，统筹各类医学人才需求，加强全科、儿科、精神科、老年医学等紧缺专业人才培养。

1. 建立健全教育体系

国家采取措施，加强医教协同，完善医学院校教育、毕业后教育和继续教育体系；国家通过多种途径，加强以全科医生为重点的基层医疗卫生人才培养和配备；国家采取措施，完善中医西医相互学习的教育制度，培养高层次中西医结合人才和能够提供中西医结合服务的全科医生。

2. 建立健全住院医师和专科医师规范化培训制度

国家建立健全住院医师规范化培训制度，健全临床带教激励机制，保障住院医师培训期间待遇，严格培训过程管理和结业考核。建立健全专科医师规范化培训制度，不断提高临床医师专科诊疗水平。

3. 制订培训计划

县级以上人民政府卫生健康主管部门和其他有关部门应当制订医师培训计划，采取多种形式对医师进行分级分类培训，为医师接受继续医学教育提供条件。

县级以上人民政府应当采取有力措施，优先保障基层、欠发达地区和民族地区的医疗卫生人员接受继续医学教育。

4. 合理调配人力资源

医疗卫生机构应当合理调配人力资源，按照规定和计划保证本机构医师接受继续医学教育。

县级以上人民政府卫生健康主管部门应当有计划地组织协调县级以上医疗卫生机构对乡镇卫生院、村卫生室、社区卫生服务中心等基层医疗卫生机构中的医疗卫生人员开展培训，提高其医学专业技术能力和水平。

有关行业组织应当为医师接受继续医学教育提供服务和创造条件，加强继续医学教育的组织、管理。

国家在每年的医学专业招生计划和教育培训计划中，核定一定比例用于定向培养、委托培训，加强基层和艰苦边远地区医师队伍建设。

有关部门、医疗卫生机构与接受定向培养、委托培训的人员签订协议，约定相关待遇、服务年限、违约责任等事项，有关人员应当履行协议约定的义务。县级以上人民政府有关部门应当采取措施，加强履约管理。协议各方违反约定的，应当承担违约责任。

（二）医师的考核

国家实行医师定期考核制度。

县级以上人民政府卫生健康主管部门或者其委托的医疗卫生机构、行业组织应当按照医师执业标准，对医师的业务水平、工作业绩和职业道德状况进行考核，考核周期为3年。对具有较长年限执业经历、无不良行为记录的医师，可以简化考核程序。

受委托的机构或者组织应当将医师考核结果报准予注册的卫生健康主管部门备案。

对考核不合格的医师，县级以上人民政府卫生健康主管部门应当责令其暂停执业活动3~6个月，并接受相关专业培训。暂停执业活动期满，再次进行考核，对考核合格的，允许其继续执业。

省级以上人民政府卫生健康主管部门负责指导、检查和监督医师考核工作。

四、保障措施

1. 建立健全人事、薪酬、职称、奖励制度

对从事传染病防治、放射医学和精神卫生工作以及其他特殊岗位工作的医师，应当按照国家有关规定给予适当的津贴。津贴标准应当定期调整。

在基层和艰苦边远地区工作的医师，按照国家有关规定享受津贴、补贴政策，并在职称评定、职业发展、教育培训和表彰奖励等方面享受优惠待遇。

2. 加强疾病预防控制人才队伍建设

疾病预防控制机构、二级以上医疗机构以及乡镇卫生院、社区卫生服务中心等基层医疗卫生机构应当配备一定数量的公共卫生医师，从事人群疾病及危害因素监测、风险评估研判、监测预警、流行病学调查、免疫规划管理、职业健康管理等公共卫生工作。医疗机构应当建立健全管理制度，严格执行院内感染防控措施。

国家建立公共卫生与临床医学相结合的人才培养机制，通过多种途径对临床医师进行疾病预防控制、突发公共卫生事件应对等方面业务培训，对公共卫生医师进行临床医学业务培训，完善医防结合和中西医协同防治的体制机制。

3. 统筹城乡资源，加强基层医疗卫生队伍和服务能力建设

对乡村医疗卫生人员建立县乡村上下贯通的职业发展机制，通过县管乡用、乡聘村用等方式，将乡村医疗卫生人员纳入县域医疗卫生人员管理。

执业医师晋升为副高级技术职称的，应当有累计 1 年以上在县级以下或者对口支援的医疗卫生机构提供医疗卫生服务的经历；晋升副高级技术职称后，在县级以下或者对口支援的医疗卫生机构提供医疗卫生服务，累计 1 年以上的，同等条件下优先晋升正高级技术职称。

鼓励取得执业医师资格或者执业助理医师资格的人员依法开办村医疗卫生机构，或者在村医疗卫生机构提供医疗卫生服务。

4. 加强乡村医生管理

鼓励在村医疗卫生机构中向村民提供预防、保健和一般医疗服务的乡村医生通过医学教育取得医学专业学历；鼓励符合条件的乡村医生参加医师资格考试，依法取得医师资格。

国家通过信息化、智能化手段帮助乡村医生提高医学技术能力和水平，进一步完善对乡村医生的服务收入多渠道补助机制和养老等政策。

乡村医生的具体管理办法，由国务院制定。

5. 表彰与奖励

医师有下列情形之一的，按照国家有关规定给予表彰、奖励：①在执业活动中，医德高尚，事迹突出；②在医学研究、教育中开拓创新，对医学专业技术有重大突破，做出显著贡献；③遇有突发事件时，在预防预警、救死扶伤等工作中表现突出；④长期在艰苦边远地区的县级以下医疗卫生机构努力工作；⑤在疾病预防控制、健康促进工作中做出突出贡献；⑥法律、法规规定的其他情形。

6. 执业安全保障

县级以上人民政府及其有关部门应当将医疗纠纷预防和处理工作纳入社会治安综合治理体系，加强医疗卫生机构及周边治安综合治理，维护医疗卫生机构良好的执业环境，有效防范和依法打击涉医违法犯罪行为，保护医患双方合法权益。

医疗卫生机构应当完善安全保卫措施，维护良好的医疗秩序，及时主动化解医疗纠纷，保障医师执业安全。禁止任何组织或者个人阻碍医师依法执业，干扰医师正常工作、生活；禁止通过侮辱、诽谤、威胁、殴打等方式，侵犯医师的人格尊严、人身安全。

医疗卫生机构应当为医师提供职业安全和卫生防护用品，并采取有效的卫生防护和医疗保健措施。医师受到事故伤害或者在职业活动中因接触有毒、有害因素而引起疾病、死亡的，依照有关法律、行政法规的规定享受工伤保险待遇。

医疗卫生机构应当为医师合理安排工作时间，落实带薪休假制度，定期开展健康检查。国家建立完善医疗风险分担机制。医疗机构应当参加医疗责任保险或者建立、参加医疗风险基金。鼓励患者参加医疗意外保险。

新闻媒体应当开展医疗卫生法律、法规和医疗卫生知识的公益宣传，弘扬医师先进事迹，引导公众尊重医师、理性对待医疗卫生风险。

五、法律责任

（一）行政责任

（1）在医师资格考试中有违反考试纪律等行为，情节严重的，1~3 年内禁止参加医师资格考试；以不正当手段取得医师资格证书或者医师执业证书的，由发给证书的卫生健康主管部门予以撤销，3 年内不受理其相应申请；伪造、变造、买卖、出租、出借医师执业证书的，由县级以上人民政府卫生健康主管部门责令改正，没收违法所得，并处违法所得 2 倍以上、5 倍以下的罚款，违法所得不足 1 万元的，按 1 万元计算；情节严重的，吊销医师执业证书。

（2）医师在执业活动中有下列行为之一的，由县级以上人民政府卫生健康主管部门责令改正，给予警告；情节严重的，责令暂停 6 个月以上、1 年以下执业活动直至吊销医师执业证书：

①在提供医疗卫生服务或者开展医学临床研究中，未按照规定履行告知义务或者取得知情同意；

②对需要紧急救治的患者，拒绝急救处置，或者由于不负责任延误诊治；

③遇有自然灾害、事故灾难、公共卫生事件和社会安全事件等严重威胁人民生命健康的突发事件时，不服从卫生健康主管部门调遣；

④未按照规定报告有关情形；

⑤违反法律、法规、规章或者执业规范，造成医疗事故或者其他严重后果。

（3）医师在执业活动中有下列行为之一的，由县级以上人民政府卫生健康主管部门责令改正，给予警告，没收违法所得，并处 1 万元以上、3 万元以下的罚款；情节严重的，责令暂停6个月以上、1年以下执业活动直至吊销医师执业证书：

①泄露患者隐私或者个人信息；

②出具虚假医学证明文件，或者未经亲自诊查、调查，签署诊断、治疗、流行病学等证明文件或者有关出生、死亡等证明文件；

③隐匿、伪造、篡改或者擅自销毁病历等医学文书及有关资料；

④未按照规定使用麻醉药品、医疗用毒性药品、精神药品、放射性药品等；

⑤利用职务之便，索要、非法收受财物或者牟取其他不正当利益，或者违反诊疗规范，对患者实施不必要的检查、治疗造成不良后果；

⑥开展禁止类医疗技术临床应用。

（4）医师未按照注册的执业地点、执业类别、执业范围执业的，由县级以上人民政府卫生健康主管部门或者中医药主管部门责令改正，给予警告，没收违法所得，并处1万元以上、3万元以下的罚款；情节严重的，责令暂停6个月以上、1年以下执业活动直至吊销医师执业证书。

（5）严重违反医师职业道德、医学伦理规范，造成恶劣社会影响的，由省级以上人民政府卫生健康主管部门吊销医师执业证书或者责令停止非法执业活动，5年直至终身禁止从事医疗卫生服务或者医学临床研究。

（6）非医师行医的，由县级以上人民政府卫生健康主管部门责令停止非法执业活动，没收违法所得和药品、医疗器械，并处违法所得2倍以上、10倍以下的罚款，违法所得不足1万元的，按1万元计算。

（7）阻碍医师依法执业，干扰医师正常工作、生活，或者通过侮辱、诽谤、威胁、殴打等方式，侵犯医师人格尊严、人身安全，构成违反治安管理行为的，依法给予治安管理处罚。

（8）医疗卫生机构未履行报告职责，造成严重后果的，由县级以上人民政府卫生健康主管部门给予警告，对直接负责的主管人员和其他直接责任人员依法给予处分。

（9）卫生健康主管部门和其他有关部门工作人员或者医疗卫生机构工作人员弄虚作假、滥用职权、玩忽职守、徇私舞弊的，依法给予处分。

（二）民事及刑事责任

违反《医师法》有关规定，造成人身、财产损害的，依法承担民事责任；构成犯罪的，依法追究刑事责任。

医师在医疗、预防、保健工作中造成事故的，依照法律或者国家有关规定处理。未经批准擅自开办医疗机构行医或者非医师行医的，给患者造成损害的，依法承担赔偿责任。

第二节 执业药师法律制度

凡从事药品生产、经营、使用的单位，均应配备相应的执业药师，并以此作为开办药品生产、经营、使用单位的必备条件之一。我国从1994年起，开始实行执业药师资格制度，1999年，原人事部、国家药品监督管理局关于修订印发《执业药师资格制度暂行规定》和《执业药师资格考试实施办法》，对执业药师实行统一名称、统一政策、统一组织考试和统一管理。

一、执业药师考试制度

执业药师是指经全国统一考试合格，取得《执业药师资格证书》并经注册登记，在药品生产、经营、使用单位中执业的药学技术人员。

执业药师资格实行全国统一大纲、统一命题、统一组织的考试制度。一般每年举行一次，两年为一个考试周期，所有科目须在两年内全部考试合格。国家药品监督机构负责组织拟定考试科目和考试大纲，编写培训教材，建立试题库及考试命题工作。按照培训与考试分开的原则，统一规划并组织考前培训。国务院人力资源部门负责组织审定考试科目、考试大纲和试题，会同国家药品监督机构，对考试工作进行监督、指导并确定合格标准。

凡中华人民共和国公民和获准在我国境内就业的其他国籍的人员具备以下条件之一者，均可申请参加执业药师资格考试：①取得药学、中药学或相关专业中专学历，从事药学或中药学专业工作满7年；②取得药学、中药学或相关专业大专学历，从事药学或中药学专业工作满5年；③取得药学、中药学或相关专业大学本科学历，从事药学或中药学专业工作满3年；④取得药学、中药学或相关专业第二学士学位、研究生班结业或取得硕士学位，从事药学或中药学专业工作满1年；⑤取得药学、中药学或相关专业博士学位。

执业药师资格考试合格者，取得中华人民共和国《执业药师资格证书》，该证书在全国范围内有效。

二、执业药师注册制度

执业药师资格实行注册制度。取得《执业药师资格证书》者，须按规定向所在省（区、市）药品监督管理局申请注册。经注册后，方可按照注册的执业类别、执业范围从事相应的执业活动。未经注册者，不得以执业药师身份执业。国务院药品监督管理局为全国执业药师资格注册管理机构，下设执业药师资格认证中心专门负责执业药师资格考试、执业注册等事务。

申请注册者除了必须取得《执业药师资格证书》外，还应当遵纪守法，遵守药师职业道德；身体健康，能坚持在执业药师岗位工作；经所在单位考核同意。执业药师按照执业类别、执业范围、执业地区注册。执业类别为药学类、中药学类；执业范围为药品生产、药品经营、药品使用；执业地区为省、自治区、直辖市。执业药师只能在一个执业药师注册机构注册，在一个执业单位按照注册的执业类别、执业范围进行执业活动。

执业药师的工作关系到药品生产、经营、使用等各个领域，因此，国家对执业药师的注册管理相当严格。有下列情况之一者，不予注册：①不具有完全民事行为能力的；②因受刑事处罚，自刑罚执行完毕之日到申请注册之日不满2年的；③受过取消执业药师执业资格处分不满2年的；④国家规定不宜从事执业药师业务的其他情形的。

执业药师注册有效期为3年。持证者须在有效期满前3个月到原执业药师注册机构申请办理再次注册手续。超过期限，不办理再次注册手续的人员，其《执业药师注册证》自动失效，并不能再以执业药师身份执业。

执业药师有下列情形之一的，由所在单位向注册机构办理注销注册手续：①死亡或被宣告失踪的；②受刑事处罚的；③受取消执业资格处分的；④因健康或其他原因不能或不宜从事执业药师业务的。

执业药师只能在一个省、自治区、直辖市注册。执业药师变更执业地区、执业范围，应及时办理变更注册手续。

执业药师注册机构须在收到申请之日起30个工作日内，对符合条件者予以注册；对不符合条件者不予注册，同时书面通知申请人并说明理由。对不予注册或注销注册持有异议的当事人，可以依法申请行政复议或者向人民法院提起诉讼。

三、执业药师的职责

执业药师进行相应的执业活动，应当履行相应的职责：

（1）执业药师必须遵守职业道德，忠于职守，以对药品质量负责、保证人民用药安全有效为基本准则。

（2）执业药师必须严格执行《药品管理法》及国家有关药品研究、生产、经营、使用的各项法规及政策。执业药师对违反《药品管理法》及有关法规的行为或决定，有责任提出劝告、制止、拒绝执行，并向上级报告。

（3）执业药师在执业范围内负责对药品质量的监督和管理，参与制定、实施药品全面质量管理及对本单位违反规定的处理。

（4）执业药师负责处方的审核及监督调配，提供用药咨询与信息，指导合理用药，开展治疗药物的监测及药品疗效的评价等临床药学工作。

四、执业药师继续教育制度

执业药师继续教育的目的是使执业药师保持良好的职业道德，以病患者和消费者为中心，开展药学服务；不断提高依法执业能力和业务水平，认真履行职责，维护公众身体健康，保障公众用药安全、有效、经济、合理。继续教育的内容主要包括有关法律、法规、职业道德和药学、中药学及相关专业知识与技能，分为必修、选修和自修三类。

考虑到执业药师工作忙、居住分散，以及在职、成人教育的特点，执业药师继续教育可根据实际情况采取灵活多样的形式和手段，如网络教育、远程教育、短期培训、学术会议、函授、刊授、广播、视像媒体技术、业余学习等多种形式。自修的形式也有灵活多样的选择，如参加研讨会、学术会，阅读专业期刊，培训，学历教育，讲学，自学，研究性工作计划、报告或总结，调研或考察报告等。执业药师继续教育实行学分制。具有执业药师资格的人员每年参加执业药师继续教育获取的学分不得少于15学分，注册期3年内累计不得少于45学分，其中，必修和选修内容每年不得少于10学分，自修内容学习可累计获取学分。

接受继续教育是执业药师的义务和权利。取得《执业药师资格证书》的人员每年须自觉参加继续教育，并完成规定的学分。各有关部门应积极支持、鼓励执业药师参加继续教育。具有执业药师资格的人员参加必修内容和选修内容的学习并经考核合格后，由施教机构在《执业药师继续教育登记证书》上确认与登记盖章。《执业药师继续教育登记证书》是执业药师再次注册的必备证件。

五、法律责任

对未按规定配备执业药师的单位，应限期配备，逾期将追究单位负责人的责任。

对涂改、伪造或以虚假和不正当手段获取《执业药师资格证书》或《执业药师注册证》的人员，发证机构应收回证书，取消其执业药师资格，注销注册，并对直接责任者根据有关规定给予行政处分，直至送交有关部门追究法律责任。

对执业药师违反法律相关规定的，所在单位须如实上报，由药品监督管理部门根据情况给予处分。注册机构对执业药师所受处分，应及时记录在其《执业药师资格证书》中的备注“执业情况记录”栏内。执业药师在执业期间违反《药品管理法》及其他法律法规构成犯罪的，依法追究刑事责任。

执业药师注册机构的工作人员，在注册工作中玩忽职守、滥用职权、徇私舞弊，由其所在单位依据有关规定给予行政处分；构成犯罪的，依法追究刑事责任。

第三节　执业护士法律制度

护士是指经执业注册取得《护士执业证书》，依照规定从事护理活动，履行保护生命、减轻痛苦、增进健康职责的卫生技术人员。根据卫健委对护理人员技术职称的规定，护士的技术职称依次分为主任护师、主管护师、护师、护士。

一、执业护士法律制度概述

护理工作为维护和促进人民群众的健康发挥了积极作用；同时，护理工作也存在一些不容忽视的问题。1903 年，美国北卡罗来纳、新泽西等州首先颁布了《护士执业法》，作为护士执业的法律规范。

为了维护护士的合法权益、规范护理行为、促进护患关系和谐发展、保障医疗安全和人体健康，2008 年 1 月 23 日经国务院第 206 次常务会议通过了《护士条例》，自 2008 年 5 月 12 日起施行。同时，原卫生部还制定了《护士执业注册管理办法》一并实施。

国务院卫生健康主管部门负责全国的护士监督管理工作，县级以上地方人民政府卫生健康主管部门负责本行政区域的护士监督管理工作。护士人格尊严、人身安全不受侵犯。护士依法履行职责，受法律保护。

二、护士的执业注册

《护士条例》总结了我国护士管理的经验，参照国际通行做法，规定只有受过专门训练并经执业注册取得护士执业证书的人员才能从事护理工作。护士经执业注册取得《护士执业证书》后，方可按照注册的执业地点从事护理工作。未经执业注册取得《护士执业证书》者，不得从事诊疗技术规范规定的护理活动。

申请护士执业注册，应当具备下列条件：①具有完全民事行为能力；②在中等职业学校、高等学校完成教育部和卫健委规定的普通全日制3年以上的护理、助产专业课程学习，包括在教学、综合医院完成8个月以上护理临床实习，并取得相应学历证书；③通过卫健委组织的护士执业资格考试。护士执业资格考试办法由国务院卫生健康主管部门会同国务院人事部门制定；④身体健康，无精神病史，无色盲、色弱、双耳听力障碍，无影响履行护理职责的疾病、残疾或者功能障碍。

卫生健康主管部门应当自受理申请之日起20个工作日内，对申请人提交的材料进行审核。审核合格的，准予注册，发给《护士执业证书》。《护士执业证书》上应当注明护士的姓名、性别、出生日期等个人信息及证书编号、注册日期和执业地点。对不符合规定条件的，不予注册，并书面说明理由。

护士执业注册申请，应当自通过护士执业资格考试之日起3年内提出；逾期提出申请的，除提交上述材料外，还应当提交在省、自治区、直辖市人民政府卫生健康主管部门规定的教学、综合医院接受3个月临床护理培训并考核合格的证明。

护士执业注册有效期为5年。护士执业注册有效期届满需要继续执业的，应当在有效期届满前30日，向原注册部门申请延续注册。有下列情形之一的，不予延续注册：不符合法律规定的健康标准的；被处暂停执业活动处罚期限未满的。

有下列情形之一的，拟在医疗卫生机构执业时，应当重新申请注册：①注册有效期届满未延续注册的；②受吊销《护士执业证书》处罚，自吊销之日起满2年的；③中断护理执业活动超过3年的，还应当提交在省、自治区、直辖市人民政府卫生健康主管部门规定的教学、综合医院接受3个月临床护理培训并考核合格的证明。

护士在其执业注册有效期内变更执业地点等注册项目，应当办理变更注册。但承担卫生健康主管部门交办或者批准的任务以及履行医疗卫生机构职责的护理活动，包括经医疗卫生机构批准的进修、学术交流等除外。护士跨省、自治区、直辖市变更执业地点的，收到报告的注册部门还应当向其原执业地注册部门通报。

护士执业注册后有下列情形之一的，原注册部门办理注销执业注册：①注册有效期届满未延续注册；②受吊销《护士执业证书》处罚；③护士死亡或者丧失民事行为能力。

☞ **知识链接：**

“男丁格尔”

“男丁格尔”，也称为护士先生，是男性护士，专指从事护理工作的男性群体。一直以来，“白衣天使”和“提灯女神”的护士形象早已深入人心，人们对护士这一职业的性别认知也基本为女性。近年来，随着社会的进步以及护理工作发展的需要，男性开始逐渐走向护理岗位。男性从事护理工作，具备性别、体力、耐力、宏观思辨能力等诸多优势，更能胜任重症护理、现场抢救、仪器操作等工作。尤其在现今社会女性护士占据绝大多数的情况下，男性护士更是稀缺。虽然男性从事护理工作存在诸多优势，但是由于社会偏见、工资待遇偏低等因素的影响，使得从事护理工作的男性比例极低，根据最新的统计显示，我国注册男护士数量约为2.1万人，约占注册护士总数的1%，远低于英美等发达国家的平均水平。

三、护士的权利和义务

为了保证护士安心工作、鼓励人们从事护理工作、满足人民群众对护理服务的需求，《护士条例》强调了政府的职责，规定：国务院有关部门、县级以上地方人民政府及其有关部门以及乡（镇）人民政府应当采取措施，改善护士的工作条件，保障护士待遇，加强护士队伍建设，促进护理事业健康发展。

（一）护士的合法权利

为了切实维护护士的合法权益、稳定发展护士队伍、保证护士队伍素质，法律规定护士享有以下权益：

（1）有按照《工伤保险条例》《国务院关于建立城镇职工基本医疗保险制度的决定》、人社部等部门《关于事业单位、民间非营利组织工作人员工伤有关问题的通知》《关于护士工龄津贴的若干规定》等国家有关规定获取工资报酬、享受福利待遇、参加社会保险的权利。

（2）有获得与其所从事的护理工作相适应的卫生防护、医疗保健服务的权利。从事直接接触有毒有害物质、有感染传染病危险工作的护士，有依照有关法律、行政法规的规定接受职业健康监护的权利；患职业病的，有依照法律、行政法规的规定获得赔偿的权利。

（3）有按照国家有关规定获得与本人业务能力和学术水平相应的专业技术职务、职称的权利；有参加专业培训、从事学术研究和交流、参加行业协会和专业学术团体的权利。

（4）有获得疾病诊疗、护理相关信息的权利，以及其他与履行护理职责相关的权利，可以对医疗卫生机构和卫生健康主管部门的工作提出意见和建议。

国务院有关部门对在护理工作中做出杰出贡献的护士，应当授予全国卫生系统先进工作者荣誉称号或者颁发白求恩奖章，受到表彰、奖励的护士享受省部级劳动模范、先进工作者待遇；对长期从事护理工作的护士，应当颁发荣誉证书。县级以上地方人民政府及其有关部门对本行政区域内做出突出贡献的护士，按照省、自治区、直辖市人民政府的有关规定，给予表彰、奖励。

（二）护士的义务

为了规范护士执业行为、提高护理质量、保障医疗安全、防范医疗事故、改善护患关系，法律明确规定护士应当承担以下五方面的义务：

（1）应当遵守法律、法规、规章和诊疗技术规范的规定。这是护士执业的根本准则，即合法性原则。这一原则涵盖了护士执业的基本要求，包含了护士执业过程中应当遵守的大量具体规范和应当履行的大量义务。如：严格地按照规范进行护理操作；为患者提供良好的环境，确保其舒适和安全；主动征求患者及家属的意见，及时改进工作中的不足；认真执行医嘱，注重与医生之间相互沟通；积极开展健康教育，指导人们建立正确的卫生观念和培养健康行为，唤起民众对健康的重视，促进地区或国家健康保障机制的建立和完善。

（2）在执业活动中，发现患者病情危急，应当立即通知医师；在紧急情况下为抢救垂危患者生命，应当先行实施必要的紧急救护。

（3）发现医嘱违反法律、法规、规章或者诊疗技术规范规定的，应当及时向开具医嘱的医师提出；必要时，应当向该医师所在科室的负责人或者医疗卫生机构负责医疗服务管理的人员报告。

（4）应当尊重、关心、爱护患者，保护患者的隐私，这实质上是对患者人格和权利的尊重，有利于与患者建立相互信任、以诚相待的护患关系。

（5）有义务参与公共卫生和疾病预防控制工作。发生自然灾害、公共卫生事件等严重威胁公众生命健康的突发事件，护士应当服从县级以上人民政府卫生健康主管部门或者所在医疗卫生机构的安排，参加医疗救护。

此外，为了加强对护士执业行为的监督管理、促进护理行为的规范，法律要求县级以上地方人民政府卫生健康主管部门建立本行政区域的护士执业良好记录和不良记录，并将该记录记入护士执业信息系统；护士执业良好记录包括护士受到的表彰、奖励以及完成政府指令性任务的情况等内容；护士执业不良记录包括护士因违反《护士条例》以及其他法律、法规、规章或者诊疗技术规范的规定受到行政处罚、处分的情况等内容。

四、医疗机构的职责

护士是在一定的医疗卫生机构中执业，护士义务的履行需要医疗卫生机构直接进行监督，护士权利的实现有赖于医疗卫生机构提供物质保障。法律规定了医疗卫生机构在规范护理行为、保障护士合法权益、促进护理事业发展方面负有如下职责：

1. 按照卫健委的要求配备护士

护士配备是否合理，直接关系到医院的工作质量，更直接影响到护理质量、患者安全。因此，法律规定，医疗卫生机构配备护士的数量不得低于卫健委规定的护士配备标准。

2. 保障护士合法权益

①应当为护士提供卫生防护用品，并采取有效的卫生防护措施和医疗保健措施；②应

当执行国家有关工资、福利待遇等规定，按照国家有关规定为在本机构从事护理工作的护士足额缴纳社会保险费用；③对在艰苦边远地区工作，或者从事直接接触有毒有害物质、有感染传染病危险工作的护士，所在医疗卫生机构应当按照国家有关规定给予津贴；④应当制订、实施本机构护士在职培训计划，并保证护士接受培训。护士培训应当注重新知识、新技术的应用；根据临床专科护理发展和专科护理岗位的需要，开展对护士的专科护理培训。

3. 加强护士管理

①应当按照卫健委的规定，设置专门机构或者配备专（兼）职人员负责护理管理工作；不得允许未取得护士执业证书的人员、未依照规定办理执业地点变更手续的护士以及护士执业注册有效期届满未延续执业注册的护士在本机构从事诊疗技术规范规定的护理活动；在教学、综合医院进行护理临床实习的人员应当在护士指导下开展有关工作；②应当建立护士岗位责任制，并进行监督检查。护士因不履行职责或者违反职业道德受到投诉的，其所在医疗卫生机构应当进行调查；经查证属实的，医疗卫生机构应当对护士作出处理，并将调查处理情况告知投诉人。

五、法律责任

（一）护士的法律责任

护士在执业活动中有下列情形之一的，由县级以上地方人民政府卫生健康主管部门依据职责分工责令改正，给予警告；情节严重的，暂停其6个月以上1年以下执业活动，直至由原发证部门吊销其护士执业证书：①发现患者病情危急未立即通知医师的；②发现医嘱违反法律、法规、规章或者诊疗技术规范的规定，未依照规定提出或者报告的；③泄露患者隐私的；④发生自然灾害、公共卫生事件等严重威胁公众生命健康的突发事件，不服从安排参加医疗救护的。

护士在执业活动中造成医疗事故的，依照医疗事故处理的有关规定承担法律责任。护士被吊销执业证书的，自执业证书被吊销之日起2年内不得申请执业注册。

（二）医疗机构的法律责任

医疗卫生机构有下列情形之一的，由县级以上地方人民政府卫生健康主管部门依据职责分工责令限期改正，给予警告；逾期不改正的，根据国务院卫生健康主管部门规定的护士配备标准和在医疗卫生机构合法执业的护士数量核减其诊疗科目，或者暂停其6个月以上1年以下执业活动；国家举办的医疗卫生机构有下列情形之一、情节严重的，还应当对负有责任的主管人员和其他直接责任人员依法给予处分：①违反规定，护士的配备数量低于国务院卫生健康主管部门规定的护士配备标准的；②允许未取得护士执业证书的人员或者允许未依照规定办理执业地点变更手续、延续执业注册有效期的护士在本机构从事诊疗技术规范规定的护理活动的。

卫生医疗机构有下列情形之一的，依照有关法律、行政法规的规定给予处罚；国家举办的医疗卫生机构有下列情形之一、情节严重的，还应当对负有责任的主管人员和其他直接责任人员依法给予处分：①未执行国家有关工资、福利待遇等规定的；②对在本机构从事护理工作的护士，未按照国家有关规定足额缴纳社会保险费用的；③未为护士提供卫生防护用品，或者未采取有效的卫生防护措施、医疗保健措施的；④对在艰苦边远地区工作，或者从事直接接触有毒有害物质、有感染传染病危险工作的护士，未按照国家有关规定给予津贴的。

医疗卫生机构有下列情形之一的，由县级以上地方人民政府卫生健康主管部门依据职责分工责令限期改正，给予警告：①未制订、实施本机构护士在职培训计划或者未保证护士接受培训的；②未依照规定履行护士管理职责的。

（三）主管部门及其他人员的法律责任

卫生健康主管部门的工作人员未依照法律规定履行职责，在护士监督管理工作中滥用职权、徇私舞弊，或者有其他失职、渎职行为的，依法给予处分；构成犯罪的，依法追究刑事责任。

扰乱医疗秩序，阻碍护士依法开展执业活动，侮辱、威胁、殴打护士，或者有其他侵犯护士合法权益行为的，由公安机关依法予以治安管理处罚；构成犯罪的，依法追究刑事责任。

第四节　乡村医生从业管理法律制度

长期以来，农村大量的就诊者在村级卫生机构就诊，乡村医生在保障农村居民健康上发挥了积极作用。

一、乡村医生管理法律制度概述

自2004年1月1日起国务院制定和通过的《乡村医生从业管理条例》，正式施行。该条例的目的是为了提高乡村医生的职业道德和职业素质，加强乡村医生从业管理，保护乡村医生的合法权益，保障村民获得初级卫生保健服务。

《乡村医生从业管理条例》的适用对象是尚未取得执业医师资格或者执业助理医师资格，经注册在村医疗卫生机构从事预防、保健和一般医疗服务的乡村医生。村医疗卫生机构中的执业医师或者执业助理医师，依照《医师法》的规定管理，不适用本条例。

《乡村医生从业管理条例》规定，国务院卫生健康主管部门负责全国乡村医生的管理工作，县级以上地方人民政府卫生健康主管部门负责本行政区域内乡村医生的管理工作。

国家鼓励乡村医生通过医学教育取得医学专业学历；鼓励符合条件的乡村医生申请参加国家医师资格考试。国家鼓励取得执业医师资格或者执业助理医师资格的人员开办乡村医疗卫生机构，或者在村医疗卫生机构向村民提供预防、保健和医疗服务。地方各级人民政府应当加强乡村医生的培训工作，采取多种形式对乡村医生进行培训。具有学历教育资格的医学教育机构，应当按照国家有关规定开展适应农村需要的医学学历教育，定向为农村培养适用的卫生人员。同时，为了贯彻中西医并重的卫生方针、满足农村居民对中医药的需求，国家鼓励乡村医生学习中医药基本知识，运用中医药技能防治疾病。

二、乡村医生执业注册制度

国家实行乡村医生执业注册制度。乡村医生经注册取得执业证书后，方可在聘用其执业的村医疗卫生机构从事预防、保健和一般医疗服务。未经注册取得乡村医生执业证书的，不得执业。县级人民政府卫生健康主管部门负责乡村医生执业注册工作。

（一）首次注册

《乡村医生从业管理条例》公布前的乡村医生，取得县级以上地方人民政府卫生健康主管部门颁发的乡村医生证书，并符合下列条件之一的，可以向县级人民政府卫生健康主管部门申请乡村医生执业注册，取得乡村医生执业证书后，继续在村医疗卫生机构执业：①已经取得中等以上医学专业学历的；②在村医疗卫生机构连续工作 20 年以上的；③按照省、自治区、直辖市人民政府卫生健康主管部门制定的培训规划，接受培训取得合格证书的。

对具有县级以上地方人民政府卫生健康主管部门颁发的乡村医生证书，但不符合《乡村医生从业管理条例》第 10 条规定条件的乡村医生，县级人民政府卫生健康主管部门应当进行有关预防、保健和一般医疗服务基本知识的培训，并根据省、自治区、直辖市人民政府卫生健康主管部门确定的考试内容、考试范围进行考试。乡村医生经培训并考试合格的，可以申请乡村医生执业注册；经培训但考试不合格的，县级人民政府卫生健康主管部门应当组织对其再次培训和考试。不参加再次培训或者再次考试仍不合格的，不得申请乡村医生执业注册。

符合以上规定申请在村医疗卫生机构执业的人员，应当持村医疗卫生机构出具的拟聘用证明和相关学历证明、证书，向村医疗卫生机构所在地的县级人民政府卫生健康主管部门申请执业注册。县级人民政府卫生健康主管部门应当自受理申请之日起 15 日内完成审核工作，对符合法律规定条件的，准予执业注册，发给乡村医生执业证书；对不符合法律规定条件的，不予注册，并书面说明理由。

《乡村医生从业管理条例》公布之日起进入村医疗卫生机构从事预防、保健和医疗服务的人员，应当具备执业医师资格或者执业助理医师资格。不具备条件的地区，根据实际需要，可以允许具有中等医学专业学历的人员，或者经培训达到中等医学专业水平的其他人员申请执业注册，进入村医疗卫生机构执业。具体办法由省、自治区、直辖市人民政府制定。

（二）不予注册

乡村医生有下列情形之一的，不予注册：①不具有完全民事行为能力的；②受刑事处罚，自刑罚执行完毕之日起至申请执业注册之日止不满 2 年的；③受吊销乡村医生执业证书行政处罚，自处罚决定之日起至申请执业注册之日止不满 2 年的。

（三）再注册、变更注册、注销注册

乡村医生执业证书有效期为5年。乡村医生执业证书有效期满需要继续执业的，应当在有效期满前3个月申请再注册。县级人民政府卫生健康主管部门应当自受理申请之日起15日内进行审核，对符合省、自治区、直辖市人民政府卫生健康主管部门规定条件的，准予再注册，换发乡村医生执业证书；对不符合条件的，不予再注册，由发证部门收回原乡村医生执业证书。

乡村医生应当在聘用其执业的村医疗卫生机构执业；变更执业的村医疗卫生机构的，应当依照规定的程序办理变更注册手续。

乡村医生有下列情形之一的，由原注册的卫生健康主管部门注销执业注册，收回乡村医生执业证书：①死亡或者被宣告失踪的；②受刑事处罚的；③中止执业活动满2年的；④考核不合格，逾期未提出再次考核申请或者经再次考核仍不合格的。

村民和乡村医生发现违法办理乡村医生执业注册、再注册、注销注册的，可以向有关人民政府卫生健康主管部门反映；有关人民政府卫生健康主管部门对反映的情况应当及时核实，调查处理，并将调查处理结果予以公布。

三、乡村医生的执业活动

（一）乡村医生的执业权利

乡村医生在执业活动中享有下列权利：①进行一般医学处置，出具相应的医学证明；②参与医学经验交流，参加专业学术团体；③参加业务培训和教育；④在执业活动中，人格尊严、人身安全不受侵犯；⑤获取报酬；⑥对当地的预防、保健、医疗工作和卫生健康主管部门的工作提出意见和建议。

（二）乡村医生的执业义务

乡村医生在执业活动中应当履行下列义务：①遵守法律、法规、规章和诊疗护理技术规范、常规；②树立敬业精神，遵守职业道德，履行乡村医生职责，为村民健康服务；③关心、爱护、尊重患者，保护患者的隐私；④努力钻研业务，更新知识，提高专业技术水平；⑤向村民宣传卫生保健知识，对患者进行健康教育。

（三）乡村医生的执业规则

我国的乡村医生是一支具有中国特色的、庞大的农村卫生技术队伍。为了规范乡村医生的医疗行为，《乡村医生从业管理条例》对乡村医生的执业行为作了严格的规定：①乡村医生应当协助有关部门做好初级卫生保健服务工作，按照规定及时报告传染病疫情和中毒事件，如实填写并上报有关卫生统计报表，妥善保管有关资料；②乡村医生在执业活动中，不得重复使用一次性医疗器械和卫生材料。对使用过的一次性医疗器械和卫生材料，应当按照规定处置；③乡村医生应当如实向患者或者其家属介绍病情，对超出一般医疗服

务范围或者限于医疗条件和技术水平不能诊治的病人，应当及时转诊，情况紧急不能转诊的，应当先行抢救并及时向有抢救条件的医疗卫生机构求助；④乡村医生不得出具与执业范围无关或者与执业范围不相符的医学证明，不得进行实验性临床医疗活动；⑤乡村医生应当在省、自治区、直辖市人民政府卫生健康主管部门制定的乡村医生基本用药目录范围内用药。

四、乡村医生的培训与考核

乡村医生应当按照培训规划的要求，至少每 2 年接受一次培训，更新医学知识，提高业务水平。省、自治区、直辖市人民政府组织制订乡村医生培训规划，保证乡村医生至少每 2 年接受一次培训。县级人民政府根据培训规划制订本地区乡村医生培训计划。县级人民政府卫生健康主管部门根据乡村医生培训计划，负责组织乡村医生的培训工作。乡、镇人民政府以及村民委员会应当为乡村医生开展工作和学习提供条件，保证乡村医生接受培训和继续教育。

县级人民政府卫生健康主管部门每 2 年负责组织本地区乡村医生的考核工作。考核应当坚持科学、公平、公正、公开原则。对乡村医生的考核，每 2 年组织一次。

乡村医生考核包括业务考评和职业道德评定两方面内容。业务考评主要包括：工作任务完成情况、业务水平、学习培训情况以及省级卫生健康主管部门规定的其他内容。职业道德评定主要包括医德医风情况。考核委员会在评定过程中除了听取乡村医生执业的村医疗卫生机构、乡村医生本人的意见，还要充分听取乡村医生所在村村民委员会和村民的意见。县级人民政府卫生健康主管部门负责检查乡村医生执业情况，收集村民对乡村医生业务水平、工作质量的评价和建议，接受村民对乡村医生的投诉，并进行汇总、分析。汇总、分析结果与乡村医生接受培训的情况作为对乡村医生进行考核的主要内容。县级卫生健康主管部门应当将考核结果记入《乡村医生执业证书》中的“考核记录”栏。

乡村医生经考核合格的，可以继续执业；经考核不合格的，在 6 个月之内可以申请进行再次考核。逾期未提出再次考核申请或者经再次考核仍不合格的乡村医生，原注册部门应当注销其执业注册，并收回《乡村医生执业证书》。

五、法律责任

（一）乡村医生的法律责任

乡村医生在执业活动中，违反《乡村医生从业管理条例》规定，有下列行为之一的，由县级人民政府卫生健康主管部门责令限期改正，给予警告；逾期不改正的，责令暂停 3 个月以上 6 个月以下执业活动；情节严重的，由原发证部门暂扣《乡村医生执业证书》：①执业活动超出规定的执业范围，或者未按照规定进行转诊的；②违反规定使用乡村医生基本用药目录以外的处方药品的；③违反规定出具医学证明，或者伪造卫生统计资料的；④发现传染病疫情、中毒事件不按规定报告的。

乡村医生在执业活动中，违反规定进行实验性临床医疗活动，或者重复使用一次性医疗器械和卫生材料的，由县级人民政府卫生健康主管部门责令停止违法行为，给予警告，可以并处1000元以下的罚款；情节严重的，由原发证部门暂扣或者吊销《乡村医生执业证书》。

乡村医生变更执业的村医疗卫生机构，未办理变更执业注册手续的，由县级人民政府卫生健康主管部门给予警告，责令限期办理变更注册手续。

以不正当手段取得《乡村医生执业证书》的，由发证部门收缴乡村医生执业证书；造成患者人身损害的，依法承担民事赔偿责任；构成犯罪的，依法追究刑事责任。

（二）相关部门与人员的法律责任

县级人民政府卫生健康主管部门未按照乡村医生培训规划、计划组织乡村医生培训的，由本级人民政府或者上一级人民政府卫生健康主管部门责令改正；情节严重的，对直接负责的主管人员和其他直接责任人员依法给予行政处分。

县级人民政府卫生健康主管部门，对不符合法律规定条件的人员发给乡村医生执业证书，或者对符合条件的人员不发给《乡村医生执业证书》的，由本级人民政府或者上一级人民政府卫生健康主管部门责令改正，收回或者补发《乡村医生执业证书》，并对直接负责的主管人员和其他直接责任人员依法给予健康处分。

县级人民政府卫生健康主管部门对乡村医生执业注册或者再注册申请，未在规定时间内完成审核工作的，或者未按照规定将准予执业注册、再注册和注销注册的人员名单向村民予以公告的，由本级人民政府或者上一级人民政府卫生健康主管部门责令限期改正；逾期不改正的，对直接负责的主管人员和其他直接责任人员依法给予行政处分。

卫生健康主管部门对村民和乡村医生反映的办理乡村医生执业注册、再注册、注销注册的违法活动未及时核实、调查处理或者未公布调查处理结果的，由本级人民政府或者上一级人民政府卫生健康主管部门责令限期改正；逾期不改正的，对直接负责的主管人员和其他直接责任人员依法给予行政处分。

寻衅滋事、阻碍乡村医生依法执业，侮辱、诽谤、威胁、殴打乡村医生，构成违反治安管理行为的，由公安机关依法予以处罚；构成犯罪的，依法追究刑事责任。

未经注册在村医疗卫生机构从事医疗活动的，由县级以上地方人民政府卫生健康主管部门予以取缔，没收其违法所得以及药品、医疗器械，违法所得500元以上的，并处违法所得1倍以上3倍以下的罚款；没有违法所得或者违法所得不足5000元的，并处1000元以上3000元以下的罚款；造成患者人身损害的，依法承担民事赔偿责任；构成犯罪的，依法追究刑事责任。

☞ **案例：**

乡村医生输液致人死亡案

王某自1984年中专毕业后开始在某村卫生室工作，曾取得卫生健康主管部门颁发的《乡村保健医生证书》（本证书是医疗技术水平的证明），行医期间得到该村村民的普遍好评。2006年8月，该村居民林某因上呼吸道感染到镇卫生院治疗，医生开出青霉素皮试单及青霉素注射处方，该院给林某做了青霉素皮试，其结果为阴性，但林某因卫生院治疗费用较高未在该院治疗。林某来到村卫生室找到王某，王某看过林某在县医院的病历、处方和皮试单后，要林某做皮试，林某称刚做过，王某即未坚持，对林某进行青霉素输液。林某输液后不久即感不适，自行拔出针头后出门，随即倒地，经抢救无效死亡。经区、市两级医疗事故鉴定委员会鉴定，王某在未对林某重新做青霉素皮试的情况下给林某注射了与镇卫生院皮试试液不同生产厂家的青霉素，以致林某发生青霉素过敏性休克而死亡，属一级医疗事故（含责任和技术因素）。

思考与讨论：

医疗机构和医务人员应当如何切实履行自己的职责，以避免人身损害的事件发生？

◎ 思考题

1. 我国的医师执业注册制度是怎么规定的？
2. 执业药师的职责有哪些？
3. 护士的合法权利有哪些？
4. 法律对乡村医生的执业行为有哪些规定？

第十四章　医疗事故处理法律制度

新形势下，科学、公平、公正地处理医疗事故，有利于及时、妥善处理医疗纠纷、保护医患双方的合法权益。医疗事故处理法律制度的施行，从根本上加强了对医疗机构的社会监督，使医疗机构增强责任感、切实采取有效措施，加强内部规范化管理、努力提高医疗质量、有效防范医疗事故的发生。

第一节　医疗事故处理法律制度概述

一、医疗事故处理法律制度建设概况

目前，在我国基本形成了与《宪法》、基本法律、卫生法律与专门法律法规、条例相结合的医疗事故争议处理法律体系，我国现行的《宪法》和《刑法》《民法》《刑事诉讼法》《民事诉讼法》和《合同法》等基本法中都有涉及医患纠纷处理的规定。

2002 年，我国出台了《医疗事故处理条例》（以下简称《条例》），取代了 1987 年颁布的《医疗事故处理办法》。《条例》就医疗事故的范围、鉴定、赔偿和处理作了详细的规定，较好地体现了程序公正和保护医患双方合法权益的目的，有助于公平、公正地处理医疗纠纷和事故。此外，原卫生部还相继颁布了系列配套行政规章，《医疗机构病历管理规定》《医疗事故技术鉴定暂行办法》《医疗事故分级标准（试行）》《医疗事故争议中尸检机构及专业人员资格认定办法》《中医、中西医结合病历书写基本规范（试行）》《重大医疗过失和医疗事故报告制度的规定》《医疗事故技术鉴定专家库学科专业组名录（试行）》等。中华人民共和国第十一届全国人民代表大会常务委员会第十二次会议通过，并自 2010 年 7 月 1 日起实行的《中华人民共和国侵权责任法》（以下简称《侵权责任法》），对医疗侵权作了专门规定。2021 年 1 月 1 日起实施的《中华人民共和国民法典》中的侵权责任篇取代该法。

《民法典》生效后，《条例》并没有废止，它仍然是处理医疗事故纠纷的专门法律。由于法律环境的变化，一件具体的医疗纠纷案件可能运用不同的法律去解决，患方更倾向于《民法典》，而医方则更倾向于《条例》。总之，侵权责任法律制度生效后，医疗纠纷案件出现了一些新的特点，特别是在案由、举证责任、赔偿标准、鉴定程序、患者权利等方面都发生了变化。

二、医疗事故及其构成要件

（一）医疗事故概念

医疗事故，是指医疗机构及其医务人员在医疗活动中，违反医疗卫生管理法律、行政法规、部门规章和诊疗护理规范、常规，过失造成患者人身损害的事故。医疗事故究竟是违约行为还是侵权行为，在理论界存在着诸多观点。一般认定医疗事故是违约行为与侵权行为的竞合。医疗事故的受损害方可以选择医方承担违约责任或侵权责任。在实践中，绝大多数受害人选择侵权损害赔偿请求权，因为在大多数情况下，这种方式对于受害人来说，举证更加容易。

（二）医疗事故构成要件

医疗事故构成要件学界观点不尽一致，主要有“三要件说”“四要件说”和“五要件说”。为准确认定事故，本书将医疗事故的构成要件概括为以下五项：

（1）医疗事故的主体是医疗机构及其医务人员。医疗事故主体是按 1994 年 2 月 26 日国务院发布的《医疗机构管理条例》规定取得《医疗机构执业许可证》的机构（医院、卫生院、疗养院、门诊部、诊所、卫生所（室）以及急救站等机构）及取得国家认定资格的医疗专业技术人员。非医疗机构及未取得执业资格的医务人员，在诊疗护理患者过程中造成患者损害的不良后果的，则不属于条例规定的医疗事故，不能依照《医疗事故处理条例》规定处理。

（2）医疗机构及其医务人员有违法行为。行为的“违法性”主要是指在诊疗护理过程中，违反国家法律的规定。在这里，法律应当作广义的理解，既包括宪法、法律、法规，也包括卫生健康主管部门和医疗机构制定的诊疗护理规章制度及技术操作规程。违法行为的表现形式多种多样，可以是作为，也可表现为不作为。作为，是责任人用积极的行为去实施某种违法行为，医生实施了法律所禁止的“任何人不得侵害他人的生命和健康权利”违法行为；不作为，是指责任人消极地不去实施自己应尽的义务而造成病人严重损害。

（3）必须造成患者人身损害的不良后果。在医疗活动中，医务人员虽有过失行为，但尚未给患者的身体健康造成损害后果的不属于医疗事故。新出台《医疗事故处理条例》取消责任事故与技术事故的分类，以患者的损害后果作为分级的标准；对医疗事故的范围作了重新设定，较之前扩大了许多，医疗事件鉴定为医疗事故的机会大了，患者行使维权和（或）索赔更便捷、更有实效了。目前，医疗事故造成患者“人身损害后果”还局限在患者的生命健康权上，侵犯患者知情权、隐私权等，还难以纳入医疗事故的范畴。

（4）医疗机构及其医务人员主观上存在过失。过失，是指行为人实施某种行为时的一种主观心理状态，即行为人应当预见自己的行为可能发生一定危害后果，因疏忽大意而没有预见，或已经预见到自己的行为可能发生一定危害后果而轻信能够避免的一种心理态度。医疗机构和医护人员职责重大，应当承担善良管理人的最高注意义务，极尽谨慎、勤勉义务，极力避免损害发生。没有完全尽到注意义务，就构成过失。在医疗事故中是不存在故意的主观心理状态的，即排斥故意，如果医务人员在实施诊疗行为时故意造成患者死亡、残疾等不良后果，那么就已构成故意杀人或故意伤害，而非医疗事故。

（5）过失行为与损害后果之间必须具有因果关系。在医疗过程中，只有医疗过失行为与患者人身损害结果之间有因果关系，医方才承担相应的法律责任。因为，过失行为不一定引起人身损害的发生。同时，人身损害的发生也不一定是由于医疗机构及其医务人员的过失行为一种原因引起，既有一因一果，也有多因一果和一因多果。在多因一果的情况下，就需要正确把握几个原因对人身损害的发生所起的作用，明确不同原因的主次作用，进而正确认定医疗事故及其法律责任的承担。

（三）处理医疗事故的原则

《医疗事故处理条例》第3条规定，处理医疗事故，应当遵循公开、公平、公正、及时、便民的原则，坚持实事求是的科学态度，做到事实清楚、定性准确、责任明确、处理恰当。

（四）医疗事故的分级

根据对患者人身造成的损害程度，医疗事故分为四级：一级医疗事故：造成患者死亡、重度残疾的；二级医疗事故：造成患者中度残疾、器官组织损伤导致严重功能障碍的；三级医疗事故：造成患者轻度残疾、器官组织损伤导致一般功能障碍的；四级医疗事故：造成患者明显人身损害的其他后果的。

《医疗事故分级暂行标准》提出了医疗事故各级的等次，其中一级分为两等，二级分为四等，三级分五等，并列举了不同等次医疗事故中常见的造成患者人身损害后果的情形。

（五）不属于医疗事故的情形

现代医学虽然有了很大发展，但是由于人体的特异性和复杂性，现代医学科学技术不可能包治百病。不是所有患者和医疗机构发生的问题都是医疗事故，《医疗事故处理条例》第33条规定，有下列情形之一的，不属于医疗事故：①在紧急情况下为抢救垂危患者生命而采取紧急医学措施造成不良后果的；②在医疗活动中由于患者病情异常或者患者体质特殊而发生医疗意外的；③在现有医学科学技术条件下，发生无法预料或者不能防范的不良后果的；④无过错输血感染造成不良后果的；⑤因患方原因延误诊疗导致不良后果的；⑥因不可抗力造成不良后果的。

当然，如果患者和有关的医疗单位发生患者认为是医疗事故的争议，患者可以作为当事人向卫生健康主管部门提出书面申请处理。卫生健康主管部门应当自收到医疗事故争议处理申请之日起10日内进行审查，作出是否受理的决定。

☞ **案例：**

输液治疗致病人死亡

某医院值班护士由于前一天家中有事睡眠严重不足，碰巧又轮到她值夜班。当晚，医院收治了一名患急性肺炎的病人，经诊断遂给予输液治疗。夜里，当第一瓶液体滴完后，病人家属找护士续下一瓶液体。该护士睡意朦胧，在昏暗的房间中信手拿起一个“葡萄糖”液体瓶，以为瓶中已事先加入抗生素，准备继续给病人用的药液，换上“药液”后，继续给病人滴注。大约10分钟后，病人突然大声惊叫，继之抽搐，迅速死亡。仔细检查输入药物，发现将装在“葡萄糖”瓶中的煤油误输给病人了。

思考与讨论：

此案是否属于医疗事故？

第二节　医疗事故预防、处置及技术鉴定

医疗事故争议案件是全世界医学界面临的共同现象，并且在国内外都呈现上升的趋势。近年来，我国的医疗事故争议的发生按省、市（地）、县、县以下医疗机构依次排列，呈现逐级减少的状况。在已发生的医疗事故中，患者大多有伤害或死亡等严重后果，患者死亡的占半数以上。因此，为维护患者生命健康，做好医疗事故的预防与处置工作十分必要。

一、医疗事故的预防

医学是一门科学，作为卫生专业技术人员，其职业的技术性、科学性要求极高，在医疗服务活动的每个环节都应正确运用医方权利，履行医方义务，防范医疗事故的发生。医疗机构及其医务人员为了积极防范医疗事故的发生，应当着力做好以下工作：

（1）医疗机构及其医务人员在医疗活动中，必须严格遵守医疗卫生管理法律、行政法规、部门规章和诊疗护理规范、常规，恪守医疗服务职业道德。

（2）医疗机构应当对其医务人员进行医疗卫生管理法律、行政法规、部门规章和诊疗护理规范、常规的培训和医疗服务职业道德教育。

（3）医疗机构应当设置医疗服务质量监控部门或者配备专（兼）职人员，具体负责监督本医疗机构医务人员的医疗服务工作，检查医务人员执业情况，接受患者对医疗服务的投诉，向其提供咨询服务。

（4）医疗机构应当按照国务院卫生健康主管部门规定的要求，书写并妥善保管病历资料。因抢救急危患者未能及时书写病历的，有关医务人员应当在抢救结束后6小时内据实补记，并加以注明。

（5）在医疗活动中，医疗机构及其医务人员应当将患者的病情、医疗措施、医疗风险等如实告知患者，及时解答其咨询；但是，应当避免对患者产生不利后果。

（6）处理医疗事故的预案，预防医疗事故的发生，减轻医疗事故的损害。

二、病历资料的书写、保管、查阅、复制及封存

（一）病历的定义

病历资料，又称病案，是对患者的疾病发生、发展情况和医务人员对患者的疾病诊断、检查和治疗情况的客观记录，同时也是一种重要的书证，在医患之间就患者的诊断和治疗问题发生争议时，病历资料对于认定医疗机构是否存在医疗过失起着其他证据难以替代的证明作用。《医疗事故处理条例》就病历资料的书写、保管、查阅、复制和封存进行了详细的规定，尤其是允许患者查阅并复制病历具有重大的意义，被人们视为对患者权益保护的最重要象征。

（二）病历的知情权

根据《医疗事故处理条例》规定，患者的医疗病历资料由医疗机构书写并由其加以保管。医务人员应当及时书写病历，但在抢救急危患者的情况下可以事后据实补记。严禁医务人员涂改、伪造、隐匿、销毁病历资料，否则将会受到行政处分；严重者，将受到卫生健康主管部门吊销执业许可证或执业医师资格的行政处罚。与此同时，《医疗事故处理条例》还规定患者及其家属不得抢夺病历。

《医疗事故处理条例》规定患者有权复印或者复制其部分病历资料，包括门诊病历、住院志、体温单、医嘱单、化验单（检验报告）、医学影像检查报告、特殊检查同意书、手术同意书、手术及麻醉记录单、病理报告单、护理记录以及国务院卫生健康主管部门规定的其他病历资料。

（三）病历的封存

《医疗事故处理条例》明确规定发生医疗事故争议时，死亡病例讨论记录、疑难病例讨论记录、上级医师查房记录、会诊意见、病程记录应当在医患双方在场的情况下封存和启封。封存的病历资料可以是复印件，由医疗机构保管。

（四）病历的书写

《病历书写基本规范（试行）》（2002年9月1日起实施）规定，除规定医疗活动同意书要由患者本人签字同意外，还规定在手术同意书的内容中必须向患者说明可能出现的并发症、风险等。

三、医疗事故处置

（一）医疗事故的报告

在医疗活动中，医疗机构及其医务人员发生或者发现医疗过失行为，应当立即采取有效措施，避免或者减轻对患者身体健康的损害，防止损害扩大，并且还应立即报告。

医务人员在医疗活动中发生或者发现医疗事故、可能引起医疗事故的医疗过失行为或者发生医疗事故争议的，应当立即向所在科室负责人报告，科室负责人应当及时向本医疗机构负责医疗服务质量监控的部门或者专（兼）职人员报告；负责医疗服务质量监控的部门或者专（兼）职人员接到报告后，应当立即进行调查、核实，将有关情况如实向本医疗机构的负责人报告，并向患者通报、解释。

发生医疗事故的，医疗机构应当按照规定向所在地卫生健康主管部门报告。发生以下重大医疗事故的，医疗机构应当在 12 小时内向所在地卫生健康主管部门报告：导致患者死亡或者可能为二级以上的医疗事故；3 人以上人身损害后果；国务院卫生健康主管部门和省、自治区、直辖市人民政府卫生健康主管部门规定的其他情形。

医疗事故争议不论由双方当事人自行协商解决或经人民法院调解或者判决解决，医疗机构都应当在 7 日内向所在地卫生健康主管部门做出书面报告，并附具协议书或调解书或者判决书。

县级以上地方人民政府卫生健康主管部门应当按照规定，逐级将当地发生的医疗事故以及依法对发生医疗事故的医疗机构和医务人员做出行政处理的情况，上报国务院卫生健康主管部门。

（二）医疗事故的紧急处置

1. 可疑物品的封存与检验

在解决医疗纠纷过程中，尤其是在诉讼程序中，除了病历资料外，相关的物证亦有重要的作用，如可疑药物、容器、器械等物品。因此，《医疗事故处理条例》规定：

（1）疑似输液、输血、注射、药物等引起不良后果的，医患双方应当共同对现场实物进行封存和启封，封存的现场实物由医疗机构保管；需要检验的，应当由双方共同指定的、依法具有检验资格的检验机构进行检验；双方无法共同指定时，由卫生健康主管部门指定。

（2）疑似输血引起不良后果，需要对血液进行封存保留的，医疗机构应当通知提供该血液的采供血机构派人到场。

（3）患者死亡，医患双方当事人不能确定死因或者对死因有异议的，应当在患者死亡后 48 小时内进行尸检；具备尸体冻存条件的，可以延长至 7 日。尸检应当经死者近亲属同意并签字。

（4）医疗事故争议双方当事人可以请法医病理学人员参加尸检，也可以委派代表观察尸检过程。拒绝或者拖延尸检，超过规定时间，影响对死因判定的，由拒绝或者拖延的一方承担责任。

2. 尸体解剖

尸体解剖检查是确定患者死因的最佳选择。《医疗事故处理条例》规定，在医患双方不能确定患者死因或者对死因有异议时，应当在患者死亡后48小时进行尸检，具备尸体冷藏条件的，可以延长至7日。之所以规定尸体检查的时间，主要因为随着时间的推移，尸体有可能发生自溶或腐败现象，直接影响对死因的判断。任何一方拒绝或者拖延尸检超过规定时间而影响对死因判定时，由拒绝或者拖延的一方承担责任。为增加尸体检查的透明度、提高尸检结果的公正性和可信性，《医疗事故处理条例》规定医患双方可以聘请法医病理人员参加尸检，也可以委派代表观察尸检过程。

另外，《医疗事故处理条例》规定患者在医疗机构内死亡的，尸体应当立即移放太平间。死者尸体存放时间一般不得超过2周。逾期不处理的尸体，经医疗机构所在地卫生健康主管部门批准，并报经同级公安部门备案后，由医疗机构按照规定进行处理。

☞ **案例：**

因未做尸检，死因不详，家属医院各担责任

2012年12月2日8时，黎某因腹痛到田阳县坡洪卫生院就诊，经初步诊断为急性阑尾炎。院方遂进行抗病毒、止痛等支持治疗。12月4日15时，黎某病情变化，晕倒在床，脸色苍白，院方遂组织医护人员抢救。经抢救无效，黎某于12月4日16时被宣布临床死亡。2012年12月4日，黎某侄子黎某某在田阳县坡洪中心卫生院尸体剖检告知同意书中签字“不同意尸检”。

2012年12月5日，黎某家属与被告坡洪卫生院签订补偿协议，约定双方同意在不通过鉴定明确死亡原因和责任的情况下先行协商解决，坡洪卫生院先垫支5万元给原告作为丧葬等费用。

2013年2月，黎某亲属向法院提起诉讼，请求依法判令被告坡洪中心卫院赔偿原告丧葬费、被扶养人生活费、死亡补偿费、精神抚慰金等共计44万余元。5月，广西科桂司法鉴定中心作出鉴定意见为认为：（1）未进行尸检，无法确定真正死亡原因；（2）田阳县坡洪卫生院对黎某的医疗行为存在部分过错。

最终，法院结合司法鉴定书的意见以及该案实际情况，确定由原告自行承担40%的民事责任，被告田阳县坡洪中心卫生院承担60%的民事责任。

思考与讨论：

（1）《医疗事故处理条例》对尸检有什么规定？

（2）你是否认同本案中法院所做的判决？为什么？

四、医疗事故的技术鉴定

医疗事故技术鉴定是指由医学会组织有关临床医学专家和法医学专家组成的专家组，

运用医学、法医学等科学知识和技术，对涉及医疗事故行政处理的有关专门性问题进行检验、鉴别和判断并提供鉴定结论的活动。医疗事故鉴定结论是确定医疗纠纷赔偿的核心依据，医疗事故鉴定是处理医疗纠纷最重要的环节。绝大部分医疗案件，如果确定为医疗事故或在医疗行为中医疗机构有过错，患者就能够获得赔偿；反之，患者就很难获得赔偿。对于医疗机构来说，确定为医疗事故的案件，医疗机构不仅要承担赔偿责任，而且要承担行政责任，对医院及负有责任的医务人员都有很大的影响，故医患双方都应当高度重视。

（一）医疗事故的技术鉴定机构

根据1987年的《医疗事故处理办法》，以往医疗事故的技术鉴定机构是由当地卫生健康主管部门组织成立医疗事故鉴定委员会进行。由卫生健康主管部门与医疗机构之间的关系，导致人们怀疑鉴定委员会做出的鉴定结论的公正性。为此，《医疗事故处理条例》实行以后，负责医疗事故技术鉴定工作的不再由卫生健康主管部门，而是由中华医学会及其各地的分会负责组织。医学会是指按照《社会团体登记管理条例》的规定，经县级以上人民政府民政部门审查同意、成立登记的医学社会团体，即由医学科学工作人员、医疗技术人员等中国公民自愿组成，为实现会员共同意愿、按照其章程开展活动的非营利性医学社会组织。

以往《医疗事故处理办法》规定，设立省、地区、县三级医疗事故鉴定委员会，导致鉴定质量下降和耗时漫长。现行的《医疗事故处理条例》规定，医疗事故技术鉴定实行“两鉴终鉴制度”。当事人对首次鉴定不服的，可以申请再次鉴定，再次鉴定的鉴定机构为原鉴定机构的上级组织。

设区的市级地方医学会和省、自治区、直辖市直接管辖的县（市）地方医学会负责组织首次医疗事故技术鉴定工作。省、自治区、直辖市地方医学会负责组织再次鉴定工作。必要时，中华医学会可以组织疑难、复杂并在全国有重大影响的医疗事故争议的技术鉴定工作。

负责组织医疗事故鉴定工作的医学会按照一定的条件选取医疗卫生专业技术人员组织专家库，包括具有法定条件的法医。鉴定专家入库的要求：有良好的业务素质和执业品德；受聘于医疗卫生机构或者医学教学、科研机构，并担任相应专业高级技术职务3年以上。负责组织医疗事故技术鉴定工作的医学会聘请医疗卫生专业技术人员和法医进入专家库，可以不受行政区域的限制。

医疗事故技术鉴定，由负责组织医疗事故技术鉴定工作的医学会组织专家鉴定组进行。参加医疗事故技术鉴定的相关专业的专家，由医患双方在医学会主持下从专家库中随机抽取。涉及死因、伤残等级鉴定的，应当从专家库中随机抽取法医参加专家鉴定组。专家鉴定组组成人数应为3人以上单数。根据医疗事故争议所涉及的学科专业，确定专家鉴定组的构成和人数。医疗事故争议涉及多学科专业的，其中主要学科专业的专家不得少于专家鉴定组成员的二分之一。医学会应当提前通知双方当事人，在指定时间、指定地点，从专家库相关学科专业组中随机抽取专家鉴定组成员。

专家鉴定组成员有下列情形之一的，应当回避，当事人也可以以口头或者书面的方式申请其回避：①是医疗事故争议当事人或者当事人的近亲属的；②与医疗事故争议有利害关系的；③与医疗事故争议当事人有其他关系，可能影响公正鉴定的。

☞ **知识链接：**

中华医学会简介

中华医学会（Chinese Medical Association）成立于1915年，是中国医学科学技术工作者自愿组成并依法登记成立的学术性、公益性、非营利性法人社团，是党和国家联系医学科技工作者的桥梁和纽带，是发展中国医学科学技术事业的重要社会力量。

中华医学会以团结、组织广大医学科学技术工作者，遵守国家宪法、法律和法规，贯彻国家科学技术工作和卫生工作方针为宗旨。崇尚医学道德，弘扬社会正气。坚持民主办会原则，充分发扬学术民主，提高医学科技工作者专业技术水平，促进医学科学技术的繁荣和发展，促进医学科技的普及与推广，促进医学科学技术队伍的成长，促进医学科技与经济建设相结合，为会员和医学科技工作者服务，为人民健康服务，为社会主义现代化建设服务。

（二）医疗事故技术鉴定的程序

1. 受理与通知

医学会不受理单方面鉴定申请。根据《医疗事故技术鉴定暂行办法》，医学会将受理以下三种情况的医疗事故鉴定：①双方当事人协商解决医疗事故争议，需进行医疗事故鉴定的，可共同书面委托医疗机构所在地负责首次医疗事故技术鉴定工作的医学会进行医疗事故技术鉴定；②卫生健康主管部门接到医疗机构关于重大医疗过失行为的报告或者受理医疗事故争议当事人要求处理医疗事故争议的申请后，对需要进行医疗事故技术鉴定的，由卫生健康主管部门书面移交负责首次医疗事故技术鉴定工作的医学会组织鉴定；③人民法院在民事案件中，根据当事人的申请或依职权决定进行医疗事故司法鉴定的，交由《医疗事故处理条例》所规定的医学会组织鉴定。从法律性质上讲，第①②两种情况下的医疗事故鉴定属于行政鉴定，第③种情况属于诉讼程序中的司法鉴定。

有下列情形之一的，医学会不受理医疗事故技术鉴定：当事人一方直接向医学会提出鉴定申请的；医疗事故争议涉及多个医疗机构，其中一所医疗机构所在地的医学会已经受理的；医疗事故争议已经人民法院调解达成协议或判决的；当事人已向人民法院提起民事诉讼的（司法机关委托的除外）；非法行医造成患者身体健康损害的；卫健委规定的其他情形。

医学会应当自受理医疗事故技术鉴定之日起5日内，通知医疗事故争议双方当事人提交医疗事故技术鉴定所需的材料。

2. 当事人提交材料

当事人应当自收到医学会的通知之日起 10 日内提交有关医疗事故技术鉴定的材料、书面陈述及答辩。

医疗机构提交的有关医疗事故技术鉴定的材料应当包括下列内容：①住院患者的病程记录、死亡病例讨论记录、疑难病例讨论记录、会诊意见、上级医师查房记录等病历资料原件；②住院患者的住院志、体温单、医嘱单、化验单（检验报告）、医学影像检查资料、特殊检查同意书、手术同意书、手术及麻醉记录单、病理资料、护理记录等病历资料原件；③抢救急危患者，在规定时间内补记的病历资料原件；④封存保留的输液、注射用物品和血液、药物等实物，或者依法具有检验资格的检验机构对这些物品、实物做出的检验报告；⑤与医疗事故技术鉴定有关的其他材料。

在医疗机构建有病历档案的门诊、急诊患者，其病历资料由医疗机构提供；没有在医疗机构建立病历档案的，由患者提供。医患双方应当依照规定提交相关材料。医疗机构无正当理由未依照规定如实提供相关材料，导致医疗事故技术鉴定不能进行的，应当承担责任。

3. 审查与调查

专家鉴定组应当认真审查双方当事人提交的材料，听取双方当事人的陈述及答辩，并进行核实。医学会可以向双方当事人和其他相关组织、个人进行调查取证，进行调查取证时不得少于 2 人。双方当事人应当按照规定，如实提交进行医疗事故技术鉴定所需要的材料，并积极配合调查。当事人任何一方不予配合，影响医疗事故技术鉴定的，由不予配合的一方承担责任。

医学会应当在医疗事故技术鉴定 7 日前，书面通知专家鉴定组成员和双方当事人。双方当事人应当按照通知的时间、地点、要求参加鉴定。任何一方当事人无故缺席、自行退席或拒绝参加鉴定的，不影响鉴定的进行。鉴定由专家鉴定组组长主持，并按照以下程序进行：①双方当事人在规定的时间内分别陈述意见和理由，陈述顺序是先患方、后医疗机构；②专家鉴定组成员根据需要可以提问，当事人应当如实回答，必要时，可以对患者进行现场医学检查；③双方当事人退场；④专家鉴定组对双方当事人提供的书面材料、陈述及答辩等进行讨论；⑤经合议，根据半数以上专家鉴定组成员的一致意见形成鉴定结论。专家鉴定组成员在鉴定结论上签名。专家鉴定组成员对鉴定结论的不同意见，应当予以注明。

4. 出具医疗事故技术鉴定书

负责组织医疗事故技术鉴定工作的医学会，应当自接到当事人提交的有关医疗事故技术鉴定的材料、书面陈述及答辩之日起 45 日内组织鉴定并出具医疗事故技术鉴定书。也就是说，医学会正式受理后 60 日内应该作出鉴定书。医疗事故技术鉴定书应当根据鉴定结论作出，包括下列主要内容：①双方当事人的基本情况及要求；②当事人提交的材料和医学会的调查材料；③对鉴定过程的说明；④医疗行为是否违反医疗卫生管理法律、行政法规、部门规章和诊疗护理规范、常规；⑤医疗过失行为与人身损害后果之间是否存在因果关系；⑥医疗过失行为在医疗事故损害后果中的责任程度；⑦医疗事故等级；⑧对医疗事故患者的医疗护理医学建议。

经鉴定为医疗事故的，鉴定结论应当包括第④~⑧项内容；经鉴定不属于医疗事故的，应当在鉴定结论中说明理由。专家鉴定组应当综合分析医疗过失行为在导致医疗事故损害后果中的作用、患者原有疾病状况等因素，判定医疗过失行为的责任程度。

医疗事故中医疗过失行为责任程度分为：①完全责任，是指医疗事故损害后果完全由医疗过失行为造成；②主要责任，是指医疗事故损害后果主要由医疗过失行为造成，其他因素起次要作用；③次要责任，是指医疗事故损害后果主要由其他因素造成，医疗过失行为起次要作用；④轻微责任，是指医疗事故损害后果绝大部分由其他因素造成，医疗过失行为起轻微作用。

5. 再次鉴定、重新鉴定和中止鉴定

任何一方当事人对首次医疗事故技术鉴定结论不服的，可以自收到首次医疗事故技术鉴定书之日起 15 日内，向原受理医疗事故争议处理申请的卫生健康主管部门提出再次鉴定的申请，或由双方当事人共同委托省、自治区、直辖市医学会组织再次鉴定。

医学会对经卫生健康主管部门审核认为参加鉴定的人员资格和专业类别或者鉴定程序不符合规定，需要重新鉴定的，应当重新组织鉴定。如参加鉴定的人员资格和专业类别不符合规定，应当重新抽取专家组织专家鉴定组进行重新鉴定。如鉴定的程序不符合规定而参加鉴定的人员资格和专业类别符合规定，则可以由原专家鉴定组进行重新鉴定。

有下列情形之一的，医学会可以中止组织医疗事故技术鉴定：当事人未按规定提交有关医疗事故技术鉴定材料的；提供的材料不真实的；拒绝缴纳鉴定费的；卫健委规定的其他情形。

6. 鉴定费用

委托医学会进行医疗事故技术鉴定，应当按规定缴纳鉴定费。双方当事人共同委托医疗事故技术鉴定的，由双方当事人协商预先缴纳鉴定费。卫生健康主管部门移交进行医疗事故技术鉴定的，由提出医疗事故争议处理的当事人预先缴纳鉴定费。经鉴定属于医疗事故的，鉴定费由医疗机构支付；经鉴定不属于医疗事故的，鉴定费由提出医疗事故争议处理申请的当事人支付。县级以上地方卫生健康主管部门接到医疗机构关于重大医疗过失行为的报告后，对需要移交医学会进行医疗事故技术鉴定的，鉴定费由医疗机构支付。

重新鉴定时不得收取鉴定费。

第三节　医疗事故处理的法律规定

处理医疗事故，应当遵循公开、公平、公正、及时、便民的原则，坚持实事求是的科学态度，做到事实清楚、定性准确、责任明确、处理恰当。发生医疗事故争议，医患双方可以协商解决；不愿意协商或者协商不成的，当事人可以向卫生健康主管部门提出申请，也可以直接向人民法院提起诉讼。

一、医疗事故的协商解决

发生医疗事故，医患双方可以就医疗事故争议进行协商、谈判，从而消除争议、达成共识。医患双方协商解决医疗事故民事争议的，应当制作协议书。协议书应当包括以下内容：①双方当事人的基本情况；②医疗事故的原因；③双方当事人共同认定的医疗事故等级；④协商确定的赔偿数额。

协议书应当由双方当事人在协议书上签名，医疗机构由法定代表人或者受委托的和解人签字并加盖公章，另一方由患者签字。患者是无民事行为能力人或限制民事行为能力人的，应由患者的监护人或法定代理人签字；如果患者已经死亡或者丧失意识，应当由其近亲属代为签字。

☞ **知识链接：**

"医患协议书"有法律效力吗?

"协议书"有无法律效力，应根据其内容具体分析。"医患协议书"可分以下几种：

(1) 医患赔偿协议：是指发生医疗纠纷后，就医方对患方的赔偿问题签订协议。这种方式法律通常并不禁止，但应注意的是：第一，该种协议的内容不得违反法律的有关规定，包括：不得以这种方式了结构成刑事犯罪（如医疗事故罪）的医疗纠纷，赔偿数额上不能显失公平；第二，即使签了这种协议，也不能剥夺患方就同一问题以后向法院提起民事赔偿诉讼的权利。

(2) 麻醉同意书：是指实施手术或复杂的临床治疗前，由患者或家属或患者所在单位在医疗方已拟好的"同意书"上签字同意实施麻醉的医疗文书。这种"同意书"的意义有二：其一，患方签字后，表明医方实施手术、麻醉符合卫生法规规定的程序，即从等距离意义上表明医疗行为合法；其二，患方签字后，表明患方对该医疗措施的固有创伤及可能发生的医疗意外已经知晓，如确是医疗意外致使病人身体损害，医疗方不承担法律责任。但该"同意书"不能免除医疗方的过失赔偿等法律责任。

(3) 医方通过与患方签订协议，免除法定义务。这种协议内容违法，是无效的，理由很简单：医方在医疗过程的业务注意义务是由法律、法规、规章、医疗操作规则明确规定的，是一种法定义务，具有强制性，根本不允许以任何方式变更或免除。

二、医疗事故争议的行政解决

《医疗事故处理条例》针对在新形势下科学、公正地处理医疗事故的要求，明确规定了卫生健康主管部门在医疗事故处理工作中的职责，将行政处理与司法程序严格区分开来，有利于及时、妥善地处理医疗事故，保护医患双方的合法权益。发生医疗事故争议后，医患双方可以申请卫生健康主管部门处理，也可以就医疗事故赔偿问题，申请卫生健康主管部门进行调解。

（一）医疗事故的行政处理

1. 当事人申请卫生健康主管部门处理

发生医疗事故争议，当事人申请卫生健康主管部门处理的，应当提出书面申请。申请书应当载明申请人的基本情况、有关事实、具体请求及理由等。当事人自知道或者应当知道其身体健康受到损害之日起1年内，可以向卫生健康主管部门提出医疗事故争议处理申请。

2. 卫生健康主管部门的管辖

发生医疗事故争议，当事人申请卫生健康主管部门处理的，由医疗机构所在地的县级人民政府卫生健康主管部门受理。医疗机构所在地是直辖市的，由医疗机构所在地的区、县人民政府卫生健康主管部门受理。

有下列情形之一的，县级人民政府卫生健康主管部门应当自接到医疗机构的报告或者当事人提出医疗事故争议处理申请之日起7日内移送上一级人民政府卫生健康主管部门处理：①患者死亡；②可能为二级以上的医疗事故；③国务院卫生健康主管部门和省、自治区、直辖市人民政府卫生健康主管部门规定的其他情形。

3. 卫生健康主管部门的审核

卫生健康主管部门应当自收到医疗事故争议处理申请之日起10日内进行审查，作出是否受理的决定。对符合《医疗事故处理条例》规定的，予以受理；需要进行医疗事故技术鉴定的，应当自作出受理决定之日起5日内将有关材料交由负责医疗事故技术鉴定工作的医学会组织鉴定，并书面通知申请人；对不符合《医疗事故处理条例》规定的，不予受理的，应当书面通知申请人并说明理由。

当事人对首次医疗事故技术鉴定结论有异议，申请再次鉴定的，卫生健康主管部门应当自收到申请之日起7日内交由省级医学会组织再次鉴定。

卫生健康主管部门收到负责组织医疗事故技术鉴定工作的医学会出具的医疗事故技术鉴定书后，应当对参加鉴定的人员资格和专业类别、鉴定程序进行审核；必要时，可以组织调查，听取医疗事故争议双方当事人的意见。

卫生健康主管部门经审核，对符合法律规定做出的医疗事故技术鉴定结论，应当作为对发生医疗事故的医疗机构和医务人员做出行政处理以及进行医疗事故赔偿调解的依据；经审核，发现医疗事故技术鉴定不符合《医疗事故处理条例》规定的，应当要求重新鉴定。

（二）医疗事故赔偿争议的行政调解

医疗事故争议发生后，对已确定为医疗事故的，卫生健康主管部门可以根据当事人的申请主持对医疗事故赔偿问题的调解，调解时，应当遵循当事人自愿原则，并应当依据《医疗事故处理条例》的规定计算赔偿数额。

经调解，双方当事人就赔偿达成协议的，制作调解书，双方当事人应当履行；调解不成或者经调解达成协议后一方反悔的，卫生健康主管部门不再调解。

在医疗事故民事赔偿问题上引入行政调解手段，也是借鉴了其他国家解决医疗事故民事纠纷的先进经验。行政调解不同于以往的行政处理，而是在医患双方完全自愿的前提下，仅就经济赔偿问题居间进行调解，减少没有必要的诉讼和上访事件，增加医疗纠纷的解决渠道，维护社会稳定。

三、医疗事故争议的诉讼解决

医疗事故争议的民事诉讼，是医疗事故争议的当事人在人民法院的主持下和其他诉讼参与人的配合下，为解决医疗事故争议，依照民事诉讼程序所进行的全部活动。诉讼体现国家对民事活动的干预，具有强制性、终局性、权威性，是解决医疗事故争议的最有力的程序。

（一）医疗事故诉讼的案由

发生医疗事故争议，当事人协商不成，或不愿通过行政机关解决争议，可以直接向人民法院提起诉讼。当事人既向卫生健康主管部门提出医疗事故争议处理申请，又向人民法院提起诉讼的，卫生健康主管部门不予受理；卫生健康主管部门已经受理的，应当终止处理。

医疗事故争议民事案件的案由包括医疗服务合同纠纷和医疗事故人身损害赔偿纠纷两类。医疗行为本质上是服务行为的一种，医疗机构在获得报酬的同时，以提供医疗服务为对价。因此，当医疗行为引起争议时，当事人可以医疗服务合同履行不当或违约为由提起诉讼。医疗行为特殊性在于它的作用对象是人的身体，因此，一旦真的有违约行为，大多数情况下是侵犯了人的生命健康权。根据民事法律的规定，受害人及其亲属可以以人身损害的侵权事由请求赔偿。

根据法律规定，医疗事故争议民事诉讼的原告可以选择适用诉讼的案由。如果原告以医疗服务合同违约纠纷为由提起诉讼，则诉讼时效为 2 年。如果以医疗行为导致身体损害而提起侵权损害赔偿之诉，则适用 1 年的特殊诉讼时效。目前，绝大多数医疗事故争议民事诉讼都以“医疗事故人身损害赔偿”作为案由。

（二）医疗事故诉讼的提起

当事人就医疗事故争议向人民法院起诉的，必须具备《民事诉讼法》规定的四个条件：①原告必须是与本案有直接利害关系的患者或其近亲属；②有明确的被告，即与患者发生医患关系的医疗机构；③有具体的诉讼请求和事实理由；④属于人民法院的民事诉讼受案范围和受诉人民法院的管辖。

（三）医疗事故诉讼的举证责任

证据是法院做出法律裁判的唯一凭据，医患双方为了达到各自的目的，争取最大的利益或将损失降至最低限度，往往隐瞒争议案件的全部或部分事实。法院要做出正确判决的关键，就是要最大限度地再现客观事实。这就需要在双方当事人之间进行举证责任的合理分配，以维护诉讼公正，保护当事人的合法权益。

举证责任是指一方当事人对自己提出的诉讼请求所提供的事实或反驳对方诉讼请求有责任提供证据，没有证据或证据不足以证明其主张，由负担举证责任一方承担不利后果。证明责任的分配，应当考虑其公平性。分配的公平性主要考虑的因素是双方当事人之间证明的难易、盖然性的高低、距离证据的远近以及谁承担举证责任更有利于权利保护和实现等。在医疗事故争议的诉讼中，医疗机构和患者均有举证责任，但双方举证范围不同，举证责任也有轻重之分。

1. “谁主张，谁举证” 的一般举证原则

我国现行的《民事诉讼法》规定：“当事人对自己提出的主张，有责任提供证据。”也就说，无论是原告、被告，还是第三人，谁主张一定的事实（包括肯定事实或否定事实），谁就有责任提供证据去主张或反驳，不能提供证据加以证明的，就要承担不利于自己的法律后果，就可能败诉。在医疗事故争议诉讼中，患者应当提供其与医疗机构存在医疗服务关系，接受过医疗机构的诊断、治疗，并因此受到损害的证据。门诊病人发生医疗事故举证时，需要准备看病时的挂号凭据、病历小本、处方、收费单、常规化验单等；住院病人则需要提供住院时的手术单、诊断证明、结账单、各种化验单据，到医院复印住院病历，以及住院时的见证人。如果患者不能对上述问题提供证据予以证明，其请求权不能得到人民法院支持的。

2. 举证责任倒置

举证责任倒置是为了平衡当事人利益、更好地保护受害人权益而设立的举证制度。所谓举证责任倒置，是指基于法律规定，将通常情形下本应由提出主张的一方当事人（一般是原告）就某种事由不负担举证责任，而由他方当事人（一般是被告）就某种事实存在或不存在承担举证责任，如果该方当事人不能就此举证证明，则推定原告的事实主张成立的一种举证责任分配制度。在一般证据规则中，“谁主张，谁举证” 是举证责任分配的一般原则，而举证责任的倒置则是这一原则的例外。

《最高人民法院关于民事诉讼证据的若干规定》第四条第（八）款规定：“因医疗行为引起的侵权诉讼，由医疗机构就医疗行为与损害结果之间不存在因果关系及不存在医疗过错承担举证责任。” 这项规定从根本上改变了处于举证劣势的患者一方的地位，规范了医疗行为，为解决医患纠纷、维护患者这一弱势群体的利益起到不可低估的作用。在举证责任倒置的情况下，由被告医疗机构承担证明某种事实的存在或不存在，如果其无法就此加以证明，则承担败诉的后果。这是因为法律考虑到作为普通患者，其对医疗知识这种专业性极强的知识的了解程度必然低于作为专业人士的医护人员，患者对于病情的发生、发展以及损害产生的原因、损害造成的后果的了解也是有限的。因此，在因医疗行为引起的侵权诉讼中，由医疗机构承担举证责任是合适且必要的。

从上述规定可以看出，医患双方在承担举证责任方面是不同的：一方面，患者与医疗机构之间是否存在医患法律关系，患者是否存在损害事实、是否存在实际损失、损失多少

等，举证责任均在患者一方。这一举证责任比较容易完成，因此患者负有次要的举证责任。另一方面，对于病情的发生、发展以及损害产生的原因、损害造成的后果，医疗机构负有重要的举证责任。证明医疗护理行为与损害后果之间不存在因果关系，医疗行为无过错的举证是复杂、有较大难度的，由医方来承担举证责任是比较公平的。

第四节　医疗事故的法律责任

发生医疗事故后，医疗机构应当向患者承担民事责任，医疗机构以及医务人员还会承担相应的行政责任，情节严重的，甚至要追究相关人员的刑事责任。

一、医疗机构的民事赔偿责任

医疗事故争议中最核心的内容就是赔偿，也是历年来我国医疗事故争议处理中的难点与争论点。医疗事故的赔偿属于民事赔偿，它以民事责任的承担为前提。《医疗事故处理条例》考虑到医疗行为的特殊性以及疾病、患者本身的特殊性，借鉴了民法、道路交通事故赔偿等相关规定，对医疗事故的损害赔偿的赔偿原则、赔偿项目、计算标准以及赔偿的方式都做了详尽的规定。

（一）赔偿原则

《医疗事故处理条例》明确规定，医疗事故赔偿应当考虑下列因素：

（1）赔偿数额与医疗事故等级相适应。一般，从理论上来说，医疗事故等级越高，给患者造成的损害越大，赔偿也应该越高。医疗事故分为四级十二个等次，不同级别、不同等次的医疗事故其赔偿数额都不相同。

（2）赔偿数额与医疗过失行为在医疗事故损害后果中的责任程度相适应。医疗行为是一种高技术、高风险的行为，任何一个医疗事故的致害结果，都很难说是单一因素引起的。因此，确定医疗事故赔偿数额必须科学合理地确定医疗过失行为在医疗事故损害后果中所占的损害作用比例，也就是“责任程度”。有多大的责任就承担多大的赔偿责任。

（3）赔偿数额与患者原有疾病状况之间的关系。分析患者原有疾病状况对医疗事故损害结果的影响因素，以确定医疗过失行为在医疗事故损害后果中的责任大小，免除医疗主体不应当承担的成分。这体现了以事实为依据、以法律为准绳的原则，维护了法律的公平。

（二）医疗事故损害赔偿的项目与计算标准

医疗事故赔偿，按照下列项目和标准计算：

（1）医疗费。按照医疗事故对患者造成的人身损害进行治疗所发生的医疗费用计算，凭据支付，但不包括原发病医疗费用。结案后确实需要继续治疗的，按照基本医疗费用支付。

（2）误工费。患者有固定收入的，按照本人因误工减少的固定收入计算，对收入高于医疗事故发生地上一年度职工年平均工资3倍以上的，按照3倍计算；无固定收入的，按照医疗事故发生地上一年度职工年平均工资计算。

（3）住院伙食补助费。按照医疗事故发生地国家机关一般工作人员的出差伙食补助标准计算。

（4）陪护费。患者住院期间需要专人陪护的，按照医疗事故发生地上一年度职工年平均工资计算。

（5）残疾生活补助费。根据伤残等级，按照医疗事故发生地居民年平均生活费计算，自定残之月起最长赔偿30年；但是，60周岁以上的，不超过15年；70周岁以上的，不超过5年。

（6）残疾用具费。因残疾需要配置补偿功能器具的，凭医疗机构证明，按照普及型器具的费用计。

（7）丧葬费。按照医疗事故发生地规定的丧葬费补助标准计算。

（8）被扶养人生活费。以死者生前或者残疾者丧失劳动能力前实际扶养且没有劳动能力的人为限，按照其户籍所在地或者居所地居民最低生活保障标准计算。对不满16周岁的，扶养到16周岁。对年满16周岁但无劳动能力的，扶养20年。但是，60周岁以上的，不超过15年；70周岁以上的，不超过5年。

（9）交通费。按照患者实际必需的交通费用计算，凭据支付。

（10）住宿费。按照医疗事故发生地国家机关一般工作人员的出差住宿补助标准计算，凭据支付。

（11）精神损害抚慰金。按照医疗事故发生地居民年平均生活费计算。造成患者死亡的，赔偿年限最长不超过6年；造成患者残疾的，赔偿年限最长不超过3年。

参加医疗事故处理的患者近亲属所需交通费、误工费、住宿费，参照规定计算，计算费用的人数不超过2人。医疗事故造成患者死亡的，参加丧葬活动的患者的配偶和直系亲属所需交通费、误工费、住宿费，参照规定计算，计算费用的人数不超过2人。

（三）费用的支付

医疗事故一旦认定成立，赔偿费用按照规定计算出来后，实行一次性结算，由承担医疗事故责任的医疗机构支付。这样规定，可以使患者得到及时的救助，避免医疗事故久拖不决。目前许多地方推行医疗事故责任保险，医疗事故赔偿费用的一部分或全部由保险公司支付，保险公司支付一般也为一次性计算和支付。

二、医疗机构及医务人员行政和刑事责任

医疗机构发生医疗事故的，由卫生健康主管部门根据医疗事故等级和情节，给予警告；情节严重的，责令限期停业整顿，直至由原发证部门吊销执业许可证。对负有责任的医务人员，依照《刑法》关于医疗事故罪的规定，依法追究刑事责任；尚不够刑事处罚的，依法给予行政处分或者纪律处分。

此外，对发生医疗事故的有关医务人员，卫生健康主管部门可以责令暂停6个月以上

1年以下执业活动；情节严重的，吊销其执业证书。

医疗机构违反规定，有下列情形之一的，由卫生健康主管部门责令改正；情节严重的，对负有责任的主管人员和其他直接责任人员依法给予行政处分或者纪律处分：①未如实告知患者病情、医疗措施和医疗风险的；②没有正当理由，拒绝为患者提供复印或者复制病历资料服务的；③未按照国务院卫生健康主管部门规定的要求书写和妥善保管病历资料的；④未在规定时间内补记抢救工作病历内容的；⑤未按照规定封存、保管和启封病历资料和实物的；⑥未设置医疗服务质量监控部门或者配备专（兼）职人员的；⑦未制定有关医疗事故防范和处理预案的；⑧未在规定时间内向卫生健康主管部门报告重大医疗过失行为的；⑨未按照规定向卫生健康主管部门报告医疗事故的；⑩未按照规定进行尸检和保存、处理尸体的。

医疗机构或者其他有关机构违反规定，有下列情形之一的，由卫生健康主管部门责令改正，给予警告；对负有责任的主管人员和其他直接责任人员依法给予行政处分或者纪律处分；情节严重的，由原发证部门吊销其执业证书或者资格证书：①承担尸检任务的机构没有正当理由，拒绝进行尸检的；②涂改、伪造、隐匿、销毁病历资料的。

三、卫生健康主管部门及其他人员的法律责任

卫生健康主管部门的工作人员在处理医疗事故过程中违反规定，利用职务上的便利收受他人财物或者其他利益，滥用职权，玩忽职守，或者发现违法行为不予查处，造成严重后果的，依照《刑法》关于受贿罪、滥用职权罪、玩忽职守罪或者其他有关罪的规定，依法追究刑事责任；尚不够刑事处罚的，依法给予降级或者撤职的行政处分。

卫生健康主管部门违反规定，有下列情形之一的，由上级卫生健康主管部门给予警告并责令限期改正；情节严重的，对负有责任的主管人员和其他直接责任人员依法给予行政处分：①接到医疗机构关于重大医疗过失行为的报告后，未及时组织调查的；②接到医疗事故争议处理申请后，未在规定时间内审查或者移送上一级人民政府卫生健康主管部门处理的；③未将应当进行医疗事故技术鉴定的重大医疗过失行为或者医疗事故争议移交医学会组织鉴定的；④未按照规定逐级将当地发生的医疗事故以及依法对发生医疗事故的医疗机构和医务人员的行政处理情况上报的；⑤未依照规定审核医疗事故技术鉴定书的。

参加医疗事故技术鉴定工作的人员违反规定，接受申请鉴定双方或者一方当事人的财物或者其他利益，出具虚假医疗事故技术鉴定书，造成严重后果的，依照《刑法》关于受贿罪的规定，依法追究刑事责任；尚不够刑事处罚的，由原发证部门吊销其执业证书或者资格证书。

以医疗事故为由，寻衅滋事、抢夺病历资料，扰乱医疗机构正常医疗秩序和医疗事故技术鉴定工作，依照《刑法》关于扰乱社会秩序罪的规定，依法追究刑事责任；尚不够刑事处罚的，依法给予治安管理处罚。

◎ 思考题

1. 简述医疗事故的构成要件。
2. 医疗机构如何防范医疗事故的发生？
3. 进行医疗事故技术鉴定须遵循怎样的程序？
4. 医疗事故民事诉讼中举证责任如何分担？
5. 医疗事故民事赔偿的原则，计算项目和计算标准是什么？

第十五章　医疗侵权责任法律制度

《中华人民共和国民法典》（以下简称《民法典》）第七编第六章对医疗侵害责任作出了规定，这在我国医疗侵权法律发展史上具有划时代的意义，它将终结以往相关法律法规对该领域一些关键问题的歧义和纷争，为相关机构和人员依法行医、依法解决纷争、依法维权提供了坚实的依据和切实的措施。

第一节　医疗侵权法律制度概述

一、医疗损害责任的概念

《民法典》经 2020 年 5 月中华人民共和国第十三届全国人民代表大会第三次会议通过，并自 2021 年 1 月 1 日起施行。其中，第 1218 条规定："患者在诊疗活动中受到损害，医疗机构或者其医务人员有过错的，由医疗机构承担赔偿责任。"

医疗损害责任，又可称为医疗侵权损害责任，是指医疗机构及医务人员在医疗过程中因过失，或者在法律规定的情况下无论有无过失，造成患者人身损害或者其他损害，应当承担的以损害赔偿为主要方式的侵权责任。

二、医疗损害责任构成要件

依照《民法典》第 1218 条规定，构成医疗损害责任应当具备四个要件，即：医疗机构及其医务人员在诊疗活动中存在违法诊疗行为，患者受到损害，违法诊疗行为与患者损害之间具有因果关系，医疗机构以及医务人员存在过错。这四个要件分别简称违法行为、损害结果、因果关系、主观过错。只有这四方面要件同时具备，才能判定医疗侵权责任成立，才需要由医疗机构承担赔偿责任。

（一）医疗行为主体在诊疗活动中存在违法行为

医疗机构或者其医务人员在诊疗活动中的违法诊疗行为，简称违法诊疗行为，是构成医疗损害责任的首要要件，是侵权责任违法行为要件在医疗损害责任构成要件中的具体表现。具体包括三个方面，即医疗侵权行为主体是医疗机构或者其医务人员，必须发生在诊疗活动中，必须存在违法行为。

（1）医疗侵权行为主体是医疗机构及其医务人员。医疗机构是从事疾病诊断、治疗活动的医院、卫生院、疗养院、门诊部、诊所、卫生所（室）以及急救站等机构，除此之外的机构都不属于医疗机构。没有合法资质的医疗机构发生医疗损害责任，不适用医疗损害责任的规定。对于取得《医师执业证书》的医师在家中擅自诊疗病人造成人身损害事故的，是医生个人的活动，不属于医疗机构的医疗活动，因而也不认为是医疗损害责任，应当适用一般侵权行为的规则处理。

医务人员包括医师和其他医务人员。按照我国《医师法》规定，医师包括执业医师和执业助理医师，是指依法取得执业医师资格或者执业助理医师资格，经注册，在医疗、预防、保健机构中执业的专业医务人员。尚未取得执业医师或者执业助理医师资格，经注册，在村医疗卫生机构从事预防、保健和一般医疗服务的乡村医生，也视为医务人员。按照《医师法》第 34 条规定，执业助理医师应当在执业医师的指导下，在医疗、预防、保健机构中按照其执业类别执业。执业助理医师独立从事临床活动，也属于医务人员，发生医疗中的人身损害事故，构成医疗损害责任。

按照我国《护士管理办法》规定，护士是按照该办法规定取得国家护士执业证书并经过注册的护理专业技术人员。合法执业的护士在护理活动中造成患者人身损害的，构成医疗损害责任。

除了医师和护士，其他与诊疗活动有关卫生技术人员，如药师、其他技师、检验员等，也属于医务人员。

（2）医疗侵权行为发生在诊疗活动中。该要件限定了侵害行为发生的时机，如果侵害行为不是发生在诊疗活动中，就不构成医疗侵权责任。诊疗活动是指通过各种检查，使用药物、机械及手术等方法，对疾病作出判断和消除疾病、缓解病情、减轻痛苦、改善功能、延长寿命、帮助患者恢复健康的活动。

（3）医疗机构及其医务人员的诊疗行为须有违法性。侵权行为的违法性是指行为在客观上与法律规定相悖，主要表现为违反法定义务、违反保护他人的法律和故意违背善良风俗致人以损害。作为医疗损害责任的诊疗行为违法性，是指医疗机构及其医务人员在诊疗行为中违反了对患者的生命权、健康权、身体权、自我决定权以及隐私权、所有权等民事权利不得侵害的法定义务而构成的形式违法。

（二）必须对患者造成了损害后果

医疗损害责任构成中的损害结果要件，是医疗机构及其医务人员在诊疗活动中造成患者的人身损害事实和财产损害事实以及精神损害事实。有的学者认为这个损害事实还包括患者近亲属的财产损害，这种情况只有在受害患者死亡的情形下才存在。

只有在损害后果发生的情况下，才考虑医疗机构及其医务人员是否有过错，是否要由医疗机构承担医疗侵权责任。损害后果必须是法律明确规定的后果，必须侵害了患者受法律保护的合法权利，主要包括侵害患者的生命权、健康权、财产权益，在一定情况下，还包括侵害患者的隐私权、监护权等权利。

（三）违法行为与患者损害之间存在因果关系

医疗损害责任构成的因果关系要件指的是违法诊疗行为作为原因，患者所受损害事实作为结果，在它们之间存在前者引起后者，后者被前者所引起的客观联系。

构成医疗损害责任，违法诊疗行为与患者损害后果之间必须具有因果关系。现代侵权法的基本原则是责任自负，要求每个人对自己的行为负责。因果关系是任何一种法律关系的构成要件，它要求行为人的不法行为与损害结果之间存在因果关系，唯有此，行为人才对损害结果负责。在医疗损害责任中，违法诊疗行为与患者损害后果之间必须具有因果关系，医疗机构只有在因果关系存在的情况下，才就医疗机构及其医务人员的过失诊断行为负损害赔偿责任。

（四）医疗机构及其医务人员主观上存在过错

构成医疗损害责任，医疗机构及其医务人员必须具备医疗过错要件。这是法律对医疗机构实施违法诊疗行为主观心态的谴责，正因为医疗机构及其医务人员具有医疗过错，法律才对医疗机构科以侵权责任，以示谴责。如果在诊疗行为造成患者损害中，医疗机构及其医务人员没有过错，则医疗机构不承担损害责任。

医疗过错是指医疗机构在医疗活动中，医务人员未能按照当时的医疗水平通常应当提供的医疗服务，或者未能按照医疗良知、医疗伦理以及医政管理规范和管理职责给予诚信、合理的医疗服务，没有尽到高度注意义务，以及医疗机构存在的对医务人员疏于选任、管理、教育的主观心理状态。对此，《民法典》第1221条做了明确规定："医务人员在诊疗活动中未尽到与当时的医疗水平相应的诊疗义务，造成患者损害的，医疗机构应当承担赔偿责任。"其中，关于"医务人员在诊疗活动中未尽到与当时的医疗水平相应的诊疗义务"的规定，就是对医疗过错的明确规定。

☞ **案例：**

2017年4月20日，孙某因患子宫肌瘤到承德市妇幼保健院入院治疗，入院后经超声医学影像检查诊断意见为：子宫肌瘤、宫内节育环。而后，医患双方定于2017年4月22日对患者进行"腹腔镜下子宫肌瘤剔除+取环术"，手术前一日，主治医生让患者交纳3500元专家费，说是可以让北京来的专家来做手术。出于专业考虑患者缴纳了3500元的专家手术费，但经事后与专家核实，院方欺骗隐瞒患者，手术并非北京专家所做。2017年4月27日出院，院方的出院记录中出院诊断为"宫内节育器已取出。"但出院后患者总是自觉腰酸、腹痛，复查发现院方在实施手术时宫内节育器残留，便及时询问主治医生，医生提示服用消炎药即可自行排出术后残留的节育环，便可痊愈。患者出院后坚持口服消炎药治疗，但仍偶有腰酸、腹痛等症状出现，又于2017年9月4日到承德医学院附属医院进行超声检查，经询问得知要经过二次手术才可取出。患者找到承德市妇幼保健院协商，院方同意患者进行外院治疗取出残留节育环，并承担相关费用。

思考与讨论：

根据《民法典》规定的医疗损害侵权行为构成要件，该案件中院方是否对患者造成医疗侵权？

第二节　医疗损害责任类型

一、医疗技术损害责任

医疗技术损害责任，是指医疗机构及医务人员在从事病情检验、诊断、治疗方法的选择，治疗措施的执行，病情发展过程的追踪，以及术后照护等医疗行为中，存在不符合当时的医疗水平的过失行为，医疗机构所应当承担的侵权赔偿责任。换言之，医疗技术损害责任是医疗机构及医务人员具有医疗技术过失的医疗损害责任类型。

（一）医疗技术损害责任的法律特征

（1）构成医疗技术损害责任以具有医疗过失为前提，没有医疗过失，就不存在医疗技术损害责任。

（2）医疗技术损害责任的过失是医疗技术过失，而不是医疗伦理过失，并且以此与医疗伦理损害责任相区别。

（3）医疗技术过失的认定方式主要是原告证明，在一般情况下不是采取推定的方式，基本上是采取原告证明的方式。只有在特殊情况下，在受害者一方已经证明到一定程度或者在法律规定的情况下，才可以推定医疗机构及医务人员具有医疗技术过失。

（4）医疗技术损害责任的损害事实只包括人身损害事实，不包括其他民事权益的损害。

（二）医疗技术损害责任的类型

1. 诊断过失损害责任

最典型的诊断过失就是误诊。在一般情况下，法院对诊断过失损害责任的判断是非常谨慎的。一般认为，只有当根本未进行一些基本的诊断程序或者在进一步的治疗过程中，未对初始的诊断发现并加以审查时，才能构成误诊，并导致赔偿责任。标准是：一个理性的医师在疾病诊断过程中，作出了不符合当时医疗水平对患者疾病的判断，就是诊断失误。

2. 治疗过失损害责任

医疗机构及医务人员在治疗过程中，未遵守医疗规范、规章、规程，未尽高度注意义务，实施错误的治疗行为，造成患者人身损害的，即为医疗过失损害责任。在通常情况下，治疗过失损害责任须经证明。但是，在涂改、销毁、隐匿或拒不提供病例以及其他医疗资料时，则推定为医疗技术过失。

3. 护理过失损害责任

医护人员在护理中违反高度注意义务，造成患者人身损害，也构成医疗技术损害责任。

4. 感染传染损害责任

医疗机构以及医务人员未尽高度注意义务，出现院内感染或者传染，造成患者感染新的疾病损害生命健康的，应当承担医疗过失损害责任。

5. 孕检、生产损害责任

对胎儿状况的检查存在医疗疏忽或者懈怠，应当发现的胎儿畸形而未发现，使胎儿出生后才发现畸形，进而造成损害的，应承担医疗技术损害责任。在产妇生产过程中，迟延进行剖宫产，孕妇已经破水却未催胎，以至于生产迟延12小时以上，属于生产过失，应当对造成的损害承担赔偿责任。前者为孕检损害责任，后者为生产损害责任。

（三）医疗技术损害构成要件

（1）医疗机构在医疗活动过程中的违法行为。医疗技术损害责任的行为主体是医疗机构及医护人员。医疗技术损害责任的违法行为必须发生在医疗活动过程中，如诊断、治疗、护理、管理等，都是发生医疗技术损害违法行为的场合，否则不构成医疗侵权责任。医疗技术损害责任的行为违法性，仍然是医疗机构没有尽到必要注意，违反了对患者的生命权、健康权、身体权不得侵害的法定义务。

（2）医疗技术损害责任的损害事实要件是人身损害事实。医疗侵权责任构成中的损害事实，是医疗机构及医护人员在诊疗活动中实施违法诊疗行为造成患者人身损害的事实。损害事实主要包括：①受害人的生命权、健康权或者身体权受到侵害，其具体的表现形式就是生命的丧失或者人身健康和身体的损害等；②受害人的生命权、健康权、身体权受到损害之后因此所造成的财产利益损失，包括为治疗损害所支出的财产损失，以及因为遭受损害而实际减少的收入；③受害人因人身损害所造成的受害人或其近亲属的精神痛苦的损害，这种损害是无形损害，是精神利益的损害。

（3）医疗技术损害责任的因果关系。要构成医疗技术损害责任，医疗违法行为与患者人身损害后果之间必须具有因果关系。医疗机构只在有因果关系存在的情况下，才就其过失行为负赔偿之责。认定医疗技术损害责任的因果关系，应当实行相当因果关系规则，即按照社会的一般知识经验判断，某种行为能够引起某种结果，而在现实中，这种行为确实引起了这种损害结果，那么这种行为就是这种损害后果的适当条件，二者之间具有相当因果关系。如果患者一方由于技术等原因无法证明因果关系要件，则可以在证明到一定程度即完成表见证据规则的要求之后，推定有因果关系，实行举证责任缓和，由医疗机构一方承担举证责任，证明自己的医疗行为与损害后果之间不存在因果关系。

（4）医疗技术过失。构成医疗技术损害责任，医疗机构必须具备医疗技术过失。这是对医疗机构违法性医疗行为中的主观因素的谴责，正因为医疗机构具有过失，才对其科以侵权责任，以示对医疗机构过失的法律谴责。如果医疗机构及医务人员没有过错，则医疗机构就不承担医疗技术损害责任。医疗技术过失表现在负有诊疗护理职责的医务人员的主观状态中。医疗机构作为负责人，也应具有过失，但这种过失是监督、管理不周的过失，采推定形式。医务人员不具有过失者，不构成医疗技术损害责任。医疗技术过失的形式既可以是疏忽，也可以是懈怠，都是对患者应尽的高度注意义务的违反。

二、医疗伦理损害责任

医疗伦理损害责任是指医疗机构及医务人员在从事各种医疗行为时，未对病患提供及时有用的医疗建议，未保守与病情有关的各种秘密，或未取得病患同意即采取某种医疗措施或停止继续治疗等，存在违反医疗职业良知或职业伦理上应遵守的规则的过失行为，医疗机构所应当承担的侵权赔偿责任。换言之，医疗伦理损害责任就是具有医疗伦理过失的医疗损害责任。

（一）医疗伦理损害责任的法律特征

（1）构成医疗伦理损害责任以具有医疗过失为前提。医疗伦理损害责任以具备医疗过失为构成前提，以此与医疗产品损害责任相区别。如果医疗机构以及医务人员没有过失，就不构成这种医疗损害责任。

（2）医疗伦理损害责任的过失是医疗伦理过失。医疗伦理损害责任所要具备的过失是医疗伦理过失，以此与医疗技术损害责任相区别。医疗伦理过失与医疗技术过失不同，不是违反当时的医疗水平所确定的高度注意义务，而是违反医疗良知和医疗伦理，违反告知义务、违反保密义务等伦理性义务的疏忽或者懈怠。

（3）构成医疗伦理损害责任不仅包括患者的人身损害，而且包括其他民事权益的损害。在医疗技术损害责任构成中，损害事实只包括受害患者的人身损害事实，不包括其他民事权益的损害。但在医疗伦理损害责任构成中，不仅包括受害者人身损害事实，而且包括患者的其他民事权益的损害事实，并且更主要的不是人身损害事实，而是其他民事权益的损害，如知情权、自我决定权、隐私权等的损害，是医疗伦理损害责任损害事实的常态。

（二）医疗伦理损害归责原则

法学界认为，医疗伦理损害责任适用过错推定原则。在诉讼中，对于责任构成中的医疗违法行为、损害事实以及因果关系的证明，由受害者一方负担。在此基础上实行过错推定，将医疗伦理过失的举证责任归于医疗机构，医疗机构一方认为自己不存在医疗过失的，须举证证明自己的主张成立，否则，应当承担赔偿责任。

（三）医疗伦理损害责任

（1）违反资讯告知损害责任。这是指医疗机构未对病患充分告知或者说明其病情，未对病患提供及时有用的医疗建议的医疗损害责任，侵害患者知情权。这种损害包括在《民法典》第1219条第二款的“损害”之中。

（2）违反知情同意损害责任。医疗机构未尽告知义务，擅自进行医疗行为，侵害了病患的自我决定权，同时积极采取某种医疗措施或者消极停止继续治疗，造成患者的人身实质性损害。

（3）违反保密义务损害责任。由于医患关系的特殊性，医生掌握着患者的病患情况、病史情况以及其他的个人重要信息，这些都是患者的重大隐私信息，医疗机构及医生和相关知情人员负有保密义务。医疗机构及医务人员违反保密义务，泄露患者隐私或者其他秘密造成损害的，构成违反保密义务损害责任。这种行为造成的不是人身损害事实，而是隐私权等权利的损害事实。具体规定详见《民法典》第1226条。

（4）违反管理规范损害责任。违反管理规则损害责任，是指医疗机构违反行政管理规范，造成受害患者的身份权等权利损害的医疗损害责任。在医疗过程中给患者造成这种损害，是医疗损害责任。

（5）组织过失损害责任。医疗机构在医疗组织中，违反医院管理规范，疏于及时救助义务，或者延误治疗时间等，构成组织过失损害。

（四）医疗伦理损害构成要件

1. 违法行为

构成医疗伦理损害责任的违法行为，表现为违反法定义务。医疗机构和医务人员的告知或保密等义务是一种法定义务。如果存在未善尽告知义务，即推定医疗机构及其医务人员具有过错。行为人违反这些法定义务，其行为就具有了违法性。

2. 损害事实

医疗伦理损害责任构成要件的损害事实主要表现为侵害了患者的知情权、自我决定权、隐私权和身份权等。具体表现为现实权益损害，如人身损害、精神损害和财产损害。

3. 因果关系

医疗伦理损害责任构成中的因果关系要件，仍然是医疗违法行为与损害事实之间的引起与被引起关系。这种因果关系主要表现为未善尽告知义务的行为与知情权、自我决定权、隐私权、身份权以及相关利益受到损害之间的引起与被引起的关系，前者为因，后者未果。这种因果关系的证明，受害患者一方应当承担举证责任，在特殊情况下，实行举证责任缓和，受害患者一方承担表现证据证明后，由医疗机构承担举证责任，推翻因果关系的推定。

三、医疗产品损害责任

医疗产品损害责任是指医疗机构在医疗过程中使用有缺陷的药品、消毒药剂、医疗器械以及血液制品等医疗产品，由此造成患者人身损害，医疗机构或者医疗产品生产者、销售者应当承担的医疗损害赔偿责任。

（一）医疗产品构成要件

（1）医疗中使用的医疗产品须为有缺陷产品。医疗产品包括：药品、消毒药剂、医疗器械、血液及血液制品。医疗产品造成损害构成医疗产品损害责任必须具有缺陷。医疗产品的缺陷分为四种：一是医疗产品的设计缺陷，是指医疗产品在设计时在产品结构、配方等方面存在不合理的危险；二是医疗产品制造缺陷，是指医疗产品在制造过程中，因原材料、配件、工艺、程序等方面存在错误，导致制作成最终医疗产品上具有不合理的危险；三是警示说明不充分的缺陷，即医疗产品的产品警示说明不充分的缺陷，有合理危险的医疗产品在投入流通中，没有对其危险性进行充分警示和说明，对其使用方法没有充分说明；四是跟踪观察缺陷，医疗产品的跟踪观察缺陷是指，在将医疗产品投入医疗过程时，科学技术水平尚不能发现该医疗产品存在缺陷，法律赋予医疗产品的生产者和销售者进行跟踪观察，未能及时发现危险，或者发现危险未及时采取召回等补救措施，构成跟踪观察缺陷。构成医疗产品损害责任，缺陷医疗产品必须在医疗中予以使用或者利用。这种使用或者利用，是医疗机构在医疗过程中将缺陷产品应用于患者，而不是患者未经医疗机构及其医务人员同意直接购买医疗产品用于自己。如果患者不在医疗机构中，或者在机构中，但未经医疗机构及其医务人员的同意自己使用或利用产品，造成自己损害的，不构成医疗产品损害责任。

（2）须有患者人身损害事实。构成医疗产品损害责任，必须具备患者的人身损害事实，这是发生损害赔偿请求权的事实依据。构成这个要件，是将医疗产品应用于患者，由于医疗产品存在缺陷，造成了患者的人身损害。这种人身损害的特点是，有些损害后果在受害当时即可发现，有的则要在受害之后很长时间才能出现后果，特别是医疗器械造成的损害，通常都是经过一段时间才发生。医疗产品损害责任中的人身损害事实包括致人死亡和致人伤残。在造成人身损害的同时，通常伴随精神痛苦的损害。医疗产品损害责任的人身损害事实要件中也包括精神损害，应当予以抚慰金赔偿。因此，该种损害的诉讼时效应从损害时起计算，而非从使用产品时开始计算。

（3）须有因果关系。医疗产品损害责任中的因果关系是指医疗产品的缺陷与受害人的损害事实之间存在的引起与被引起的关系，医疗产品缺陷是原因，损害事实是结果。确认医疗产品责任的因果关系，要由受害人证明，证明的内容是损害是由于使用或消费有缺陷的医疗产品所致。

（二）归责原则

医疗产品侵权责任适用严格责任原则。无论有无过错，只要能证明产品存在缺陷，且不存在免责事由，则构成侵权。这样，受害人不必证明医疗产品生产者的过错，因而也就减轻了权利人的诉讼负担，有利于保护受害人的权利。《民法典》并未因医疗产品的特殊性而制定特殊的归责原则，而是一般性地适用于产品责任的规定。

☞ **案例：**

2018年10月6日上午8时许，陈某在南宁县中医医院进行剖宫产手术。术前检查陈某为HR阴性AB血型，院方在没有备血的情况下即进行了手术。胎儿取出后，主刀医生发现有一块纱布未找到，半小时后于陈某子宫后方发现该纱布，此时陈某子宫一侧已流血不止。情急之下，主刀医生询问陈某是否同意切除子宫，陈某回答坚决不同意，话音未落，陈某便被全身麻醉，失去意识。陈某醒来后发现自己已被切除子宫及一侧输卵管与卵巢。陈某遂将宁南县中医医院诉至法庭。在医院方提交的病例中，并未记录医生将纱布落在陈某体内且寻找该纱布长达半小时之久的事实。

思考与讨论：

在上述案例中，宁南县中医医院的行为构成哪些医疗损害责任？

第三节　医疗侵权责任的法律适用

一、医疗侵权举证责任

举证责任是指当事人对自己提出的主张有收集或提供证据的义务，并有运用该证据证明主张的案件事实成立或有利于自己的主张的责任，否则，将承担其主张不能成立的风险。举证责任制度最早产生于古罗马法时代。罗马法的举证规则在经历中世纪的寺院法的演变之后，到了德国普通法时代，确立了原告就其诉讼原因的事实为举证，被告就其抗辩的事件事实为举证的一般原则。

（一）举证责任倒置的内涵

《民事诉讼法》第 64 条规定，当事人对自己提出的主张，有责任提供证据。医疗侵权既已列入民事赔偿，就应适用“谁主张，谁举证”原则。

根据 2019 年修订、2020 年 5 月生效的《最高人民法院关于民事诉讼证据的若干规定》中，“因医疗纠纷引起的侵权诉讼，由医疗机构就医疗行为与损害结果之间不存在因果关系及不存在医疗过错承担举证责任”，在举证责任倒置原则下，医疗侵权行为引起的侵权诉讼，实行的是因果关系推定和过错推定。

因果关系推定，是指法官先行推定医疗行为与损害结果之间存在因果关系，而无须由受害人举证。法官实行因果关系推定以后，如果医疗机构认为自己的医疗行为与损害结果之间不存在因果关系，则需要举证证明自己的主张。如果证明成立，推翻因果关系推定，免除医疗机构的责任；如果医疗机构不能提出具有合理说服力、足以使人信赖的证据，则可认为因果关系成立。

过错推定，是指原告不承担证明医疗机构存在医疗过错的责任，法官直接推定医疗机构有错。如果被告的医疗机构主张自己无过错，则必须自己举证说明。

（二）医疗侵权的责任承担原则

1. 过错原则

《民法典》第 1218 条规定：“患者在诊疗活动中受到损害，医疗机构或者其医务人员有过错的，由医疗机构承担赔偿责任。”此规定含义为：医方医疗行为中必须存在医疗过错，并因此过错导致医疗损害的，才会承担侵权赔偿责任，此即为医疗损害诉讼案件中医方承担赔偿责任的前提。

2. 过错推定原则

《民法典》第 1222 条规定：“患者在诊疗活动中受到损害，有下列情形之一的，推定医疗机构有过错：①违反法律、行政法规、规章以及其他有关诊疗规范的规定；②隐匿或者拒绝提供与纠纷有关的病历资料；③遗失、伪造、篡改或者违法销毁病历资料。”在上述三种情况下，患方不需要证明医方医疗行为中存在医疗过错，只要能够证明医方存在上述情况，就应当推定医方存在医疗过错。

3. 无过错责任

《民法典》第1223条规定：“因药品、消毒产品、医疗器械的缺陷，或者输入不合格的血液造成患者损害的，患者可以向药品上市许可持有人、生产者、血液提供机构请求赔偿，也可以向医疗机构请求赔偿。患者向医疗机构请求赔偿的，医疗机构赔偿后，有权向负有责任的药品上市许可持有人、生产者或者血液提供机构追偿。”根据上述规定，在医疗行为中，只要医方使用不合格医疗产品导致患方人身损害的，无论其医疗行为中是否存在医疗过错，都应当承担赔偿责任。医疗机构的无过错赔偿有利于患者的合法权益，无过错的医疗机构的可追偿规定又有利于节约诉讼，减轻医疗机构的负担。

（三）医疗侵权诉讼的举证要求

根据《民法典》第七编第六章的内容，并结合《民事诉讼法》中与举证责任相关的规定，医患双方在医疗侵权诉讼中的举证责任为：①患者一方对接受了医学诊疗以及有损害后果进行举证；②患方提出对医疗行为是否有过错进行鉴定，或者对医疗机构违反法律、行政法规、规章以及其他有关诊疗规范的规定以及遗失、伪造、篡改病历提供证明。如果医疗机构有隐匿、销毁或者拒绝提供与纠纷有关的病历资料的行为，则免除了患者一方证明医疗机构存在医疗过错的证明责任；③医疗机构仍然需要对医疗行为与损害结果之间不存在因果关系及不存在过错承担举证责任；④被认为存在医疗过错以及因果关系的，还要对医疗行为的责任程度承担举证责任。

二、医疗侵权行为分类

（一）违反告知义务与侵害患者知情同意权

1. 医疗机构的告知义务

医疗机构的告知义务是一种法定的合同义务，体现了法定性和意定性的交融。换言之，医疗机构的告知义务既是合同义务，也是法定义务。医疗机构告知义务的来源，是患者享有的知情权和自我决定权。正是由于患者享有知情权和自我决定权，医疗机构才应当对患者履行告知义务。

《民法典》第1219条规定：“医务人员在诊疗活动中应当向患者说明病情和医疗措施。需要实施手术、特殊检查、特殊治疗的，医务人员应当及时向患者具体说明医疗风险、替代医疗方案等情况，并取得其明确同意；不能或者不宜向患者说明的，应当向患者的近亲属说明，并取得其明确同意。医务人员未尽到前款义务，造成患者损害的，医疗机构应当承担赔偿责任。”第1220条规定：“因抢救生命垂危的患者等紧急情况，不能取得患者及其近亲属意见的，经医疗机构负责人或者授权的负责人批准，可以立即实施相应的医疗措施。”据此，可将医务人员的告知义务分为以下三类：

（1）向患者本人告知的义务。医务人员在诊疗活动中对患者负有告知其病情与医疗措施的义务，对于需要实施手术、特殊检查、特殊治疗的患者，应及时向其说明病情、医疗措施、医疗风险、替代医疗方案等情况，并取得其同意。

（2）向患者近亲属告知的义务。对于上述内容中不宜或者不能向患者说明的部分，医务人员应当向患者的近亲属说明，并取得其明确同意。

（3）紧急情况下向负责人告知的义务。因抢救生命垂危的患者等紧急情况，不能取得患者及其近亲属意见的，医务人员无需向患者及其近亲属告知，经医疗机构负责人或者授权的负责人批准后，即可立即实施相应的医疗措施。

医疗机构及其医务人员告知义务的范围主要是对患者做出决定具有决定性影响的信息，具体包括如下内容：

（1）就诊医疗机构和医务人员基本情况和医学专长，包括医疗机构的基本情况、专业特长，医务人员的职称、学术专长、以往治疗效果等；

（2）医院规章制度中与其利益有关的内容；

（3）医疗机构及其医务人员的诊断手段、诊断措施；

（4）所采用的治疗仪器和药品等的疗效、副作用等问题；

（5）手术的成功率、目的、方法、预期效果，手术过程中可能要承受的不适和麻烦，以及手术不成功可能想象到的后果、潜在危险等；

（6）患者的病情；

（7）患者所患疾病的治疗措施，即可能采用的各种治疗措施的内容、通常能够达到的效果、可能出现的风险等；

（8）告知患者需要的费用。

2. 患者的知情同意权

知情同意权，是指患者对自己疾病的病因、诊断方法、治疗原则以及可能的雨后等有知情的权利。患者的知情同意权的内容包括知情权、选择权、同意权、拒绝权。知情同意权贯穿于整个医务工作中。

《医疗机构管理条例实施细则》第 62 条规定：“医疗机构应尊重患者对自己的病情、诊断、治疗的知情权，在实施手术、特殊检查、特殊治疗时应当向患者做出必要的解释，因实施保护性医疗措施不宜向患者说明情况，应当将有关情况通知家属。”《医疗事故处理条例》第 11 条规定：“在医疗活动中，医疗机构及医务人员应当将病人的病情、医疗措施、医疗风险等如实告知患者，及时解答其咨询，但是应当避免对患者产生不利后果。”

知情同意权有四个构成要件，缺一不可，即：①信息的告知。医务人员在一般诊疗活动中应当向患者说明病情和医疗措施；需要实施手术、特殊检查、特殊治疗的，医务人员应当及时将医疗风险、替代医疗方案等情况告知患者及其家属，并取得其书面同意。②信息的理解。医务人员向患者及其家属告知的信息，应该保证患者及其家属能够充分理解，不产生歧义。③同意的能力。被告知的患者及其家属应该具有民事权利能力和完全的民事行为能力。④自由表示的同意。被告知的患者及其家属应具有自由表示同意的状态，即处于完全清醒状态，而非麻醉、昏迷等无意识状态。

（二）违反诊疗义务的侵权行为

《民法典》第1221条规定："医务人员在诊疗活动中未尽到与当时的医疗水平相应的诊疗义务，造成患者损害的，医疗机构应当承担赔偿责任。"违反诊疗义务的侵权行为，是指医疗机构及医务人员从事病情检验、诊断、治疗方法的选择、治疗措施的执行，病情发展过程的追踪，以及术后照护等医疗行为中，存在不符合当时医疗水平的过失行为，医疗机构所应承担的侵权赔偿责任。

"尽到与当时医疗水平相应的诊疗义务"，要求医务人员尽到最佳注意义务和危险结果回避义务。医务人员的注意义务，是指医务人员在从事医疗活动中，应当对患者尽到应有的谨慎和注意义务，以免造成患者受到不应有的损害的责任。

医务人员的注意义务是基本义务，要求医务人员在诊疗活动中积极履行其应尽的职责，对其实施的每一个环节所具有的危险性加以注意。

医疗机构及其医务人员注意义务的内容主要有：①具备相同时间、地域等客观条件下医务人员通常所应具备的医学知识和技术；②使用相同时间、地域等客观条件下医务人员在诊疗同类疾病时所使用的技术；③在诊疗活动中做出最佳合理的判断。

通常情况下，医务人员未尽注意义务的情形主要有：①未尽医疗活动中不良结果的预见义务；②未尽医疗活动中不良结果的回避义务；③未尽医疗活动中的转诊、会诊义务等。

（三）违法侵犯患者隐私权

1. 隐私权的内涵

所谓隐私，是指不容许他人随意入侵的领域，有时也指患者有某种特殊疾病或精神、心理处于某种特殊状态，不宜或不能向外界透露。

隐私权则是指公民对自己、精神享有独处的权利，包括隐私隐瞒权、隐私利用权、隐私维护权、隐私支配权四项基本权利。医务人员侵犯患者隐私权是指医务人员有意无意地或迫于外部压力等，泄露患者的秘密。

2. 侵犯患者隐私权的几种情形

《民法典》第1226条规定："医疗机构及其医务人员应当对患者的隐私和个人信息保密。泄露患者隐私和个人信息，或者未经患者同意公开其病历资料，应当承担侵权责任。"根据这一规定，侵犯患者隐私权的情形包括以下方面：①超出诊疗需要的知情范围刺探患者的隐私；②故意泄露、公开、传播、侵扰患者的隐私；③以非诊疗需要知悉患者的隐私；④直接侵入患者的身体侵犯其隐私；⑤未经患者同意允许实习生观摩；⑥未经患者同意公开其病历资料与个人信息等。

3. 不属于侵犯患者隐私权的情形

患者隐私权并不是不受限制的，当遇到以下几种情形时，部分或完全公开患者隐私不属于侵犯患者隐私：

（1）为了维护公共利益。比如因传染病、职业病以及一些可能涉及刑事犯罪的病情，医疗机构不应当以保护隐私名义帮助患者隐瞒相关病情。

（2）为了保护第三者合法权益利益。患者病情隐私权只有在不危及他人合法权益的前提下才能受到保护；否则，将不能被置于优先考虑的地位。

（3）特定情形下的特殊措施与方法。比如医疗机构和医务人员对某些轻生患者的危机干预等。

4. 侵犯患者隐私权的责任承担方式

医疗机构侵犯患者的隐私权的民事责任同一般侵权责任相同，主要包括停止侵害、恢复名誉、消除影响、赔礼道歉、赔偿损失，包括精神损害赔偿。

（四）过度医疗导致的侵权行为

过度医疗是指医疗机构或医务人员违背医学规范和伦理准则，不恰当、不规范甚至不道德地脱离病情需求而实施的医疗行为，一般包括过度检查、过度治疗、过度用药等。

《民法典》第1227条规定："医疗机构及其医务人员不得违反诊疗规范实施不必要的检查。"

（五）使用有缺陷医疗产品的侵权行为

《民法典》第1223条规定："因药品、消毒产品、医疗器械的缺陷，或者输入不合格的血液造成患者损害的，患者可以向药品上市许可持有人、生产者、血液提供机构请求赔偿，也可以向医疗机构请求赔偿。患者向医疗机构请求赔偿的，医疗机构赔偿后，有权向负有责任的药品上市许可持有人、生产者、血液提供机构追偿。"

三、医疗侵权责任的法定免责事由

医疗行为具有高技术性与高风险性，医疗过程中存在许多不可控的因素，所以应该承认医疗结果具有不确定性和不可预见性。同时，现代医学技术发展有局限性，有许多未知领域需要探索。医学，作为发展中的科学，仍然必须在实践中不断探索，并寻找解除疾病的办法；而且，由于病人的个体差异，治疗同一种疾病，即便医生采取相同的诊疗措施，所达到的效果也可能不尽一样。

此外，医学科学的发展必须以医务人员积极探索、大胆创新为前提。因此，《民法典》规定，对于某些复杂疾病，只要医疗机构及其医务人员尽到与当时的医疗水平相应的诊疗义务，就应当免除赔偿责任。《民法典》第1224条关于医疗机构免责的事由范围受到较大的限制，仅包括以下三种情况：

（1）患者或者其近亲属不配合诊疗。患者及其家属缺乏医疗卫生常识，经医务人员详细解释仍无效；患者及其家属不如实提供病史；患者及其家属不配合检查；患者及其家属不遵守医嘱；患者及其家属不服从医院管理。其中，如果医疗机构及其医务人员也有过错时，不免除医疗机构及其医务人员的赔偿责任。

（2）医务人员在抢救生命垂危的患者等紧急情况下已经尽到合理诊疗义务。医务人员只要按照紧急救治措施的医疗操作规范实施诊疗行为，虽然没有按照平常规定尽到注意义务，也应当免责。

免责需要具备两个条件：①抢救生命垂危的患者等紧急情况。现行的医疗法规规章对于“紧急情况”的界定为，患者因疾病发作、突然外伤受害及异物侵入体内，身体处于危险状态或非常痛苦的状态，在临床上表现为急性外伤、脑挫伤、意识消失、大出血、心绞痛、急性严重中毒、呼吸困难、各种原因所致的休克等。②医务人员在紧急情况下已经尽到合理的诊疗义务。

（3）限于当时的医疗水平难以诊疗。当时的医疗水平为相对意义上的概念，即指本地区、本部门的，而非绝对意义上的，不得用现在的医疗科学技术认定过去的医疗行为是否有过错。

第四节　医疗损害赔偿责任

一、医疗损害赔偿的概念

医疗损害赔偿责任是指患者在诊疗活动中，因医疗机构及其医务人员的过错而使患者的人身受到损害，医疗机构依法应当承担的民事赔偿责任。

与一般的损害赔偿相比较，医疗损害赔偿有着明显的特点：①发生在医患特定主体之间；②必须是在医疗行为过程中因过失导致的人身损害；③非合格的主体（如非法行医），非在医疗行为过程中，非因过失而是故意、直接造成财产损失等，均非医疗损害赔偿涉及的范围。

二、医疗损害赔偿范围及原则

侵权责任的承担有九种方式，即：停止侵害、排除妨害、消除危险、返还财产、恢复原状、赔偿损失、赔礼道歉、消除影响、恢复名誉。以上承担侵权责任的方式可以单独适用，也可以合并适用。医疗侵权主要涉及的民事责任是赔偿损失责任，可由当事人协商解决。

（一）医疗损害赔偿类别

因医疗侵权造成损害而发生的赔偿，主要分为人身损害赔偿和精神损害赔偿两大类。

1. 人身损害赔偿

《民法典》第1179条规定，侵害他人造成人身损害的，应当赔偿医疗费、护理费、交通费、营养费、住院伙食补助等为治疗和康复支出的合理费用，以及因误工减少的收入。造成残疾的，还应当赔偿辅助具费和残疾赔偿金；造成死亡的，还应当赔偿丧葬费和死亡赔偿金。被侵权人在侵权行为中死亡的，其近亲属有权请求侵权人承担侵权责任。近亲属的范围应当包括配偶、父母、子女、兄弟姐妹、祖父母、外祖父母、孙子女、外孙子女。

2. 精神损害赔偿

《民法典》第1183条规定，侵害自然人人身权益造成严重精神损害的，被侵权人有权请求精神损害赔偿。据此，只有自然人的人身权益受到他人侵害，造成严重的精神损害的，被侵权人才可以请求精神损害赔偿。法人或其他组织不能请求精神损害赔偿。

3. 赔偿费用的支付

《民法典》第1187条规定，损害发生后，当事人可以协调赔偿费用的支付方式。协商不一致的，赔偿费用应当一次性支付；一次性支付确有困难的，可以分期支付，但是被侵权人有权请求提供相应的担保。据此，受害人可以根据实际情况，决定接受赔偿费用的支付方式、期限等。

（二）医疗损害赔偿原则

在医疗纠纷的处理中，最重要的环节就是对医疗损害进行合理赔偿。要实现对医疗损害的合理赔偿，关键是确立全面与合理的赔偿原则。所谓医疗损害赔偿原则，是指依据医疗损害赔偿责任归责原则和责任要件，在确认加害人应承担赔偿责任的情况下，决定医疗损害赔偿范围和额度的指导性准则。《民法典》中并没有明确在涉及医疗损害赔偿时应该适用的赔偿原则，下面介绍几个学术界常见的赔偿原则。

1. 全面赔偿原则

全面赔偿原则是各国司法实践的通例，也是侵权法中最基本的赔偿原则，是指侵权行为加害人承担赔偿责任的大小，应以行为所造成的实际财产损失的大小为依据，全部予以赔偿。也就是赔偿以所造成的实际损害为限，损失多少，赔偿多少。对致害人的侵权行为，不论行为人在主观上是出于故意还是过失，也不论行为人是否受刑事、行政制裁，均应根据财产损失的多少、精神损害的大小，确定民事赔偿的范围。这种赔偿原则既包括直接损失的赔偿，也包括间接损失的赔偿。

2. 损益相抵原则

损益相抵原则，又叫损益同销规则，是指受害人基于损失发生的同一赔偿原因而获得利益时，所能请求的实际赔偿额，必须将所获利益从损失中扣除的规则。损益相抵原则是为了确定受害人因加害行为而遭受的“净损失”，而不是减轻加害人本应承担的责任。但因医方过失行为导致患者人身损害，国家民政部门或患者所在单位发放的抚恤金、退休金或军人转业费不能扣除，因为这些费用是以照顾有关人员及其家属为目的，并非补偿受害人的损害，更非减轻加害人的责任，所以不能相抵。

3. 过失相抵原则

过失相抵原则是指对损害的发生或扩大，受害人也有过错，从而减轻或免除加害人赔偿责任的一种法律规则。《民法典》第1173条规定：“被侵权人对同一损害的发生或者扩大有过错的，可以减轻侵权人的责任。”它并不是加害人过错与受害人过错相互抵消，而是受害人的过错所致损害部分与全部损害相比从中抵消的意思。赔偿责任的过失相抵，从侵权角度而言，即损害结果的出现为多因一果，就医疗侵权来说，是指除医疗机构的过错以外，受害者本人或其亲属对损害后果的发生也存在过错时，应适当减轻医疗机构的赔偿责任。在医疗损害的场合，出现下列情况时可以构成过失相抵：①患者方的过失，直接引发医方的不当治疗。患者方过失，不仅仅是指患者本人，还包括对被害人有监护权的父母、配偶、成年子女等人的过失。②不遵守医嘱，因此导致医疗损害的发生或扩大。③拒绝接受适当的治疗。④未再接受诊治。如果患者接受诊治后，没有依据指示再接受进一步治疗，导致损害的发生，被认为适用于过失相抵。⑤患者明知诊疗行为者无诊治其疾病的能力、设备，且经诊疗行为者劝其转院等，仍坚持由原诊疗行为者诊治，倘若因为诊疗者能力、设备不足而受到损害，适用过失相抵。

4. 促进医疗技术进步与保护公民基本权利相统一原则

医疗技术进步与保护公民基本权利相统一，是社会发展的必然要求，二者必须兼顾。如果过分强调医疗技术进步，必然损害公民的基本权利；反之，如果医院因惧怕医疗损害的高额赔偿而谨小慎微，不敢进行医疗技术方面的探索，则势必会阻碍医疗技术的进步，故应对两方面均衡考虑。

5. 利益均衡原则

利益均衡原则是指在适用全面赔偿原则、过失相抵原则确定赔偿责任及赔偿范围之后，为达到公平公正的赔偿，确定赔偿责任的大小的原则，适用该项原则时主要应考虑当事人的经济状况、收入、社会阶层、风俗习惯等诸多因素。该原则可避免因赔偿给一方当事人生活或经营造成严重困难，从而出现新的社会不公，形成影响社会稳定的不良因素。

三、医疗损害赔偿范围及原则

（一）医疗损害责任的赔偿标准

《民法典》第1179条规定：“侵害他人造成人身损害的，应当赔偿医疗费、护理费、交通费、营养费、住院伙食补助等为治疗和康复支出的合理费用，以及因误工减少的收入。造成残疾的，还应当赔偿辅助具费和残疾赔偿金；造成死亡的，还应当赔偿丧葬费和死亡赔偿金。”《最高人民法院关于审理人身损害赔偿案件适用法律若干问题的解释》也有类似详细规定。

（1）受害人遭受人身损害的，因就医治疗支出的各项费用以及因误工减少的收入，包括医疗费、误工费、护理费、交通费、住宿费、住院伙食补助费、必要的营养费，赔偿义务人应当予以赔偿。

（2）受害人因伤致残的，其因增加生活上需要所支出的必要费用以及因丧失劳动能力导致的收入损失，包括残疾赔偿金、残疾辅助器具费、被扶养人生活费，以及因康复护理、继续治疗实际发生的必要的康复费、护理费、后续治疗费等，赔偿义务人也应予以赔偿。

（3）受害人死亡的，赔偿义务人除应当根据抢救治疗情况赔偿相关费用外，还应当赔偿丧葬费、被扶养人生活费、死亡补偿费以及受害人亲属办理丧葬事宜支出的交通费、住宿费和误工费等其他合理费用。

（4）受害人或者死者近亲属遭受精神损害，赔偿权利人还有权向人民法院请求赔偿精神损害抚慰金。

（5）死亡赔偿金按照受诉法院所在地上一年度城镇居民人均可支配收入或者农村居民人均纯收入标准，按20年计算。但60周岁以上的，年龄每增加1岁减少1年；75周岁的，按5年计算。

（6）赔偿权利人举证证明其住所地或者经常居住地城镇居民人均可支配收入或者农村居民人均纯收入高于受诉法院所在地标准的，残疾赔偿金或者死亡赔偿金可以按照其住所地或者经常居住地的相关标准计算。

（二）医疗损害赔偿的特殊规定

关于医疗损害的赔偿，法律法规还作了如下的特殊性规定：①医疗损害赔偿是根据事故等级、情节和病员的情况给予一次性经济补偿，医疗单位不负责遗属的抚养和工作安置及户口迁移等工作；②医疗损害赔偿是一种补偿，而非实际损害的赔偿，一般都表现为经济赔偿；③病员及其家属的单位不得因给予了医疗损害赔偿而削减病员或其家属依法享有的福利待遇和生活补贴等；④医疗损害请求赔偿的时效为1年，自知道或应当知道损害发生之日起算起。

四、医疗损害责任赔偿与医疗事故责任赔偿的区别

根据现行的法律法规，《医疗事故处理条例》与《民法典》“侵权责任编”对损害赔偿责任构成要件的规定有所不同，因此医疗损害责任赔偿与医疗事故责任赔偿之间存在明显的区别，表现在以下几方面：

（1）赔偿的前提不同。《医疗事故处理条例》中，医方的赔偿责任以构成医疗事故为前提，而《民法典》则抛弃了“医疗事故”这一概念，以医方是否有过错作为承担赔偿责任的判断标准。

（2）责任承担方式以及赔偿范围不同。《民法典》关于承担侵权责任的方式、造成人身损害的赔偿范围与标准、被侵权人死亡、近亲属有权请求侵权人承担责任、精神损害赔偿的规定等，都适用医疗损害赔偿。《最高人民法院关于审理人身损害赔偿案件适用法律若干问题的解释》和《民法典》规定医疗损害责任医疗机构应当承担死亡赔偿，而《医疗事故处理条例》所规定的医疗事故责任则无死亡赔偿金。

被侵权人为单位，该单位分立、合并的，继承权利的单位有权请求侵权人承担侵权责任。被侵权人死亡的，支付被侵权人医疗费、丧葬费等合理费用的人有权请求侵权人赔偿费用，但侵权人已支付该费用的除外。

（3）赔偿的标准规定不同。《医疗事故处理条例》对各种赔偿费用规定了较为明确的计算标准，而《民法典》在赔偿标准方面并没有具体有可操作性的规定。

（4）关于精神损害赔偿的规定不同。《民法典》第1182条明确规定，侵害自然人人身权益造成严重精神损害的，被侵权人有权请求精神损害赔偿；而《医疗事故处理条例》所规定的医疗事故责任则无精神损害赔偿一说。

◎ **思考题**

1. 简述医疗侵权责任的概念及构成要件。
2. 医疗伦理损害责任的法律特征是什么？
3. 简述患者知情同意权及其构成要件。
4. 简述医疗损害赔偿的原则。
5. 医疗损害责任与医疗事故责任赔偿的区别是什么？

第十六章　母婴保健及人口与计划生育法律制度

保护妇女儿童的健康，对于提高人口质量、保障民族繁荣和国家兴旺具有十分重要的意义。一些国家或地区对此进行了专门立法。日本早在1948年就制定了《优生保护法》，韩国也制定了《母子保健法》。20世纪80年代以来，我国制定了一系列关于母婴保健与计划生育的法律法规，用于指导并促进母婴保健事业与全体人口的健康发展。

第一节　母婴保健法律制度

一、母婴保健法概述

（一）母婴保健法的概念

母婴保健法是调整在保障母亲和婴儿健康，提高出生人口素质活动中产生的各种社会关系的法律规范的总和。

（二）制定母婴保健法的意义

制定母婴保健法具有十分重要的意义：

（1）母婴保健关系公民的生存权与发展权，属于基本人权。母婴保健事业与人类的繁衍、生存和发展息息相关，较高的人口质量是一个国家和民族繁荣昌盛的基础。母婴保健法的制定，从立法上肯定了享受母婴保健是公民的基本权利。

（2）用法律手段保障母婴健康，是针对我国具体国情提出的要求，有利于母婴保健事业的发展。我国地域辽阔，地区经济差异明显，边缘地区妇女儿童的健康水平差距大，孕产妇死亡率、婴儿死亡率还比较高。同时，我国目前劣生的现象严重。因此，以法律手段保障母婴健康，使母婴获得高效、优质的保健服务，保证优生，控制劣生，从源头上提高人口素质，是十分必要的。

（3）制定母婴保健法是中国法制化建设的必然要求，是国家政治、经济水平提高的重要表现，彰显了社会主义制度的优越性。依法治国是我国的一项基本国策，随着社会经济的不断进步，人们的法制意识逐渐增强。制定母婴保健相关法律法规，对我国母婴保健工作进行法制管理，是中国法制化建设的具体体现，符合当前国际社会关注妇女儿童健康权益的要求。

（三）我国母婴保健法立法进程

早在 1950 年，我国就制定了《中华人民共和国婚姻法》，其中就有保护母婴的相关条款与内容；1980 年、2001 年根据实践经验以及新情况、新问题，先后对《婚姻法》进行了修订并颁布新的《婚姻法》；2020 年 5 月十三届全国人大三次会议表决通过了《中华人民共和国民法典》，自 2021 年 1 月 1 日起施行，其中的婚姻家庭篇在保护母婴健康权益方面继承与发展了原《婚姻法》相关精神和内容。

1994 年我国制定并实施了《妇女权益保障法》，2005 年 8 月十届全国人大常委会第十七次会议审议通过了《关于修改〈中华人民共和国妇女权益保障法〉的决定》，于 2005 年 12 月 1 日实施。

各相关部门也纷纷颁布各种法规，如原卫生部 1986 年颁发《妇幼卫生工作条例》《婚姻保健工作常规》，1987 年颁发《全国城市围产保健管理办法》，2003 年 8 月国务院公布了新的《婚姻登记管理条例》等，为母婴保健全国立法打下了基础。

1991 年 3 月，我国政府签署了《儿童生存、保护和发展世界宣言》和《执行 90 年代儿童生存、保护和发展世界宣言行动计划》，并向国际社会作出了“对儿童的权利，对他们的生存及对他们的保护和发展给予高度优先”的庄严承诺。1992 年，国务院颁发了《90 年代中国儿童发展规划纲要》，对儿童保健工作提出了 10 项具体指标，推动了我国母婴保健的立法工作。

1994 年 10 月 27 日，第八届全国人民代表大会常务委员会第十次会议通过了《中华人民共和国母婴保健法》（以下简称《母婴保健法》），自 1995 年 6 月 1 日起施行。这是中华人民共和国成立以来我国第一部保护妇女儿童健康的法律，主要为妇女结婚、生育和婴幼儿生长发育这些特殊生理时期，规定了政府对关系母亲安全、后代健康的母婴保健工作的责任及政府对边远贫困地区母婴保健工作给予扶持；为依法加强对母婴保健工作的管理、明确母婴保健行为、母婴保健内容、确定母婴保健机构和人员的职责等提供了法律依据。

2002 年 9 月 1 日施行的《中华人民共和国人口与计划生育法》在生育调节、计划生育技术服务和法律责任等方面对我国妇女儿童健康再次给予了高度保障。

二、婚前保健

（一）婚前保健服务

婚前保健（Premarital Health Care）是对准备结婚的男女双方在结婚登记前所进行的保健服务，是保障家庭幸福、提高出生人口素质的基础保健工作，也是生殖保健的重要组成部分。按照我国《母婴保健法》第七条规定，婚前保健服务主要包括以下内容：

1. 婚前卫生指导

医疗保健机构为公民提供的婚前卫生指导服务包括：①有关性卫生的保健和教育；②新婚避孕知识及计划生育指导；③受孕前的准备、环境和疾病对后代影响等孕前保健知识；④遗传病的基本知识；⑤影响婚育的有关疾病的基本知识；⑥其他生殖健康知识。

2. 婚前卫生咨询

医疗保健机构应为公民提供有关婚配、生育保健等问题的医学意见。医师进行婚前卫生咨询时，应当为服务对象提供科学的信息，对可能产生的后果进行指导，并提出适当建议。

3. 婚前医学检查

对准备结婚的男女双方可能患影响结婚和生育的疾病进行医学检查。婚前医学检查包括对下列疾病的检查：①严重遗传性疾病，指由于遗传因素先天形成，患者全部或者部分丧失自主生活能力，而且后代再现风险高，医学上认为不宜生育的疾病；②指定传染病，指《中华人民共和国传染病防治法》中规定的艾滋病、淋病、梅毒、麻风病以及医学上认为影响结婚和生育的其他传染病在传染期内的；③有关精神病，指精神分裂症、躁狂抑郁型精神病以及其他重型精神病。

（二）婚前医学检查证明和医学意见

经婚前医学检查，医疗保健机构应当出具婚前医学检查证明。对患指定传染病在传染期内或者有关精神病在发病期内的，医师应当提出医学意见，准备结婚的男女双方应当暂缓结婚。对诊断患医学上认为不宜生育的严重传染性疾病的，医师应当向男女双方说明情况，提出医学意见，经男女双方同意，采取长效避孕措施或者实行结扎手术不生育的，可以结婚，但《中华人民共和国婚姻法》规定禁止结婚的除外。男女双方在取得医学检查证明或者医学鉴定证明后，到婚姻登记机关进行结婚登记。

三、孕产期保健

（一）孕产期保健服务

孕产期保健一般是指从怀孕开始至产后 42 天内为孕产妇及胎、婴儿提供的医疗保健服务。《母婴保健法》规定医疗保健机构为育龄妇女和孕产妇提供的孕产期保健服务包括以下四个方面：①母婴保健指导。对孕育健康后代以及严重遗传性疾病和碘缺乏病等地方病的发病原因、治疗和预防方法提供医学意见；②孕妇、产妇保健。为孕妇、产妇提供卫生、营养、心理等方面的咨询和指导以及产前定期检查等医疗保健服务；③胎儿保健。为胎儿生长发育进行监护，提供咨询和医学指导；④新生儿保健。为新生儿生长发育、哺乳和护理提供的医疗保健服务。

（二）孕产期医学指导和医学意见

医疗保健机构对患严重疾病或者接触致畸物质，妊娠可能危及孕妇生命安全或者可能严重影响孕妇健康和胎儿正常发育的，医疗保健机构应当予以医学指导。在孕产期保健中，医师发现或者怀疑患严重遗传性疾病的育龄夫妻，应当提出医学意见。育龄夫妻应当根据医师的医学意见采取相应的措施。

经产前检查，医师发现或者怀疑胎儿异常的，应当对孕妇进行产前诊断，即对胎儿进行先天性缺陷和遗传性疾病的诊断。经产前诊断，有下列情形之一的，医师应当向夫妻双方说明情况，并提出终止妊娠的医学意见：胎儿患严重遗传性疾病的；胎儿有严重缺陷的；因患严重疾病，继续妊娠可能危及孕妇生命安全或者严重危害孕妇健康的。

依照《母婴保健法》法规定施行终止妊娠或者结扎手术，应当经本人同意，并签署意见。本人无行为能力的，应当经其监护人同意，并签署意见。依法施行终止妊娠或者结扎手术的，接受免费服务。

第二节　母婴保健管理

一、母婴保健工作管理机构及其职责

《母婴保健法》规定，国家发展母婴保健事业，提供必要条件和物质帮助，使母亲和儿童获得医疗保健服务；各级人民政府应当采取措施，加强母婴保健工作，提高医疗保健服务水平，积极防治由环境因素所致严重危害母亲和婴儿健康的地方性高发性疾病，促进母婴保健事业的发展。

（一）国务院卫生健康主管部门及其职责

中华人民共和国国家卫生健康委员会主管全国母婴保健工作，并对母婴保健工作实施监督管理。其主要职责包括：执行《母婴保健法》及其实施办法；制定《母婴保健法》配套规章及技术规范，并负责解释；按照分级分类指导原则制定全国母婴保健工作发展规划和实施步骤；组织推广母婴保健适宜技术并进行评价；对母婴保健工作进行监督管理。

（二）县级以上卫生健康主管部门及其职责

县级以上地方人民政府卫生健康主管部门管理本行政区域内的母婴保健工作，并实施监督。其主要职责包括：按照国务院卫生健康主管部门规定的条件和技术标准，对婚前医学检查、遗传病诊断、产前诊断及结扎手术和终止妊娠手术单位进行审批和注册；对从事婚前医学检查、遗传病诊断、产前诊断、结扎手术和终止妊娠手术的人员以及从事家庭接生的人员进行考核，并颁发相应的证书；对《母婴保健法》及其实施办法的执行情况进行监督检查；依照《母婴保健法》及其实施办法进行行政处罚。

二、母婴保健机构及其工作人员的管理

（一）母婴保健机构

《母婴保健法》规定，省、自治区、直辖市人民政府卫生健康主管部门指定的医疗保健机构，即各级妇幼保健机构，负责本行政区域内的母婴保健监测和技术指导。

各级妇幼保健机构是由政府举办，不以营利为目的，具有公共卫生性质的公益性事业单位，是为妇女儿童提供公共卫生和基本医疗服务的专业机构。妇幼保健机构遵循“以保健为中心，以保障生殖健康为目的，保健与临床相结合，面向群体、面向基层和预防为主”的妇幼卫生工作方针。妇幼保健机构包括：各级妇幼保健院、所、站、队，妇产科医院，儿童医院，妇女保健院、所等。

母婴保健监测是指对母婴保健各项业务工作的监测、指导和检查等，如婚前医学检查、孕产期及婴儿保健、母乳喂养、技术鉴定、产前诊断、遗传咨询等综合服务情况进行监测和指导，对技术标准执行情况、专业人员的业务素质和技术水平、仪器使用情况进行定期检查，了解危害母婴健康主要疾病的发病趋势，发现影响母婴健康的重大问题应及时上报。母婴保健技术指导是指对下级母婴保健机构开展各项母婴保健工作给予技术上的帮助，如技术人员的培训，技术指标的掌握运用，先进技术的推广应用等。

医疗保健机构依法开展婚前医学检查、遗传病诊断、产前诊断以及施行结扎手术和终止妊娠手术的，必须符合国务院卫生健康主管部门规定的条件和技术标准，并经县级以上地方人民政府卫生健康主管部门许可。

为了防止性别歧视，保护妇女的利益，严禁采用技术手段对胎儿进行性别鉴定，但医学上确有需要的除外。

（二）母婴保健工作人员及其管理

妇幼保健机构的专业技术人员须掌握母婴保健法律法规，具有法定执业资格。从事遗传病诊断、产前诊断的人员，必须经过省、自治区、直辖市人民政府卫生健康主管部门的考核，并取得《母婴保健技术考核合格证书》；从事婚前医学检查、施行结扎手术和终止妊娠手术的人员以及从事家庭接生的人员，必须经过县级以上地方人民政府卫生健康主管部门的考核，并取得相应的合格证书。

婚前保健和孕产期保健等母婴保健工作可能涉及保健对象的个人隐私，从事母婴保健工作的人员应当严格遵守职业道德，为当事人保密。

对母婴保健工作人员的管理主要包括以下两个方面：①妇幼保健机构建立健全培训制度，采取多种方式进行岗位培训和继续医学教育，对专业技术人员参加学历教育、进修学习、短期培训班、学术活动等给予支持；②妇幼保健机构按照工作需要和精简效能的原则，建立专业人员聘用制度，引入竞争机制，严格岗位管理，实行绩效考核。

三、违反母婴保健法的法律责任

《母婴保健法》对从事母婴保健工作的单位和个人，违反母婴保健法有关规定，所应承担的行政责任、民事责任和刑事责任作了具体规定。

（一）行政责任

未取得国家颁发的有关合格证书，包括为按照《母婴保健法》取得县级以上卫生健康主管部门认可的医疗保健机构和非医疗保健机构，未按照《母婴保健法》规定经考核取得合格证书的医疗保健人员和非医疗保健人员，有下列行为之一的，县级以上地方人民政府卫生健康主管部门首先应当予以制止，其次可以根据情节给予警告或者罚款的行政处罚，其出具的有关婚前医学检查证明、医学技术鉴定证明、遗传病诊断、产前诊断以及医师的医学意见等证明应视为无效：①从事婚前医学检查、遗传病诊断、产前诊断或者医学技术鉴定的；②施行终止妊娠手术的；③出具本法规定的有关医学证明的。

经考核取得相应合格证书的从事母婴保健的工作人员违反规定，出具有关虚假医学证明或者进行胎儿性别鉴定的，按干部人事管理权限由所在的医疗保健机构或所属的卫生健康主管部门根据情节给予行政处分；情节严重的，依法取消执业资格，即从事医疗活动的资格。

《人口与计划生育法》规定，计划生育技术服务人员违章操作或者延误抢救、诊治，造成严重后果的，依照有关法律、行政法规的规定承担相应的法律责任。

（二）民事责任

母婴保健工作人员在诊疗护理过程中，因诊疗护理过失，造成病员死亡、残废、组织器官损伤导致功能障碍的，应依据《医疗事故处罚条例》的有关规定，承担相应的民事责任。

（三）刑事责任

取得相应合格证书的从事母婴保健的工作人员由于严重不负责任，造成就诊人死亡或者严重损害就诊人身体健康的，依照《刑法》第335条“医疗事故罪”追究刑事责任。

未取得国家颁发的有关合格证书，包括取得合法行医资格而未取得《母婴保健法》规定的合格证书和非法行医者，施行终止妊娠手术或者采取其他方法终止妊娠，致人死亡、残疾、丧失或者基本丧失劳动能力的，依照《刑法》第336条的“非法行医罪”有关规定追究刑事责任。

第三节　人口与计划生育法律制度

制定人口与计划生育法律制度，是为了实现人口与经济、社会、资源、环境的协调发展，维护公民的合法权益，促进家庭幸福、民族繁荣与社会进步。国家采取综合措施，调控人口数量，提高人口素质，推动实现适度生育水平，优化人口结构，促进人口长期均衡发展。国家依靠宣传教育、科学技术进步、综合服务、建立健全奖励和社会保障制度，开展人口与计划生育工作。

一、人口与计划生育法律概述

（一）人口与计划生育法的概念

人口与计划生育法律制度是调整人口与经济、社会、资源、环境的协调发展，保障公民计划生育的合法权益，促进家庭幸福、民族繁荣与社会进步活动中产生的各种社会关系的法律规范的总称。我国人口与计划生育法律制度具体以《人口与计划生育法》为主，也包括与人口与计划生育有关的其他法律规范。

（二）人口与计划生育法制建设历程

我国人口与计划生育的法制建设始于20世纪70年代末，从依靠相关政策和法律法规，到人口与计划生育专门法律的制定，计划生育立法走过了一条漫长的道路。

1978年开始到1980年，国务院计划生育领导小组办公室组织起草了《中华人民共和国计划生育法》，原拟提交1980年召开的五届全国人大三次会议与婚姻法同时讨论，因条件不够成熟，决定暂不讨论。

1982年开始，根据中央领导同志关于“计划生育工作的根本问题是要立法，不立法计划生育不能持久”的指示精神，国家计划生育委员会组织起草了《中华人民共和国计划生育法》，先后修改了12稿。1988年年底，中央认为时机还不够成熟，决定暂不出台。在此时期，国家只是在通过制定有关婚姻、收养、妇女权益保障、未成年人保护、母婴保健等相关法律时，增加有关计划生育方面的条款，作出若干具体规定。

1989年3月，国家计划生育委员会从起开始起草《中华人民共和国计划生育条例》，共修改了9稿。1990年8月国务院决定，待地方计划生育法规执行一段时间，积累了一些经验以后，再考虑制定条例及立法。

1994年，《中华人民共和国人口与计划生育法》被列为“研究起草、成熟时安排审议的法律草案”，人口与计划生育国家立法再次被提上议事日程。这期间国家计生委成立了立法论证小组，抓紧进行与相关部门对人口与计划生育立法的必要性和可行性工作的论证和协调。

1999年12月，在进行广泛深入的立法调研和听取专家意见的基础上，原国家计生委向国务院报送了《中华人民共和国人口与计划生育法（送审稿）》。原国务院法制办公室在广泛征求国务院相关部门及地方政府意见的基础上，对送审稿做了进一步的研究、修改，形成了《中华人民共和国人口与计划生育法（草案）》。经过三次审议，2001年12月9日第九届全国人大常委会通过了《中华人民共和国人口与计划生育法》（以下简称《人口与计划生育法》），于2002年9月1日起施行。

为适应我国人口发展出现的重大转折性变化，党的十八届五中全会对现行生育政策进行了重大调整，作出了坚持计划生育基本国策，全面实施一对夫妇可生育两个孩子政策的决策部署。实施全面两孩政策，需要修改人口与计划生育法涉及生育政策的条款以及相关配套规定。2015年12月27日，第十二届全国人民代表大会常务委员会第十八次会议通过《关于修改〈中华人民共和国人口与计划生育法〉的决定》，自2016年1月1日起施行。2021年8月20日，第十三届全国人民代表大会常务委员会第三十次会议表决通过了《关于修改〈中华人民共和国人口与计划生育法〉的决定》，并于公布之日起施行。

二、人口与计划生育法律制度主要内容

人口与计划生育法律制度对于实现人口与经济、社会、资源、环境的协调发展，维护公民的合法权益，促进家庭幸福、民族繁荣与社会进步等，具有重大意义。

（一）人口发展规划的制定与实施

1. 规划的制定

国务院编制人口发展规划，并将其纳入国民经济和社会发展计划。县级以上地方各级人民政府根据全国人口发展规划以及上一级人民政府人口发展规划，结合当地实际情况编制本行政区域的人口发展规划，并将其纳入国民经济和社会发展计划。

2. 规划的实施

人口与计划生育实施方案是指为保证人口与计划生育法律、法规和人口发展规划在本行政区域内得到实施而制定的工作计划、目标、任务、措施、要求和方法的总称。

县级以上各级人民政府根据人口发展规划，制定人口与计划生育实施方案并组织实施。实施方案应当以规定控制人口数量，加强母婴保健，提高人口素质的措施。县级以上各级人民政府计划生育行政部门负责实施人口与计划生育实施方案的日常工作。乡、民族乡、镇的人民政府和城市街道办事处负责本管辖区域内的人口与计划生育工作，贯彻落实人口与计划生育实施方案。村民委员会、居民委员会应当依法做好计划生育工作。机关、部队、社会团体、企业事业组织应当做好本单位的计划生育工作。计划生育、教育、科技、文化、卫生、民政、新闻出版、广播电视等部门应当组织开展人口与计划生育宣传教育。

国家将人口与计划生育的经费投入列入政府公共支出预算，根据国民经济和社会发展状况逐步提高人口与计划生育经费投入的总体水平，以保证计划生育实施方案的运行。

（二）计划生育法制化

1. 公民的生育权利和义务

《人口与计划生育法》规定，公民有生育的权利，也有依法实行计划生育的义务，夫妻双方在实行计划生育中负有共同的责任。

生育权利主要有：①公民有生育的权利；②获得计划生育信息、手段和教育、知情选择的权利；③健康与安全保障的权利；④公民的生育权益受到法律保护。

公民在生育方面的主要义务有：①公民依法实行计划生育的义务；②育龄夫妻应当自觉落实计划生育避孕节育措施，接受计划生育技术服务指导；③公民有协助人民政府开展人口与计划生育工作的义务。

2. 计划生育政策

《人口与计划生育法》第18条规定：国家提倡适龄婚育、优生优育。一对夫妻可以生育3个子女；符合法律、法规规定条件的，可以要求安排再生育子女。具体办法由省、自治区、直辖市人民代表大会或者其常务委员会规定；少数民族也要实行计划生育，具体办法由省、自治区、直辖市人民代表大会或者其常务委员会规定；夫妻双方户籍所在地的省、自治区、直辖市之间关于再生育子女的规定不一致的，按照有利于当事人的原则适用。

进一步优化生育政策，实施一对夫妻可以生育3个子女政策及配套支持措施，有利于改善我国人口结构、落实积极应对人口老龄化国家战略、保持我国人力资源禀赋优势。

我国实行计划生育，以避孕为主。国家创造条件，保障公民知情选择安全、有效、适宜的避孕节育措施。为实行计划生育的育龄夫妻提供免费的基本项目的计划生育技术服务。

3. 奖励与社会保障。

国家建立奖励与社会保障制度，运用补偿、奖励、优惠、优先和扶持等经济手段，对公民实行计划生育、落实避孕节育措施给予基本的社会保障，并使实行计划生育的家庭得到多方面的实惠，鼓励育龄群众自觉实行计划生育。具体措施有：

（1）国家建立、健全基本养老保险、基本医疗保险、生育保险和社会福利等社会保障制度，促进计划生育。

（2）国家鼓励保险公司举办有利于计划生育的保险项目。

（3）符合法律、法规规定生育子女的夫妻，可以获得延长生育假的奖励或者其他福利待遇。

（4）妇女怀孕、生育和哺乳期间，按照国家有关规定享受特殊劳动保护并可以获得帮助和补偿；公民实行计划生育手术，享受国家规定的休假；地方人民政府可以给予奖励。

（5）在国家提倡一对夫妻生育一个子女期间，自愿终身只生育一个子女的夫妻，国家发给《独生子女父母光荣证》。获得《独生子女父母光荣证》的夫妻，按照国家和省、自治区、直辖市有关规定享受独生子女父母奖励。法律、法规或者规章规定给予获得《独生子女父母光荣证》的夫妻奖励的措施中由其所在单位落实的，有关单位应当执行。

在国家提倡一对夫妻生育一个子女期间，按照规定应当享受计划生育家庭老年人奖励扶助的，继续享受相关奖励扶助，并在老年人福利、养老服务等方面给予必要的优先和照顾。

（6）地方各级人民政府对农村实行计划生育的家庭发展经济，给予资金、技术、培训等方面的支持、优惠；对实行计划生育的贫困家庭，在扶贫贷款、以工代赈、扶贫项目和社会救济等方面给予优先照顾。

（三）法律责任

违反人口与计划生育法规定，有下列行为之一的，由卫生健康主管部门责令改正，给予警告，没收违法所得；违法所得1万元以上的，处违法所得2倍以上、6倍以下的罚款；没有违法所得或者违法所得不足1万元的，处1万元以上、3万元以下的罚款；情节严重的，由原发证机关吊销执业证书；构成犯罪的，依法追究刑事责任：①非法为他人施行计划生育手术的；②利用超声技术和其他技术手段为他人进行非医学需要的胎儿性别鉴定或者选择性别的人工终止妊娠的。

托育机构违反托育服务相关标准和规范的，由卫生健康主管部门责令改正，给予警告；拒不改正的，处5千元以上、5万元以下的罚款；情节严重的，责令停止托育服务，并处5万元以上、10万元以下的罚款。托育机构有虐待婴幼儿行为的，其直接负责的主管人员和其他直接责任人员终身不得从事婴幼儿照护服务；构成犯罪的，依法追究刑事责任。

计划生育技术服务人员违章操作或者延误抢救、诊治，造成严重后果的，依照有关法律、行政法规的规定承担相应的法律责任。

国家机关工作人员在计划生育工作中，有下列行为之一，构成犯罪的，依法追究刑事责任；尚不构成犯罪的，依法给予处分；有违法所得的，没收违法所得：①侵犯公民人身权、财产权和其他合法权益的；②滥用职权、玩忽职守、徇私舞弊的；③索取、收受贿赂的；④截留、克扣、挪用、贪污计划生育经费的；⑤虚报、瞒报、伪造、篡改或者拒报人口与计划生育统计数据的。

违反《人口与计划生育法》规定，不履行协助计划生育管理义务的，由有关地方人民政府责令改正，并给予通报批评；对直接负责的主管人员和其他直接责任人员依法给予处分。

拒绝、阻碍卫生健康主管部门及其工作人员依法执行公务的，由卫生健康主管部门给予批评教育并予以制止；构成违反治安管理行为的，依法给予治安管理处罚；构成犯罪的，依法追究刑事责任。

公民、法人或者其他组织认为行政机关在实施计划生育管理过程中侵犯其合法权益，可以依法申请行政复议或者提起行政诉讼。

三、计划生育技术服务

（一）计划生育技术服务原则

计划生育技术服务实行国家指导与个人自愿相结合的原则。公民实行计划生育时，有权了解自身的健康检查结果和常用避孕节育方法的作用机理、适应证、禁忌证、优缺点、使用方法、注意事项、可能出现的副作用及其处理方法，在计划生育技术服务人员指导下，负责任地选择适合于自己的避孕节育方法。从事计划生育技术服务的机构和人员，在提供避孕节育技术服务时应充分考虑服务对象的健康状况、劳动强度及其所处的生理时期，指导公民选择适宜的避孕节育方法，并为其提供安全、有效、规范的技术服务。对于已生育子女的夫妻，提倡选择以长效为主的避孕方法。

（二）计划生育技术服务的内容

计划生育技术服务是指使用手术、药物、工具、仪器、信息及其他技术手段，有目的地向育龄公民提供生育调节及其他有关的生殖保健服务的活动，包括计划生育技术指导、咨询以及与计划生育有关的临床医疗服务。

计划生育技术指导、咨询包括下列内容：①避孕节育与降低出生缺陷发生风险及其他生殖健康的科普宣传、指导和咨询；②提供避孕药具，对服务对象进行相关的指导、咨询、随访；③对施行避孕、节育手术和输卵（精）管复通手术的，在手术前、后提供相关的指导、咨询和随访。

与计划生育有关的临床医疗服务包括下列内容：①避孕和节育的医学检查，主要指按照避孕、节育技术常规，为了排除禁忌证、掌握适应证而进行的术前健康检查以及术后康复和保证避孕安全、有效所需要的检查；②各种计划生育手术并发症和计划生育药具不良反应的诊断、鉴定和治疗；③施行各种避孕、节育手术和输卵（精）管复通术等恢复生育力的手术以及与施行手术相关的临床医学诊断和治疗；④根据国家卫生健康委员会制定的有关规定，开展围绕生育、节育、不育的其他生殖保健服务；⑤病残儿医学鉴定中必要的检查、观察、诊断、治疗活动。

（三）计划生育技术服务的特点

（1）技术服务工作量大，质量要求高。占总人口 20%左右的育龄妇女是计划生育的节育技术服务对象，加上部分男性育龄人员，服务人数多。且一个妇女从 20 多岁结婚到 49 岁退出育龄期，有 25 年左右的时间需要避孕。因此计划生育技术服务工作量大，技术服务质量要求高。

（2）服务对象特殊。计划生育技术服务的对象多是健康的育龄夫妇，与生病求医不同，要求落实节育措施的人身体健康，这就要求从事计划生育技术服务工作的人员更要有过硬的素质和高尚的职业道德。

（3）政策性强。计划生育是我国的一项基本国策，主要是为了控制人口数量，提高人口素质，使人口增长与社会、经济发展相适应。计划生育技术服务是一种服务工作，但更与控制人口的政策紧密相连，对国家的发展意义重大。

（4）技术服务与思想工作相互渗透。计划生育技术人员在服务工作过程中，既担当着技术服务提供者的角色，也承担着传播避孕节育和优生优育知识的任务。

（四）计划生育技术服务机构及其人员

从事计划生育技术服务的机构包括计划生育技术服务机构和从事计划生育技术服务的医疗、保健机构。计划生育技术服务机构是指依照条例规定取得执业许可、隶属同级卫生健康主管部门、具有医疗保健性质、从事计划生育技术服务的非营利的公益性全额拨款事业单位。各级计划生育技术服务机构的事业经费由各级财政予以保障。从事计划生育技术服务的医疗、保健机构是指已持有《医疗机构执业许可证》，又依照条例规定设有计划生育技术服务科（室），并取得计划生育技术服务项目执业许可的医疗、保健单位。计划生育技术服务机构和从事计划生育技术服务的医疗、保健机构应当在各自的职责范围内，针对育龄人群开展人口与计划生育基础知识宣传教育，对已婚育龄妇女开展孕情检查、随访服务工作，承担计划生育、生殖保健的咨询、指导和技术服务。

计划生育技术服务人员是指依照法律规定，取得《计划生育技术服务人员合格证》（以下简称《合格证》）并在从事计划生育技术服务的机构中从事计划生育技术指导、咨询以及与计划生育有关的临床医疗服务的人员。计划生育技术服务人员实行持证上岗的制度。从事计划生育技术服务的各类技术人员，应当经过相应的业务培训，熟悉相关的专业基础理论知识和实际操作技能，了解国家和地方的计划生育政策，掌握计划生育技术标准、服务规范，取得《合格证》，按《合格证》载明的服务项目提供服务。计划生育技术服务人员应当指导实行计划生育的公民选择安全、有效、适宜的避孕措施。

第十七章　中医药法律制度

中医药（包括民族医药）等传统医药是我国人民长期与疾病作斗争的实践经验总结和智慧的结晶，是重要的医疗卫生资源、科学技术资源、生物产业资源。中医药在当今社会经济发展中发挥着重要作用，在世界传统医药领域独树一帜，是祖先留给我们的一份宝贵财富。

第一节　中医药法律制度概述

一、中医药的概念

中医药是指中国医药，与西洋医药即现代医药相对，是随着西洋医药的传入而产生的一个特殊名词。在西洋医药传入中国以前的数千年里，中医药其实就叫“医药”。现在中医药泛指中华民族传统医药，包括中医药和民族医药，是指中华民族在与疾病长期斗争中形成和发展的独特医药理论体系及其诊疗实践经验的总结。

我国法律上的中医药，是包括汉族和少数民族医药在内的我国各民族医药的统称，是反映中华民族对生命、健康和疾病的认识，具有悠久历史传统和独特理论及技术方法的医药学体系。

☞ **知识链接：**

中国传统医学

中国传统医学是中华民族在长期的医疗、生活实践中，不断积累、反复总结而逐渐形成的具有独特理论风格的医学体系。

中国传统医学是中国各民族医学的统称，主要包括汉族医学、藏族医学、蒙古族医学、维吾尔族医学等民族医学。在中国传统医学中，由于汉族人口最多，文字产生最早，历史文化较长，因此，汉族医学在中国及在世界上的影响最大。在 19 世纪西方医学传入中国并普及以后，汉族医学又有“中医”之称，以此有别于“西医”，即西方医学。

中医药作为我国独具特色的卫生资源，是中国特色医药卫生事业不可或缺的重要组成部分。中华人民共和国成立特别是改革开放以来，在党和政府的高度重视和支持下，中医医疗、保健、教育、科研、文化、产业“六位一体”的协同发展，植根于中华五千年文化的中医药得到了长足进步。近年来，中医药在防治 SARS、流感、艾滋病、新冠病毒等重大传染病方面，在一些重大突发事件医疗救治中，发挥了重要作用。

二、中医药管理法制建设

中华人民共和国成立以来，党和国家高度重视中医药事业的发展。为了发展卫生事业，保护公民身体健康，国家制定了一系列卫生法律、法规和规章，其主要法律规定既适用于西医的管理，也适用于中医药的管理。改革开放以来，随着我国法制建设的不断深入，中医药的法制建设取得了较大进展，我国中医药事业发展基本步入法制化、规范化的轨道。主要表现在：

（1）制定了一系列有关中医药的法律法规。1982 年通过的《中华人民共和国宪法》第 21 条明确规定“国家发展医药卫生事业，发展现代医药和我国传统医药”。这在国家基本大法中，确立了中医药等传统医药的法律地位，为中医药发展和法律制度建设提供了根本的法律依据。此后，我国制定了一系列有关中医药的法律法规。在国家法律层面，1984 年颁布了《中华人民共和国药品管理法》，1998 年颁布了《中华人民共和国执业医师法》；2021 年 8 月出台了《中华人民共和国医师法》，将于 2022 年 3 月 1 日取代《执业医师法》；在国家行政法规层面，1987 年颁布了《野生药材资源保护管理条例》，1992 年颁布了《中药品种保护条例》，1994 年颁布了《医疗机构管理条例》等。这些法律法规的颁布实施，使我国在中医医疗机构、人员、中药的准入与监督，以及中药品种与资源的保护等方面基本实现了立法管理。另外，国家中医药管理局还积极参与各种法律法规的制订、修订工作，将中医药内容纳入其中。

当前，中国特色社会主义法律体系已经形成，卫生法制建设也取得显著成绩，出台并实施了包括法律、行政法规、部门规章和大量规范性文件在内，其中大多数也同样适用于中医药行业发展。

（2）颁布了专门的《中华人民共和国中医药法》。2003 年 10 月 1 日施行的《中华人民共和国中医药条例》，是我国政府颁布的第一部专门的中医药行政法规，它将多年来党和国家对中医药工作的一系列方针、政策，通过国家行政法规的形式固定下来，全面概括了党的中医药政策，对保障和规范中医药事业发展作了较为全面的规定。这是中医药事业乃至整个卫生事业发展的一件大事，标志着中医药法制化建设步入了新的阶段。

2011 年，《中医药法（草案）》被列为十二届全国人大常委会立法规划第一类项目和 2013 年国务院立法工作计划一档项目。2016 年 12 月 25 日中华人民共和国第十二届全国人民代表大会常务委员会第二十五次会议通过《中华人民共和国中医药法》（以下简称《中医药法》），自 2017 年 7 月 1 日起正式施行。

中医药法的通过对中医药事业发展具有里程碑意义。中医药法第一次从法律层面明确了中医药的重要地位、发展方针和扶持措施，为中医药事业发展提供了法律保障。

三、发展中医药事业的指导思想和基本原则

（一）指导思想

坚持邓小平理论和“三个代表”重要思想，全面贯彻落实科学发展观，以新时代中国特色社会主义思想为指导，把满足人民群众对中医药服务的需求作为中医药工作的出发点。贯彻党中央关于发展中医药的方针政策，遵循中医药发展规律，保持和发扬中医药特色优势，推动继承与创新，丰富和发展中医药理论与实践，促进中医中药协调发展，为提高全民健康水平服务。

（二）基本原则

（1）坚持中西医并重，把中医药与西医药摆在同等重要的位置。

《中医药法》第三条指出：“国家大力发展中医药事业，实行中西医并重的方针，建立符合中医药特点的管理制度，充分发挥中医药在我国医药卫生事业中的作用。”这就明确把“中西医并重”确定为新时期卫生工作的方针之一，并通过国家法律的形式固定下来。

（2）坚持继承与创新的辩证统一，既要保持特色优势又要积极利用现代科技。

《中医药法》第三条指出：“发展中医药事业应当遵循中医药发展规律，坚持继承和创新相结合，保持和发挥中医药特色和优势，运用现代科学技术，促进中医药理论和实践的发展。国家鼓励中医西医相互学习，相互补充，协调发展，发挥各自优势，促进中西医结合。”继承是中医药事业发展的基础，创新是中医药事业发展的动力。在当今社会，中医药传承工作显得尤为重要，但是，光靠传承中医药事业无法发展，必须与现代社会发展相适应，运用科学技术，加强创新能力，坚持“两手抓”，不断提高中医药防病治病能力。

（3）坚持中医药预防、医疗、教育、科研及国际合作交流协调发展。

要充分发挥中医药预防保健特色优势，将中医药服务纳入公共卫生服务项目，在疾病预防与控制中积极运用中医药方法和技术；加强中医医疗服务体系建设；根据经济社会发展和中医药事业需要，规划发展中医药院校教育，调整中医药高等教育结构和规模，坚持以中医药专业为主体，强化中医药基础理论教学和基本实践技能培养；积极参与相关国际组织开展的传统医药活动，进一步开展与外国政府间的中医药交流合作，促进中医药知识和文化国际传播。

（4）坚持政府主导和引入市场相结合。

坚持发挥政府扶持作用，动员各方面力量共同促进中医药事业发展。积极促进非公立中医医疗机构发展，形成投资主体多元化、投资方式多样化的办医格局。鼓励有资质的中医专业技术人员特别是名老中医开办中医诊所或个体行医，允许符合条件的药品零售企业举办中医坐堂诊所。非公立中医医疗机构在医保定点、科研立项、职称评

定和继续教育等方面，与公立中医医疗机构享受同等待遇，对其在服务准入、监督管理等方面一视同仁。

四、中医药主管部门

（一）国务院中医药管理部门

根据现行国务院机构设置，国家中医药管理局负责全国中医药管理工作。为了加强对全国中医药工作的宏观政策、发展战略、总体规划、标准体系、部门协调等工作，1986年7月国务院组建“国家中医药管理局”，规定国家中医药管理局是国务院直属机构，同年12月，国家中医药管理局正式成立。2013年，原卫生部和计划生育委员会合并组建国家卫生和计划生育委员会，国家中医药管理局作为副部级单位职能编制保持不变，隶属于国家卫生和计划生育委员会。2018年，根据新的国务院机构改革方案，国家中医药管理局由国家卫生健康委员会管理。

按照国家医药卫生管理体制改革的总体规划，国家中医药管理局应集中力量加强中医药科技研究和人才培养，指导和管理各类（包括个体）中医医疗保健机构，促进中医中药结合与中西医结合，提高中医医疗保健质量，振兴中医药事业，推动中医药科学的国际传播。

（二）国务院有关部门

国务院有关部门，包括国家发展和改革委员会、商务部、农业农村部、科技部、教育部、药品监督管理局、国家自然资源部等，在各自的职责范围内负责与中医药有关的工作。

（三）县级以上地方人民政府

我国自1954年原卫生部成立中医司后，全国县级以上地方人民政府原卫生行政部门均成立了主管中医药事业发展的职能机构。1986年国务院确定成立国家中医药管理局主管全国中医药工作后，经过几次机构改革调整，部分省以下基本形成了相对独立的中医药管理机构。

在各省级人民政府卫生健康主管政部门党组的领导下，成立相对独立的中医药管理局。各市（地）级卫生健康主管部门建立健全中医科；有条件的县建立中医股或设立中医药专职管理干部。凡有关中医药的规划、管理、监督等工作，除法律法规另有规定外，应划归中医管理部门统一负责。

县级以上人民政府负责中医药工作的有关部门是指：县级以上各级人民政府的发展规划、财政、人事、教育、科技、药监、外事、公安、市场监管、监察等部门，这些部门应按照各自的职责范围，负责与中医药有关的工作，共同保障中医药事业的发展。

第二节　中医医疗机构及从业人员

一、中医医疗机构

（一）中医医疗机构及开办的法律规定

中医医疗机构是指依法取得医疗机构执业许可证的中医、中西医结合和民族医的医院、门诊部和个体诊所等相应机构。

我国法律规定，开办中医医疗机构，应当符合国务院卫生健康主管部门制定的中医医疗机构设置标准和当地区域卫生规划，并按照《医疗机构管理条例》的规定办理审批手续，取得医疗机构执业许可证后，方可从事中医医疗活动。

（二）中医医疗机构的管理

为了充分合理地利用我国有限的医疗卫生资源，充分发挥中医药的作用，最大限度满足人民群众对医疗、卫生、保健的需求，中医医疗机构实行分类、分级管理。

中医医疗机构执业，必须进行登记，领取《医疗机构执业许可证》。《医疗机构执业许可证》及其副本由国家卫生健康委员会统一印制。

中医医疗机构从事医疗服务活动，应当遵守中医药自身发展规律，充分体现中医药特色优势，运用传统理论和方法，结合现代科学技术手段，发挥中医药在防治疾病、保健、康复中的作用，为群众提供价格合理、质量优良的中医药服务。在继承的基础上不断创新，不断发展。

发布中医医疗广告，医疗机构应当按照规定向所在地省、自治区、直辖市人民政府负责中医药管理的部门申请并报送有关材料。未取得中医医疗广告批准文号的，不得发布中医医疗广告。

二、中医从业人员

（一）中医药从业人员资格

中医药从业人员包括医师、护士、药师（士）等。

为了防止某些个人以中医药的名义欺骗群众，危害人民健康、损害中医药的声誉，国家对中医药从业人员实行执业准入制度：中医药从业人员，应当依照有关卫生管理的法律、行政法规、部门规章的规定通过资格考试，并经注册取得执业证书后，方可从事中医药服务活动。有关中医医师、中医护士、中药师的执业资格、考试办法、执业注册等规定，依据《中华人民共和国医师法》《中华人民共和国护士管理办法》《执业药师资格制度暂行规定》《传统医学师承和确有专长人员医师资格考核考试暂行办法》的相应条款执行。

以师承方式学习中医的人员以及确有专长的人员，应当按照卫生健康委员会相关规定，由省级卫生行政部门组织考试，合格者发给相关证书，同时通过执业医师或者执业助理医师资格考核考试，并经注册取得医师执业证书后，方可从事中医医疗活动。

（二）中医从业人员从业规范

中医从业人员应当遵守相应的中医诊疗原则、医疗技术标准和技术操作规范，全科医师和乡村医生应当具备中医药基本知识以及运用中医诊疗知识、技术，处理常见病和多发病的基本技能。

国家中医药管理局制定发布了一系列中医药技术标准规范，把建立科学、严谨的中医药防治疾病的诊治规范和疗效评价体系，作为中医临床研究发展的重要任务之一。现已制定颁布的中医药技术标准、操作规范包括《中医病证诊断疗效标准》《中医病证分类与代码》《中医临床诊疗术语》《中医病案规范（试行）》《中医护理常规、技术操作规程》等。

医师是提供医疗卫生服务的主体，全科医师、乡村医生正是城乡基层卫生服务机构医师队伍的主要组成人员。全科医师要具备中医药专业基础理论知识，掌握常用中医诊疗方法。全科医师资格考试和执业认证考核中，应有中医药社区医疗知识与保健技能的内容。社区卫生服务机构中要求有相对固定的中医类执业医师。

第三节　中医药教育与科研

一、中医药教育

（一）中医药教育机构的设置

国家采取措施发展中医药教育事业，各类中医药教育机构应当加强中医药基础理论教学，重视中医药基础理论与中医药临床实践相结合，推进素质教育。设立各类中医药教育机构，应当符合国家规定的设置标准，并建立符合国家规定标准的临床教学基地。中医药教育机构的设置标准，由国务院卫生健康主管部门会同国务院教育行政部门制定；中医药教育机构临床教学基地标准，由国务院卫生健康主管部门制定。

（二）中医药经验和技术的继承

国家鼓励开展中医药专家学术经验和技术专长继承工作，培养高层次的中医临床人才和中药技术人才。

（1）承担中医药专家学术经验和技术专长继承工作的指导老师应当具备下列条件：具有较高学术水平和丰富的实践经验、技术专长和良好的职业品德；从事中医药专业工作30年以上并担任高级专业技术职务10年以上。

（2）中医药专家学术经验和技术专长继承工作的继承人应当具备下列条件：具有大学

本科以上学历和良好的职业品德；受聘于医疗卫生机构或者医学教育、科研机构从事中医药工作，并担任中级以上专业技术职务。

中医药专家学术经验和技术专长继承工作的指导老师以及继承人的管理办法，由国务院中医药管理部门会同有关部门制定。省、自治区、直辖市人民政府负责中医药管理的部门应当依据国家有关规定，完善本地区中医药人员继续教育制度，制定中医药人员培训规划。县级以上地方人民政府负责中医药管理的部门应当按照中医药人员培训规划的要求，对城乡基层卫生服务人员进行中医药基本知识和基本技能的培训。医疗机构应当为中医药技术人员接受继续教育创造条件。

二、中医药科研

国家发展中医药科学技术，将其纳入科学技术发展规划，加强重点中医药科研机构建设。

县级以上地方人民政府应当充分利用中医药资源，重视中医药科学研究和技术开发，采取措施开发、推广、应用中医药技术成果，促进中医药科学技术发展。中医药科学研究应当注重运用传统方法和现代方法开展中医药基础理论研究和临床研究，运用中医药理论和现代科学技术开展对常见病、多发病和疑难病的防治研究。

中医药科研机构、高等院校、医疗机构应当加强中医药科研的协作攻关和中医药科技成果的推广应用，培养中医药学科带头人和中青年技术骨干。

国家支持中医药的对外交流与合作，推进中医药的国际传播。重大中医药科研成果的推广、转让、对外交流，中外合作研究中医药技术，应当经省级以上人民政府负责中医药管理的部门批准，防止重大中医药资源流失。属于国家科学技术秘密的中医药科研成果，确需转让、对外交流的，应当符合有关保守国家秘密的法律、行政法规和部门规章的规定。

第四节 法律责任

一、中医药管理部门及人员的法律责任

县级以上人民政府中医药主管部门及其他有关部门未履行本法规定的职责的，由本级人民政府或者上级人民政府有关部门责令改正；情节严重的，对直接负责的主管人员和其他直接责任人员，依法给予处分。

负责中医药管理的部门的工作人员在中医药管理工作中违反《中医药法》的规定，利用职务上的便利收受他人财物或者获取其他利益，滥用职权，玩忽职守，或者发现违法行为不予查处，造成严重后果，构成犯罪的，依法追究刑事责任；尚不够刑事处罚的，依法给予降级或者撤职的行政处分。

二、中医医疗机构的法律责任

中医诊所违反《中医药法》规定，超出备案范围开展医疗活动的，由所在地县级人民政府中医药主管部门责令改正，没收违法所得，并处1万元以上3万元以下罚款；情节严重的，责令停止执业活动。

中医诊所被责令停止执业活动的，其直接负责的主管人员自处罚决定作出之日起5年内不得在医疗机构内从事管理工作。医疗机构聘用上述不得从事管理工作的人员从事管理工作的，由原发证部门吊销执业许可证或者由原备案部门责令停止执业活动。

违反《中医药法》规定，经考核取得医师资格的中医医师超出注册的执业范围从事医疗活动的，由县级以上人民政府中医药主管部门责令暂停6个月以上1年以下执业活动，并处1万元以上3万元以下罚款；情节严重的，吊销执业证书。

违反《中医药法》规定，举办中医诊所、炮制中药饮片、委托配制中药制剂应当备案而未备案，或者备案时提供虚假材料的，由中医药主管部门和药品监督管理部门按照各自职责分工责令改正，没收违法所得，并处3万元以下罚款，向社会公告相关信息；拒不改正的，责令停止执业活动或者责令停止炮制中药饮片、委托配制中药制剂活动，其直接责任人员5年内不得从事中医药相关活动。

医疗机构应用传统工艺配制中药制剂未依照《中医药法》规定备案，或者未按照备案材料载明的要求配制中药制剂的，按生产假药给予处罚。

篡改经批准的中医医疗广告内容的，由原审批部门撤销广告批准文号，1年内不受理该中医医疗机构的广告审批申请。

三、一般人员的法律责任

违反《中医药法》规定，在中药材种植过程中使用剧毒、高毒农药的，依照有关法律、法规规定给予处罚；情节严重的，可以由公安机关对其直接负责的主管人员和其他直接责任人员处5日以上15日以下拘留。

违反《中医药法》规定，造成人身、财产损害的，依法承担民事责任；构成犯罪的，依法追究刑事责任。

☞ **案例：**

"张悟本"事件

2010年张悟本作为"养生食疗专家"做客湖南卫视《百科全说》播出一期"张悟本谈养生"，让张悟本一夜蹿红。他所著的《把吃出来的病吃回去》一跃成为各大书店、网站销售黑马，封面上写着"上市4个月突破100万册"。出自张悟本之口的绿豆汤、长茄子理论几乎达到包治百病的程度，还甩出"糖尿病80%都是误诊"，"降压药会吃出脑梗、肾衰竭"等雷人语句。

张悟本的悟本堂诊所是一号难求，诊所的销售小姐推荐挂不上号的患者购买张悟本的光盘和书籍。随后爆出张悟本造假嫌疑，经证实2010年5月有媒体报道其有学历造假的嫌疑，书中宣扬的“绿豆治百病大法”引发市场绿豆涨价，其食疗理念也遭到专家质疑。2010年5月26日，张悟本在北京召开新闻发布会回应媒体质疑，他出示了中国中医科学院中医药科技合作中心对其疗效进行的抽样调查和分析报告。但“中华中医药学会健康分会”理事、“中国中医科学院中医药科技合作中心”研究员称号，被上述2家单位指认子虚乌有。2010年5月28日上午，原卫生部首次否认了张悟本“卫生部首批高级营养专家”的身份，并邀请国内知名的中西医专家驳斥其“养生理论”，悟本堂停业，并深夜遭拆除。

随后，中国健康教育中心召集了六位国内顶级专家，对张悟本近期的一些错误养生说法进行了批驳。国家中医药管理局随后组织了大批中医药科普宣传专家到各地进行大型中医药科普宣传，希望通过获得基本的中医药基础知识和养生保健知识，帮助人民群众更健康的生活，同时也对“伪中医”有一定的识别能力，避免上当受骗。

思考与讨论：

如何防止出现下一个“张悟本”？

第十八章　现代医学科技发展及其法律制度

第一节　人类辅助生殖技术及其法律制度

一、人类辅助生殖技术概述

（一）人类辅助生殖技术

人类辅助生殖技术（Assisted Reproductive Technology，ART），是指运用现代医学科技和方法代替人类自然生殖过程中某一环节或全部过程的医学技术。它与自然生殖相区别的主要方面在于，以人工授精替代性交，以体外授精替代性交和体内受精，以低等生物的无性生殖方式替代高等生物的有性生殖方式。包括人工授精、体外授精和无性生殖的三大领域。

1. 人工授精

人工授精（Artificial Insemination，AI），是用人工方法将精液植入女性体内，以取代性交途径使其怀孕的技术。在进行人工授精时，凡是精液来自丈夫的为夫精人工授精（AIH）；凡是精液来自供体（或第三者）的为供精人工授精（AID）。同源人工授精，适用于丈夫性生活射精不能和精子状况不良症，以及妻子输卵管异常或子宫位置异常等；异源性人工授精，适用于丈夫无生殖能力（无精、精子死灭症）、有严重的遗传病以及因血型不合而出现的习惯性流产或不育症。人工授精作为治疗男性不育的技术被广泛运用。

2. 体外受精

体外授精（In Vitro Fertilization，IVF）又称体外授精-胚胎移植（IVF-ET），是指用人工方法在体外将精子和卵子放在含有特定营养液中授精，发育到前胚阶段（即着床前的胚胎），到形成早期胚胎时再移植到母体的子宫内着床，发育成胎儿直到分娩的技术。由于受孕过程的最早阶段发生在体外试管内，因此也称试管婴儿技术。该项技术主要适用于妇女因输卵管阻塞或男子精子数量很低等不孕症，同时对开展人类胚胎学和遗传工程学的研究具有重要意义。当代社会体外受精技术现在已成为一种越来越广泛应用的技术。

☞ **知识链接：**

“试管婴儿”的诞生

试管婴儿，是指分别将卵子与精子取出后，置于试管内使其受精，再将胚胎前体——受精卵移植回母体子宫内发育成胎儿。“试管婴儿”是伴随体外授精技术的发展而来的，最初由英国产科医生帕特里克·斯特普托和生理学家罗伯特·爱德华兹合作研究成功的。

世界上第一个“试管婴儿”布朗·路易丝于1978年7月25日在英国的奥尔德姆市医院诞生，此后该项研究发展极为迅速。“试管婴儿”一诞生就引起了世界科学界的轰动，甚至被称为人类生殖技术的一大创举，也为治疗不孕不育症开辟了新的途径。1988年3月10日，随着一声婴儿响亮的啼哭，历史把这一天记载到中国的医学史，就在这一天，由我国著名的妇产科专家张丽珠培育的中国第一例试管婴儿在北京医科大学第三医院的手术室里诞生。

代孕母亲（Surrogate Mother）是指代人妊娠的妇女。由于体外授精的幼胚可以植入任何一个能够正常怀孕的妇女的子宫内孕育，因此在一些国家和地区出现借腹生子现象，出现了代人怀孕的“代孕母亲”。其过程是将他人的受精卵植入子宫或用人工授精方法使该妇女怀孕妊娠，婴儿分娩后由委托人抚养。代理生育一般以金钱交易为基础，容易使因代孕行为而出生的婴儿被视为商品，进而引发法律问题和社会伦理问题。

3. 无性生殖

无性生殖（cloning）也称克隆（clone），指生物体从一个共同的细胞、组织或器官繁殖而得到一群遗传结构完全相同的细胞或生物，是在遗传上同一的机体或细胞系（株）的无性生殖。克隆是英文clone的音译，来自希腊文klon，原意为苗或嫩枝，指以无性生殖或营养生殖的一些植物。高等生物繁衍生命的自然规律是有性繁殖，即通过精子和卵子两性细胞的结合而达成。但是克隆技术却改变了这种自然规律，以无性繁殖取代有性繁殖。1997年2月英国克隆羊“多利”的出生具有划时代的意义，标志着高级哺乳动物的繁殖研究取得重大进步，但因其技术应用到人类身上并不难，意味着人类距离“克隆人”的诞生可能仅有一步之遥。由此而引发了一场如何看待克隆技术及如何应用克隆技术的全球性争论。

（二）人类辅助生殖技术意义

人类辅助生殖技术帮助人们可以按照自己的意愿进行自身的再生产，为广大不孕症患者带来福音，为提高人口素质提供了有力的技术保障。它的应用，改变了人类的自然生殖过程，使得生育不再是自发的偶然性事件，而是人类可以加以控制和利用的必然过程，无疑是人类生殖领域的一场革命。该技术同时也带来了许多社会伦理和法律问题，如提供精液或卵子的人是否是婴儿的父亲或母亲，婴儿是否有权在他们去世后继承遗产，受精卵和胚胎的生命权与法律地位，代理母亲与婴儿的关系，等等。因此，有必要通过立法促进其健康发展，明确相关法律问题，有助于家庭的和睦，社会的和谐。

☞ **案例：**

借助辅助生殖技术产下8胞胎

广州一对富商久婚不孕，2012年初借助试管婴儿技术孕育的8个胚胎竟然全部成功，富商夫妇最终找来两位代孕妈妈，再加上自身共3个子宫采取“2+3+3“队型，在2012年九、十月份前后一个月的时间内先后产下4男4女八胞胎。医学伦理专家们一致认为，“八胞胎”的诞生恰恰是人类辅助生殖技术被滥用的例子。

讨论与思考：

当代社会，你认为“代孕妈妈”的存在合法吗？

二、人类辅助生殖技术法律制度

我国生殖技术立法现状我国生殖技术的研究和应用比发达国家起步要晚，但发展迅速。为了保证人类辅助生殖技术安全、有效和健康发展，规范人类辅助生殖技术的应用和管理，2001年2月，原卫生部颁布了《人类辅助生殖技术管理办法》和《人类精子库管理办法》，同年5月又发布《人类辅助生殖技术规范》《人类精子库基本标准》《人类精子库技术规范》和《实施人类辅助生殖技术的伦理原则》。上述规章对促进和规范我国人类辅助生殖技术的发展和应用，特别是保护妇女儿童的健康权益等起到了积极的推动作用。但是，随着国内外人类辅助生殖技术、人类精子库技术和生命伦理学的不断进步与发展，特别是从近两年我国部分地区的实施情况看，上述规定的局限性也逐步显现出来。因此，卫健委参考和借鉴其他国家的相应技术规范、基本标准和伦理原则，结合我国实际，对原有法规规章进行了修改，

2003年10月，原卫生部公布了重新修订的《人类辅助生殖技术规范》《人类精子库基本标准和技术规范》《人类辅助生殖技术和人类精子库伦理原则》。新规定在原有的基础上提高了应用相关技术的机构设置标准、技术实施人员的资质要求及技术操作的质量标准和技术规范，并进一步对技术实施中的伦理原则加以明确和细化。

（一）人类辅助生殖技术的法律规定

（1）目的：人类辅助生殖技术的应用应以医疗为目的，应当在经过批准的医疗机构中进行，且符合国家计划生育政策、伦理原则和有关法律规定。

（2）申请：开展人类辅助生殖技术的医疗机构应当符合下列条件：具备与开展人类辅助生殖技术相适应的卫生专业技术人员及其他专业技术人员；具备与开展人类辅助生殖技术相适应的技术和设备；设有医学伦理委员会；符合国家卫生健康委新修订的《人类辅助生殖技术规范》的要求。

（3）审批：申请开展丈夫精子人工授精技术的医疗机构必须由省级卫生行政部门审

批；申请开展供精人工授精和体外授精—胚胎移植技术及其衍生技术的医疗机构，由省级卫生行政部门提出初审意见，国家卫生健康委审批。

（4）实施：实施人类辅助生殖技术应当符合我国《人类辅助生殖技术规范》的要求。遵循知情同意原则，并签署知情同意书；涉及伦理问题的，应当提交医学伦理委员会讨论；医疗机构应当与卫健委批准的人类精子库签订供精协议；严禁私自采精；医疗机构应当索取精子检验合格证明；医疗机构应当为当事人保密，不得泄露有关信息；实施人类辅助技术的医疗机构不得进行性别选择，法律法规另有规定的除外；医疗机构应当建立健全技术档案管理制度；供精人工授精医疗行为方面的医疗技术档案和法律文书应当永久保存。

（5）禁止事项：不得买卖配子、合子、胚胎，不得实施代孕技术，不得擅自进行性别选择。

（二）人类精子库的法律规定

人类精子库是指以治疗不育症以及预防遗传病等为目的，利用超低温冷冻技术，采集、检测、保存和提供精子的机构。精子的采集和提供必须遵守当事人自愿和符合社会伦理原则。任何单位和个人不得以营利为目的进行精子的采集与提供活动。

（1）目的：为了保证人类辅助生殖技术安全、有效应用和健康发展，保障人民健康。人类精子库必须设置在医疗机构内。

（2）申请和批准：申请设置人类精子库的医疗单位应符合下列条件：具有医疗机构执业许可证；设有医学伦理委员会；具有与采集、检测、保存和提供精子相适应的卫生专业技术人员；具有与采集、检测、保存和提供精子相适应的技术和仪器设备；具有对供精者进行筛查的技术能力；应当符合国家卫生健康委制定的《人类精子库基本标准和技术规范》。

设置人类精子库应经国家卫生健康委批准。

（3）精子的采集：精子的采集应当在经过批准的医疗机构中进行，严格遵守国家卫生健康委制定的《人类精子库基本标准和技术规范》和各项技术操作程序。供精者必须是年龄在22~45周岁之间、符合健康检查标准的男性，并对所供精液的用途、权利和义务完全知情，签订供精知情同意书，且只能在一个人类精子库供精。人类精子库应当对供精者进行健康检查和严格筛选，不得采集有下列情况之一的人员的精液：①有遗传病家族史或者患有遗传性疾病；②精神病患者；③传染病患者或者病原携带者；④长期接触放射线和有害物质者；⑤精液检查不合格者；⑥其他严重器质性疾病患者。

（4）精子的提供：人类精子库应当和供精者签署知情同意书。采集精子后，应当进行检查和筛选。精子冷冻6个月后，经复检合格方可向获批准的开展人类辅助生殖技术的医疗机构提供，并提交检验结果。未经检验或检验不合格者，不得向医疗机构提供。

（5）禁止行为：人类精子库不得向未取得国家卫生健康委人类辅助生殖技术批准书的机构提供精液；不得提供未经检验和检验不合格的精液；不得提供新鲜精液进行供精人工授精；不得实施非医学指征，以性别选择为目的精子分离技术；不得提供二人或二人以上的混合精液；人类精子库工作人员及其家属不得供精；设置人类精子库的科室不得开展人类辅助生殖技术；一个供精者的精子最多只能提供给五名妇女受孕。人类精子库应当建立供精者档案，对供精者的详细资料和精子使用情况进行计算机管理并永久保存。人类精子库应当为供精者和受精者保密，未经供精者和受精者同意不得泄露有关信息。

（三）法律责任

对未经批准擅自开展人类辅助生殖技术和设置人类精子库的非医疗机构，按照《医疗机构管理条例》第四十四条规定，对未取得《医疗机构执业许可证》擅自执业的，由县级以上人民政府卫生健康主管部门责令其停止执业活动，没收非法所得和药品、器械，并可以根据情节处以1万元以下的罚款。

对未经批准擅自开展人类辅助生殖技术和设置人类精子库的医疗机构，按照《医疗机构管理条例》第四十七条以及《医疗机构管理条例实施细则》第八十条规定，对诊疗活动超出登记范围的，由县级以上人民政府卫生健康主管部门予以警告、责令其改正，并可以根据情节处以3000元以下的罚款；情节严重，譬如给患者造成伤害的，诊疗活动累计收入较大的，吊销其《医疗机构执业许可证》。

对开展人类辅助生殖技术和设置人类精子库的医疗机构违反有关规定的下列违法行为，由省、自治区、直辖市人民政府卫生健康主管部门给予警告或罚款，并给予有关责任人行政处分；构成犯罪的，依法追究刑事责任：①买卖配子、合子、胚胎的；②实施代孕技术的；③使用不具有《人类精子库批准证书》机构提供的精子的；④擅自进行性别选择的；⑤实施人类辅助生殖技术档案不健全的；⑥经指定技术评估机构检查技术质量不合格的；⑦其他违反规定的行为。

此外，关于利用辅助生殖技术所生子女的法律地位问题，最高人民法院于1991年7月的《关于夫妻离婚后人工授精所生子女的法律地位如何确定的复函》中规定，对夫妻离婚后人工授精所生子女的法律地位，应按“在夫妻关系存续期间，双方一致同意进行人工授精，所生子女应视为夫妻双方的婚生子女”来确定。

第二节 人体器官移植及其法律制度

一、人体器官移植概述

（一）器官移植的概念

器官移植（organ transplantation）是指通过手术等方法，替换体内已经损伤的、病态的或衰竭的器官，以达到治疗目的的一种医疗措施。根据器官源的不同，人体器官移植可以分为人工器官移植和活体器官移植。其中，活体器官移植可分为同种器官移植和异种（动物器官）器官移植，而同种器官移植又可分为同种自体器官移植和同种异体器官移植。广义的人体器官移植还包括细胞移植和组织移植。

人体器官移植的设想可以追溯到古希腊时代，但直到20世纪才成为现实。1902年，卡雷尔和古斯里发展了血管缝合技术，同时由于低温生物学的发展，奠定了人体器官移植临床技术的基础。以后，美国、前苏联和一些欧洲国家相继进行过一些肾移植手术，均因无法解决人体免疫排斥反应而失败。1954年，第一例同卵双生子之间肾移植在美国波士顿一家医院获得成功，从而为人体器官移植带来新的曙光。此后几十年间，由于新的免疫抑制药物的研制和应用，组织配型能力的提高以及外科手术的改进，人体器官移植取得很大成就。1963年进行了首例肝移植，1967年开展了首例心脏移植。目前对人体内除了神经系统以外的所有器官和组织都可以移植。

（二）器官移植的意义

人体器官移植技术为现代生命科学的发展开辟了广阔的前景，这项技术使许多本来难以恢复健康的病人得以康复，使患有不治之症的患者有了生的希望和可能。现在全世界由于器官移植手术而获得第二次生命的人越来越多。为了肯定这一新成就给人类带来的贡献，1990年诺贝尔生理学或医学奖授予了1954年首例肾移植医生默里和60年代中期首例骨髓移植医生托马斯，此后又有两位从事人体器官移植研究的科学家获奖。人体器官移植可以使有限的卫生资源发挥更大效益。以肾移植为例，目前费用虽然较高，但与维持晚期肾功衰病人生命的长期透析相比则经济得多，而且病人又可在相当程度上恢复正常的工作和生活，继续为社会创造财富，其社会意义不言而喻。

（三）器官移植引发的法律伦理问题

人体器官移植在造福人类的同时，它所带来的一系列法律和伦理问题同样引起了人们的关注。这些问题主要有：人体器官移植是否符合道德；器官采集的合法性问题；公民是否有提供器官的义务问题；病人对自己的废弃器官的所有权问题；未成年人是否可以捐献器官；胎儿可否成为提供器官的供体；是否可以采取强制措施取得尸体的器官；利用动物器官是否损害动物的权利；对个体何时摘取器官是适宜的；人体器官可否进行买卖，等等。这些重要的问题都需要通过卫生立法加以规范和调整。

二、人体器官移植法律制度

为了规范我国的人体器官移植活动，保证医疗质量，保障人体健康，维护公民的合法权益，2007年3月21日国务院第171次常务会批准通过了《人体器官移植条例》，共5章32条，于同年5月1日开始实施。2013年8月13日，原国家卫生计生委以国卫医发〔2013〕11号印发《人体捐献器官获取与分配管理规定（试行）》，该办法与2013年9月1日开始实行。

2019年国家卫生健康委对《人体捐献器官获取与分配管理规定（试行）》（国卫医发〔2013〕11号）进行修订，形成了《人体捐献器官获取与分配管理规定》，并于当年1月17日发布，自2019年3月1日起施行。

为了进一步规范人体器官移植，保证医疗质量，保障人体健康，维护公民的合法权益，2020年7月1日，国家卫生健康委发布了《人体器官移植条例（修订草案）》（征求意见稿），意见反馈截止时间为2020年8月1日。新的《人体器官移植条例》呼之欲出。

（一）人体器官移植的概念

人体器官移植，是指摘取人体器官捐献人具有特定功能的心脏、肺、肝、肾或者胰腺等器官的全部或者部分，将其植入接受人身体以代替其病损器官的过程。但是人体组织移植，如人体细胞、角膜和骨髓等移植，不适用《人体器官移植条例》。

（二）人体器官捐献

1. 捐献原则

人体器官捐献应当遵循自愿、无偿的原则。任何组织或者个人不得强迫、欺骗或者利诱他人捐献人体器官。任何组织或者个人不得以任何形式买卖人体器官，不得从事买卖人体器官有关的活动。

2. 捐献人

捐献人体器官的公民应当具有完全民事行为能力，应当有书面形式的捐献意愿；对已经表示捐献其人体器官的意愿，有权予以撤销，既要尊重公民的捐献人体器官的意愿表示，也要尊重公民撤销人体器官捐献的意愿表示；公民生前表示不同意捐献其人体器官的，任何组织或者个人不得捐献、摘取该公民的人体器官；公民生前未表示不同意捐献其人体器官的，该公民死亡后，其配偶、成年子女、父母可以以书面形式共同表示同意捐献该公民人体器官的意愿。

对于未满18周岁公民的活体器官，不论其本人是否同意，都不得摘取用于移植。

3. 接受人

活体器官的接受人限于活体器官捐献人的配偶、直系血亲或者三代以内旁系血亲，或者有证据证明与活体器官捐献人存在因帮扶等形成亲情关系的人员。

（三）人体器官的获取与分配

《人体捐献器官获取与分配管理规定》明确指出，省级卫生健康主管部门必须在国家卫生健康委的统一领导下，成立一个或多个由人体器官移植外科医师、神经内外科医师、重症医学科医师及护士等组成的人体器官获取组织（Organ Procurement Organizations，OPO）。捐献器官的获取工作必须由OPO按照中国心脏死亡器官捐献分类标准实施。

捐献器官的分配应当符合医疗需要，遵循公平、公正和公开的原则；捐献器官必须通过器官分配系统进行分配，任何机构、组织和个人不得在器官分配系统外擅自分配捐献器官；有条件的省（区、市）可向国家卫生健康委提出申请，实施辖区内统一等待名单的捐献器官分配；移植医院必须将本院等待者的相关信息全部录入器官分配系统，按照要求及时更新。

☞ **知识链接：**

中国人体器官分配与共享系统

中国的人体器官移植从20世纪60年代开始起步，到现在每年大约有1万人次接受器官移植手术，目前中国已成为世界第二大人体器官移植国家。

中国原卫生部与红十字会于2010年3月2日启动人体器官捐献DCD试点工作，即心死亡器官捐献（Donation after Cardiac Death，DCD），西方国家普遍实行的“脑死亡”器官捐献，即DBD（Donation after Brain Death）。目前，中国的捐献试点将国际上脑死亡和传统的心死亡概念有机结合在一起，结合中国的国情来有效地推动捐献开展——脑心双死亡器官捐献（DBCD）。

中国是世界上等待器官移植患者最多的国家。在供求悬殊（1∶150）的情况下，每一例捐献器官的分配，都显得尤为重要。从2013任何9月1日起，中国所有捐献器官都必须通过人体器官分配与共享系统进行分配，严禁系统外分配，排除人为干预。

2014年4月2日，当时的中国红十字会总会和国家卫生和计划生育委员会共同在北京举办全国人体器官捐献缅怀纪念暨宣传普及活动，中国人体器官捐献管理中心网站也于当天正式开通。中国人体器官捐献管理中心网站是我国器官捐献工作进展、器官捐献相关知识、器官捐献志愿登记以及人体器官捐献协调员资格查询等信息的权威发布网站。该网站将与全国各省、市、县级登记管理机构及红十字会网站进行链接，方便公众访问或进行器官捐献志愿登记。

（四）人体器官移植的规定和要求

1. 准入制度

医疗机构从事人体器官移植，应当在具备下列条件时向所在地省级卫生健康主管部门申请办理人体器官移植诊疗科目登记：①有与从事人体器官移植相适应的执业医师和其他医务人员；②有满足人体器官移植所需要的设备、设施；③有由医学、法学、伦理学等方面专家组成的人体器官移植技术临床应用与伦理委员会，该委员会中从事人体器官移植的医学专家不超过委员人数的1/4；④有完善的人体器官移植质量监控等管理制度。

省级卫生健康主管部门应当及时公布有资质进行人体器官移植的医疗机构名单，并定期组织专家对其器官移植手术成功率、植入的人体器官和术后患者的长期存活率等临床应用能力进行评估，并及时公布评估结果；对评估不合格的，对不再具有上述条件的医疗机构应撤销其资质，并予以公布。

2. 申请与审批

医疗机构及其医务人员从事人体器官移植，应当遵守伦理原则和人体器官移植技术管理规范；应当对器官捐献人进行医学检查，对接受人因人体器官移植感染疾病的风险进行评估，并采取措施，降低风险；在摘取活体器官前或者尸体器官捐献人死亡前，主管医师应当向所在医疗机构的“人体器官移植技术临床应用与伦理委员会”提出摘取人体器官审查申请。该委员会应审查器官捐献人的捐献意愿是否真实；有无买卖或者变相买卖人体器官的情形；人体器官的配型和接受人的适应证是否符合伦理原则和人体器官移植技术管理规范等主要内容后。经2/3以上委员同意，委员会方可出具同意摘取人体器官的书面意见。

3. 移植要求

医疗机构及其医务人员摘取活体器官前，应当向活体器官捐献人说明器官摘取手术的风险、术后注意事项、可能发生的并发症及其预防措施等，并与活体器官捐献人签署知情同意书；查验活体器官捐献人同意捐献其器官的书面意愿、活体器官捐献人与接受人之间关系的证明材料；确认除摘取器官产生的直接后果外不会损害活体器官捐献人其他正常的生理功能；保存活体器官捐献人的医学资料，并进行随访。

医疗机构及其医务人员摘取尸体器官应当在依法判定捐献人死亡后进行，但从事人体器官移植的医务人员不得参与捐献人的死亡判定。摘取尸体器官应当尊重死者的尊严，对摘取器官完毕的尸体，应当进行符合伦理原则的医学处理，恢复尸体原貌。

4. 移植费用

从事人体器官移植的医疗机构实施人体器官移植手术，可以向接受人收取摘取和植入人体器官的手术费；保存和运送人体器官的费用；摘取、植入人体器官所发生的药费、检验费、医用耗材费。除上述费用外，不得收取或者变相收取移植人体器官的费用。对于规定费用的收取标准，应依照有关法律、行政法规的规定确定并予以公布。

（五）法律责任

1. 行政责任

（1）医疗机构及其医务人员的行政责任：医疗机构未办理人体器官移植诊疗科目登记，擅自从事人体器官移植的，依照《医疗机构管理条例》的规定予以处罚，情节严重的，将被撤销人体器官移植诊疗科目登记，且3年内不得再申请登记。

医疗机构及其医务人员违反规定，未对人体器官捐献人进行医学检查或者未采取措施，导致接受人因人体器官移植手术感染疾病的，依照《医疗事故处理条例》的行政处罚规定予以处罚；违反收费规定的，依照价格管理的法律、行政法规的规定予以处罚。从事人体器官移植的医务人员违反规定，泄露人体器官捐献人、接受人或者申请人体器官移植手术患者个人资料的，依照《医师法》或者国家有关护士管理的规定予以处罚。

医疗机构及其医务人员有下列行为之一，情节严重的，医疗机构将被撤销人体器官移植诊疗科目登记，且3年内不得再申请登记；医务人员由县级以上地方人民政府卫生健康主管部门依照职责分工暂停其6个月以上1年以下执业活动，情节特别严重的，吊销其执业证书：参与买卖人体器官或有关活动的；未经人体器官移植技术临床应用与伦理委员会审查同意，做出摘取人体器官的决定，或者医疗机构胁迫医务人员违反规定摘取人体器官的；摘取活体器官前未依照规定履行说明、查验、确认义务的；对摘取器官完毕的尸体未进行符合伦理原则的医学处理，恢复尸体原貌的；从事人体器官移植的医务人员参与尸体器官捐献人的死亡判定的。

（2）其他机构及其人员的行政责任：违反规定，买卖人体器官或者从事与买卖人体器官有关活动的，由设区的市级以上地方人民政府卫生健康主管部门依照职责分工没收违法所得，并处交易额8倍以上、10倍以下的罚款。

国家工作人员参与买卖人体器官或者从事与买卖人体器官有关活动的，由有关国家机关依据职权依法给予撤职、开除的处分。

2. 民事责任

实施人体器官移植手术的医疗机构及其医务人员违反规定，给他人造成损害的，应当依法承担相应的民事责任。

3. 刑事责任

根据《人体器官移植条例》的规定，有下列情形之一，构成犯罪的，依法追究刑事责任：①未经公民本人同意摘取其活体器官的，摘取未满18周岁公民的活体器官的，依照《刑法》第234条有关故意伤害罪的规定或者第232条有关故意杀人罪的规定追究刑事责任；②公民生前表示不同意捐献其人体器官而摘取其尸体器官的，依照《刑法》第302条有关侮辱尸体罪的规定追究刑事责任。

国家机关工作人员在人体器官移植监督管理工作中滥用职权、玩忽职守、徇私舞弊，构成犯罪的，依法追究刑事责任。

第三节　人类基因工程及其法律制度

一、基因工程概述

（一）基因和基因工程

基因（gene）是遗传的基本单位，是染色体上的特定片段，它决定着生物个体的性状、生长与发育。

基因工程，又称基因拼接技术或DNA重组技术，是指通过一定的程序将具有遗传信息的基因，在离体条件下进行剪接、组合、拼接，再把经过人工重组的基因转人宿主细胞大量复制并高速表达，而获得基因产物或者改变、创造生物类型的技术。

基因工程技术目前已广泛应用于农业、工业、医药、卫生、环保等各个领域。在卫生领域，主要应用于基因诊断、基因治疗和无性繁殖等方面。

（二）基因诊断

基因诊断是指通过直接探查基因的存在和缺陷来对人体的状态和疾病做出判断，也称为DNA诊断、DNA探针技术或基因探针技术。1976年，凯恩等人借助DNA分子杂交方法，首次成功对地中海贫血作出产前诊断，这是基因诊断的最早应用。经过几十年的发展，基因诊断取得了许多成果，目前已经被广泛应用于多种疾病的诊断。尤其是在遗传病诊断方面，现在可以进行基因诊断的疾病已经有上百种。

（三）基因治疗

基因治疗，是指改变细胞遗传物质为基础的医学治疗，即通过基因诊断出异常的基因后，用正常的基因代替异常基因，以达到治疗疾病的目的。基因治疗一般可分为体细胞基因治疗、生殖细胞基因治疗、基因增强工程和优生基因工程。此外，按基因导入的形式，分为体外基因导入（exvivo）及体内基因导入（invivo）两种形式。前者是在体外将基因导入人细胞，然后将该细胞注入人体。其制品形式是外源基因转化的细胞，适合在具有专门技术人才和 GMP 条件的医疗单位进行。后者则是将基因通过适当的导入系统直接导入人体，包括病毒的与非病毒的方法。其制品形式是基因工程技术改造的病毒或者是重组 DNA 或者是 DNA 复（混）合物。

（四）人类基因组计划

人类基因组有 5 万至 10 万个基因。人类基因组计划是美国科学家 1985 年率先提出，并于 1990 年 10 月正式启动，它旨在通过国际合作，阐明人类基因组 30 亿个碱基对的序列，发现所有人类基因并搞清其在染色体上的位置，破译人类全部遗传信息。1999 年 9 月中国加入人类基因组计划，负责测定人类基因组的全部序列的 1%，即 3 号染色体上的 3000 万个碱基对。经过美、英、法、德、日和中国 6 个国家的共同努力，1999 年 11 月 23 日科学家们完成了 10 亿个碱基对的测定工作。2000 年 6 月 26 日科学家公布了已测定的基因组的草图。人类基因组计划是人类科学史上的一个里程碑。

（五）克隆

克隆（clone）是指生物体并不是通过性细胞的受精，而是从一个共同的细胞、组织或器官繁殖得到一群遗传结构完全相同的细胞或生物。由于上一代和下一代的遗传信息是一致的，所以可以简单地说，克隆是生命的全息复制。克隆技术在现代生物学中也被称为“生物放大技术”。克隆技术作为生物工程的关键性手段，在科技和社会发展中，具有不可忽视的重要作用。它在基础生命科学、医学、农业科学研究与生产中，具有重大的理论价值和广阔的应用前景。

☞ **知识链接：**

多利羊难题

1996 年 7 月，位于苏格兰爱丁堡市郊的罗斯林研究所里诞生了一头克隆羊，克隆羊项目小组主管伊恩·威尔默特以著名乡村歌手多利·帕顿的名字命名这头羊。多利于 1997 年首次公开亮相，震动整个世界，美国《科学》杂志把多利的诞生评为当年世界十大科技进步的第一项。

2003年2月，不到7岁的多利因肺部感染而被科研人员实施“安乐死”。而普通绵羊通常可存活11~12年。作为世界上最尊贵的一只羊，壮年早逝的多利留下诸多难题，如它的终年到底是多少岁？

二、基因工程法律制度

我国在基因工程领域内的法律制度，主要包括行政法规《人类遗传资源管理暂行办法》，以及部门规章《人的体细胞治疗和基因治疗临床研究质控要点》《基因工程安全管理办法》《人基因治疗研究和制剂质量控制技术指导原则》《人胚胎干细胞研究伦理指导原则》等。为了保护人的生命和健康，维护人的尊严，尊重和保护受试者的合法权益，2016年10月12日原国家卫计委发布了《涉及人的生物医学研究伦理审查办法》自2016年12月1日起施行。

（一）体细胞治疗和基因治疗临床研究法律制度

体细胞治疗，是指应用人的自体、异体或异种（非人体）的体细胞，经体外操作后回输（或植入）人体的治疗方法。将人的细胞经体外操作再回到人体的方式，称为Exvivo。这种体外操作包括细胞在体外的传代、扩增、筛选、药物或其他改变细胞生物学行为的处理。上述细胞可用于治疗，也可应用于诊断或预防的目的。为将人的体细胞治疗及基因治疗的临床研究纳入法制化管理，使之走向科学化、规范化，1993年5月，原卫生部发布了《人的体细胞治疗和基因治疗临床研究质控要点》，内容主要包括：人的体细胞治疗和基因治疗的类型；研究单位与人员的资格审查；细胞群体的鉴定；临床前试验的安全评价和有效性评价；临床试验的考虑要点等。同时，特别强调了要注意社会伦理的影响。

（二）基因工程安全管理法律制度

为了促进我国生物技术的研究和开发，加强基因工程的安全管理，保障公众和基因工程工作人员的健康，防止环境污染，维护生态平衡，1993年12月，原国家科委发布了《基因工程安全管理办法》，在适用范围、安全性评价、申报、审批和安全控制措施等方面作出了规定。凡在中华人民共和国境内进行的一切基因工程工作，包括实验研究、中间试验、工业化生产以及遗传工程体释放和遗传工程产品使用，从国外进口遗传工程体，在中国境内进行基因工程工作，都应当遵守该办法。该办法所称基因工程，包括利用载体系统的重组体DNA技术，以及利用物理或者化学方法把异源DNA直接导入有机体的技术。但不包括下列遗传操作：①细胞融合技术，原生质体融合技术；②传统杂交繁殖技术；③诱变技术、体外受精技术、细胞培养或者胚胎培养技术。

1. 安全等级划分制度

按照潜在危险程度，将基因工程工作分为对人类健康和生态环境尚不存在危险、低度危险、中度危险、高度危险四个安全等级。

2. 安全评估制度

从事基因工程工作的单位：①应当进行安全性评价，评估潜在危险，确定安全等级，制定安全控制方法和措施；②应当依据遗传工程产品适用性质和安全等级，分类分级进行申报，经审批同意后方能进行；③应当根据安全等级，确定安全控制方法，制定安全操作规则；④应当根据安全等级，制定相应治理废弃物的安全措施，排放之前，应当采取措施使残留遗传体灭活，以防止扩散和污染环境；⑤应当制定预防事故的应急措施，并将其列入安全操作规则。

3. 报告制度

因基因工程工作发生损害公众或者环境污染事故的单位必须及时采取措施，控制损害的扩大，并向有关主管部门报告。

4. 法律责任

造成下列情况之一的，负有责任的单位必须立即停止损害行为，并负责治理污染、赔偿有关损失；情节严重，构成犯罪的，依法追究直接责任人员的刑事责任：严重污染环境的；损害或者影响公众健康的；严重破坏生态资源、影响生态平衡的：审批机关工作人员玩忽职守、徇私舞弊的，由所在单位或者其上级主管部门对直接责任人员给予行政处分；情节严重，构成犯罪的，依法追究刑事责任。

三、人类遗传资源管理法律制度

人类遗传资源，是指含有人体基因组、基因及其产物的器官、组织、细胞、血液、制备物、重组脱氧核糖核酸（DNA）构建体等遗传材料及相关的信息资料。中国的人类遗传资源非常丰富，因为中国有 56 个民族和诸多的遗传隔离人群，基因资源具有多样性，是研究人类基因组多样性和疾病易感性的不可多得的材料。为了有效保护和合理利用我国的人类遗传资源，加强人类遗传资源的研究与开发，促进平等互利的国际合作与交流，1998 年 9 月，经科学技术部、原卫生部共同制定，国务院转发《人类遗传资源管理暂行办法》。凡从事涉及我国人类遗传资源的采集、收集、研究、开发、买卖、出口、出境等活动，必须遵守该办法。

（一）人类遗传资源管理的原则

我国对人类遗传资源管理贯彻保护和利用相统一，加强管理与加强研究相并重的原则。

（1）加强对研究工作的支持，以分离、研究、开发重要疾病相关基因为重点，力争在 20 世纪末有所突破，并为 21 世纪生物医药和生物技术产业的长远发展奠定基础。

（2）积极推动在平等互利基础上的国际科技合作，提高我国研究水平和效率，使我国宝贵的人类遗传资源得到有效的利用和开发，为全面完成人类基因组计划作出贡献。

（3）加强管理，建立重要人类遗传资源的登记报告制度、国际合作项目的批准制度和知识产权的分享制度。

根据上述原则，《人类遗传资源管理暂行办法》规定，国家对人类遗传资源实行分级管理，统一审批制度。国家对重要遗传家系和特定地区遗传资源实行申报登记制度，发现和持有重要遗传家系和特定地区遗传资源的单位或个人，应及时向有关部门报告。未经许可，任何单位和个人不得擅自采集、收集、买卖、出口、出境或以其他形式对外提供人类遗传资料材料。

（二）国际合作项目的申报

凡涉及我国人类遗传资源的国际合作项目，须由中方合作单位办理报批手续。中央所属单位按隶属关系报国务院有关部门，地方所属单位及无上级主管部门或隶属关系的单位报该单位所在地的地方主管部门，审查同意后，向中国人类遗传资源管理办公室提出申请，经审核批准后方可正式签约。

（三）知识产权的处理

我国研究开发机构对于我国境内的人类遗传资源信息，包括遗传家系和特定地区遗传资源及其数据、资源、样本等，享有专属持有权。获得上述信息的外方合作单位和个人未经许可，不得公开、发表、申请专利或以其他形式向他人披露。

有关人类遗传资源的国际合作项目应当遵循平等互利、诚实守信、共同参与、共享成果的原则处理知识产权归属和分享。合作研究开发成果属于专利保护范围的，应由双方共同申请专利，专利权归双方所有；合作研究开发产生的其他科技成果，其使用权、转让权和利益分享办法应由双方通过合作协议确定，所获利益按双方贡献大小分享。

（四）法律责任

我国单位和个人违反《人类遗传资源管理暂行办法》的规定，未经批准，私自携带、邮寄、运输人类遗传资源材料出口、出境的，则由海关没收其携带、邮寄、运输的人类遗传资源材料，视情节轻重，给予行政处罚，直至移送司法机关处理；未经批准擅自向外方机构或者个人提供人类遗传资源材料的，没收所提供的人类遗传资源材料并处以罚款；情节严重的，给予行政处罚直至追究法律责任。

国（境）外单位和个人违反《人类遗传资源管理暂行办法》规定，未经批准，私自采集、收集、买卖我国人类遗传资源材料的，没收其所持有的人类遗传资源材料并处以罚款；情节严重的，依照我国有关法律追究其法律责任。私自携带、邮寄、运输我国人类遗传资源材料出口、出境的，由海关没收其携带、邮寄、运输的人类遗传资源材料，视情节轻重，给予处罚或移送司法机关处理。

人类遗传资源管理部门的工作人员和参与审核的专家有为申报者保守技术秘密的责任。玩忽职守、徇私舞弊，造成技术秘密泄露或人类遗传资源流失的，视情节给予行政处罚直至追究法律责任。

四、人胚胎干细胞研究法律制度

人类干细胞是人体内一种独特的基本细胞类型，是一类具有自我更新和高度分化潜能的细胞。按照生存阶段，干细胞可分为成体干细胞和胚胎干细胞。干细胞研究有不可估量的医学价值。分离、保存并在体外人工大量培养干细胞，使之成长为各种组织和器官，成为干细胞研究的首要课题。为了使我国生物医学领域人胚胎干细胞研究符合生命伦理原则，保证国际公认的生命伦理准则和我国的相关规定得到尊重和遵守，促进人胚胎干细胞研究的健康发展，2003 年 12 月，国家科技部、原卫生部发布了《人胚胎干细胞研究伦理指导原则》。

《人胚胎干细胞研究伦理指导原则》所指的人胚胎干细胞包括人胚胎来源的干细胞、生殖细胞起源的干细胞和通过核移植所获得的干细胞。凡在中华人民共和国境内从事涉及人胚胎干细胞的研究活动，都必须遵守《人胚胎干细胞研究伦理指导原则》。

（一）人胚胎干细胞的获得方式

用于研究的人胚胎干细胞只能通过下列方式获得：①体外受精时多余的配子或囊胚；②自然或自愿选择流产的胎儿细胞；③体细胞核移植技术所获得的囊胚和单性分裂囊胚；④自愿捐献的生殖细胞。

（二）人胚胎干细胞研究的行为规范

1. 行为规范

进行人胚胎干细胞研究必须遵守：利用体外受精、体细胞核移植、单性复制技术或遗传修饰获得的囊胚，其体外培养期限自受精或核移植开始不得超过 14 天；不得将已获得的已用于研究的人囊胚植人人或任何其他动物的生殖系统；不得将人的生殖细胞与其他物种的生殖细胞结合。

2. 签署知情同意书

进行人胚胎干细胞研究，必须认真贯彻知情同意与知情选择原则，签署知情同意书，保护受试者的隐私。这里所指的知情同意和知情选择，是指研究人员应当在实验前，用准确、清晰、通俗的语言向受试者如实告知有关实验的预期目的和可能产生的后果和风险，获得他们的同意并签署知情同意书。

3. 禁止行为

禁止买卖人类配子、受精卵、胚胎或胎儿组织；禁止进行生殖性克隆人的任何研究。

（三）伦理学审查

从事人胚胎干细胞的研究单位应成立包括生物学、医学、法律或社会学等有关方面的研究和管理人员组成的伦理委员会，其职责是对人胚胎干细胞研究的伦理学及科学性进行综合审查、咨询与监督。

第四节　安乐死及其法律制度

一、安乐死概述

（一）安乐死的概念

“安乐死”（Euthanasia）一词源于希腊文，原意为舒适或无痛苦地死亡、安然去世，现在主要是指为解除病人无法忍受的肉体痛苦而采取的一种结束生命的行为。

对安乐死的理解有广义和狭义之分。广义理解的安乐死，包括一切因为身心健康的原因致死、让其死亡以及自杀。狭义理解的安乐死，则把其局限于不治之症而又极端痛苦的人，即对死亡已经开始的病人，不对他们采取人工干预的办法来延长痛苦的死亡过程，或为了制止剧烈疼痛的折磨而采取积极措施，人为地加速其死亡过程。

☞ **知识链接：**

对安乐死的不同理解

关于安乐死，至今尚无一个统一完整的定义。《Black 法律词典》对安乐死的解释是：“从怜悯出发，把身患不治之症和极端痛苦的人处死的行为或做法。”《牛津法律指南》的定义是：“在不可救药的病危患者自己的要求下，所采取的引起或加速死亡的措施。”《中国大百科全书·法学卷》对安乐死的定义是：“对于现代医学无可挽救的逼近死亡的病人，医生在患者本人真诚委托的前提下，为减少病人难以忍受的剧烈痛苦，可以采取措施提前结束病人的生命。”从医学伦理学的角度来看，可以将安乐死定义为：患不治之症的病人在危重濒死状态时，由于精神和躯体的极端痛苦，在病人或其亲友的合理要求下，经过医生的鉴定认可，用人为的医学方法，使病人在无痛苦状态下渡过死亡阶段而终结生命全过程。

因此，安乐死并不是生与死的选择，而是安乐死亡方式还是痛苦死亡方式的选择；安乐死不只是人为地导致死亡，而且指死亡过程中的一种良好状态，以及达到这种良好状态的方法。其目的是，对于病人个体来说，可以避免死亡时精神和肉体的痛苦，维护死亡时的尊严，给予病人死亡的自主权；对于社会来说，可以节约有限的社会资源。

（二）安乐死的对象

安乐死的对象是安乐死的争议焦点之一。由于担心安乐死会成为故意杀人的手段，所以对于安乐死对象应该采取极其审慎的态度。

（1）主动安乐死应当符合下述条件：①主动安乐死的对象只能是身患不治之症、临近死亡的病人；②病人的肉体痛苦必须达到难以忍受的程度；③主动安乐死必须在本人神志清醒时做出决定；④主动安乐死必须由医生执行，病人家属和其他人均不得擅自提早结束病人的生命；⑤实施主动安乐死的方法应当符合社会上一般的道德和伦理观念，不允许使病人遭受不应有的痛苦或者使其他人产生残酷的感觉；⑥医生在给病人实施主动安乐死之前，必须将其病情详细、准确无误地告诉病人，让其周密考虑是否还有其他（本医院和跨医院）补救治疗的方法。

2. 被动安乐死应当符合下述条件：①被动安乐死的对象只能是患有不治之症、临近死亡的病人，和不可逆昏迷中的病人，如长期救治、恢复无望的植物性生命，以及严重畸形儿；②被动安乐死必须由病人的医生或直系亲属做出决定；③被动安乐死必须由医生执行，病人家属和其他人均不得擅自提早结束病人的生命；④实施被动安乐死的方法，应当符合社会上一般的道德和伦理观念，不允许使病人遭受不应有的痛苦或者使其他人产生残酷的感觉；⑤医生在给病人实施被动安乐死之前，必须将其病情详细、准确无误地告诉病人亲属。

（三）安乐死的分类

对安乐死通常的分类，一是根据安乐死实施中的作为和不作为，分为主动安乐死和被动安乐死；二是按照自愿和非自愿，分为自愿安乐死和非自愿安乐死。

1. 主动安乐死和被动安乐死

主动安乐死，也称积极安乐死，是指医务人员或其他人在无法挽救病人生命的情况下，采取措施主动结束病人的生命或加速病人死亡的过程，使病人安然死去。根据病人的意愿和执行者的不同，主动安乐死又可分为三类：①自愿-自己执行的主动安乐死，病人自己选择，自己执行；②自愿-他人执行的主动安乐死，病人自己选择，提出要求，由他人执行，一般由医生或家属执行；③非自愿-他人执行的主动安乐死，病人未提出结束自己生命的请求，

被动安乐死，也称消极安乐死，是指医务人员或其他人在无法挽救病人生命的情况下，虽然病人没有向医务人员提出自愿死亡的要求，医务人员仍然可以中止维持病人生命的措施，例如停止用药，任其自行死亡。

2. 自愿安乐死和非自愿安乐死

自愿安乐死，是指病人有过或表达过同意安乐死的愿望。病人本人要求安乐死，或病人有过要求安乐死的愿望，或对安乐死表示过同意。

非自愿安乐死，是指病人没有表达过同意安乐死，这种情况主要是针对那些无行为能力的病人，如婴儿、昏迷不醒的病人、精神病人和能力严重低下者实行安乐死，这些病人无法表达自己的要求、愿望和同意，根据患者家属意见，由医生依据实际情况决定给予安乐死，有人把非自愿安乐死称为“仁慈杀死”。

二、国外安乐死法律制度

（一）国外安乐死法律地位的争论

自从安乐死问题进入哲学家和伦理学家的视野之后，人类传统的伦理道德便面临着严峻的挑战：是否应当承认，在某种情形下由医生提供知识和手段，病人利用这些知识和手段来结束自己的生命，这在道德上是可允许的，而且也应该得到法律的认可？由于人们的人生观念、价值取向、宗教信仰、职业等不同，以及感情与理智、个体与社会、历史传统与时代精神、理论研究与临床实践、道德与法律的种种矛盾和冲突，对安乐死立法有各种各样的理解和态度。

赞同安乐死立法的人认为，人的生理层次的生命价值不是绝对的；人有权利选择尊严的死亡，以科学和理性的态度对待死亡；当病人感到生不如死时，死亡比生存对他更人道；同时也可以减轻家属财力和精神上的负担，节省有限的医药资源，对社会有利。但是如在没有法律可依的前提下主动采用安乐死停止一个人的生命，就会导致法律上的责任。有关人员也许可以不必承担道义责任，但却要受到法律制裁。至于被动安乐死，并不需要法律作出规定使其合法化，何时停止治疗或抢救是医生职责内的事。

反对安乐死立法的人认为，每个人都有维持生存的权利，安乐死不仅与医生的职责相冲突，而且还可能成为病人子女、配偶等亲属为了减轻自己的负担或为了瓜分遗产等其他原因变相杀人的借口。

（二）国外安乐死法律规定

国外关于安乐死的立法有判例法、习惯法和成文法。判例法来自法院评价病人要求中止治疗和实行安乐死的决定。实际上，许多国家判例法和成文法是同时进行的。安乐死成文法运动始于20世纪的英国。第二次世界大战后，安乐死立法运动重新兴起。1969年，英国国会辩论安乐死法案，声明医生宣布一个合格病人行安乐死是合法的，但该法案没有通过。此后，安乐死立法进展缓慢。

荷兰是世界上就安乐死问题制定法律的第一个国家。2001年4月10日，荷兰议会上院正式通过安乐死法案《根据请求终止生命和帮助自杀（审查程序）法》，成为世界上第一个安乐死合法化的国家。该法案将荷兰长期以来的安乐死判例加以条文化、规范化、法律化，不仅承认消极被动的安乐死，更为重要的是有条件地承认主动安乐死。

澳大利亚北部地区议会在1995年6月16日，通过了1995年第12号法律《临终患者权利法案》，允许医生按照一定的准则结束病人的生命。但是1997年3月，澳大利亚联邦参议院经过推翻了《临终患者权利法案》。

美国各州对安乐死的立法不尽相同。从总体上看，有些州反对安乐死，认为不管从法律上和道德上都是不能接受的；而有些州已经认定特殊条件下的安乐死是合法的，当然在安乐死的确认方面有着严格的程序。

美国自20世纪70年代以来，判例开始明确承认被动安乐死，同时对主动安乐死持宽容态度。1976 年，加利福尼亚州州长签署了《自然死亡法》（Natural Death Act）。这是美国第一部成文的被动安乐死法。1994 年 11 月在美国俄勒冈州的一次全民公决中，通过了尊严死亡法。1997 年俄勒冈州就安乐死问题进行第二次全民公决，再次肯定《俄勒冈尊严死亡法》，使俄勒冈州成为全美唯一允许合法的医生帮助自杀的州。1999 年 10 月，美国联邦众议院通过法案，授权药物管制的执法人员严厉打击有目的地使用受联邦政府管制的麻醉药以帮助病人死亡的医生，对协助病人自杀的医生进行处罚。2001 年 11 月，联邦司法部颁布一项新法令，禁止医生在开处方时为危重病人开列那些受联邦政府管制的安乐死药物。这一法令遭到俄勒冈州的反对，认为是对 1998 年司法部关于 FDA 不得干涉医生按照俄勒冈州的法律行医法令的倒退。经设在俄勒冈州波特兰的美国地方法院的裁定，新法令暂缓在俄勒冈州执行，《俄勒冈尊严死亡法》继续生效。

日本 1962 年 12 月在名古屋高等法院对一例安乐死案件的判决中，指出了安乐死在日本合法的安乐死要件，并逐渐形成了日本安乐死判例法。为消除病人肉体痛苦不得已而侵害生命的行为，可被认为相当于日本刑法规定的“紧急避难行为”。

比利时参议院 2001 年 10 月批准了安乐死法案，允许医生在特殊情况下，可以帮助患绝症的病人实施安乐死。2002 年 5 月 16 日，比利时正式公布了该法案，成为继荷兰之后第二个使安乐死合法化的国家。

瑞士法律规定，对一个遭受痛苦，注定要死亡的重病患者施行安乐死是合法的，已经允许医生在病人提出“清晰和准确”的安乐死请求时采取帮助性自杀措施。其他国家，如丹麦、新加坡、加拿大，都允许病人拒绝继续接受治疗。

三、我国安乐死法律制度

（一）我国安乐死及其立法讨论

☞ **案例：**

中国“安乐死”第一案

1986 年 6 月，患者夏某因肝硬化晚期腹胀伴严重腹水，被送进陕西汉中市某医院。看着母亲痛苦不堪的惨状，患者儿子王某和妹妹要求医生对其母亲实施安乐死。在王某等一再的央求下，医生蒲某开了一张 100 毫升的复方冬眠灵的处方，并注明是“家属要求安乐死”，王某在上面签了字，当天中午至下午，该院实习生和值班护士分两次给夏某注射冬眠灵。同年 9 月，检察院以故意杀人罪将蒲某和王某批准逮捕。1990 年 3 月，汉中市人民法院对此案进行了公开审理，并报至最高人民法院。经高法讨论与指导，1991 年 4 月，汉中市人民法院作出一审判决：被告人王某和蒲某的行为属于剥夺他人生命权利的故意行为，但情节显著轻微，危害不大，不构成犯罪。一审后，汉中市人民检察对一审判决两名被告行为不构成犯罪提起抗诉；蒲某和王某则对一审判决认定其行为属于违法行为不服提起上诉。汉中市中级人民法院于 1992

年3月二审裁定：驳回汉中市人民检察院的抗诉和蒲某、王某的上诉，维持汉中市人民法院的刑事判决。

2004年5月，当初要求为母亲实施“安乐死”的王某患胃癌并转移，向医院提出安乐死，被医院拒绝。2004年8月，王某病逝。

思考与讨论：

1. 你是如何看待汉中市中级人民法院的判决的？

2. 你认为我国有无必要尽快对安乐死进行立法？

关于安乐死立法，一种观点认为：选择安乐死是患绝症病人的一种权利，让安乐死合法化是人类理智、科学地对待死亡的一种表现。制定安乐死法规，可解除不治病人的痛苦。另一种观点认为：安乐死立法不可轻言。首先，当今时代对社会道德水准和人权保障愈益强调。根据1997年和1998年我国政府先后签署的联合国《经济、社会和文化权利国际公约》和《公民权利和政治权利国际公约》以及相关法理，安乐死不符合生命权的基本概念，国家只能为提高人的寿命采取积极的保护性措施，而不能人为地终止人的生命。那种认为安乐死可以“将有限的卫生资源用在那些有望康复的病人和更需要卫生保健的人群”的观点，是违背国际人权公约的，因为在人权保护上，人人平等，不得基于任何原因而给予任何人任何歧视。其次，安乐死的核心问题是社会或社会中的个人有无权利帮助别人死亡，而不是一个人自己有无权利死亡。如果法律允许一部分人有权利帮助另一些人死亡，这将是令人生畏的。所以，关键是一国的现实国情，包括经济、法制、医疗保障和公民的观念等，是否真的具备了容留某些余地的条件。如果缺乏基本条件，任何形式的安乐死，其伦理意义都有可能被扭曲。

在社会公众中，一部分人认为，当病人被不治之症折磨时，施行安乐死是人道的，人有选择死亡的权利，应尊重这种权利；另一部分人认为，安乐死不符合我国人民的传统道德观念，施行安乐死有悖于医生的职业道德和要求，刑法规定的故意杀人罪没有排斥安乐死，施行安乐死于法不容。

在司法实践中，对于被动的消极安乐死，无论是病人或其家属主动要求中止治疗，还是医院或医生动员病人出院或撤除病人的生命维持装置，一般都不需承担责任。但是，在尚未有法律规定的情况下，实行主动安乐死是为我国现行法律所不允许的一种违法行为，一经发现，实施者就须受到法律制裁。此类案件近几年来在国内已发生数起，但从对行为人的处罚结果看，相对来说，明显区别于其他性质的故意杀人行为。此外，病人家属要求司法机关批准施行安乐死或办理安乐死公证的事也有发生。1989年，安徽省司法厅向司法部提交《公证机关能否办理“安乐死”公证证明的请示报告》，司法部在复函中明确表示，我国对安乐死尚无法律规定，所以公证机关不宜办理无法律依据的安乐死方面的公证事项。

在立法层面上，安乐死问题也引起了国家立法机关的重视。在全国人代会上，人大代表曾多次提交安乐死的立法议案，卫生行政主管部门经反复研究后认为，安乐死是一种具有特殊意义的死亡类型，它既是一个复杂的医学、法学问题，又是一个极为敏感的社会、伦理问题，因此制定“安乐死”法规目前条件尚不成熟，但要抓紧为“安乐死”立法做准备，今后要大力开展“死亡教育”。1994 年 3 月，在八届全国人大 2 次会议上，广东省代表团 32 位代表联名提出“要求结合我国国情尽快制定‘安乐死’的立法”议案。同年 6 月，全国人大法制工作委员会答复：“对‘安乐死，立法涉及法律、医学和伦理学等各方面的问题，目前世界上也没有取得一致认识，虽然有的国家制定了有关法律，但为数还很少，大多数国家对此持慎重态度。目前，可以促请有关部门积极研究这一问题。”此后，在八届全国人大 3 次、4 次会议上，都有代表递交有关安乐死立法问题的议案。上海市代表团在八届全国人大 4 次会议上还提出了一份呼吁全国人大允许上海实施地方安乐死立法的议案。

从发展趋势上看，随着我国老年人数的迅速增加，特别是高龄老年人数的增长，以及医学技术的进步，实施安乐死引发的案件还可能再次出现，无疑也还会有安乐死是否合情、合理、合法的争论，关于死亡权利和安乐死的社会、伦理和法律问题的讨论也将会在我国持续相当长的时间。

（二）我国安乐死立法思考

由于安乐死是一个复杂的医学、法学问题和敏感的社会、伦理问题，目前世界各国及公众对此也有不同看法，而且只有极少国家立法，大多数国家对此持慎重态度。因此，安乐死立法必将是一个漫长的过程。在我国，安乐死立法条件成熟时，应当考虑以下方面的内容：

（1）安乐死的界定。安乐死，是指对患有不治之症且又极端痛苦的病人，在不违背其真实意愿的前提下，出于对其死亡权利和个人尊严的尊重，为解除病人痛苦而由医务人员实施的中止维持生命的措施、使其自行死亡或采取积极措施使其加速死亡的一种医疗行为。

（2）安乐死的原则。实施安乐死应符合无危害、无痛苦、不违背本人意志的原则。具体是：病人的剧烈痛苦无法抑制，且已临近死亡；现代医学科学技术所不能救治的不治之症；病人有要求安乐死的真实意愿；在不违背病人意愿的前提下，由医务人员提供在无痛苦状态下加快结束生命或不再延长死亡过程的医疗性服务；执行安乐死的方法在伦理学上被认为是正当的；它是在特定情况下病人利益的最高体现。

（3）安乐死的对象。安乐死的对象应严格控制，通常以下列人员为实施对象：肉体和精神均处于极端痛苦之中的绝症患者；靠人工维持生命长期昏迷不醒、丧失自我意识的病人；有意义的生命不复存在者；有严重缺陷的新生儿。

（4）安乐死的形式和方法。合法的安乐死形式既包括被动安乐死，也包括主动安乐死。安乐死的方法应当是快速、无痛的，尽可能表达“安乐”的本质，体现出人道主义的精神。安乐死的实施者应为合法的医务人员。

（5）安乐死的实施程序。

①请求程序。请求必须是病人在意识清楚的情况下，出自本人的真诚意愿。对于陷入永久性昏迷状态，不能表达意愿的病人，可由其直系亲属请求，但需得到有关部门和医疗

单位的同意，方为有效申请。

②审查程序。设立由医学专家、法医、医学伦理学专家等共同组成的安乐死审查委员会，其任务是对安乐死的申请进行严格的医学和司法审查，防止误诊和失控。

③操作程序。安乐死申请得到批准后，必须由病人所在医院两名以上的医务人员按批准的时间、地点等对病人实施安乐死。在实施前，病人表示反悔，不同意实施安乐死，应尊重病人的选择，不得强迫实施安乐死。

（6）法律责任。

①对不符合安乐死条件的病人实施安乐死，应承担相应的法律责任。

②有确切证据证明病人亲属或医务人员是在病人的真诚请求下对病人实施安乐死，但未经有关部门审查批准的，仍属违法行为，应承担相应的法律责任。

③审查人员不认真履行审查职责，以致造成重大医疗纠纷的；医务人员用不人道的方法对病人实行安乐死的；违反有关保密规定的，均应承担相应的法律责任。

④未经病人同意，病人亲属或医务人员对有行为能力的人擅自实行安乐死，构成故意杀人罪，应按刑法有关规定承担刑事责任。

◎ 思考题

1. 法律应当如何防止人类辅助生殖技术被滥用？
2. 无偿捐献的人体器官在分配时应当坚持什么原则？
3. 人体基因工程的发展对当代社会的法律与伦理带来哪些挑战？
4. 请联系实际分析中国安乐死立法存在的主要障碍。

参考文献

1. 张静，赵敏. 卫生法学（第 2 版）［M］. 北京：清华大学出版社，2020.

2. 陈云良. 卫生法学［M］. 北京：高等教育出版社，2019.

3. 解志勇. 卫生法学通论［M］. 北京：中国政法大学出版社，2019.

4. 杨淑娟. 卫生法学概论（第 4 版）［M］. 北京：人民卫生出版社，2018.

5. 协和医科大学出版社. 中华医学百科全书——卫生法学、卫生监督学［M］. 北京：中国协和医科大学出版社，2018.

6. 田侃，冯秀云. 卫生法学［M］. 北京：中国中医药出版社，2017.

7. 蒲川，陈大义. 卫生法学［M］. 北京：科学出版社，2017.

8. 杨淑娟，沈秀芹，吴崇其. 卫生监督法律实务［M］. 杭州：浙江工商大学出版社，2016.

9. 石悦. 卫生法学（案例版）［M］. 北京：科学出版社，2016.

10. 丁朝刚，龚学德，黄洪强. 卫生法学［M］. 北京：北京大学出版社，2015.

11. 樊立华 . 卫生法学概论（第 3 版）［M］. 北京：人民卫生出版社，2013.

12. 黎东生. 卫生法学［M］. 北京：人民卫生出版社，2013.

13. 国务院法制办公室. 医药卫生法典［M］. 北京：中国法制出版社，2013.

14. 汪建荣. 卫生法（第四版）［M］. 北京：人民卫生出版社，2013.

15. 肖鹏. 卫生法学［M］. 北京：中国编译出版社，2013.

16. 杜仕林. 卫生法学［M］. 广州：中山大学出版社，2012.

17. 张静，吴崇其. 卫生法学（第二版）［M］. 北京：法律出版社，2010.